INTERNAL FAMILY SYSTEMS THERAPY Second Edition   원서 2판

내면가족체계치료

Richard C. Schwartz · Martha Sweezy 공저

김춘경 · 배선윤 공역

학지사

Internal Family Systems Therapy, Second Edition
by Richard C. Schwartz and Martha Sweezy

Korean Translation Copyright ⓒ **2021** by Hakjisa Publisher, Inc.
The Korean translation rights published by arrangement with
The Guilford Press.

Copyright ⓒ 2020 The Guilford Press
A Division of Guilford Publications, Inc.

All rights reserved.

역자 서문

이 책은 2020년 R. C. Schwartz와 M. Sweezy가 쓴 *Internal Family Systems Therapy*의 개정판을 번역한 것이다. 1995년 IFS 초판이 나온 이후 25년이 지나서 나온 개정판이라 60% 이상의 많은 내용이 새롭게 개정되었다.

내면가족체계치료는 경험주의 가족치료 중 하나로 정서중심가족치료와 함께 우리나라에 소개되었으며, 이 책의 저자인 Schwartz에 의해 개발된 치료모델이다. Schwartz는 구조적, 체계적, 경험적 가족치료 등 다양한 가족치료 방법으로 내담자와 그 가족을 치료하는 가족치료사였다. 그러나 임상현장에서 가족치료 접근으로 치료가 안 되는 사례들을 접하면서 이것만으로는 이해할 수 없는 내담자들의 내면의 역동과 갈등을 보게 되었다. 그리고 내담자들의 내면에도 가족구성원과 유사한 다양한 내면의 부분들이 있고, 그 부분들끼리도 체계를 형성하고 있음을 발견하게 되었다. 이에 자신의 발견을 '내면가족체계'라 이름 짓고 내담자들이 보여 주고 설명하는 진술을 따라가면서 '내면가족체계치료'를 발전시키게 되었다.

10여 년 전 역자는 다양한 가족 및 부부 치료 이론을 연구하면서 내면가족체계치료를 접하게 되었는데, 개인 내면의 다양성을 가족체계에 적용해 이해한 것이 신선하게 다가왔다. 사실 개인의 내면세계의 다양성을 밝힌 것은 새로운 접근이 아니다. 이미 S. Freud의 정신분석학, C. Jung의 분석심리학, F. Perls의 게슈탈트치료, E. Berne의 교류분석(TA), R. Assagioli의 정신통합, J. Watkins의 자아상태치료 등에서도 한 개인의 내면 또는 심리 세계를 셋으로, 넷으로 또는 다섯으로 나누어 보고, 그들 간의 갈등과 교류, 관계 역동 등을 구조적·기능적으로 분석하며 다루고 있다.

Schwartz의 모델은 내담자의 진술을 토대로 발전된 것이기에 사실적이고 역동감이 있다. 실제 가족구성원들 간의 얽히고설킨 미묘하고 복잡한 갈등과 불화처럼 한 개인의 내면에서 일어나고 있는 심리적 문제를 명확하게 이해하고 보고 느낄 수 있도록 제시하고 있다. 깊은 상처로 인해 건드릴 수 없을 것 같은 두려운 감정 또는 갈등이 그 사람의 한 부분으로 의인화됨으로써, 더 이상 다룰 수 없을 만큼 무서운 것이 아니라 거리를 두면 다룰 수 있는 하나의 문제가 되고, 지금까지 제대로 기능하지 않았던 참자기(Self)의 존재를 신뢰하고, 참자기 주도성을 발휘하도록 하는 과정을 통해 갈등을 다룬다.

처음 IFS를 접하는 사람들은 IFS의 용어를 낯설고 새로운 것으로 느낄 수 있다. 그러나 IFS에 관한 설명을 잠시만 들어 보면 별 어려움 없이 그 용어에 친숙함을 느끼게 될 것이다. IFS 용어는 전문적이거나 어렵지 않다. 이미 우리들의 일상생활 속에서 자주 사용하고 자주 듣던 용어이기 때문이다. "내 속엔 내가 너무도 많아서~"로 시작하는 〈가시나무〉라는 가요에서도 개인의 내면 안에 다양한 부분이 있음을 노래하고 있다. '내 마음 나도 몰라', '자기연민', '나를 먼저 돌보자', '자기최면' 등의 말 속에도 IFS에서 말하는 나의 부분들, 나의 참자기 등의 개념이 포함되어 있다. IFS는 새로운 이론으로 각광받고 있으나, 새로운 개념이나 용어가 아니라 우리에게 이미 친숙한 개념과 용어들로 우리 내면과 외부의 갈등과 문제들을 이해하고 해결하는 이론과 방법을 제시해 주고 있다.

IFS에서는 유배자, 관리자, 소방관 등으로 내면가족구성원들의 특성과 기능, 역할들을 분석하고 이들 부분들이 문제 상황에서 보였던 갈등과 반목, 의기소침, 분열, 좌절, 낙심, 절망 등을 이해와 수용, 조화와 균형, 회복과 치유의 관계로 변화시키는 다양한 기법을 제시하고 있다. 특히 개정판에서는 초판 때보다 더욱 발전된 기법과 실제 사례들을 더 많이 제시해 주고 있다.

처음에는 개인 내면의 다양한 부분의 발견, 체계, 관계역동, 치료적 접근 등에 흥미를 가지고 연구하기 시작했으나, 실제 내담자에게 적용해 보고 IFS의 효과를 검증하고 나서는 더욱더 IFS 치료에 매력을 느끼게 되었다. IFS의 이해를 돕기 위해 IFS 작업을 하고 난 내담자들의 소감 중에서 몇 가지를 소개해 보고자 한다.

"어떤 상황에서나 사건에 대해 자신들이 여러 가지 마음과 생각을 가지게 되는 것을 내면가족체계치료의 '부분' 개념으로 이해할 수 있었고, 개인이 드러낸 태도 이면에 수많은 생각과 감정을 동시에 가진다는 것을 알게 됨으로써 자신과 타인에 대하여 깊이 이해할 수 있었어요. 상대가 드러내는 모습이 전부가 아님을 깨닫고 타

인을 이해하는 폭이 넓어졌어요."   −마음의 다양성 개념과 관련하여

"지금까지 자기 자신이라고 믿고 있었던 '자기'가 사실은 내 자신인 '자기'가 아니라 나의 부분 '관리자'라는 것을 알게 되었습니다. 나 자신은 물론이고 다른 가족들에게 혹독하고 엄격하게만 대했던 '관리자' 부분을 수용하고 이해하고 다루고 나니, 그전의 혹독하고 거칠었던 행동들이 많이 줄어들어서 편안한 생활을 하게 되었어요."   −관리자 부분과 관련하여

"나도 모르게 눈물이 나고 우울과 불안, 슬픔과 절망이 느껴지면 견딜 수 없게 괴로웠던 순간이 많았는데……. 그것이 내 내면 깊은 곳에 숨어 살던 억압된 '유배자'였다는 사실을 알게 되고, 그 유배자가 유배당했던 과거의 어린 시절의 아픔과 상처를 다루어 줄 수 있어서 너무 좋았어요. 이젠 마음에 여유와 편안함을 느낄 수 있게 되었고, 갑자기 엄습했던 불안과 절망감이 예전처럼 자주 나타나지 않아서 너무 좋아요."   −유배자 부분과 관련하여

"나 자신도 이해할 수 없는 행동에 많이 당황했고, 자기혐오에 빠져 지냈었는데……. 그 소방관은 원래 나의 유배자를 보호하기 위해 그렇게 행동했음을 인정하게 된 것이 신기했어요. …… 더 이상 소방관이 그렇게 행동하지 않아도 되고 소방관이 참자기의 의견을 듣기로 하고 변화된 것이 신기한 경험이었어요."   −소방관 부분과 관련하여

"내 안에서 나의 부분들을 찾아내서 위로하고, 안심시키고, 어떻게 변화되기를 바라냐고 친절하게 물으면서 나의 변화를 천천히 안내하는 존재가 있다는 것이 아직은 실감이 잘 나지는 않지만……. 놀라운 경험이었어요. 상담 선생님이 상담해 주는 것이 아니라 나의 내면의 참자기가 상담을 해 주었다는 것이 실제 경험했지만 믿기지 않아요. 내 안에 이미 나를 잘 알고, 나의 내면의 갈등과 아픔을 감소시켜 줄 수 있는 존재가 있었다니……. 참자기를 더 많이 인식하고 알아갈 수 있기를 바라요."   −참자기와 관련하여

"참자기가 나의 내면을 지도하게 해야겠어요. 참자기의 말을 들으면 내면의 부분들

이 갈등하며 싸우거나 억압하지 않고, 서로를 이해하고, 내면의 부분들이 사이좋게 지낼 수 있을 것 같아요. 그렇게 되면 평온한 생활을 할 수 있게 되는 거겠지요. 그런데 참자기는 너무 고요해서 자신의 모습을 잘 드러내지 않는 것 같아요. 그것이 걱정이에요."

-참자기와 관련하여

IFS 치료는 다양한 특성을 지닌 사람들의 성격, 내면체계와 외부체계의 관계 역동을 이해하고, 그들 간의 갈등을 치료하기 위해 필요한 치료사의 역량을 증진시키는 데 매우 중요한 이론이라 할 수 있다.

시카고 대학교의 Walsh 박사는 내면가족체계치료 모델을 '최근 알려진 가장 혁신적인 치료적 접근 중의 하나'로 평가하고 있다. 트라우마 치료의 대가로 우리나라에도 널리 알려진 van der Kolk 박사는 그의 저서『몸은 기억한다: 트라우마가 남긴 흔적들』에서 IFS 치료를 트라우마 치료의 효과적인 치료방법으로 소개하고 있다.

IFS에 관한 관심은 우리나라에서는 물론이고 전 세계적으로 놀라울 정도로 상승하고 있다. 우리나라의 경우, 2010년 초판을 번역할 때만 해도 IFS에 관련된 저서는 물론, 번역서도 찾아보기 어려웠다. 그러나 10년이 지난 지금 IFS 관련 저서들이 많이 번역되었고, 번역서뿐 아니라 논문도 나왔으며, 워크숍 등도 활발히 진행되고 있다.

아무쪼록 이 책이 IFS를 이해하는 데 도움이 되기 바라며, 개인치료는 물론이고 집단이나 가족치료를 전공하는 학도들과 전문가들이 유능한 상담자와 치료사가 되는 데 도움이 될 수 있기를 바란다. 끝으로 좋은 책이 나오도록 여러모로 애써 주신 학지사의 김진환 사장님과 편집부 직원들, 특별히 박나리 선생님께 감사의 마음을 전한다.

2021년 1월
역자 대표 김춘경

저자 서문

　개인의 극단적인 행동을 더 큰 체계의 맥락에서 보고자 하는 가족치료의 움직임은 맥락과 관계에 중점을 두는 정신보건 분야에 날개를 달아 주었다. 내면가족체계(IFS)는 이런 관점을 더 넓혀 정신을 독립적 존재들이 거하는 관계적 환경으로 본다. 내면가족체계는 내면 주민들의 동인(動因)과 상호작용에 관심을 갖는다. 이들은 자신들만의 이야깃거리를 갖고 있다.

　이런 내면의 존재들을 부분들이라 부르는데, 이들은 이타적이며 그들의 행동은 이유 없이 취해지는 것이 아니라 동기를 갖고 있다. 그들의 의도는 내면체계를 위한 것이다. 섭식장애에 시달리고 있던 젊은 여성들의 내면체계를 탐색하면서 한 부분이 다치면 다른 부분들은 보호하는 역할을 맡고 전체 체계를 위해 희생을 감수한다는 것을 알게 되었다. 이런 보호하는 부분들은 자신들의 희생을 인정받으면 만족을 느끼고, 자신들의 염려를 해결해 주면 눈에 띄도록 누그러진다. 하지만 서구문화에 젖은 사람들에게는 극단적인 보호자들에 대한 수용과 감사의 태도가 쉽게 이해되지 않는다. 소설 『밤의 비밀(*Night Secrets*)』(1990)에서 토마스 쿡(T. Cook)[1]의 주인공은 내면의 비판자에 대한 자신의 경험을 다음과 같이 묘사한다.

　　그는 자신 안에서 사악한 거품이 일어나는 것을 느낄 수 있었다. 그것이 모든 걸 예전보다 더 공허하게 만들었다……. 그것은 더는 어떤 것에 불려 다닐 필요가 없다는 듯, 갑자기 그를 향해 둥둥 떠밀려 오더니 순식간에 자리를 차지하고 점점 어

---

1) T. H. Cook(1947. 9. 19.~): 미국의 추리소설 작가. 1996년 미국추리소설작가협회(Mystery Novel of America)로부터 에드가상(Edgar Award)을 수상함. 『밤의 비밀(*Night Secrets*)』은 1990년 발표한 소설(출처: 위키피디아, Thomas H. Cook에서 발췌)

두워지면서 그가 살아온 삶에 대해 서슬 퍼런 비난의 칼날을 날렸다. 누구나 그런 망령을 가져야 한다고 생각한 때도 있었지만, 식당에서 웃고 떠드는 연인들이나 공원에서 딸과 놀고 있는 아버지를 볼 때, 할머니가 혼자서 현관 앞 시멘트 계단에 앉아 편안히 신문을 읽고 있는 걸 볼 때도, 인정사정없는 추격자의 손아귀에서 죽을힘을 다해 도망쳐 나온 사람들처럼, 문을 닫아 걸고 빗장을 지르고 이윽고 복도에 숨죽인 그림자만 남겨 놓는 사람들이라는 생각이 엄습했다(pp. 161-162).

이 인물은 자신의 비판자를 도저히 알 수 없고 악의를 품은 힘으로 보고 있다. 이 힘은 가혹하고 통제불능이다. 하지만 이 저서를 통해서 앞으로 설명할 텐데, 아무리 무정하고 가혹한 보호자들이라 해도 자기-희생적인 면이 있다. 내면의 비판자에게 지배당하고 있는 쿡의 주인공과 면담을 해 본다면, 그 비판자는 "그"(즉, 그 비판자가 보호하고 있는 나약한 어린 부분)를 보호하려고 할 뿐이라고 말할 것이다. 어떻게 그를 보호하고 있는지 물어보면, 창피를 당하게 해서 그의 행실을 고쳐 나가게 만들어 나중에 다른 비난을 받지 않도록 만들려고 하는 것이라고 말할 수도 있다. 아니면 아예 기를 꺾어서, 위험을 감수하거나 상처 입을 일이 없도록 하려는 것이라고 말할 수도 있다. 이 비판자에게 창피를 당하지 않도록 하기 위해 창피를 주려고 하는 것이 모순임을 보여 주면, 결국 이 부분도 보호하려 했던 그 부분만큼이나 어리기 때문에, 놀라 어쩔 줄 모르게 될 것이다.

가혹한 비판자들이 통제하고 금지하는 것으로 내담자의 안전을 꾀하고 있었지만, 그때마다 폭식, 음주, 자해, 자살 등과 같은 일탈 행위들로 금지에 대항하여 균형을 잡으려는 다른 보호자들의 저항에 불을 붙이게 된다. 보호하는 금지자와 반항하는 일탈자 사이에서 일어나는 충돌이 개인의 삶을 엉망으로 만들 수도 있지만, 상처 받은 부분들—내담자 취약성의 심장부—이 관심에서 멀어지도록 하는 데는 아주 유효하다. 폭식증 내담자는 이런 역동에 딱 맞는 사례다. 이들 내면의 삶은 위협적인 방식으로 체중과 외모를 시시콜콜 따지는 내면의 비판자와 방종을 일삼게 만드는 반항적 적수 간의 관계가 특징이다(Catanzaro, 2016). 전후관계에서 이런 비판자를 빼고 보면—폭식증 십대를 가족체계 맥락과 관계없이 별개로 보았을 때 섭식장애로 간주하는 것과 마찬가지로— 부분의 본질적 속성을 나타내거나 그냥 비판적 부모를 내면화한 것이라고 속단하기 쉽다. 하지만 그 부분에게 왜 내담자를 비난하는지 질문을 해 보면, 그 부분은 그렇게 하지 않으면 참담한 일이 일어날 것 같아

두렵다고 말할 것이다. 배가 터지도록 먹고, 살이 찌고, 더 사랑받을 수 없게 되고, 이런 극심한 상황이 가족들로부터 소외되게 할 것이고, 슬픔에 사로잡혀 이불 속에서 꼼짝도 하지 않을 테니까, 내내 혼자 있게 될 것이다. 이런 전후관계를 살펴보면, 잔인한 내면의 비판자에게는 분명한 이유가 있다. 비판자는 다른 이들이 못 보는 근본적인 위협에 대처하려 하고 있다. 믿을 수 있는 도움을 주는 것만이 이런 위협을 해결할 수 있는 유일한 길이다. 이 저서에서 말하고 있는 바와 같이, 내면가족체계는 비판자와 내담자의 내면세계에 거하는 무수한 다른 부분—극단적이고 파괴적인 역할에 빠져 있어도 변화를 갈망하는—에게 깊은 이해와 신뢰할 수 있는 도움을 제공할 수 있도록 한다.

개정판 서문

『내면가족체계치료』를 처음 출간한 지 25년이 지나면서, 내면가족체계치료사들과 전문가 단체들도 늘어났고, 내면가족체계 심리치료 모델도 더 발전하였다. 그 결과, 개정판의 60%가 새로운 내용이다. 개인, 부부, 가족에 대한 내면가족체계 활용의 청사진을 새롭게 그린 것뿐만 아니라, 외상후스트레스장애, 불안, 우울에서부터 섭식장애와 중독에 이르기까지 광범위하게 다양한 인구와 진단을 다루는 정신보건 작업의 일선에서 내면가족체계를 적용해 온 40여 년에 이르는 축적된 지식들을 낱낱이 개정판에 실었다.

내면가족체계 활용을 원하는 치료사들에게는 이 개정판이 완결판이 될 것이다. 20장으로 구성된 이 책에서, 의식의 현명한 자리이며 내적 지도력의 근원이 되는 참자기(Self)에 대한 인식 및 정신적 복합성의 결합이 뜻하는 바와 그 함축적 의미를 정확히 밝히고, 드러내 보여 주고, 명확하게 설명하고, 구체화하고 있다. 사례에 따로 설명이 될 만한 대화 예시를 들어서 기법을 설명하고, 필요할 때는 요점을 표로 만들어 실었으며, 전체 4부로 구성했다.

1부에 새로운 네 개의 장을 더 넣어, 기원부터 개념적 토대까지, 내면가족체계치료에 대한 개관을 모두 실었다. 1부에서 개정판에 새로 들어간 내용은 내(슈와르츠)가 마음에 대한 생각을 바꾸게 된 경험과 관련된 주제들, 내면가족체계에서 인간 의식의 자리인 참자기, 내면가족체계와 몸의 연관성, 내면가족체계치료사들의 역할 등이다. 이 외에도 1부에서는, 체계로서의 개인, 무거운 짐의 또 다른 속성, 제약조건, 구속, 해방의 결정적 행위 등과 같은 내용이 상당히 개정되었다.

2부에서는 내면가족체계 개인치료의 단계 및 전략에서 고려해야 할 사항들을 면밀히 다루었다. 2부는 일곱 개의 사례에 대한 설명을 포함하여 완전히 재편성되었다. 네 개의 장은 내면가족체계치료사들이 보호하는 부분들과 친구가 되기 위한 초기 단계를 다룬다. 이어지는 내용에서는 보호자 양극화, 유배자의 짐 내려놓기, 안전하게 내면 작업하기 등을 다루었다.

3부에서는 더 큰 체계를 대상으로 하는 내면가족체계치료를 설명하는데, 내면가족체계 가족치료에 대해서 개정된 세 개의 장을 실었다. 내면가족체계 부부치료를 새로 실었으며, 내면가족체계 개념을 지역공동체와 시민들 차원에 적용할 수 있는 방법에 대해 다시 살펴보고 새로운 정보들을 더 실어 두었다.

4부에서는 '내면 물리학의 법칙'에 대한 연구 및 요약에 대한 새로운 내용, 다시 말해서 정신 질서 내에서 어떤 것들이 작용을 하는지에 대한 내용을 실었다.

끝으로, 독자들이 이 모델에 더 익숙해질 수 있도록 이 저서에서 사용된 용어 해설을 함께 실었다.

차례

제1부

내면가족체계치료 개론

제1장

내면가족체계치료의 기원

내가 어떻게 내면가족체계 모델을 개발하게 되었는지에 대한 이야기로 첫 장을 시작하고자 한다. 나는 어머니 제네비브(G. Schwartz)와 아버지 테드 슈와르츠(T. V. Schwartz)에게서 6형제 중 맏이로 태어났다. 아버지는 내분비학 분야에서 여러 중요한 발견을 하신 아주 성공한 의대 교수로, 시카고의 대형 의료센터 학부장을 역임하기도 했다. 아버지로부터 받은 많은 재능에 감사를 드리지만, 무거운 짐들도 있었다. 아버지는 아들들이 아버지의 뒤를 이어 의학계로 진출하기를 바라셨다. 그 바람대로 6형제 중 다섯이 그 뒤를 이었지만, 나는 그에 대한 부담이 컸다. 과학을 잘하지도 못했고(당연히 성적도 좋지 않았고), 학교에도 별 흥미가 없었는데, 그로 인해 아버지의 노여움을 샀다. 성적표가 날아오면 나에게 실망한 아버지는 멸시에 차 분노를 쏟아 내곤 하셨고, 그 분노는 내 마음속 분노에 다시 불을 지폈다. 이런 일들로 인해, 이 저서에서 쓸모없음이라는 무거운 짐이라고 하는 것을 얻게 되었다. 그것 때문에 나의 가치를 아버지에게 증명해 보이고 싶은 충동을 함께 느꼈다. 이 충동은 여러 저항에 직면했던 이 심리치료 모델의 탄생 초기에 아주 귀중한 동력원이 되었다.

대학시절 여름방학 때마다, 아버지는 본인이 근무하는 시카고 의료센터 청소년 정신의학부에서 나를 보조로 일하게 하셨다. 환자들을 데리고 볼링을 치러 가거나, 수영을 하러 가거나, 영화를 보러 가는 것이 내 업무였다. 그래서 아이들과 친해졌다. 가족과 떨어져 있는 여름 동안 그 아이들이 나아지는 것을 보면서 보람을 느끼기도 했는데, 다음 해 여름이 되면 그 아이들은 다시 병원에 와 있었다. 나는 주로 주말에 일을 했기 때문에 주간휴게실에서 가족들이 아이들을 만나는 장면을 자주 목격했다. 걸핏하면 분에 못 이겨 그 아이들이 너무 부끄럽다고 목청껏 고함을 치는 부모들의 목소리가 들렸다. 부모들이 가고 나면, 내가 아이들을 위로하곤 했다. 나는 아이들을 치료하는 분들에게 가족역동에 대해서 어떤 작업을 하고 있는지 물어보기도 했다. 치료사들은 아이들 가족과는 한마디도 나누지 않았고 부모들도 치료사들에게 말을 거는 일이 거의 없다고 답했다. 치료사들은 아이들의 감정이나 행동의 의미에 대한 해석을 해 주고, 아이들은 주로 듣기만 했다. 회기 내내 아이들은 입을 떼지 않으면서 거의 침묵으로 일관하고 있었다. 나는 심리치료에 대해서는 거의 문외한이었지만, 그 그림은 뭔가 아니다 싶었다.

어느 여름, 나는 헤로인에 중독된 16세의 귀여운 여자아이와 더 친해지게 되었다. 그 여자아이는 나한테만 몰래 아버지에게 강간당한 사실을 알려 주었다. 어느 날 그 아이 부모님이 찾아 왔다. 그 엄마는 아이가 제멋대로라 자신들이 얼마나 힘든지 모른다고 고래고래 고함을 치고 아이의 아버지는 부인 옆에 묵묵히 앉아만 있었다. 다음 날 그 아이는 자살했다. 생전 처음 느껴 보는 낯선 감정들이 내게서 일어났다. 그 아이가 당한 부당함에 대한 단순한 분노가 아니었다. 내가 심리치료사가 되면 적어도 그런 일은 일어나지 않도록 해야겠다고 결심했다. 대학 때 상담사에게서 임상심리학 과정을 배웠다. 그때 치료에서 가족을 배제하고 치료사가 아이들에게서 상당 거리를 유지해야 하는 이론적 근거를 포함해서, 입원 청소년들에게 활용하는 정신분석적 접근법을 배웠다(이후 정신분석은 더욱 관계적이면서 내담자의 외적 환경까지 아우르는 것으로 발전되었다). 그 상담사는 정신분석적 접근에 도전하는 여러 치료에 대해서도 소개해 주었다.

특히 나는 칼 로저스(C. Rogers)와 프리츠 펄스(P. Perls)에게 끌렸다. 분석적 치료사들이 거리를 두는 입장과는 달리, 보살펴 주고 공감하는 로저스의 방식이 내게 큰 영향을 미쳤다. 사람은 상처를 입을 수 있지만 근본적으로는 건강하다는 로저스의 인본주의적 관점에 눈길이 갔다. 반면, 펄스는 분석적 양식에서 탈피하는 대담무쌍한 반역자처럼 다가왔다. 정서는 해석되는 것이 아니라 충분히 표현되고 경험되어야 한다. 그의 '빈 의자' 기법으로, 빈 의자에 마주 앉은 '승자'와 '패자' 부분들에게 내담자가 말을 걸도록 하면서, 내면의 대화에 대한 생각이 처음 내게 떠올랐다.

로저스와 펄스가 매력적이었지만, 이들의 접근법에서는 뭔가 중요한 것이 빠진 느낌이 들었다. 자신의 아이들을 공격하는 화난 부모들에 대해 생각하면서, 그들이 간과했던 외적 요인들에 대해서 파고들었다. 1970년, 나는 모르고 있었지만, 작지만 서서히 고개를 들고 있던 치료사들의 집단이 몇 년 더 일찍 나와 같은 것을 감지했고 가족치료라고 하는 새로운 접근법을 개발하기에 이르렀다. 하지만 그 후 4년이 더 지날 때까지 나는 가족치료를 알지 못했다.

내면가족체계치료 개요

내면가족체계치료는 우리 모두는 여러 다른 부분들을 갖고 있다는 다원적 마음 혹은 생각과 체계사고라는 두 양식의 통합이다. 정신내적 과정이 체계를 구성한다는 관점에서, 내면가족체계는 구성원들 간의 관계망을 이해하고 존중하는 데에 집중하는 정교한 생태학 개념과 방법으로 모든 인간체계 수준―정신내적, 가족적, 공동체적, 문화적, 사회적―과 치료사들이 관계를 맺도록 초대한다. 내면가족체계치료는 협력적이고 유쾌하다. 사람은 결점이나 질병을 가지고 있는 것이 아니라 필요한 자원을 모두 갖고 있다는 관점을 갖고 있기 때문에, 우리는 그 사람의 내면 및 그 주변 사람들과 맺는 양극화된 관계로 인해서, 타고난 강점을 사용하는 데에 제약을 당하고 있는 것이라고 본다. 내면가족체계는 제약조건에서 벗어나, 자원을 풀어낼 수 있도록 고안되었다.

내면가족체계는 약물남용 및 정신보건관리부(Substance Abuse and Mental Health Administration, SAMHSA) 산하 증거기반 프로그램 및 훈련 국립공문서관(National Registry for Evidence-Based Programs and Practices, NREFF)에서 일상적 기능과 행복 향상에 효과적이라는 평가를 받고 있다. 또한 공포증, 공황, 범불안장애 및 증상, 신체건강상태, 우울 증상 등을 개선하는 데에도 고무적인 것으로 평가된다. 이 장에서는 내면가족체계 모델의 환경 및 이론적 배경을 소개하는 방식으로 이야기를 풀어나가고자 한다.

가족체계, 가족치료

1973년, 환경운동이 일어나면서, 나는 생태학과 체계사고에 일반적으로 내재되어 있는 상호연결의 중요성에 매료되었다. 나는 베르탈란피(L. V. von Bertalanffy)와 베이트슨(G. Bateson)의 저서를 탐독했다. 나는 이 책들이 몇 년 전 가족치료사들에게 영향을 미쳤다는 사실을 그때까지도 전혀 모르고 있었다. 어떤 체계의 일면이 변화하면, 연결된 체계 내에서 뜻밖의, 의도치 못한, 강력한 결과를 낼 때도 있다고 그들은 말한다. 덧붙여, 체계는 '항상성(homeostasis)'을 유지하려고도 한다. 다시 말해서, 체계는 그것을 바꾸려고 하면 저항할 수도 있다. 앞뒤 따져 보지도 않고 무조건 행위를 바꾸려고만 하면 특히 더 그렇다.

따라서 환경을 고려하지 않고 개인만이 변할 수 있다고 기대하는 것은 어불성설이라는 확신이 들었다. 일부 체계사고를 포함하고 있는 공동체 심리학(Community Psychology)[1]—당시 막 태동된—이란 말을 접하고, 지역공동체와 작업을 하고자 노던일리노이대학교(Northern Illinois University) 인근에서 한 기관을 찾았고, 대학원프로그램으로 그 연구를 시작했다. 거기서 나 자신과 나의 선택에 있어서 세 가지 중요한 사실을 알게 되었다. (1) 나는 부끄러움이 너무 많아서 좋은 공동체 구성원이 될 수 없었다. (2) 지역공동체 작업이 결실을 보려면 오랜 시간이 걸리기 때문에, 나한테는 적합하지 않았다. (3) 얼마 전 노던일리노이에 온 굿맨(E. Goodman)이라는 이름을 가진 사람이 체계사고에서 영감을 얻은 가족치료라는 접근법을 가르치고 있었다. 이 접근법이 어쩌면 나에게 변화의 물꼬를 더 빨리 터주었을 지도 모른다.

몇 날 며칠을 일방경 뒤에서 가족 간의 작업을 지켜보던 학생들의 무리에 나도 합류했다. 그때까지는 가족치료의 개념과 방향성이 교재들에 분명하게 나오기 전이라, 장님이 코끼리 더듬듯 항상성과 희생양 만들기 등과 같은 어렴풋한 개념들에 기반해서 우리의 개입들을 만들어 나가고 있었다. 우리는 부모들이 자신들의 문제점들을 처리하지 못하고 아이들을 희생양으로 삼음으로써, 무의식적일 수는 있지만

---

1) 지역의 모든 자원을 체계화하는 데 응용된 심리학. 예컨대, 학교, 교정시설과 복지시설의 제도, 지역정신위생센터에 관한 것 등

아이의 증상에 몰두하여 자신들의 문제에서 멀어지고 있기 때문에, 치료사들이 아이들을 도와주는 것을 부모들이 부지불식간에 방해하고 있다고 생각했다. '지목된 환자(identified patient)'에게 집중된 부모의 시선을 자신들의 문제투성이 결혼생활로 돌려서, 아이가 증상을 만들어 부모를 보호할 필요가 없도록 하는 것이 목표였다.

이런 접근법으로 몇 번의 성공을 경험하면서 나는 완전히 거기 매료되었다. 인간의 문제를 이해하고 치료하는 혁명에 우리도 함께했다고 생각했고, 심리치료 분야의 다른 전문가들보다 우리가 더 뛰어나다고 여겼다. 나는 꼴사나운 개혁 운동가가 되어, 가족들의 잘못된 방식을 지적하고 학회에 나가 심리역동치료사들에게 도전장을 내밀었다. 그 후 2년이 흐르고 나의 과장된 확신에 기름을 붓는 두 권의 저서가 출간되었다. 미누친(S. Minuchin, 1974)의『가족과 가족치료(Families and Family Therapy)』와 캘리포니아에서 바츨라빅(P. Watzlawick)과 그의 동료들이 쓴『변화(Change)』가 그것이었다(Watzlawick, Weakland, & Fisch, 1974).

이 저서들을 접한 뒤, 선두에서 가족치료 혁명을 이끌고 기득권을 향해 맹공격을 퍼붓는 용감무쌍한 사람들의 저서를 읽고 또 읽었다. 미누친과 그의 동료들은 치료가 매우 어렵다는 거식증에서 큰 성공을 거두었다고 했다(Minuchin, Rosman, & Baker, 1978). 헤일리(J. Haley)도 가족을 보호해야 하기 때문에 집을 떠날 수 없다는 소아정신병 환자들과의 작업에서 대담하게 그 비슷한 주장을 했다. 그들은 환자의 외부 환경이 심리치료에서 간과되는 요소라고 말한다. 그들에 발맞추어, 내담자들의 외부 환경을 재편성해 주면 더 많은 치료적 결실을 얻을 테니 내적 상태와 감정을 건드릴 필요가 없을 거라고 확신했다. 누구와 어떻게 상호작용을 하느냐에 대한 규칙과 가족구성원들 간의 너무 멀지도 가깝지도 않은 명확한 경계만 있으면 되는 것이었다.

부모들은 서로 힘을 모아 책임을 다해야 했다. 모든 가족은 아이들이 부모 혹은 한쪽에 맞서는 다른 쪽 부모에 대한 걱정을 하지 않도록 지도부의 명확한 체계를 갖고 있어야 했다. 유해하거나 이해할 수 없는 아이의 행위를 가족을 보호하는 아이의 긍정적인 의도로 치료사가 '재구성'해 주기만 하면, 서로에 대한 반복적인 양식과 경계 문제를 일삼는 가족구성원들의 신념은 변화 가능하다. 예를 들어, 아들이 너무 소심하다고 아버지가 꾸짖으면, 그 아이는 남의 시선을 더 의식하게 된다. 이 아이가 더 위축이 되면, 아버지는 점점 절망의 나락으로 빠져, 어떻게 해야 할지를 모르고 아들을 더 비난하게 되는 것이다. 아들이 소심하고 집 안에 박혀 꼼짝도 않고 있는 것으로서 빈 둥지 증후군을 겪고 있는 엄마를 보호하고 있었다는 사실을 아버지가 알게 만들면, 이 가족역동에 변화가 일어날 것이라고 생각했다.

가족을 평가하기 위해서, 그들의 상호작용을 추적하면서 질문을 했다. 대개 자녀와 한쪽 부모가 부적절하게 편이 되거나 다른 가족구성원들을 보호하려고 소집되는 식으로 악순환을 일으키는 일련의 양식들을 수면 위로 드러내는 것을 목표로 삼았다. 반대도 마찬가지였다. 너무 얽혀 들지 않게, 일부 가족구성원들은 아예 서로를 단절했다. 부모가 고압적이 되거나 자신들의 책임을 나 몰라라 하는 것을 경계했다. 그런 조짐이 보이면, 가족들에게 그 점을 지적해서, 우리 지도에 따라 바꾸도록 채근했고, 확인된 환자의 행위를 자유롭게 해 주는 관점으로 재구성을 해 주었다.

정신이 아니라 가족 내에서의 병리를 찾으려고 했기 때문에, 내담자들에게 진단의 낙인을 찍는다고 경멸했던 치료사들보다 우리가 더 병적 증상을 찾아 헤매는 하이에나 같았다. 가족이 필요한 것을 아는 데는 달인이었다. 우리가 처방한 대로 따라 변화하지 않으면, 그들을 '반항아'라고 낙인을 찍어 그 저항을 그들이 매달려 있는 욕구라고 해석했다. 이런 진단 부여 태도가 어떤 가족들에게는 타당한 경우도 있었지만, 적의를 품도록 만들어서 도움이 되기는커녕 역효과를 낳는 경우도 있었다. 우리의 전문가적 사고방식은 가족 내 '저항'이란 것을 '역설적 명령(paradoxical injunctions)'으로 다루도록 이끌고 갔다. 반항하기를 바라면서 계속해 보라는 말까지 했다. 간단히 말해서, 가족들을 증상에서 도저히 버리지 못하는 위협적인 적수로 간주했기 때문에 치료사가 그들을 확 바꾸거나 그들에게 변화를 강요해야 했다.

노던일리노이에서 석사과정을 마치고, 수직적 사고방식을 지닌 채, 어린 시절 보조로 있었던 시카고병원 정신의학부에서 나의 첫 업무를 시작했다. 통증환자 가족들과의 작업을 맡게 된 나는 명목상 정신분석학부의 가족치료사였다. 일 년간 근무를 하면서, 가족역동에 있어서 통증의 역할을 밝히려는 목적으로 그들 증상의 기능에 대한 성가신 질문들을 해 댔다. 이런 접근법이 몇 사례에서는 요행으로 맞아떨어졌지만, 많은 가족에게 그들이 통증을 속임수로 조작했다는 뜻으로 비쳐져 그냥 모욕만 당한 느낌을 주었고 변화에 대한 나의 처방에 가족들은 넌더리를 냈다. 내가 얼마나 무지한지를 보여 주는, 이 일관성 없는 결과들은 나를 다시 학교로 돌아가게 만들었다.

머레이 보웬(M. Bowen)과 버지니아 사티어(V. Satir)

나는 공대로 이름이 났지만, 가족치료 박사과정으로도 유명한 퍼듀대학교 대학원에 진학했다. 결혼 후, 인디애나 라파엣의 퍼듀로 가서 가족치료 교수이자 연구자인 스프렌클(D. Sprenkle)과 함께 연구를 했다. 거기서 머레이 보웬과 버지니아 사티어에 대해 배웠다. 이 가족치료사들은 가족 내 개인의 경험들을 중시했고 나는 뿌리부터 흔들렸다. 그때까지도 병원에서 접했던 정신분석적 접근에 반발하면서 정신내적 요건들은 계속 외면했고, 그 접근법들은 '체계적'이 아니라, '선형적'이라고 낙인을 찍어 놓고 있었다. 한편, 사티어(1970, 1972)는 자아존중감(self-esteem)의 중요성을 염두에 두고 있었고 보웬(1978)은 자기분화(self-differentiation)의 중요성을 눈여겨보고 있었다. 그 두 사람은 전체 가족을 모으기만 하는 것이 아니라, 개별 가족 구성원들과 작업을 하기도 했다.

내가 아버지와 가족들로부터 어떻게든 분화를 이루고 싶어 했기 때문에, 보웬 접근법에 이끌렸다. 가족들의 가치관과 가족에게서 물려받은 재능들을 털어내지 않고 내 견해를 발달시키는 것은 위험하다는 것을 곧 알게 되었다. 여태 가족치료에 대한 내 열정(과 소소한 성공들)이 아버지에게서 들었던 "넌 **실패자야, 넌 세상을 변화시켜야 해.**" 등과 같은 말들을 막고 있었다. 그 와중에 그래도 명상은 꼬박꼬박 하고 있었다. 아버지가 나의 선택에 대해서 어떤 생각을 하든, 스스로 잘했다고 생각했다. 나는 원가족과의 분화를 멋지게 해낸 본보기라고 여겼다. 얼마 지나지 않아 턱도 없다는 생각이 들게 되지만!

내가 사티어를 매력적이라고 느꼈던 것은 사람들이 자신들의 감정과 소통하는 법을 변화시키는 것에 대해 강조한 점이다. 나 정도면 상당히 행복하다고 생각했었다. 한바탕 울음을 토해 내고 나면 아내 낸시와 더 가까워지는 기분이 들었고, 나에 대해 괜찮다는 느낌도 들었다. 하지만 낸시가 솔직한 심정을 내비치면 불같이 화를 냈다. 왜 그런지는 몰라도 가만히 집중을 해 보면, 심한 수치심을 느꼈고 끓어오르는 자기혐오감을 느낄 수 있었다. 사티어는 명확하고 앞뒤가 맞아 들어가는 의사소통이 사람들의 자아존중감과 관계를 개선시킬 수 있다고 주장했다. 그녀의 의사소통 양식이 내 결혼생활을 파경으로 이끈 행동과 숨은 감정들을 변화시켰고, 그녀는 내게 새로운 영웅이 되었다.

부부 의사소통 개선이 배우자의 자아존중감을 개선시킨다는 가설로 논문을 쓰기 시작했다. 한 학우와 함께 사티어이론에 맞춰 밀러(S. Miller)가 개발한 부부 의사소통 프로그램 훈련을 했다. 우리는 참여 부부들의 의사소통과 자아존중감 수준에 대한 사전사후검사를 실시하고 추후에 대한 표본검사도 실시했다. 프로그램 종료 직후에는 의사소통기술이 좋을수록 자아존중감이 향상된다는 상관관계가 나왔다. 하지만 추후과정까지 상관관계가 지속되지 않았다. 이는 사티어와 내가 생각했던 것보다 자아존중감을 다루는 것은 더 어려운 일이라는 것을 보여 주었다. 실망을 안고, 사티어가 너무 '감정에 호소한다'는 그 분야 다른 많은 이의 판단에 수긍하게 되었다. 그녀의 이론을 버리고, 훨씬 철저하게 현실적인 미누친과 헤일리의 '전문가' 사고방식을 다시 받아들였다. 내가 어떤 가족치료 선구자들보다 그들의 이론들에 더 많이 기대어 내면가족체계를 개발했다는 것을 훨씬 나중에야 알게 되었다.

1980년, 막딸 제시카가 태어났고, 나는 퍼듀에서 졸업을 하고 명망 있는 시카고 청소년연구소(Institute for Juvenile Research, IJR)에 가족치료 교육자이자 연구자로 들어갔다. 그 연구소는 청소년 비행에 대한 초기 사회학적 연구로 잘 알려진 정책 연구소로 국가의 지원을 받고 있었다. 본 바와 같이, 이런 환경은 내 이론을 공고히 하기에 안성맞춤이었다. 몇 명[브로인린(D. Breunlin), 리들(H. Liddle), 카러(B. Karrer) 등]의 동료들과 함께 연구소에서 시카고 서부지역 출신 문제아동 및 가족들에 대한 치료를 제공하는 소규모 가족치료훈련 프로그램을 가르치기 시작했다. 수업이나 임상에 대한 부담은 별로 없어서, 일방경 뒤에서 취약가족을 관찰하면서 우리뿐만 아니라 학생들까지도 관찰 기록할 시간들이 있었다.

이 연구소에서 세상을 바꾸고 싶어 했던 나의 부분들이 한껏 만개했다. 이제야 완벽한 조건 속에서 내가 패배자가 아니라는 것을 증명하는 데 꼭 필요했던 획기적인 이론들을 발견했다고 믿었다. 아버지는 저명한 의사였고 나도 그렇게 되기를 원했기 때문에 가족치료가 의료계에 돌풍을 일으키는 것을 간절히 보여 주고 싶었다. 의학적 문제에 새로운 접근법을 발견하면 의대를 못 간 것이 새옹지마가 될 것이라 여겼던 것 같다. 연구소에 근무했던 첫 해에 어린 내담자가 눈물을 글썽이며 배가 터질 때까지 먹고 몇 분 뒤에 바로 다 토해 버린다고 토로했는데, 이 증상에 대해서 연구소에서 여기저기 물어보고 다니다가 **신경성 폭식증**(bulimia nervosa)이라는 새로운 이름을 알게 되었다. 바로 이거다 싶었다. 치료가 어렵고 측정 가능한 증상이기 때문에 내 작업의 과학적 유효성을—아버지한테—증명할 수 있을 테니까. 공헌의 여지가 충분하다! 섭식장애에 관심을 갖고 있던 동료 바렛(M. J. Barrett)을 불러 함께 연구를 진행하자고 했고, 의뢰를 받기 위해서 지역 섭식장애협회를 찾아갔다. 1983년 겨울까지 동료들과 함께 연구에 파묻혀 있었고 폭식증을 가진 여성들의 가족치료에 구조적/전략적 모델을 적용하여 성공을 거두는 듯했다.

아쉽게도, 우리 연구는 계획대로 되지 못했다. 몇몇의 내담자들이 '협조'하지 않았다. 미누친이 말한 대로 그 가족들을 재구성하기는 했는데, 젊은 여성들은 폭식과 구토를 계속했다. 생각대로 되지 않으면 어떻게 해야 하나? 이미 사티어를 포기했는데 이제는 미누친도 버려야 했다. 거식증에 대한 결과를 그가 과장한 것이 아니라면, 내가 구조적 가족치료사로 실패한 것이다. 세계를 변화시키기 위해 또 다른 것을 찾아볼 수 있을 거라는 결론을 내렸고, 곧 퀸이라는 내담자에게서 조짐이 보였다.

탈삼각화[2]가 끝이 아니다

퀸은 23세 여성으로 폭식과 구토를 반복하는 것 때문에 자살 충동까지 느끼게 되어 치료실을 찾았다. 그녀와 가족들은 일 년 넘게 연구에 참여했고, 반응도 좋았다. 퀸은 부모와의 관계에 깊게 얽혀 있었는데, 엄마와 경쟁자이기도 하고 엄마의 보호자이기도 한 상태로 아버지와는 친구처럼 지내고 있었다. 이런 현상은 모든 폭식증 내담자들의 공통점이다. 여러 회기 동안 정서에 치중하면서 이런 삼각관계를 밝혀냈고, 퀸이 부모와의 관계에서 수행하던 역할에서 벗어나 부모가 서로 직접 의견을 나눌 수 있도록 도와주기까지 했다. 부모의 상태가 좋아지면서, 퀸은 조심스럽게 본가에서 자기 아파트로 옮기고, 좋은 직장도 구했고, 친구도 처음 사귀었다. 우리는 부부싸움이 나거나 힘든 일이 생기는 일들도 있었지만, 퀸이 다시 그 관계 속으로 들어가 진공청소기처럼 깔끔하게 해결하도록 하면서 사건들을 헤쳐 나갔다. 퀸의 부모는 부부치료를 통해서 감정이 폭발하면 해결할 만큼 용기도 갖게 되었고, 내가 보기에는 가족체계가 성공적으로 새로운 장으로 넘어가고 있었다.

---

2) 탈삼각화(detriangulation): 가족구성원 중 두 사람의 갈등이 커져 불안이 가중되면, 제3자가 불안 완화를 위해, 박해자, 희생자, 구세주로 구성되는 삼각관계를 만드는데, 이 삼각관계를 끊는 과정이 탈삼각화다.

가족치료를 하는 동안 퀸의 폭식증은 더해졌다 덜해졌다 했다. 이젠 퀸이 독립적으로 잘 살고 있고 가족의 위기와 가족에게 잘해야 한다는 생각에서도 새로운 견해를 갖게 되었으니, 섭식장애도 사라지기를 기대했다. 어쨌든 내 생각으로는 퀸과 가족이 탈삼각화되어 폭식증 같은 나쁜 습관을 가질 이유가 없었다. 하지만 이상하게 퀸은 자신이 치료되었다는 것을 전혀 모르는 듯했다. 종교적으로 신심이 깊었고 내가 제시하는 모든 지시와 역설적 과업도 잘 수행했는데, 그 효과는 일시적일뿐이었다. 퀸의 증상은 더 심해지고 기분은 더 가라앉게 되었다. 연구결과가 성공적이지 않아 나는 짜증이 났다. 잔뜩 실망한 채, 먹고 토하기를 계속하면 내면에서 어떤 일이 일어나고 있는지 퀸에게 물었다. 이 질문에 대답을 하면서, 퀸은 싸우고 있는 부분들에 대해 말하기 시작했다.

정신의 재발견

퀸은 자신의 부분들이 말하거나 행하는 것을 어떻게 통제해야 할지 전혀 몰랐기 때문에, 그 부분들을 자율적이라고 말했다. 부분들은 뚜렷이 구분되는 목소리를 갖고, 말대답도 하고, 재밌는 말도 하고, 얼마든지 이유도 댈 수 있었다. 이 모든 것에 놀라 할 말을 잃었지만, 그 안에 어떤 의미가 들어 있는지에 대해서는 여전히 조심스러웠다. 우선 한 가지, 문화적으로 나(그리고 내 주변의 사람들)는 자신을 뗄 수 없는 하나로 보는 관점에 젖어 있었다. 한 사람 안에서 여러 내면의 인격들이 움직이고 있다고 생각할 수 있는, 정신의 복합성에 대한 주관적 경험은 20세기에서는 다들 병리적이라고 보았다. 또 한 가지, 나와 같은 전문가들은 애정에 굶주린, 적대적인, 보살피는, 과잉연루된 등과 같은 형용사로 내담자들을 설명하면서, 마치 개인의 본질이 그 행동을 설명하는 한두 개의 형용사로 뭉뚱그려질 수 있다는 듯, 틀에 박힌 생각을 해 왔다. 다중성의 양식으로 나의 생각을 바꾸니까, 이런 단순한 설명들로는 도저히 충분하지 않았다. 표준진단범주도 마찬가지였다. 한 발 더 나아가, 내가 비약적인 발전을 하게 되리라는 것을 알게 되었다.

이면의 대화

내 관심보다 실증자료들을 모으는 것이 더 중요하므로, 지혜를 받아들이기 위한 내담자들의 도전이 타당하다는 것을 나는 받아들였다. 적어도 같은 경우가 있는지를 물어보고 들어 봐야 한다고 생각했다. 마구 떠들어 대는 마음은 하나로 된 것이 아니며 관계를 보여 준다는 뜻이다. 우리 모두는 하나의 인격에서 다른 인격으로 종일 왔다 갔다 한다. 이 과정이 일상적이고, 빠르고, 물 흐르듯 하기 때문에 눈치 채지 못하는 경우가 허다하다. 내적 존재들을 구별하기에는 낱말들이(적어도 영어에 있어서는) 제한되어 있어서 이런 내면의 공동체 활동들을 식별하기가 쉽지 않다. 하지만 우리가 모른다고 이 공동체가 제 할 일을 멈추지는 않는다.

퀸의 딜레마는 진행형

앞에서 본 바와 같이, 퀸은 가족 내 변화에 별 영향을 받지 않는 자신만의 내면의 딜레마들이 있었고, 그로 인해서 구조적/전략적 개입은 기대한 바와 달리 별 효과가 없었다. 퀸은 사랑하는 사람이 생기면 폭식증을 털어내 버릴 수 있을 거라고 생각했지만, 남자와 가까워질 수가 없었다. 전도유망한 남자친구가 자신을 좋아해 주면 마냥 행복해졌지만, 사이가 가까워질수록 퀸은 충동적이 되고 그 남자가 위험한 폭군이 될 것이라는 생각에 사로잡혔다. 관계를 맺고 싶은 마음과 관계를 두려워하는 마음 사이의 이런 긴장을 더 이상 견딜 수 없게 되면, 관계를 끊어 버린다. 결국 그 남자가 전화도 하지 않고 포기를 하고 나면, 절망 속에 빠져, 일도 하지 않고 자신의 집에 틀어박혀 한 번뿐인 사랑을 날려 버린 거라고 자책한다. 설렘으로 시작했다가 결국 낙심으로 끝나는 이런 반복 속에서 퀸은 계속 먹고 토하기를 반복하고 있었다.

연인이면서 폭군인 폭식증

친밀감, 위로, 오락 중독에 의존하는 내담자들은 대개 사랑을 갈망하는 것과 자신들이 사랑받지 못한다는 신념 사이에 끼여 옴짝달싹하지 못한다. 중독이 이런 딜레마를 완화시키고 신경을 딴 데로 돌릴 수 있게 하지만, 가장 **빠른** 해결책인 중독이 역설적이게도 심각한 부정적 자아상(self-image)을 만들어 낼 수도 있다. 그래서 이런 식으로 계속 반복되는 것이다. 데이트를 할 때면, 퀸은 자신의 외모와 몸무게에 강박적으로 집착했다. 체중계 숫자가 마음에 들지 않으면, 폭식 욕망이 점점 더 커져 갔다.

일상을 멀리하고 집에 박혀 있을 때마다 곁에 두는 음식물들이 위로이고 자양분이며 기쁨이었다. 먹을 것들이 퀸의 텅 빈 마음을 채워 주었다. 구토에 수반되는 당연한 역함을 잊은 지 오래라, 구토를 하다 보면 신체적으로 정화되는 느낌과 절정감 같은 정신적 평온함을 느끼면서, 퀸은 폭식과 구토의 균형을 맞추고 있었다. 하지만 늘 살이 찔까 봐 겁을 내고 있었기 때문에, 폭식과 구토로 얻은 평온함도 잠시뿐이었다. 남자를 만날 때면, 남자가 퀸을 괴롭히는 사람이 되고, 남자를 만나지 않을 때면, 체중계가 퀸을 괴롭히고 있었다. 어느 쪽이든 나쁜 조짐이 보이면, 먹고 토하면서 자신을 달랬다. 동시에 퀸은 폭식증을 가해자로 느끼기도 했다. 폭식증은 퀸의 구세주이자 간수였다. 폭식증만 사라지면 남자와 사귈 수도 있고 자신이 원하는 사랑도 얻게 되리라 생각했다. 간단히 말해, 퀸이 기분이 좋든 나쁘든 자신을 위로하는 동안 불안도 유발하면서, 육체적으로는 살인적인 섭식장애에 시달리고 있었다.

금기를 깬다

'외부만 보는' 가족치료 지향성에 매달려 있는 한 나는 퀸과 어떻게 해야 할지 갈피를 잡을 수 없었다. 아무것도 할 수 없다고 생각하니, 가족치료 모델의 한계에 부딪혔다. 자신의 내면 경험에 대해 퀸에게 질문을 하면서, 가족치료의 불문율—외부에 머물라—을 어겼다. 절망에 사로잡혀 어떻게든 해야 했기에, 왕창 먹고 토하기 직전 어떤 느낌이 드는지 퀸에게 물어보았다. '부분'과 '목소리'라고 하는 것들이 자신의 마음속에서 서로 떠들어 대는 알아들을 수 없는 말들을 듣는다고 퀸이 말했다. 그런 목소리들과 자신을 떼어놔 보라고 하자, 퀸은 늘 열띤 논쟁에 등장하는 몇 개를 바로 찾아낼 수 있었다. 우리 둘은 모두 놀라지 않을 수 없었다. 어떤 목소리는 퀸이 뭘 하든 일단 비난부터 쏟아내고 있었는데, 특히 퀸의 외모에 대해서 더 그랬다. 두 번째는 퀸의 부모나 문제가 되는 폭식증을 비난하지 못하도록 퀸을 막아 주고 있었다. 세 번째는 슬프고, 절망적이면서, 무력하다고 느끼고 있었다. 마지막으로, 퀸이 우걱대며 음식을 먹도록 만드는 '우두머리'격의 네 번째가 거기 있었다.

이를 기반으로, 폭식증에 시달리는 다른 내담자들에게 같은 질문을 해 봤더니 기가 막히게 비슷한 이야기를 들을 수 있었다. 특히 전혀 다른 사람들이 내담자들을 돌아가면서 지배하는 것처럼, 자신들의 감정, 사고, 행위 등에 걸핏하면 불쑥불쑥 과격한 변화가 일어난다고 말했다. 한 내담자는 "10분 단위로 빈틈없는 전문가에서, 겁에 질려 덜덜 떠는 아이로, 또 미쳐 날뛰는 개로, 아무 감정 없이 오로지 먹기만 하는 기계로 오락가락합니다. 뭐가 진짜 나인지 도무지 알 수가 없어요. 하지만 이러고 싶지 않다는 건 알아요."라고 가슴 아프게 말했다. 이런 젊은 여성들이 모순된 인격들 사이에서 무력하게 이리 치이고 저리 치이고 있는데, 이런 인격들을 가만히 들여다보면 이 존재들을 그녀 자신들과 구별할 수 있게 되었다. 내담자들은 그들을 자신의 '부분'이라고 불렀다. "나의 이 부분은 어린 아이예요. 저 부분은 어른스럽지만 완고해요." 부분들을 식별해 내면서 내담자들은 휩쓸리는 것도 겁에 질리는 것도 덜해졌다. 이런 식으로 자신의 부분들을 피하지 않고 관찰하면서 내담자들은 자신의 내면 경험에 대해 새로운 관점을 찾을 수 있었다. 그 목소리들이 극단적으로 되는 데는 이유가 있는 것처럼 보였고, 이로 인해 그들의 극단성이 전부는 아니라는 단서를 얻게 되었다.

질문하기

이 지점에서, 내가 아무것도 모른다는 것은 아주 큰 이점이 되었다. 나는 정신내적(intrapsychic) 이론을 배우지 않았기 때문에 그에 대한 선입견도 거의 없었다. 내가 할 수 있었던 것은 가만히 귀 기울여 듣고 내담자들이 자신의 내면세계에 대해서 말하고 있는 것을 믿는 것뿐이었다. 이런 탐색을 위한 개요도 없이, 퀸과 다른 내담자들에게 그들의 부분에 대해서 질문만 하면서 여러 회기를 진행했다. 그 부분이 어떤 것 같나? 그 부분이 원하는 것은 무엇인가? 그 부분은 다른 부분과 어떻게 지내는가? 내담자가 좋아하고 그 얘기에 귀를 기울이는 건 어느 부분인가? 또 내담자가 싫어하거나, 두렵거나, 무시해 버리는 건? 알아 가면 알아 갈수록 내담자들의 설명은 가족을 연상시켰다. 내면의 각 목소리들은 그들만의 독특함이 있었고, 기질, 욕망, 뚜렷한 의사소통 방식 등을 분명히 갖고 있었다. 게다가 부분들은 서로 손을 잡기도 하고 양극화되기도 했다. 나약한 부분들은 뚝 떼어 내서 가둬 버리거나 내가 말하는 대로라면 '추방되어' 버린다는 것을 알게 되었다. 다른 부분들은 내담자의 삶을 관리감독하는가 하면, 또 다른 부분들은 분쟁과 고통으로부터 시선을 다른 곳으로 돌리게 만들었다. 그 부분들의 역할이 무엇이든, 대부분의 부분은 내담자가 이끌어 나갈 수 있다는 것을 믿지 않았고, 내담자는 어리고 여전히 위험에 처해 있다고 믿고 있었다.

이런 젊은 여성들의 내면가족들에 대해서 알아 갈수록, 항상성, 삼각화, 희생양 만들기 등과 같은 가족치료개념들과 내면 역동과의 관계에서 상관성이 점점 더 커져 갔다. 구조적 가족치료에서 배웠던 모든 것이 들어맞는 것 같았다. 그래서 가족치료기법들을 사용해서 내담자의 내면체계를 재구성하는 것을 목표로 삼고 내담자들과 공조하여 실험하기 시작했다. 여러 심리치료사가 그러하듯, 부분들이 보이는 그대로일 것이라고 여겼던 것이 나의 첫 번째 실수였다. 예를 들어, 비난하는 부분들은 끔찍한 부모를 '내재화'한 것으로 보았고, 폭식하는 부분은 통제 불능의 충동에 대한 내적 은유라고 간주했다.

이런 시각이 두 번째 실수를 하게 만들었다. 내담자들이 자신의 부분들에게 관리감독하는 태도를 취하게 했던 것이다. 내담자들로 하여금 자신들의 부분들을 무시하고, 통제하고, 그 부분들과 맞서 싸우라고 가르쳤다. 그 결과, "비판자가 당신을 공격하면, 주로 당신은 어떻게 하나요?"라고 물으면, "그 부분이 옳다고 수긍하고 나서 끔찍하다는 생각이 들지요."라는 식으로 내담자들은 답한다. 그러면 나는 그러지 말고 비판자들에게 맞서라는 지시를 하고 내담자들을 돌려보냈고, 문제는 더 악화되고 만다. 비난자는 더 냉혹해지고, 더 난폭한 어조로 내담자들에게 더 많은 욕설을 퍼부었다. 그러거나 말거나 물러서지 않았다. 내담자들이 극단적인 부분들을 무시하거나 억지로 굴복하게 만들도록 하려고 마음을 먹었다. ─부분들의 속성을 보여 주고 그들과 관계 맺는 법을 가르쳐 준 록산느를 만나기 전까지.

록산느

첫 회기에서, 록산느는 자신의 폭식증은 어릴 적 이웃에게서 성폭행을 당했던 것과 관련이 있는 것 같다고 말했다. 록산느는 내가 만난 첫 번째 성폭력 피해자였는데, 나는 그런 범죄로 인한 모든 끔찍한 결과를 극복할 수 있게 해 주겠다고 다짐했다. 몇 회기가 지나고 록산느는 자신의 팔에 자해로 생긴 자상(刺傷)을 보여 주었다. 그때까지는 록산느에 대해서 좋은 인상을 갖고 있었는데, 그 상처를 보고는 온몸에 소름이 돋았다. 자해하는 부분이 통제될 때까지는 혼자 두어서는 안 되겠다고 생각했다. 이즈음에 나는 게슈탈트치료의 빈 의자 기법을 시험하고 있었다. 내담자가 한쪽 의자에 앉아서 비어 있는 다른 쪽 의자를 마주본다. 빈 의자에 한 부분이 앉아 있다고 상상하면서, 내담자는 그 부분에게 말을 건다. 하지만 이번에는 빈 의자 기법을 좀 다르게 해 보았다. 록산느에게 빈 의자로 가서 앉게 하고 내가 직접 록산느의 자해하는 부분에게 말을 걸었다. 왜 록산느에게 자상을 내는지 물어보자, 그 부분은 록산느는 못됐고 당할 만하다고 답했다. 나는 그 부분에게 더 이상 자해를 용납할 수 없으니 다른 일을 찾아야 한다고 말했다. 또 록산느도 소환하여 더 이상 자신에게 칼을 들이대지 말라고 그 부분에게 말하게 했다. 록산느가 용감하게 이 말을 전했다. 그 부분이 콧방귀도 뀌지 않았다. 다음 주 회기 때까지 록산느에게 칼을 대지 않겠다는 말을 할 때까지 2시간 동안 줄기차게 요구했다. 다음 주 록산느에게 문을 열어 주는데, 숨이 턱 막혔다. 록산느 얼굴 한가운데에 커다란 칼자국이 나 있었다. 내가 있는 한 절대로 안 된다고 했던 나의 만용이 큰 화를 불러일으킨 것이다. 록산느의 얼굴을 보면서, 모든 전의가 무너져 내렸다. 아무것도 할 수 없다는 무력감에 사로잡혔다. 록산느의 자해하는 부분에게 "졌습니다. 당신이 이겼어요. 너무 위험한 게임이에요. 난 도저히 당신을 이길 수가 없어요."라고 말했다.

놀랍게도, 자해하는 부분이 얌전해지면서 나긋한 목소리로 말했다. "난 당신을 이기려는 게 아니에요." 그때는 도대체 이게 뭐지 하는 생각밖에 들지 않았다. "그럼 왜 록산느에게 칼을 대나요?"라고 물었다. 내가 정말 알고 싶어 한다는 생각이 드는지 그 부분이 자신의 둘로 나눠진 임무에 대해서 설명했다. 록산느가 학대를 당하던 시절에는, 그 부분이 록산느의 몸에서 록산느를 빼내어 그녀의 분노를 통제했는데, 그렇게 하는 것이 그녀를 더 큰 위험에 빠뜨렸을 것이다. 그 부분은 록산느가 겁을 먹으면 그녀의 몸에서 그녀를 빼내 와야 한다는 말을 이어 가면서, 그 분노를 통제해야만 하는데, 그게 록산느에게 자상을 입히는 이유라고 했다. 가만히 귀를 기울이다가 그 부분과 록산느의 어린 시절에 행했던 그 영웅적인 역할에 큰 감동을 받았다. ―그리고 감동을 받았다는 말도 건넸다.

록산느가 학대를 받았던 그 예전부터 그 부분이 있었다는 것도 충격이었다. 그 부분은 많은 행동화 증상을 보이는 아동들이 자신의 역할에 갇혀 있는 것과 똑같이, 과거에 묶여 있는 것 같았다. 내가 가족에 대해 알고 있는 것을 기반으로 해서, 이 부분은 두 가지 일이 생기기만 하면 얼마든지 변할 것이라는 계산이 섰다. 이 부분이 과거에서 벗어날 수만 있다면, 그리고 록산느의 공포와 분노가 어느 정도 변하기만 한다면. 그와 동시에, 이 부분이 겉보기와는 다르다는 것을 알았으니, 자신의 임무에서 벗어난다면, 더 하고 싶은 것이 무엇인지를 물어보았다. 말이 끝나기 무섭게, 그 부분은 지금 하고 있는 것과는 전혀 다른 것을 하고 싶다고 했다. 록산느가 자신의 감각을 더욱 강렬하게 느낄 수 있게 돕고 싶다는 것이다.

가슴이 뛰어 그날 밤 나는 잠을 잘 수 없었다. 파괴적인 부분이 사실은 돕는 일을 하고 싶어 한다면 어떻게 되는가? 어쩔 수 없이 하고 있었던 극단적인 역할들을 좋아하지 않는다면 어떻게 해야 하는가? 정신보건 분야에 종사하는 우리 모두가 잘못하여 내담자와 가족 사이에서의 악순환을 부추기고 있다면 어떻게 해야 하는가? 이 부분과 같은 부분들에게 설교를 하고, 약물을 투여하고, 소거시키거나 통제하려고 할수록 내담자를 보호하기 위해서 더 격렬하게 싸우려고 한다면 어떻게 해야 하나? 가족 내 희생양을 만든 내 초기 스승들―시카고 입원기관에서의 행동화 증상을 보인 청소년들―의 방식으로 충동적이고 통제되지 않는 부분들을 희생양으로 삼았을 지도 모른다. 그냥 이 부분들이 가지고 있는 두려움을 도와줄 수 있으면 어떨까? 청소년들이 가족치료에서 자유로워진 것과 같은 방식으로 극단적인 역할에서 그 부분들이 자유로워질 수 있을까? 부분들의 내면세계가 외부 가족들의 세계를 반영할 수 있을까? 그 반대도 가능할까?

나는 사무실로 돌아와, 곧바로 다른 내담자들의 극단적인 부분들―거식증, 자살, 격분, 폭식―에게 강압적이지 않게 알고 싶다는 열린 마음으로 말을 걸어 보았다. 기쁘게도, 그들은 록산느의 자해하는 부분과 마찬가지의 반응을 보였다. 그들은 안전하기만 하다면 얼마든지 자신들의 에너지를 긍정적인 목적으로 쓰고 싶다고 말했다. 자신들의 임무는 내담자를 보호하는 것이니까. 이런 면담을 통해서 내면체계의 기능을 더 넓혀 가려면 어떻게 해야 하는지에 대한 의문을 갖게 되었다. 수년간 연구하고 실천해 오면서 너무나 익숙해진 가족치료와 동일한 역동과 양식으로 내담자들의 부분들이 답을 보여 주고 있었다.

내면의 지도력 문제는 역기능적 가족에게서 확인했던 것과 분명히 비슷했다. 극단적인 부분들은 여러 모습으로 힘을 모아 내담자의 일상적인 삶의 과정을 지배할 힘을 가지려고 싸우고 있었다. 대개 우리가 '생각'이라고 여기는 것이 논쟁을 벌이고 있는 내면의 대화들일 때가 많은데("자, 그냥 먹어! 손도 대지 마! 먹기만 해 봐, 죽을 거야"), 그 대화 뒤에는 경계하는 비판적인 목소리로 후렴구가 붙어 따라온다("이 한심하고 구역질나는 인간아!"). 이런 격렬한 내적 갈등은 내담자 체계 내 더 어린 부분들을 위협한다. 이들의 두려움은 취하고, 화내고, 몸이 아프고, 성관계를 가질 상대를 찾는 등과 같은 충동적 행위들로 내담자의 관심이 다른 데 쏠리게 하거나 아무 상관이 없다고 느낄 수 있게 하는 보호자들에게 더 박차를 가하게 한다. 하지만 이내 그런 주의분산도 비난을 받는다. "네가 그렇지……"[다음과 같은 말로 빈 곳을 채운다] "중독이나 되고, 오입질이나 하고, 제 화도 못 이기는, 주의력 결핍증(attention deficit disorder, ADD) 패배자야!" 이런 뻔한 악순환은 절망이 보호하는 부분으로 하여금 어떻게 극단적 반응으로 자신들의 자리를 굳건히 하면서 서로 계속 싸우게 만드는지를 보여 주었다. 모두의 신뢰를 얻어 지도력을 발휘할 것 같은 이는 내면에 하나도 없었다. 그래서 좋은 의도를 가져도 이런 부분들이 모두 힘을 모으거나 인생의 위기에 대처할 수는 없었다.

사티어, 미누친, 헤일리, 마다네스(C. Madanes) 등의 기법을 활용하여, 내담자 내면의 가족들이 더 직접적으로 의사소통을 할 수 있도록 가르치기 시작했다. 더 나은 경계를 만들고, 새로운 역할을 시도해 보고, 적절한 위계를 세워 지도력을 갖출 수 있도록 해 보았다. 내담자와 함께 살 수는 없으니까, 그들의 내적 삶에 내가 중심인물이 될 수는 없었다. 대신 내담자들이 내면에 집중하여, 자신의 부분들과 이야기를 나누고 나서 어떤 일이 일어났는지를 나에게 말해 주도록 했다. 그리고 나서 내담자들이 자신의 부분들과 능숙하게 소통하도록 하여 내면의 문제적 관계를 개선해 나가게끔 이끌었다.

하지만 내담자들의 정신이 혼돈과 갈등으로 너무 번잡하여 내적으로 소통의 기술을 원활하게 사용할 수 없음을 알게 되었다. 그래서 한 번에 한 부분이 자발적 대화에 참여하도록 해 보았다. 이도 역시, 목표로 삼은 부분과 이야기를 시작하자마자, 분노와 혐오와 두려움을 느끼고, 열린 마음으로 알고 싶어 하는 태도 따윈 창문 밖으로 던져 버리기 때문에 도저히 불가능했다. 가족치료사처럼 나도 이런 역동에 익숙해졌다. 두 사람이 가족 내에서 대화를 하도록 하려면, 다른 가족구성원들은 끼어들기 일쑤고, 편을 들고, 갈등을 심화시킨다. 나는 가족구성원들에게 개입해서 긴장을 풀라고 하고, 몸을 움직여 대화 중인 사람들이 그들을 보느라 시선이 분산되지 않도록 해 달라고도 하면서 '경계 세우기(make boundaries)'를 배웠었다. 지금이야말로 부분들과 그 전략을 시도할 때다 싶었다.

코라

코라라는 젊은 여성은 섭식장애를 갖고 있었다. 그녀는 비극적 운명을 예감하면서 자신의 부분들이 하는 모든 긍정적인 행위에 날 선 비난을 보내는 비판자와 염세적인 목소리까지 갖고 있었다. 그녀는 또 이런 끔찍한 예감에 맞서서 목소리를 높이는 부분들도 있었다고도 말했고, 또 그 외 부분들은 부끄러움을 느끼고 그들로 인해 무력감을 느끼기도 했다. 그녀는 맨 끝에 있는—부끄러움과 무력함—부분이 진짜 코라라고 생각했다. 코라 내면의 전투에 대해서 알고 싶어서, 그 부분들의 상호작용으로 인해 생기는 일들을 바꾸기 위해 싸우는 부분들 간의 관계를 코라가 알고 있는지 물어보았다. 코라처럼 섭식장애를 지닌 젊은 여성들에 대한 가족치료와 나의 접근법 간 차이는 내담자들의 내적 관계가 다른 사고와 감정에 대해 느끼고, 생각하고, 소통을 하는 것과 연관되어 있다는 것뿐이었다.

나는 코라의 염세주의자에게 왜 계속 그녀를 절망 속에 두려고 하는지 코라에게 물어보라고 했다. 그 부분은 코라가 위험에 처해 상처를 입게 되는 것을 원치 않는다고 답했다. 이런 대답은 예후가 좋은 듯했다. 염세주의자의 의도가 좋기만 하다면, 코라가 그 부분이 새로운 역할을 찾을 수 있도록 도울 수 있다. 하지만 코라는 별 감흥이 없었다. 코라는 염세주의자에게 화가 나서 자신을 그냥 내버려 두라고 (무례하게) 말했다. 왜 그렇게 대하느냐고 물어보자, 코라는 격분에 차서 그 목소리 때문에 어떤 나쁜 일들이 생겼었는지 쏟아냈는데, 하는 일마다 사사건건 그 목소리 때문에 일이 틀어지곤 했다고 말했다. 가만히 듣고 있다가, 염세주의자와 싸우고 있는 또 다른 부분이 말을 하고 있음을 감지했다. 앞선 대화에서, 코라는 성공해야 한다고 몰아세우는 목소리와 계속 절망적인 상태로 두는 부분 간의 전쟁이 계속되고 있다고 말했다. 지금 이 부분은 몰아세우는 부분 같았다.

그래서 코라에게 몰아세우고, 화가 나 있는 목소리에 집중해서 끼어들지 말아달라—마음속에서 한걸음 뒤로 물러서 달라—고 말하도록 했다. 놀랍게도, 그 부분이 협조했고 코라의 태도가 갑자기 또 변했다. 지금은 염세주의자에 대해서 어떤 느낌이 드는지 물어보자, 완전히 다른 사람이 대답을 했다. 차분하고 다정한 목소리로 그녀를 보호하려고 했던 것에 감사하고 온갖 애를 다 쓰는 동안 그렇게 외롭게 해서 미안하다고 말했다. 코라의 표정과 자세에서 연민을 읽을 수 있었다. 이때부터 염세주의자와의 협의가 수월해졌다. 다른 몇몇의 내담자들에게 '한 발 물러서기' 기법을 똑같이 해 보았다. 내담자가 코라 같은 상태가 되기 전에 두세 목소리에게 끼어들지 말아 달라고 요청해야 할 때도 있었지만, 어쨌든 효과가 있었다. 나는 다시 가슴이 벅차올랐다. 사람들이 극단적인 목소리에게—다른 부분들과, 가족구성원들이나 책임자와도 의논을 해 보자고—물어봄으로써 진정이 된다면 어떻게 되는 걸까? 모든 이가 뒤로 한 발씩 물러나고 나서 그 사람이 코라가 그랬던 것처럼 연민 어린 마음을 가지게 되면 어떻게 될까? 그래서 내담자들에게 내면에서 누가 가장 차분하고 연민 어린 부분인지 물어보았다.

내담자들은 다음과 같이 답했다. "다른 목소리들과 같은 부분이 아니에요. 그건 진짜 나입니다. 그게 내 자신이에요." 몇 년 동안 이게 무슨 말인지를 제대로 알지 못했지만, 대문자 S로 표기되는, 내담자들의 **참자기**(Self)라고 부르게 된 것을 우연히 발견하게 되었다. 이는 세계 전역 영적 전통에서 여러 가지 방법으로 나타나 있고, 접근되고 있었던 존재였다(Schwartz & Falconer, 2017을 보라). 하지만 당시 나는 내담자들이 내면의 지도자를 갖고 있다는 것을 알게 된 것과 더 이상 힘을 들이지 않아도 내담자들과 치료사 모두에게 효과적일 수 있는 치료를 발견한 것만으로도 전율이 흘렀다.

충격도 받았다. 애착이론을 기반으로 하는 대부분의 심리치료사가 그랬던 것처럼, 효과적이고 신뢰할 만한 내면의 지도력은 시간을 들여 외적 관계를 치유해야지만 발달할 수 있는 것이라고 믿고 있었다. 그래서 치료는 많은 역할모델을 갖고 치료사와 교정작업을 함께하면서, 천천히 공을 들여야 된다고 생각했다. 뿐만 아니라,

내면가족의 새로운 오점들 때문에, 내면에서 이끌고 나가는 법을 배울 수 있는 부분을 찾아서 개발해야 한다—천천히 아주 많은 공을 들여서, 안전하고 순응적인 관계 환경 속에서—고 여기게 되었다. 이러한 노동-집약적 시각은 내담자들의 대부분이 완전한 건강을 되찾을 만한 시간도 자원도 갖고 있지 않다는 비관론을 불러일으켰지만, 그래도 적어도 도움이야 되겠지 하는 긍정적인 마음을 갖곤 했었다.

새로운 자료

이제 나는 새로운 자료를 얻었다. 내담자는 극단적인 감정 및 신념과 분리 가능할 뿐만 아니라, 자연스럽게 순일한 자아(ego)의 힘을 보여 주기도 했다. 어떻게 그런지는 알 수 없었다. 이런 사람들의 대부분은 부모로부터 충분한 보살핌을 받지 못했을 뿐만 아니라 어린 시절은 공포와 수모의 악몽으로 점철되어 있었다. 살면서 안기거나 위로받은 적이 한 번도 없었던 이들도 있었다. 그런 사람들은 좋은 애착대상이 하나도 없었다. 내가 본 것들은 발달심리학과 애착이론에 있어서는 경이로운 것들이었다. '태생적 자질들을 갖고 있으니 환경으로부터 얻을 필요가 없을지도 모른다'는 생각이 들었다. 심리학, 철학, 종교 등은 인간의 본성(human nature)이라는 것을 근본적으로 과소평가했다. 수년간 명상을 하고 몇 분 동안 정신을 집중해서 진언(眞言, mantra)을 외우며 정신 수양을 하면서 부정적인 감정을 평정심(더없는 행복을 느껴 본 적도 있다)으로 바꾸어 보기도 했지만, 얼마 동안 명상을 하지 않으면, 쓸모없다는 기분이 마치 안개처럼 다시 슬그머니 기어들어와 평정심과 자신감을 흔들곤 했다. 지금 내담자들은 평정심과 자신감에 다가가는 새로운 방식을 보여 주고 있다. 내 몸 안에서 부분들을 감지해 보려는 실험을 시작하면서 진언을 외는 대신 그 부분들에게 한 발 뒤로 물러서 달라고 말했다. 놀랍게도 효과가 있었고, 그때부터 지금까지 거의 35년간 그 방식으로 명상을 하고 있다.

하지만 그와 동시에, 함부로 중대한 결론을 내리지는 않았다. 어느 누구라도 괴로움이 순식간에 평정심으로 바뀔 수 있다는 확신을 내리기까지 수년간 새로운 접근법을 시험해 보았다. 내담자들이 자신의 부분들과 분리가 되자마자 완전히 자발적으로 참자기의 자질들을 구현하는 현장을 지켜본 후, 마침내 우리가 꿈꾸는 것보다 우리에게는 더 많은 것이 있다는 생각까지 아우르게 되었다. 그리고 그게(참자기라고 부르고 있는) 무엇이든, 분명히 시간을 들여 개발할 필요가 없다. 부분들이 받아들이기만 하면 그건 언제나 거기 있다.

세상을 바라보고 그 세상을 넘어서서 평정 상태가 되는 것 이상으로, 참자기로 꽉 찬 마음의 상태는 치유적이고, 창의적이고, 수행능력을 향상시킨다. 내담자들이 참자기–상태로 들어가면 자신의 부분들을 수동적으로 그냥 바라보기만 하는 것이 아니라, 부분들과 창의적으로 상호작용하면서 그들을 치유하는 것 같다. 참자기는 언제든 연민(compassion)과 명료함과 지혜로 내면의 인격들을 알아 가고 보살필 수 있게 했다. 코라의 염세주의자 같은 부분들이 내적 외상의 희생자이면서, 그 끔찍한 고통이 일어난 과거의 시간—주로 어린 시절—에 갇혀 꼼짝도 하지 못했다는 사실이 내게는 충격이었다. 그들은 행동파이고, 내담자가 자신들이 왜 그러는지 알기를 원했다. 다른 부분들도 대부분 자신의 이야기를 들어 주고, 안아 주고, 위로해 주고, 사랑받기를 원했다.

가장 놀라운 사실은 내담자들이 참자기–상태에 들어가기만 하면, 각각 내면의 인격들이 필요로 하는 것이 무엇인지 바로 아는 듯하다는 것이다. 내가 관찰한 것을 확인해 보기로 했다. 내담자의 참자기가 나타났다고 감지가 되고 나면, 부분과 관계를 맺는 법을 내담자에게 말해 주는 대신, "이 부분에게 지금 어떤 말을 하고 싶은가요?"와 같은 질문을 던졌다. 매번 내담자는 더할 나위 없는 말을 건네거나 그 부분에게 다가가 품어 주었다. 그보다 더 좋은 식으로 관계 맺는 법을 치료사가 가르칠 수는 없다는 것을 알게 되었다. 따라서 내담자가 참자기–상태에 머물도록 하는 것이 나의 주요임무가 되었다. 내담자가 '참자기 안에' 있으면, 아무 방해도 하지 않고 내담자들이 자신들의 내면가족에게 부모 역할을 하는 것을 지켜볼 수 있었다. 내 부분들과 함께 나도 그렇게 해 보았더니, 큰 실망감을 느끼고 있으면서 사랑받지 못했다고 여기는 한 어린 아이를 만날 수 있었다. 하지만 곧 그 아이의 궁색함이 못마땅해졌다. 경멸하는 부분에게 한 발 뒤로 물러서 달라고 한 뒤, 소년을 안아 주고 그렇게 오래 혼자 버려 둔 것에 대해서 얼마나 미안한지를 말해 주고 싶었다. 이런 식의 직면이 몇 번 일어나고, 그 아이는 훨씬 유대감을 느끼고 행복해졌으며, 더는 그 아이의 감정을 막아서지 않아도 되었다.

큰 마음을 먹고, 내담자들이 자신의 부분과 떨어져서 고통 속에 있는 부분들을 찾아 그들을 사랑으로 안아 주도록 했다. 자신들의 아이 같은 인격들을 안아 주고 위로해 줄 수 있었던 회기를 마치면서 내담자들은 기분이 훨씬 좋아졌다. 하지만 치료실을 나가고 얼마 되지 않아서 끔찍한 일을 겪고 그 다음 주 내담자들이 다시 치료실로 들어왔다. 한 내담자는 집으로 가던 길에서 교통사고가 났다. 또 한 내담자는 40℃에 육박하는 고열에 시달렸다. 심지어 어떤 내담자는 생애 최악의 편두통 때문에 일주일 내내 침대에 누워 있기만 했다. 이런 일들은 나를 충격에 빠뜨리며 경종을 울렸다. "제1원칙, 해를 입히지 말라."[3]는 아버지의 목소리가 귀에 쟁쟁거렸다. 내면체계를 바꾸는 것이 갑자기 생각했던 것보다 더 복잡해지고, 위험하고, 어려워 보였다. 전체 실험을 중단하고 상대적으로 안전한 표준화된 가족치료로 물러설까를 고민했다. 하지만 록산느의 자해하는 부분이 그녀를 보호하고 싶었다고 말했던 것이 떠올랐다. 나 때문에 위험에 빠질 수 있다고 생각한 부분들이 이런 격한 반응을 일으킬 수 있는 건가? 내담자들의 취약성에 너무 급하게 집중해서 내가 그들을 자극한 것일까?

모든 내담자에게 이런 격렬한 반항에 집중해서 그들의 이야기에 귀를 기울여보라고 했다. 그러자, 정말 내담자들은 서슬 퍼런 분위기 속에서 불같이 화를 내는 내면의 목소리들을 들었다. 우리가 묵묵히 듣고만 있으니까, 이 화난 부분들이 진정이 되더니 자신들의 허락도 없이 나약한 부분들에게 가서 정교하게 엮어서 만든 방어체제를 엉망으로 만들어 놓았다는 설명을 해 주었다. 특히 심각하게 외상을 입은 내담자들의 경우, 정교하게 잘 지키고 있는 그들의 생태계 같은 걸 내가 건드렸다는 것을 깨달았다. 문제를 해결하기 위해 이 부분들에게 예우를 갖추고, 내면체계의 법칙을 배우고, 생태학적으로 더욱 많은 이해를 해 나가기로 했다. 체계를 생각하는 사람이라면서 불쑥 쳐들어가면 이런 항상성 반응이 나올 거라는 것을 예상하지 못했다는 것이 당황스러웠다. 정말 내면가족이라면, 당연히 이런 강력한 반응이 일어날 수 있다. 가족치료사들은 안전하게 취약성에 집중하기 전에 가족 중 의심 많은 보호자와 접촉해서 그들을 안심시키고, 그들의 허락을 먼저 구해야 하는 것을 알고 있다. 내면의 가족이라고 해서 뭐가 다르겠는가?

---

3) First do no harm! 원문에는 이렇게 나와 있으나, 라틴어 원문(Primum non nocere)대로라면 'First, do no harm'이 된다. 이 말은 히포크라테스 선서(Hippocratic Oath)에서 비롯되어 1847년 후커(W. V. Hooker)가 라틴어 원어로 자신의 저서에 쓴 것으로, 의료인들의 제1윤리를 강조하기 위한 것이다.

자존심보다 자료가 먼저다

정신역동치료사들의 특정 주제—과거가 현재에 깊은 영향을 미치고, 사람은 자각하지 못하는 무의식적 현상으로 움직이며, 정서와 몸이 효과적인 치료의 핵심이고, 전이와 역전이 과정을 포함하는 치료적 관계가 중요하다.—가 전적으로 옳다는 것을 수년 동안 인정하고 싶지 않았다.

자존심을 꿀꺽 삼키고 선입견보다는 자료가 먼저라는 생각을 하고 나서, 내면가족체계 관점이 정신분석적 관찰에 대한 다른 이해—그리고 작업 방법—를 제시하고 있다는 것도 알게 되었다. 무의식으로 들어가서 직접 상호작용하면서 욕망, 뒤틀림, 내면체계에 담긴 그 외의 것들에 대해서 질문을 할 수 있다. 그러면 내담자의 부분들은 선명하게 답을 하고, 직접 과거 결정적 장면을 대하면서, 자신들이 겪었던 일들 중에서 가장 중요한 것이 무엇인지 말해 주는데, 우리가 깊이 생각하고, 재구성하고, 해석하고, 잘 가르쳐 줄 필요가 없다. 과거에서 비롯된 고통스러운 장면들은 내면에 격한 정서를 파도치게 만들어서 내담자가 거기 휘둘리게 만들 수도 있다. 하지만 내담자의 참자기가 자리를 지키면 정서의 힘에 밀려 맥을 못 추는 것처럼 보여도, 이 저서 뒤에서 설명할 테지만, 도움을 줄 수 있다.

참자기가 자리를 지키고 길을 이끌어 주면, 내담자의 부분은 결국 이해받았다는 기분이 들고 그 부정적 감정은 가라앉을 것이다. 내담자가 이런 내면 작업을 하는 중에는 몸이 평소와 달리 아주 놀랍게 움직일 수도 있다는 것을 알게 되었다. 다시 처음과 같은 걱정이 생겼지만, 충분히 지켜봐 주고 이해받고 있다는 기분을 느끼게 하려고, 어떤 부분들은 일시적으로 몸에 그 힘을 건네기도 한다는 것까지 알게 되었다. 이제는 신체로 넘어가는 신호를 보기만 하면, 아무리 감지하기 힘든 신호라도, 내담자에게 그대로 그 경험을 키워 보라고 독려한다. 내담자의 다른 부분들 중 어떤 이들이 남의 시선을 의식하거나 겁을 먹거나 하면, 우선 중단하고 그 부분들이 안전감을 느끼도록 하여 한걸음 뒤로 물러서서 우리가 다시 이어 갈 수 있도록 한다.

내담자의 참자기가 알고 있기 때문에 내담자에게 자신들의 부분에게 무슨 말을 하고 싶은지 그 부분들과 뭘 하고 싶은지 물을 필요가 없다는 것을 배웠다. 그래서 나도 긴장을 풀고 매우 즐거운 마음으로 그 자리에 있을 수 있었다. 예를 들어, 아이 같은 부분이 자신은 학대받을 만했다고 생각하면, 내담자의 참자기는 그 아이가 참자기를 믿을 때까지 그런 대접을 받을 수 없는 이유를 낱낱이 제시할 수 있다. 내담자의 참자기를 통해 작업을 하면서, 내가 직접 교육하거나 길을 잡아 줄 필요가 거의 없어져서 치료를 하는 것이 더 쉬워졌다. 주로 우리는 참자기-주도적으로 있기만 하면 되었다. 내담자는 자신들의 여정에 치료사가 별 무리 없이 함께한다는 걸 느끼면서, 참자기에게 더 많이 다가가고 마침내는 치유된다.

성공적인 치료에는 내담자와 치료사의 관계가 이루 말할 수 없을 만큼 중요하다는 것도 알게 되었다. 그것이 수용과 연민이라는 새로운 관계를 경험하게 할 뿐만 아니라, 치료사가 참자기 안에 머무르는 능력이 내담자의 보호하는 부분들로 하여금 긴장을 풀게 만들어 내담자의 참자기가 자연스럽게 흘러들어 오도록 하기 때문이다. 그러면 내담자는 치료사와 함께했던 것과 비슷한 새로운 경험을 자신의 부분들에게도 줄 수 있다. 내담자의 참자기가 부분들과 상호작용하면서 내적인 평정심과 견고함을 선사했기 때문에, 치료사도 극단적인 전이 투사에 지배받을 일이 적어진다. 하지만 전이가 드러나면, 직접적이면서도 간략하게 치료사에 대한 오해를 다루고 나서, 내담자로 하여금 해묵은 원형들을 찾아서 짐 내려놓기를 하도록 요구한다.

참자기의 이런 상태는 단순히 개념이 아니다. 참자기가 나타나면, 사람들은 자신들의 몸에서 명백한 차이를 경험한다. 예를 들어, 가슴이 열리고 빛이 드는 기분이라고 말하는 사람들도 있다. 어떤 이들은 에너지가 유입되면서 몸이 떨리기도 한다. 또 마음이 선명해지고 어떤 것에도 걸려 있지 않은 기분을 느낀다고도 한다. 시간이 흐르면서 치료사들이 구현된 참자기의 신호를 감지할 수 있게, 참자기가 부재한 상태도 알아차릴 수 있도록 교육을 할 수 있겠다는 생각이 들었다. 이렇듯 물리적으로 부분들이 나타나면서 활성화된 부분들을 바로 알아차릴 수 있다는 것을 발견했다. 이는 치료사의 부분들이 내담자에게 반응을 하면(역전이) 치료사의 부분들을 찾아내서 한걸음 뒤로 물러서게 하여 치료사의 참자기가 자리를 지킬 수 있도록 할 수 있다는 뜻이다. 그런 회기를 마치고 나면, 귀가 후 치료사 자신의 부분들을 돕고, 다음 회기에서는 개입을 하지 못하도록 한다.

또한 내담자들에게 치료사들의 역전이 반응에 대해 그렇게 하는 것이 유용했는지 이야기를 나눌 수도 있다. 이런 목적으로 볼 때, 우리는 "화가 납니다, 두려워요, 참을 수가 없어요"라고 말할 필요가 없기 때문에 부분들의 언어가 도움이 된다. 대신, "조금 전에 나의 한 부분이 ……라고 느꼈는데 그 부분이 끼어들지 않으면 도움이 될 것 같네요."라고 말할 수 있다. 대개 부분들의 언어는 내담자와 치료사를 당혹스럽게 하거나 논란의 여지가 많은 격한 감정을 노출하는 데에 도움이 된다. 치료사의 작은 부분이 상처를 입거나 분노에 휩싸일 수 있다는 것을 인정하고 나면 "내가 상처 입었어요, 혹은 화가 치밀어요"라고 말하는 것보다 훨씬 덜 부끄럽고 덜 위협적이다.

이 지점에서 독자들은 정신적 부분들의 현상이 해리성 정체감장애(dissociative identity disorder, DID)와 어떤 관계가 있는지 궁금할 것이다. 우리 견해로 보면, 해리성 정체감장애를 가진 내담자들의 '이차인격(alters)'이 곧 부분들이지만, 그들의 내면체계는 훨씬 양극화되어 있고 단절되어 있다. 끔찍한 아동기 학대는 기억상실 장벽—평상시의 내적 관계망을 차단하는—에 기대어 불철주야 감시를 하는 보호자들을 불러일으키기 때문이다. 이러면 위험한 때에는 보호가 되지만, 고립되고 상처 입은 부분들의 고통을 증폭시키고 경직된 어린 보호자들의 생존전략에 갇혀 버리기도 한다. 이런 극단적인 내적 상태는 내담자가 참자기나 다른 그 밖의 누군가를 쉽게 신뢰하지 못하게 한다. 불행히도, 서구 문화에서는 해리성 정체감장애를 심각한 병리를 뜻하는 흥미로우면서도 기이한 일탈처럼 묘사하고 있기 때문에, 내면체계에 극단적인 해리의 특징이 없는 내담자의 경우, 그 부분에게 다가간다고 하면 미친 게 아닌가라고 생각하기도 한다. 그리고 내면체계가 해리성 정체감장애 진단에 더 잘 부합하면 부분들을 정상이라고 보지 않는 경우도 많다.

다음은 내면가족체계의 기본 요건들이다.

1. 체계사고는 생태학적으로 민감하게 반응하도록 한다.
   • 저항은 보호하는 부분들이 체계에 대한 잠재적 위협(치료사)에 대응하는(옳은 때도 있다) 것이다.
   • 내담자가 취약한 부분들에게 접근을 시도하기 전에, 보호자들은 이해받고, 인정받고, 위로받을 자격이 있다.
   • 보호자의 임무는 제안된 치료가 문제를 더 악화시키지 않을 것임을 확인하는 것이다. 이것이 그들의 사명이다. 그들은 내담자 내면체계의 여린 생태에 너무 성급하게 다가가면 부정적인 결과를 낳게 될 가능성에 대해서 치료사보다 더 잘 알고 있다.
   • 보호자는 치료사가 내면에 들어가도록 하기 전에 능력과 안전성에 대해서 심사를 할 권한을 갖고 있다. 보호자의 신뢰를 얻으려면, 치료사는 참자기가 선두에 서야 한다. 입증의 의무는 치료사에게 있다.

2. 극단적인 보호자들은 대개 체계의 나약함이 나아지지 않으면 변화하지 않을 것이다. 그래서 보호자들이 파괴적인 증상에 연루되어 있다 해도 치료사가 억지로 변화를 강요하지 않는다. 대신 그 부분들이 내담자의 참자기가 도울 수 있도록 허락해 주면, 자신들의 보호하는 역할에서 해방될 수 있다는 것을 알려 주고, 그들을 불러, 유배자들을 더 이상 보호할 필요가 없어지면 어떤 역할을 하고 싶은지 생각해 보도록 한다. 그리고 나서 내담자의 참자기가 그 부분들이 보호하고 있는 부분을 치유하도록 허락해 달라고 한다. 마지막으로, 그들이 더 바람직하고 새로운 역할로 나아갈 준비가 되었는지 물어본다.

3. 참자기에 대한 신뢰를 회복하는 것이 지도력과 내면의 조화를 향상시키는 지름길이다. 따라서 치료사가 내담자의 부분들을 직접 도우려 하지 않고, 대개는 내담자의 참자기가 부분들과 상호작용하고 치료사에게 보고하도록 하는 것이 목표다. 그렇긴 하지만 치료사가 부분들에게 직접 이야기를 건네는 것이 가장 신속하고 매우 유익할 때도 있다. 이 과정을 직접 접근(direct access)이라고 하는데, 뒤에서 설명할 것이다. 치료사의 최우선적 역할은 정신세계를 탐색하면서 내담자의 참자기를 안내하고, 지도하고, 동반자가 되어 주는 것이다. 그다음으로 치료사는 교정적 관계 경험을 제공한다. 내담자들은 회기 중이든 회기와 회기 사이에서든, 자신의 부분들을 알아채고 계속 함께 거하면서, 스스로를 치유하고 있다는 것을 인정하게 된다.

4. 내담자를 초대하여 부분들이 참자기와 '섞여 있다는 것'을 감지하도록 한다. 부분들과 분리되거나 부분들이 '뒤로 한걸음 물러서' 주면, 참자기가 활동을 할 수 있게 된다는 것을 깨닫도록 한다. 내담자의 참자기가 부분들과 분화된 채로 머물도록 하는 목적을 달성하기 위해, 치료사는 경계와 분화에 초점을 두고 가족체계를 통합시킨다. 참자기가 나타나면, 부분들은 안전감을 느낀다. 같은 이유로, 내면가족체계치료사는 섞인 부분이 없는지 자신의 내면을 계속 살펴보면서 섞인 부분들에게 분리를 요청하여 참자기-주도성을 되찾을 수 있어야 한다.

5. 보호자들은 서로 두려워하면서 극단적인 자리에서 버틴다. 각 부분들은 긴장을 늦추면 양극화된 부분이 지배권을 쥐게 되어 참담한 결과를 초래하게 될 거라고 믿는다. 따라서 내면가족체계에서는 양극화를 계속 주목하면서 다룬다. 가족치료사와 마찬가지로, 갈등을 일으키는 내면가족구성원들과 작업을 하면

서, 서로 마주보고 서로 좋아질 수 있는 방법에 대해서 이야기를 나눈다. 차이가 있다면, 가능할 때마다, 부분들이 서로 존중하고 서로의 이야기에 귀를 기울이도록 하기 위해서, 내담자의 참자기가 이런 내면의 대화를 조정하는 역할을 한다는 것이다. 참자기가 중재를 하고 양극화된 부분들이 결국 서로 만나 같은 목적(내담자의 안전)을 갖고 있음을 알게 하고 나면, 오랜 시간 서로 반목했던 양극화는 어느새 눈 녹듯 사라진다.

6. 일반적으로, 내면가족체계의 근본적인 시각은 치료사들이 예의를 갖추고 비병리적으로 보는 자세를 지향한다. 우리는 모두 부분을 갖고 있으며, 이 부분들은 사람과 마찬가지로 재능도 있고 수완도 좋지만 극단적 정서와 신념(무거운 짐/부담)을 만든 외상적 사건으로 인해 구속되어 있을 뿐이다. 외적 가족구성원들처럼, 부분들도 무거운 짐을 지고 있고 어린 시절의 방임, 유기, 폭력, 성적 학대 등으로 인해서 극단적으로 몰려 간 것이다. 그리고 이들은 자신들의 체계 역할에 구속되어 있고, 보호자들은 이런 구속을 혐오하면서도 어쩔 수 없다고 생각하기도 한다. '내재화'와 '내사'와 같은 현상은 내면가족체계에서 보면 부분의 자질이 아니라 벗어 버릴 수 있는 무거운 짐이다. 그러니까 내면가족체계치료사들은 내담자가 장애나 결함을 가졌다고 생각하지 않는다. 그들은 부분 속속들이 사무쳐 있고 부분이 지고 있을지도 모를 극단적인 신념들과의 내면적 관계망에 대해서 항상 질문을 던진다.

7. 내면가족체계에서는 체계 수준 사이를 유동적으로 옮겨 다닐 수 있다. 이 접근법이 모든 체계 수준에 적용할 수 있는 전 범위 심리치료가 되기 때문이다. 따라서 제약조건과 개입 최적 시점을 찾으면서, 내면가족체계치료사들은 내담자의 외적 관계망을 포함시킬 수 있다. 예를 들어, 배우자의 내면세계와 함께 시작해서, 부부관계에 중점을 두고, 배우자의 내면세계로 다시 돌아올 수 있다. 이런 식으로, 내면가족체계치료사들은 모든 체계 수준에서 동일한 개념과 기법을 사용하고 개인부터 부부나 가족치료에 이르기까지 다른 입장이될 필요가 없다. 이 저서는 내면가족체계 가족, 부부, 그 외 외부체계에 대해서 다섯 개의 장을 할애하고 있다. 허빙-블랭크(T. Herbine-Blank)의 저서 『속까지 들여다보는 친밀감(Intimacy from Inside Out)』(Herbine-Blank, Kerpelman, & Sweezy, 2016)을 보면 내면가족체계치료 기반 부부치료에 대해 더 많은 것을 알 수 있을 것이다.

8. 끝으로, 체계 사상가들은 살아 있는 유기체는 자기-치유 능력을 갖고 있다고 믿는다. 우리의 몸이 물리적 상해를 견디기 위해서 여러 복잡한 치유 전략을 가져오는 것을 보면 가장 잘 알 수 있지만, 정서적 상해에서도 그렇다. 자신들의 참자기에게로 접근하도록 하면, 내담자들은 치유를 위한 자신들의 내적 능력을 활성화시킨다. 정신의 내적 자원을 믿고 우리가 도울 수 있어서 감사하다고 여기다 보면, 전문가로서의 삶에 경이로움을 경험할 일들이 많아진다.

맺음말

이 저서는 이제 정교한 내면의 생태가 어떻게 생존하며 경험을 수용하는지, 내담자가 이 영역에서 어떻게 안전하고 예의를 갖춘 자세로 방향을 찾아가도록 할지, 내면과 외부세계에서 치유와 조화를 향해 어떤 목표를 세울 수 있는지에 대해서 설명을 이어 갈 것이다. 내면가족체계치료의 목표는 내담자가 참자기-주도적이 되도록 하는 것이며, 이는 내담자의 부분들이 참자기에게서 사랑받는다고 느끼고 참자기의 지도력을 신뢰하게 된다는 말이다. 참자기와의 이런 관계가 삶의 위기에 관련된 능력들과 다른 사람들에 대해서 명료성, 평정심, 자신감, 용기, 연민 등을 가지면서 내면의 큰 평화를 가져오게 될 것이다. 참자기-주도적인 사람들은 자신의 보호자들이 억압, 억제, 주의산만, 반항 등을 키우기 위해서 사용했던 에너지를 모두 탈환하는 큰 기쁨을 누린다. 추방당했던 아이 같은 부분들의 창조성, 명랑함, 천진난만함까지도 얼마든지 다시 즐길 수 있게 된다.

제2장

체계로서의 개인

체계사고

20세기 초 일군의 생물학자들은 생물의 유기적 요소에 대한 화학 및 물리학적 법칙 연구로 어떻게 그런 요소들이 전체로서 기능하도록 조직되어 있는지를 알기에는 한계가 있다는 것을 인식했다. 이들의 이런 탐구는 살아 있는 유기체를 개념화하고 연구하는 새로운 길을 열었는데, 이를 '체계사고(systems thinking)'라고 부르게 되었다. 유기체의 구성요소를 분석―환원주의적, 기계적, 원자적 사고라고 부르고 있는―한다기보다, 체계사고는 전체적, 유기적, 생태학적이다. "어떻게 구성되어 있는가?"라고 묻는 것이 아니라, 체계사고는 "이것의 구성요소는 양식으로서 어떻게 기능하고 있는가?", "이것이 작용하는 더 큰 맥락은 무엇이며, 그 맥락에서 어떤 영향을 받는가?"라고 묻는다. 각각의 부분을 따로 연구하는 것이 아니라, 체계의 부분들과 그 맥락 간의 관계를 그려 간다.

생물학에서의 이런 초기 연구에서 비롯하여, 체계사고는 삶에 완전히 새로운 개념을 선사했다. 오늘날 우리는 우주를 소립자가 적재되어서 구성된 기계로 인식하지는 않는다. 지구는 그 자체로 살아 있고 자정작용을 하는 체계(Capra & Luisi, 2014)이며 관계망의 양식이라고 본다. 체계사고는 1970년대 가족치료분야가 막 일어나던 무렵 심리치료에 도입되었고 다행히 내가 내면 부분들의 세계를 만나기 전에 급진적 발전을 이루었다. 그래서 각 부분의 자질에 중점을 두는 것이 아니라, 부분들의 관계 양식과 부분들이 들어앉아 있는 더 큰 체계―사람―에 그러한 양식들이 어떤 영향을 미치고 있는지 알고 싶은 마음이 물밀 듯 밀려들었다.

체계사고를 살펴보자면, 부분들이 서로 관련되어 있는 양식 내의 어떤 존재를 체계라고 정의 내릴 수 있다. 따라서 텔레비전 시청부터 교통체계까지 모든 것을 포함한다. 또한 이런 정의로 박테리아부터 고래에 이르는 모든 생물이 체계가 된다. 인간체계는 개인의 성격부터 국가에 이르는 모든 것을 포함하고, 이들은 신념에 따라 움직인다. 예를 들어, 국가는 역사적으로 만들어 온 문화적 신념을 명문화한 법전을 갖고 있다. 체계는 더 작은 체계(하위체계)로 구성되어 있으면서 더 큰 체계의 부분이 되기도 한다. 주정부는 자치주와 도시를 갖고 있지만 연방정부의 부분이 되기도 하는 것처럼. 따라서 관점에 따라, 조명되는 어떤 존재가 중심체계(system-of-focus)가 될 것이다. 예를 들자면, 이 저서에서 가족에 중점을 두는 장들(14~17장)이 있는데, 여기서는 가족구성원들과 그들의 관계가 하위체계가 되고 가족이 중심체계가 된다. 그 가족이 속한 민족공동체나 사회는 더 큰 체계가 되는 것이다.

이런 정의에 따르면 자동차 부품 무더기는 체계가 될 수 없지만, 그 부품들이 특정방식으로 조립되고 나면 부품들의 합보다 더 큰 체계가 된다. 그래서 차가 된다. 이 차의 부품들이 양식화된(즉, 그들이 구조를 가지고) 방식으로 연결되고 나면, 운송을 위한 체계를 만들어 낸다. 사이버네틱체계(Cybernetic systems)[1]는 환경을 민감하게 감지하고, 환경에 따라 변화하면서, 환경으로부터 반응하고 스스로 조절할 수 있다. 자동차는 방향과 수리를 운전자와 정비공에게 맡기기 때문에 자체수정이 될 수 없으므로, 사이버네틱체계가 아니다. 하지만 자동차가 자동 온도 조절장치나 자동

---

1) 사이버네틱스와 같은 말로 체계(system)를 강조하여 쓴 말이다. 이 개념은 생물체의 행동과 통신 기계의 동작 간의 동형성 가정에서 출발한다. 심리학에서는 체계론적 관점에서 발전된 베이트슨의 가족치료 개념으로 등장한다. 여기서는 사이버네틱스의 자기-조절(self-regulation) 메커니즘을 기계에 적용시켜 설명한다. 우리말로는 주로 인공두뇌, 인공지능 등으로 해석될 수 있으나 A.I.와의 혼동을 피하기 위해 원음을 음차하여 그대로 쓴다.

제1부 내면가족체계치료 개론

주행 속도유지 장치 같은 것으로 사이버네틱 하위체계를 점점 더 많이 갖게 되면서, 더 큰 체계가 작동 중에 있을 때면 안정된 상태(항상성)를 유지할 수 있는 기능을 한다. 사이버네틱체계는 운전 환경에서 오는 반응을 읽고 자동적응을 촉발시키는 감지기를 장착한다. 이런 차는 앞면이 차가워지면 온열기를 가동하고, 차가 언덕을 올라가기 시작하면 자동주행 속도유지 장치가 가속기를 밟는다. 자동차 기계장치의 이런 자동 반응은 안정된 상태—온도나 속도가 항상성 범위가 되도록 체계를 돌려놓는 것—에서 편차를 줄여 준다. 그래서 온도를 높이고 연료를 더 쓰게 하는 것을 **부적 반응**(negative feedback)이라고 한다. 상보적인 방식으로, **정적 반응**(positive feedback)은 편차를 크게 만든다. 예를 들자면, 가속기나 온열기가 강하게 작동을 하게 되면 속도나 열기가 규정된 제한을 넘어서서 밀려 올라가게 될 것이다.

어떤 것이 부분이 되고 부분이 아닌지에 대해서 이렇게 쉽게 설명할 수 있기 때문에, 차는 분명한 경계를 갖고 있다. 하지만 부분들이 자리를 바꾸기도 하고 첨가되기도 해서 이런 경계가 폐쇄적이지는 않다. 고속도로에 진입을 하면 더 큰 체계가 작동하는데, 이는 영향을 주기도 하고 영향을 받기도 한다. 교통 체증 때문에 갑자기 차가 서게 되면, 교통 흐름이 크게 바뀌게 된다. 마찬가지로 차의 속도와 기동능력이 주변 차들의 상태에 따라서 제한을 받게 된다. 고속도로 정체가 심하지 않으면, 더 큰 체계에 의한 제한도 덜 받게 된다. 그러므로 체계가 서로 영향을 미치는 정도—체계 내 혹은 서로에 의해서 제한되는 정도—가 있다.

앞에서 간추려 설명한 정적 및 부적 반응뿐만 아니라 구조와 경계, 내장됨 혹은 제약조건의 정도 등과 같은 모든 개념은 인간체계에도 적용할 수 있다. 인간체계는 분명히 사이버네틱이다. 사람들은 다른 사람들과의 접근성에서부터 다른 사람들과의 갈등 수준에 이르기까지 어떤 영역에서든 항상성의 범위를 유지하려고 한다. 게다가 모든 사람은 혈당치를 조절하는 데서부터 감정표현을 조절하는 데까지 아주 많은 사이버네틱 하위체계를 갖고 있다. 하지만 사람들이 환경적 반응에 따라 움직이기만 하는 것이 아니기 때문에, 가족을 이해하기 위해 가족치료가 역학과 생물학적 체계 연구에서 빌려 온 사이버네틱 원리로는 충분치 않다. 필요하기는 하지만 인간체계를 설명하기에는 역부족이다. 인간체계에 대한 종합적 관점으로 복합적인 생태체계 연구에서 비롯된 더 큰 원리들을 포함할 필요가 있다.

인간체계는 기계체계와는 다르다는 것이 내면가족체계 모델의 핵심이다. 내면가족체계의 기본전제는 사람은 자신들의 건강에 대해 천부적인 추진력과 지혜를 갖고 있다는 것이다. 우리는 안정된 상태를 유지하고 반응에 대처하기도 하지만, 창조성과 친밀감을 위해서 애를 쓰기도 한다. 우리는 내면 및 외부의 삶이 조화롭게 되도록 모든 것을 갖추고 있다. 이런 기본전제하에, 사람은 내면의 자원과 지혜에 전적으로 다가갈 수 없기 때문에 만성적 문제를 가질 수 있다는 사실로 이어진다. 우리가 포함되어 있거나 우리 안에 담겨 있는 체계의 요소들은 우리가 내면의 자원들에 접근하는 것을 막을 때가 있다. 내면가족체계치료는 이런 제약조건들을 찾고 그것들을 풀어낼 수 있도록 고안되어 있다.

체계사고는 내담자 주변이나 내담자에게서 그런 제약조건들을 찾아서 풀어내도록 하는 다양한 체계를 탐색할 수 있도록 해 준다. 대개 가족이 구성되는 방식으로, 가족의 여러 외부 기관들(학교, 직장, 정신보건 등)이 가족에 영향을 미치는 방식으로, 내담자의 민족 공동체와 더 큰 사회가 가족의 가치관과 신념에 영향을 미치는 방식으로, 내담자의 내적 성격 체계 안에, 그리고 다양한 가족구성원과의 관계 안에 걸림돌이 있을 수 있다. 이런 모든 인간체계는 서로 맞물려 있다. 이들은 서로 영향을 미치고 서로 영향을 받는다.

인간체계의 핵심원리

이런 모든 수준의 인간체계를 이해하고 가늠하려고 하는 것은 모든 수준이 비슷한 방식으로 움직인다는 것을 빼고는 어마어마하게 복잡한 과업이다. 앞서 사이버네틱 체계에 대해서 설명한 내용에 들어가지 않은 인간체계의 네 가지 핵심원리—균형, 조화, 지도력, 발달—에 대해서 설명하고자 한다. 이런 원리는 내면체계와 가족체계를 작업하면서 발전시켜 온 것이지만, 상당한 보편성을 지니고 있다.

균형

인간체계는 균형을 이룰 때 최선의 기능을 한다. 우리는 체계 내 균형을 평가하기 위해서는 네 가지 측면이 있다고 본다. (1) 개인 혹은 집단이 체계의 결정을 내리는 데에 영향을 미치는 정도, (2) 사람 혹은 집단이 체계 내에 갖고 있는 접근의 정도, (3) 체계의 경계가 균형을 이루고 있는 정도, (4) 체계 내 하위체계가 너무 경직되어 있거나 너무 풀어진 정도. 균형을 이룬 체계에서 각자 자신들의 요구에 부합하고 비슷한 역할을 하는 사람들과 동일한 체계의 자원 및 책임에 영향을 미치고 접근하는 정도가 결정된다.

조화

조화의 개념은 체계 내 사람들 간의 관계에 적용된다. 조화로운 체계에서는 각각의 구성원이 자신들이 바라면서도 가장 잘 맞는 역할을 찾는 데에 힘을 기울인다. 사람들은 함께하는 미래상을 위해 힘을 모으면서도 방법과 시각에 있어서 개인적인 차이는 존중하고 지지한다. 조화로운 체계는 각 개인이 자신들의 미래상을 찾아서 추구해 나가도록 해 주면서 개인의 미래상이 전체로서의 체계가 갖는 더 큰 미래상에 적합할 수 있도록 애쓰기도 한다. 이런 분위기 속에서, 사람들은 자신들의 자질뿐만 아니라 공헌에도 가치를 둔다. 사람들은 서로의 안녕에도 마음을 쓰기 때문에, 대의를 위해 개인의 자원을 얼마든지 헌납하기도 한다. 이들은 체계 구성원들간 정보 흐름에 민감하고 호응도 잘하기 때문에 소통도 원활하다. 조화의 반대는 양극화다. 양극화된 관계에서는 융통성 있고 조화로운 사람들의 자리가 경직되고 극단적인 데로 옮겨져, 반대편 사람과 적대적이거나 경쟁적이 된다. 뒤에서 양극화가 체계를 제한하는 여러 방법에 대해서 이야기할 것이다.

지도부

인간체계의 균형과 조화를 위해서는 효과적인 지도부가 필요하다. 체계 내 하나이상의 구성원이 다음과 같은 것을 수행할 수 있는 능력을 갖추고 존경을 받을 수있어야 한다. 체계 내 양극화를 중재하고 정보의 흐름을 촉진시킨다. 모든 구성원이 보호받고 있고 보살핌을 받고 있으며, 자신들은 소중하고 체계 요구의 범위 내에서는 자신들의 개인적인 미래상을 추구해도 된다고 보장한다. 자원, 책임, 영향력을 공정하게 나눈다. 전체로서의 체계에 대한 광범위한 관점과 미래상을 제공한다. 다른 체계와의 상호작용에서 체계를 대표한다. 다른 체계에서의 반응을 있는 그대로 해석한다. 우리의 자원은 뒤에서 설명하게 될 여러 요인으로 제한되기는 하지만, 다행히 인간체계는 이런 지도부에 꼭 필요한 자원들을 갖고 있다.

발달

균형 잡히고 조화로운 삶에 반드시 필요한 자원을 가지고 태어났다 해도, 인간체계는 그런 자원들을 발달시킬 시간이 필요하다. 새로 결성된 야구부에 빗대어 보자. 이 팀은 신예의 인재들을 데리고 있지만, 이들이 서로에 대해 더 잘 알고 감독을 믿고 존경할 수 있어야 팀으로서 최적의 기능을 하게 될 것이다. 마찬가지로, 건강을 위한 지혜를 인간체계 내에 간직하고 있다 해도, 그 지혜를 쓸 수 있는 데에 꼭 필요한 기술과 관계를 개발할 시간이 필요하다. 그러므로 효과적인 지도부와 분명한 경계가 점차적으로 발달해 가면서 체계 환경에 의해 영향도 받게 된다. 중심체계가 조화롭고 균형 잡힌 더 큰 체계에 자리를 잡고 나면, 조화와 균형에 필요한 자유와 지지를 갖기가 훨씬 수월해진다. 그러나 양극화되고 균형이 깨진 더 큰 체계 내에서는 발전을 해도, 인간체계의 능력이 건강한 발달을 위해 그 체계를 사용하는 능력은 제한되어, 더 큰 체계의 극단적 신념 및 정서를 떠맡게 될 것이다.

맥락 속에서 부분들 바라보기

내면가족체계 모델은 체계사고를 정신내적 영역으로 들여온다. 심리치료에서 체계사고는 정신 체계(psychic systems)로서 개인에 대한 개념과 관계를 잘 적용하도록 한다. 이제 정신을 체계로서 바라볼 때 얻을 수 있는 중요한 이점에 대해서 살펴보기로 한다.

경직성은 줄이고 융통성은 늘리고

하나를 위해 다른 하나를 부인해야만 한다고 생각할 때, (예를 들어, "난 널 사랑해. 너 때문에 미치겠어.") 우리는 부인과 자기-구속(self-constraint)의 끊을 수 없는 쳇바퀴 속으로 들어가는 것이다. 반대로, 한번에 여러 가지를 아우를 수 있는 마음의 능력을 수용한다는 것은 상반되어 보이는 두 가지의 진실을 인정하고 창의성 있게 나아갈 수 있다는 뜻이다(Rosenberg, 2013). 복잡한 세상을 돌아다니다 보면 여러 개의 마음들이 서로 긴밀하게 의사소통을 하고 있으면서 어느 정도 자율성도 갖고 움직이는 것이 유리하다.

접근성

대부분의 내담자는 자신의 부분들이 놀라운 편의성을 갖고 있다는 것을 알게 된다. 다원적인 마음은 이를 직관적으로 이해한다. 극심한 문화적 편견만 아니면, 대부분의 사람은 내면으로 들어가서 바로 자신의 부분들과 접촉을 할 수 있다. 처음에는 난장판이 되어 불화를 일으키고 있는 내면이 결함과 실패처럼 느껴져 두려울 수도 있지만, 주의를 기울이면 그 부분들의 영웅적이고 창의적이며 가슴 미어지는 몸부림과 희생과 슬픔에 대한 이야기를 들을 수 있게 된다.

생태지도

개인의 정신을 개별 생태계로 바라보면, 치료사들이 뚫고 들어갈 수 있는 지점들을 많이 발견할 수 있다. 호기심이 그런 입구의 열쇠가 된다면, 지도 만들기는 안에 거하는 이들에게 안내를 해 주는 데 더욱 유용할 것이다. 가족치료사들이 가족관계 구성에 대한 지도(가계도)를 그리듯, 개인치료사들도 내담자 부분들의 동맹, 연합, 양극성을 분명하게 하기 위해서 내면의 가족들에 대한 지도를 그릴 수 있다. 내면체계의 지도는 부분들의 임무와 관계를 알려 줄 뿐만 아니라, 개인을 움직이도록 만드는 동기들로 가득 찬 적극적인 체계에 우리가 다가가고 있다는 것을 상기시켜, 사회적 본능과 시간에 대한 감각을 일깨운다. 한편, 체계가 어떻게 상호작용하는지를 알면 내담자 주변 체계들—가족, 친구, 부양자—의 행위를 예측하는 데도 도움이 되어 체계 수준 내에서 그리고 체계 수준들을 넘나들며 민첩하게 움직일 수 있게 된다.

변화를 위한 명확한 지침

내면가족체계의 이론과 실제 간의 연관성은 아주 분명하다. 모든 개입(이 저서 전반에서 설명하는)은 내담자의 내면가족들이 제약조건에서 풀려나와 내담자의 천부적 자원이 최적이 되도록 하는 데 필요한 요구들을 처리하도록 고안되어 있다. 정상적인 정신의 다양성(normal psychic multiplicity)이라는 개념은 열성적인 무신론자가 기독교 근본주의로 개종을 하고, 십대가 갑자기 사랑에 빠졌다가 불현듯 끝내 버리는 것 같은 너무나도 모순된 행위처럼, 사고방식을 손바닥 뒤집듯 하는 사람들의 주목할 만한 현상들을 밝힐 수 있다. 공공연히 동성애혐오 운동가라던 사람이 공중화장실에서 동성에게 구애를 하다가 체포되는 일, 거의 혹은 전혀 의식이 없는 상태에서 하나의 인격에서 다른 인격으로 바뀌는 사람(정신과적 진단으로 해리성 정체감장애라고 칭하는 행위), 또는 이전에 풀지 못한 문제에 대한 답이 한밤중에 '느닷없이' 떠오르는 일. 한 사람이 서로 다르고, 심지어 모순된 관심, 신념, 감정, 가치관, 지식 등을 감정 및 사고 속에서 추상적으로 바꾼다고 보는 것이 아니라, 이 모든 것을 다원적인 마음의 산물로 여길 수 있다는 말이다.

부분들의 특징

다른 치료적 접근법들도 정신의 다원성을 관찰하고 작업을 하면서, 부분들을 하위인격, 하위자기, 내적 인물, 원형, 집합체, 내적 대상, 자아 상태, 목소리(Jung, 1969; Rowan, 1990; Stone & Stone, 1993; Watkins & Watkins, 1997) 등과 같이 다양한 명칭으로 부른다. 부분이란 낱말의 기계론적 함의가 이상적일 수는 없지만—그리고 그 단순성이 마음에 들지 않을 수도 있지만— 내담자에게 편하고 쉬운 것 같아서 내면가족체계는 이 말을 그대로 쓴다. 대부분의 내담자는 내면의 갈등에 대해서 말할 때 부분이라는 말을 쓰는 데 임상적으로도 별 무리가 없어 보인다.

『옥스퍼드 간편영어사전(The Compact Edition of the Oxford English Dictionary』(1971)의 부분(part)이란 낱말의 모호한 정의는 이런 선택에 대해 어느 정도 확증을 준다. 부분은 "특히 지적인 부분에서(마음이나 성격의 구성요소로서) 선천 혹은 후천적인 개인의 자질이나 특성"[2]이다(p. 2084). 성경에서도 용례가 있다. "우리의 뼈들이 말랐고, 우리의 소망이 없어졌으니, 우리 부분들은 모두 멸절되었도다."(에스겔

_____

2) 참고로 표준국어대사전에 나오는 한국어 '부분'은 '전체를 이루는 작은 범위, 또는 전체를 몇 개로 나눈 것의 하나'라고 기재되어 있다.

37장 11절 중)[3] 셰익스피어의 『헛소동(*Much Ado about Nothing*)』(1598/1974, 5막 2장, 60-61)[4]에서 베네디크가 베아트리체에게 "나의 나쁜 부분들 중 무엇이 당신이 나와 사랑에 빠지게 만들었던가?"라고 묻고, 셰익스피어와 동시대를 살았던 벤 존슨(Ben Jonson)은 1598년에 "신사…… 아주 훌륭하고 멋진 부분들……."이라는 말을 했었다. 내담자들이 부분—아니면 우리는 부분들을 갖고 있다는 개념이 더 쉬울 수도 있고—이라는 말을 불편해하면 그냥 내담자들이 선택하는 말—면, 생각, 하위인격, 인물, 감정, 장소, 사람 등—을 쓰면 된다. 하지만 이 저서에서는 부분들이라고 말할 것이다.

이름 짓기와 이름 바꾸기

이름을 알고 나면 관계를 맺기가 더 나은 것처럼, 자신들의 정체성에 대해서 어떤 것을 뜻하는 이름을 갖고 있는 부분들과 더 나은 관계를 맺을 수도 있다. 그러므로 '부분'이라는 우리 내면의 존재들에 대해서 언급하는 것뿐만 아니라 내담자가 자신들의 부분들을 표시하도록 할 수도 있다. 내담자가 먼저 시작하면(슬픈 부분, 요다, 골룸, 아기) 우리가 따라 하는데, 대개는 부분의 역할과 관련되어 있고, 부분이 참자기를 베티라고 불러 달라고 하면, 그 부분은 베티라고 부르기도 한다. 하지만 부분들이 서로에게 모욕적인 언사를 할 때는 그대로 따르지 않는다. 한 부분이 다른 부분을 보고 멍청이나 게으름뱅이라고 한다면, 그 당사자가 되는 부분에게 어떻게 불리고 싶은지를 물어본다. 그리고 나서 새로운 역할(전혀 다른 외모가 되기도 한다)로 옮겨가서 우리가 그 부분에게 스스로 이름을 바꿔 보라고 할 때까지 그 부분이 더 좋아하는 이름으로 불러 준다. 다행히, 이름을 짓고 이름을 바꾸는 것은 부분들의 다차원성과 부분들의 행위를 바꿀 수 있는 천성을 강조해 준다.

---

3) 영역본 성경(KJV)은 "Our Bones are dried, and our hope is lost: We are cut off for our parts."로 나와 있다. 원서에서는 'for'를 'from'으로 오기했다. 한역 성경에서 마지막 구는 "우리는 멸절되었다."이나 '부분'을 살려 의역한 것이다.
4) 한국어 번역본은 2004년 전예원에서 전예원 세계문학선 322의 셰익스피어전집 22 중 신정옥 역으로 출간되었고, 2017년 지만지에서 김종환 역으로도 출간되었다.

내면의 주민들로서 부분들

부분들에게 이름을 붙여 불러 준다고 해서, 그 부분의 이름이나 역할(슬픈 부분, 화난 부분, 선장, 돌보미 등)이 그 본질을 포착한다고 여기면 오산이다. 이 저서에서는 부분이 그저 정서적 상태나 습관적인 사고방식이 아니라는 것을 독자들이 유념하도록 하는 것을 목표로 한다. 더 정확히 말해서, 부분들은 각각의 자율적 정신체계이며, 자신들의 고유한 정서 범위와 표현양식, 능력, 욕망, 세계관 등을 갖고 있다. 예를 들어, 화가 나 있는 한 부분이 상처를 입고 겁에 질릴 수도 있다. 그 부분을 그저 '화난 부분'으로만 보면, 그 부분의 다른 감정들을 간과하기 십상이다. 반면에 그 부분을 화가 난 **사람**(아이나 십대인 경우가 많다)으로 보게 되면, 모든 감정이 가능하고 감정 상태가 바뀔 수도 있다는 것에도 관심을 가지기가 쉽다.

이런 내면가족체계 관점으로 보면 우리 모두의 내면에는 무리의 주민이 거하고 있고, 이들은 모두 서로 다른 관심, 재능, 기질을 갖고 있는 서로 다른 연령대에 있다. 한 번 더 가족에 빗대어 보면 더 분명하게 알 수 있다. 원치 않아도 어쩔 수 없이 잘 맞지도 않는 극단적인 역할에 처하게 되는 아이들처럼, 부분들도 극단적인 역할에 처할 때가 있다. 알코올중독자가 있는 가족의 경우를 예를 들어 보면, 책임감이 너무 강해서 보살피는 역할을 하는 아이, 주의가 산만한 아이, 분노에 찬 반역자 등등을 만나게 된다. 일단 거기서 벗어나기만 하면, 이런 아이들은 극적으로 변화를 일으킨다. 부분들도 마찬가지다. 특정 환경에서 부끄러워하거나 화가 나 있는 아이나 십대를 부분으로 보면, 이 부분이 한 가지 특성으로만 한정된다는 생각에서 벗어나 다른 환경 속에서는 어떤 인물이 될지에 대해서 궁금증을 가지기가 더 쉬울 것이다. 그러면 그 부분이 가지고 있는 모든 가능성을 발견할 수 있도록 도움을 주겠다는 생각을 하기가 더 쉬워진다.

부분들의 역할: 세 집단으로 된 하나의 체계

위험에 대응하여, 모든 수준의 인간체계 내 개인들은 세 집단으로 범주화할 수 있는 역할을 수행한다. 한 집단은 고도로 보호적이고 전략적이며 안전을 유지하기 위해 환경을 통제하는 데 관심을 두는 경향이 있다. 내면가족체계에서는 이 집단의 구성원들을 관리자들이라고 한다. 두 번째 집단은 체계 구성원들 중에서 가장 민감한 이들이 포함된다. 이 부분들이 다치거나 유린을 당하게 되면, 관리자들은 자신들의 보호와 전체 체계의 이익을 위해서 그 부분들을 추방한다. 이들을 유배자들이라고 한다. 마지막으로, 세 번째 집단은 유배자들의 감정을 억누르고, 느끼지 못하게 하고, 시선을 그쪽으로 돌리지 못하게 하려고 하면서, 결과야 어떻든 관리자들의 과도한 금지와 자신들의 괴로움에 대해서 강력하면서도 자동적으로 반응한다. 내면가족체계에서는 이런 집단의 구성원들을 소방관들이라고 부르는데, 추방된 감정의 불길과 싸우기 때문이다.

외상에 대응하여 내면체계는 이렇게 역할을 나누고 보호하는 부분들(관리자들과 소방관들)은 동맹을 결성하기도 하고 서로 반목하기도 하며, 자신들이 보호하거나 물리치려고 하는 유배자들에게 아주 가혹(혹은 숨통을 틀어막기도 하는)해질 수도 있다. 유배자들이 더 슬프고, 더 겁에 질리고, 더 부끄러워하고, 더 분노에 차거나, 더 성적으로 격앙될수록 보호자들은 당연히 유배자들이 풀려날까 봐 더 두려워하고 온 힘을 기울여 억압하고 구속하는 등의 더욱 극단적인 행동을 한다. 그 유배자들은 억압되면 될수록, 거기서 벗어나기 위해서 더 발버둥친다. 이런 식으로 세 집단 모두 내부 권력 다툼의 갈등이 심화되는 악순환의 희생물이 된다. 허먼(J. Herman, 2015)은 이런 악순환을 다음과 같이 묘사했다.

> [외상을 경험한 사람은] 기억상실 혹은 외상의 재경험이라는 양극단 사이에서, 극심하고 감당하기 힘든 감정과 아무것도 느낄 수 없는 무감각한 상태 사이에서, 걸핏하면 화를 내는 충동적인 행동과 완전히 억압해 버리는 행동 사이에서 꼼짝도 못하는 자신을 발견한다. 이런 식의 양극화가 반복이 되면서 외상을 입은 사람의 어찌할 바를 모르겠다는 심정과 무력감은 한층 더 심해진다(p. 47).

유배자

어른들은 자신들의 어린 부분들이 상처를 받았던 극단적인 방법—성마름, 부인, 비난, 혐오, 주의산만 등—그대로 아이들을 대하기 때문에 아동은 공포를 학습하게 되고 정서적 고통이나 극심한 두려움을 숨기게 되는 게 일반적이다. 그러면 그 아이의 관리하는 부분이 그대로 따라서, 내면의 나약하고 어린 구성원들을 똑같은 태도로 대하면서, 의식 밖으로 그들을 밀어내 버리고, 참자기에게 다가가지 못하게 막고, 외상에 더욱 취약하도록 만들기도 한다.

유배자들은 외적 관계에서 학대받거나, 거부당하거나, 유기된 부분들이기 때문에, 체계의 다른 부분들로부터 받는 부정적인 판단에 시달리게 된다. 유배자가 학대를 당하는 동안 성적 자극이 주어지면, 관리자들은 혐오스럽고 위험한 것이라고 여기게 된다. 그 체계는 성적 흥분과 학대를 연관시켜 생각하기 때문에, 성적으로 자극을 받는 존재는 곧 마음 깊은 곳에서 내담자가 가해자 같다고 느끼는 두려움을 불러일으킨다. 관리자들은 이런 부분들을 가둬 버리고 없는 취급을 하려 한다. 대개 관리자들은 두려움, 창피, 정서적 괴로움 등을 참지 못한다. 관리자의 눈에 상처 입은 부분들은 결함투성이이고, 약해 빠졌으면서도 위협적이기도 하지만, 한심하기 짝이 없다.

유배자들이 과거에 묶인 채 버려져 있지만, 실제로는 현재의 위급한 사건들에 있어서는 그다지 약하지 않기 때문에 관리자들이 그렇게 보는 것도 무리는 아니다. 하지만 모든 탄압당하는 집단들이 그러하듯, 유배자들은 시간이 지날수록 극단적으로 변해 간다. 갇힌 데서 탈출해서 자기 이야기를 할 기회만 엿보면서, 절망과 곤궁함은 언제나 위험한 요소가 된다. 이들은 지리멸렬한 만성적 비참함으로 인해서 둔감해지고 몸과 정신, 마음이 짓눌리거나, 갑자기 과거 장면이 떠오르고, 악몽에 시달리고, 고통과 두려움, 부끄러움의 느낌이 갑자기 엄습해 와 보호자들이 당황해서 과잉행동을 하도록 만든다.

버려진 아이들이 그러하듯, 유배자들도 보살핌과 사랑을 원한다. 따라서 구조와 구원을 갈망하고, 처음 자신들을 거부했던 사람을 닮은 누군가를 자극하기도 하고 실제로 학대를 했던 사람에게 돌아가기도 한다(Schwartz, 2008). 유배자들은 아주 조그만 수용, 희망, 보호만 있어도 값비싼 대가를 지불하기도 한다. 그 대가로 그들은 더 많은 수모와 학대를 얼마든지 견뎌 낸다(실제로 자신들은 당할 만하다고 생각하는 경우도 있다). 유배자들이 권력을 손에 쥐게 되면, 외상을 입은 내담자들은 자꾸만 학대적 관계에 들어가게 되고 거기서 벗어나기 어려워진다. 그러니까 관리자들이 소방관들—특히 외상에 대해 불같이 화를 내면서 복수를 하고자 하는—뿐만 아니라 유배자들의 극단성을 두려워하는 데는 이유가 있다.

관리자

　유배자들을 가두고 나면, 관리자들은 그들이 도망을 칠까 봐 겁에 질려 산다. 여러 관리자는 유배자들을 자극할 것 같은 상호작용이나 상황을 피하기 위해서 서로 다른 전략들을 구사한다. 관리자들의 가장 일반적인 몇 가지 역할을 여기서 설명하고 있지만, 관리자들(그리고 소방관들)이 어쩔 수 없이 그런 역할을 하게 된다는 것을 명심하자. 그들은 자신들이 그렇게 할 수밖에 없다고 생각하지만, 그러고 싶은 건 아니다. 아주 약간의 무시나 경고만 생겨도 어리고 상처 입은 부분이 날뛰게 될까 봐 겁이 나기 때문에, 관리자들은 그 사람에 대한 모든 관계와 상황을 통제하려고 한다. 여러 종류의 관리자들이 있다. 관리자는 지적 능력이 뛰어나고 문제해결에 유능하지만, 어떻게든 감정을 멀리하려고 애를 쓰기도 한다. 내담자들은 관리자를 **사상가, 조종자,** 그런 류의 이름들로 부른다. 이와 관련하여, 관리자들은 내담자를 권력의 자리에 올려놓고 괴로운 감정을 느끼지 못하게 하려고 직업적 성공이나 부를 위해 젖 먹던 힘을 다하기도 한다. 이렇게 몸부림치면서 의욕이 넘치도록 만드는 관리자는 신랄하게 비난을 일삼으면서, 결과나 그 사람의 성과에 결코 만족하지 않는 관리감독자가 된다. 부인하는 자는 사람이 위험한 반응을 보지도 못하고 대처하지도 못하게 인지를 왜곡시키는 관리자다.

　사람들 사이에서 일어날 수 있는 위험을 피하려 하는 보호자는 분노, 성적인 문제들, 두려움이 일어날 수 있는 상황에 대해서 특히 걱정이 많다. 이런 보호자는 내담자의 자기-확신을 무너뜨리고 내담자가 아무것도 할 수 없게 하면서, 아무것에도 관심을 가지지 못하고 위축된 채 누구와도 가까워지려 하지 않거나 목표를 추구할 용기도 가질 수 없게 만드는, 활기를 잃은 염세주의자일 수도 있다. 역으로 이 염세주의자는 매력을 없애고 친해지지 못하게 하려고 욕망의 대상에게서 어떻게든 흠집을 찾아내서 그 부분만 보려고 할 수도 있다. 심각한 학대를 당한 사람의 경우, 이런 부분은 내면의 테러범이 되어 가해자의 자질을 취해 유배자들을 위협하여 숨어버리게도 한다.

　우리의 문화가 가부장적이기 때문에, 많은 관리자가 성별 고정관념에 따라 그 모습을 드러내는데, 성정체성에 따른 그들의 외모를 연구(남성, 여성, 남성도 아니고 여성도 아님)해 보는 것도 흥미로울 것이다. 여성은 외모와 행위에 있어 완벽주의를 가진 성향의 관리자에게 의존하기 위해 사회화되기도 한다. 이런 관리자는 그 여성이 완벽해야 하고 모두를 기쁘게 해야 한다고 여기면서 그렇지 못하면 버려지거나 상처받을 거라 생각한다. 많은 여성이 보살피는 관리자들에게 심하게 의존하기 위해서 사회화되기도 한다. 극단적으로 보살피는 부분들은 타인들을 위해서 여성이 자신들의 욕구를 끊임없이 희생하게 몰아붙이고, 자신을 내세우기만 하면 이기적이라는 비난을 퍼붓는다. 반면, 남성은 원하는 것은 무엇이든 얻으려 하는 권력—남이야 잘못되건 말건—을 쥐거나 경쟁적인 관리자에게 의존하기 위해 사회화된다. 그 외 관리자들의 역할에는 끊임없이 위험을 느끼면서 기우에 시달리는 걱정쟁이(혹은 보초)가 있다. 이런 관리자는 사람이 위험을 고려하면 최악의 시나리오를 코앞에 들이민다. 또 의존적 관리자도 있는데, 너는 피해자라고 말하면서 다른 사람들이 그 사람을 돌봐 줄 때까지 무력하고 상처 입은 채로 계속 아무것도 하지 못 하는 상태로 둔다. 관리자들은 얼마든지 여러 행동을 고를 수 있다.

모든 관리자의 주 목적은 유배자들을 마음에서 몰아내어, 자신들을 보호하고 유배자들의 감정과 사고로부터 체계를 보호하는 것이다. 유배자들이 내면의 담을 넘어 버리면, 사람이 제대로 움직일 수 있는 능력을 위협하게 된다. 관리자들은 유배자를 통제하여 알 수 없고 예측도 불가능한 상황을 피하려고 유배자들의 감정을 아예 처음부터 빼앗아 버린다. 뿐만 아니라 그 사람이 의존하는 사람들을 기쁘게 하기도 한다. 이렇게 안팎으로 통제를 계속하기 위해, 관리자들은 외모와 실질적 성공을 제공하여, 학업, 직업, 금전적 성취를 부추기고 거기에 몰두하도록 만든다.

성공은 관계와 선택을 지배하도록 할 뿐만 아니라, 내면의 부끄러움, 두려움, 슬픔, 절망 등에서 시선을 거두게도(그에 대한 보상이 되기도) 한다. 반면, 염세주의적이고 의존적이고 염려에 가득 찬 관리자가 내면체계를 지배하게 되면 내담자의 삶은 책임과 실망을 피할 수 있게 뭔가 시도해 보는 듯하다가도 그냥 실패하는 일들로 점철될 수도 있다. 그 외 관리자의 수단들은 강박관념, 강박행동, 은둔, 소극성, 망연자실, 냉담, 비현실적인 감각에서 온갖 공포증, 공황발작, 신체화 증상, 우울삽화, 경계과잉, 악몽 등에 이르기까지 모든 범위에 해당한다. (그렇다. 악몽은 유배자의 돌파구라기보다는 관리자의 전략이 될 수도 있다.)

관리자 전략의 경직성과 가혹함은 관리자가 사람이 다시 상해를 당할 위험에 처해 있다고 생각하는(맞을 수도 있고 아닐 수도 있는) 정도에 부합된다. 가족 내 부모화된 아이들처럼, 관리자들도 지휘할 만한 능력이 있어서가 아니라 선택의 여지가 없다고 생각한다. 책임감이라는 관리자들의 무거운 짐은 그들이 고집스럽게 극단적이 될 수밖에 없도록 만든다. 관리자들은 위험하다 싶은 세상에 대처할 뿐만 아니라, 유배자들이 빠져나오지 못하게 막기도 하면서, 전 체계를 위협에서 보호하기 위해 사력을 다한다. 이러다 보니, 관리자들은 무시당하기도 하고 괴로움에 시달리고 겁에 질릴 때도 있다. 밀러의 『천재가 될 수밖에 없었던 아이들의 드라마(*The Drama of the Gifted Child*)』(A. Miller, 1981/권혜경 역, 2002, 권혜경음악치료센터)라는 저서에 부모화된 아이의 곤경에 대한 가슴 저미는 묘사가 나오는데, 내면가족의 여러 관리자 부분들이 처하게 되는 곤경과 똑같다. 밀러(A. Miller)가 설명하고 있는 환자는 전문여성의 맏딸이었다.

> 난 엄마가 쓴 왕관의 보석이었다. 엄마는 "마하는 믿을 수 있어. 이겨낼 거야."라고 말했다. 그리고 난 이겨 냈다. 엄마가 일을 계속할 수 있게 동생들을 돌보았다. 엄마는 점점 유명해졌지만, 내 눈에 엄마는 전혀 행복해 보이지 않았다. 해가 지고 나면 엄마가 얼마나 보고 싶었는지 모른다. 울어 대는 동생들을 달래면서 난 눈물을 삼켜야 했다. 누가 우는 아이를 좋아할까? 능력 있고, 이해할 줄 알고, 자제력도 뛰어나야지. 엄마의 행동에 의심을 품어서도 안 되고 내가 엄마를 얼마나 그리워하는지 표시를 내서도 안 된다. 그래야 엄마의 사랑을 얻을 수 있을 테니까(p. 68).

밀러의 내담자처럼 온갖 애를 다 쓰고, 완벽주의 경향을 가지고, 인정을 받고 싶어 하는 내면의 관리자들이 하는 말을 들어 보면, 숨겨진 외로움과 참담함, 그 사람의 삶이 어떻게든 이어지도록 하기 위한 자신의 희생 등이 담겨 있다. 유배자와 마찬가지로 관리자들도 보살핌을 받고 치유되기를 간절히 원하는 아이들인 경우가 많다. 하지만 유배자들과는 달리, 그들은 자신들의 나약함과 체계를 위해 희생하고 있다는 사실을 숨겨야만 한다고 생각한다. 점점 유능해져야 체계가 자신들을 더 믿게 될 것이지만, 그렇게 될수록 자신들의 책임과 힘에 압도당한다. 결국 그들은 혼자서 그 사람의 성공과 안전을 모두 책임져야 한다고 믿게 되어, 참자기의 지도력을 어쩔 수 없이 포기하게 될까 봐 점점 더 전전긍긍하게 된다.

소방관

관리자들이 아무리 애를 써도, 관리자들이 만든 방어벽을 뚫고 유배자들을 활성화시킬 방도는 있다. 뿐만 아니라, 지치거나 아프면, 관리자 경비대는 불가피하게 무너지게 된다. 추방된 정서를 촉발시키는 것이 무엇이든, 유배자들이 움직이기 시작하면 긴급 상황이 되어 또 다른 일군의 보호자들을 불러 모은다. 그 모습을 드러낸 유배자들에 대해서 경보가 울린 것처럼 대처하기 때문에 이 집단을 소방관이라 한다. 이들은 내담자의 몸이나 관계에 어떤 결과를 미칠지는 거의 고려치 않고 유배자의 휘몰아치는 정서적 불길에서 떨어지게 하거나 그 불길을 진압하기 위해서 필요하다고 생각하는 것은 무엇이든 한다. 우리 모두는 소방관 활성화의 단계를 갖고 있으며, 가장 경미한 첫 단계가 효과가 없으면 그다음 단계로 넘어간다. 예를 들어, 폭식증을 가진 내담자들에 대한 소방관의 첫 번째 작전은 음식과 관련되지만, 음식으로 별 효과를 얻지 못하면, 내담자의 소방관 부서는 약물, 알코올, 성행위, 자해, 절도 등과 같은 다른 수단들을 시도할 것이다. 많은 내담자에게 있어서 최고 단위는 궁극적 안식이 되는 자살이다. 전통적인 치료에서는 소방관의 행위를 병리적이라고 보지만, 내면가족체계는 소방관들이 보호하고자 하는 의도를 갖고 있다고 인식하여 내담자의 참자기가 추방된 감정에 대한 근본적인 문제들에 도움을 줄 수 있게 해 달라고 협의를 한다.

소방관들은 자해, 폭식, 약물이나 알코올 남용, 해리 같은 감각 마비 행위와 성행위로 인한 위험 감수 같은 수법을 주로 활용한다. 소방관은 일반적으로 사람을 완전히 장악하여 해리나 자위 같은 행위를 무조건 해야 한다는 생각에 빠져들게 만든다. 소방관들은 사람이 자신에게 빠져 만족할 줄 모르고(자기애적이고), 아무리 물질적인 것에 매달려도 채워지지 않게 만든다. 이들의 활동에는 다 풀릴 때까지 화를 내고, 있는 대로 들떠서 마음대로 물건을 훔치고, 자살 충동이나 자살 시도 같은 것으로 위안을 삼는 것 등이 있다.

소방관들도 관리자들과 근본 목적—유배자들이 드러나지 않도록 하는 것—은 같지만 이들의 전략은 관리자들의 그것과는 상당히 다르다(그리고 상충될 때도 있다). 관리자들은 그 사람이 늘 통제하에 있으면서 모든 사람을 기쁘게 하도록 애쓴다. 아주 이성적이면서 괴로워하며 상황을 먼저 예측하고 선점하는 경우도 많다. 반면, 소방관들은 유배자가 그 모습을 드러내는 것에 대응한다. 이들은 그 사람이 통제되지 못하게 하고(일중독이나 체중조절처럼 그 행위가 사회적으로 용인된 것이 아니라면) 모든 이를 불쾌하게 만든다. 이들은 반항적이고 충동적이며 무모한 경향이 있다. 유배자들을 완전히 차단하려 하는 관리자들과는 대조적으로, 소방관들은 진정시키고 달래 주기 위한 것을 찾으려는 경향이 있다.

그 결과, 소방관 행위의 충동성과 극단성으로 인해서 내면의 관리자들과 내담자 주변인들로부터 비난의 화살이 쏟아지게 된다. 관리자들은 소방관들에 의지해서 그들을 불러오기도 하지만, 그 사람을 위험에 처하게 하고 제멋대로 하게 하고, 심약하게 만들고, 타인을 이해하지 못하게 만들었다는 사실 때문에 소방관을 공격한다. 관리자와 소방관들의 이런 뻔한 역동의 악순환이 반복되면서, 유배자들을 활성화시켰다는 관리자들의 자괴감이 소방관들의 동력원이 되고, 이는 관리자들에게 다시 경종을 울리고, 이런 식으로 상황은 더 악화된다. 그래서 관리자들과 소방관들은 서로 갈등관계 속에서 낯설고 불편한 적과의 동침을 하게 된다.

심각한 증상이 없고 한 번도 심각한 상처를 입지 않은 사람들이라도 이 세 집단—관리자, 유배자, 소방관—으로 내면이 구성되어 있다. 우리는 모두 우리의 여러 부분을 추방시키기 위해서 사회화되어 있고, 추방이 시작되고 나면 가두고 거기에 눈길이 가지 못하게 하는 관리자들과 소방관들의 역할이 필요하게 된다. 내면가족체계에 기반하여 진단편람을 쓴다면, 내면의 왕좌에 어떤 부분들의 집단이 앉아 있는지에 의거하여 정신건강 증상을 범주화하는 것으로 시작할 것이다. 인간 생존의 균형을 이루려는 행위에 대해서 이렇게 이해를 하면 우리 생각으로는 『정신장애진단 및 통계편람(*Diagnostic and Statistical Manual of Mental Disorder, DSM*)』 (American Psychiatric Association, 2013)의 어떤 개정판보다 훨씬 덜 병리적인 시선을 가질 수 있을 것이다. 예를 들어, 관리자들은 만성적으로 우울한 사람들의 체계를 지배하고, 유배자들은 한바탕 극심한 슬픔이나 두려움을 겪은 이들을 지배하고, 소방관들은 중독 문제를 가진 사람들을 지배한다.

내면가족체계치료 기간은 내담자 증상의 심각성이 아니라 참자기에 대한 체계 수준의 신뢰와 부분들이 얼마나 양극화되어 있는지에 따라 결정된다. 외상적 경험의 기간이 길고 더 가학적일수록 체계의 양극화가 심해지고, 부분들의 참자기−지도부에 대한 신뢰도 덜해지는 것이 일반적이다.

쓸모없음과 구원에 대한 갈구

아이들이 자신들의 가치에 대해서 확신을 가지지 못하거나 비관적이다 보면, 부모들을 어떻게 해야 기쁘게 할 수 있을지 전전긍긍하면서 어떻게든 기쁘게 하려고 애를 쓴다. 정상적인 인정의 욕구가 점점 갈망이 되어, 자신들의 가치에 대한 말들을 극단적인 뜻으로 마음에 담아 둔다. 언어적으로든 비언어적으로든 아이들이 별 가치가 없다는 말을 듣게 되면, 아이의 부분들은 그 전제하에 조직된다. 아이의 부분들은 사랑을 주지 않는 사람의 눈에서 구원될 수 없음을 느낀다. 이는 아이들이 의존하는 누구에게든 마찬가지다. 이후 자신은 아무 쓸모없는 존재라는 무거운 짐을 지고, 아이의 부분들은 자신이 사랑받을 수 없다고 생각하는데, 비하를 일삼는 사람이 자부심에 매달리는 것처럼, 아무리 아니라고 해도 이런 신념은 깨지지 않는다. 쓸모없음에서 구원을 갈구하는 무거운 짐을 진 어린 부분들은 가까운 관계에 큰 의미 있는 존재가 되려고 애를 쓰거나, 자신들의 자부심을 훔쳐 간 사람에게로 다시 돌아가거나, 그 사람과 닮은 사람을 찾는다. 이는 오랫동안 학대를 받으면서 만족할 수 없는 관계를 이어 나가는 결과를 낳게 한다. 내담자들이 쓸모없음이라는 무거운 짐을 저 멀리 내다 버리게 되면, 마치 저주가 풀리는 것처럼 보인다.

무거운 짐을 진 관리자

아이들은 부모의 무관심으로 인해 일어나게 될 참혹한 일들—유기, 심각한 손상, 죽음 등—을 본능적으로 안다. 아동의 의존도가 아주 높은 시기에, 자신의 가치에 대해 일관성 없는 말들을 듣다 보면 반드시 특정 결과에 이르게 된다. 그 결과, 아이들은 앞서 언급한 바와 같이, 자신들의 가치에 대해 부모가 한 말들에 아주 민감해진다. 부모가 계속 고무적인 평가를 해 주면, 이런 과민성이 누그러진다. 하지만 대부분의 가족은 일정 부분 두드러지는 불균형과 양극화를 갖고 있기 마련이며, 또 대물림된 무거운 짐들도 있고, 달갑지 않은 부류의 부분들도 갖고 있다. 억지로 무거운 짐을 지기 위해 큰 외상(T-Trauma)[5]에 시달릴 필요는 없다. 아이의 활기찬 부분이 거부당하고 아이가 사랑받을 수 없다는 생각을 하면, 필사적으로 인정을 얻어 내려고 하는 내면의 보호자들이 아이의 자아존중감과 안전을 빼앗는 사람의 치떨리

---

5) 원서 내용을 직역하면, 대문자 T로 시작되는 외상이다. 외상을 보통 큰 외상(Big-Trauma)과 작은 외상 (Small-Trauma)으로 나눈다.

는 성향을 그대로 닮기도 한다. 아이가 받아들여지려면 완벽해져야 한다고 생각하면서, 가혹한 내면의 비판자와 도덕주의자가 된 부분들이 안전을 빌미로 하여 그들의 내면 관계와 어린 시절을 제물로 바쳐 버린다.

대물림된 무거운 짐

부분들은 상처받았던 그때에 그대로 굳어진 채, 다른 부분들을 보호하면서 서로 양극화되어 어쩔 수 없이 극단적인 역할을 할 수밖에 없다고 설명했다. 하지만 극단성의 이유에 대해서 알아봐야 할 몇 가지가 더 있다. 부분들은 유의미한 타자에 대해서 극단적인 생각, 행위, 감정을 취하기도 한다. 이렇게 전이된 무거운 짐들은 개인의 무거운 짐과 같이 조직화하고 속박을 가한다. 부모에게 심하게 의존적이면서 가족 문화에 같이 들어가기를 갈망하기 때문에, 아이들은 세대에서 세대로 이어져 내려오는 무거운 짐―다른 가족구성원을 보호해야 한다, 큰 성공을 해야 한다, 모험을 하면서 위험을 감수하기에 세상은 너무 위험하다는 등―을 특히 더 쉽게 지게 된다.

인정에 매달리는 부분들은 부모나 다른 권위를 가진 인물들의 극단적인 부분을 모방할 수도 있다. 동일한 무거운 짐이 가족 내 여러 세대를 거치면서 대물림되는 것을 자주 보는데, 이 부분에 대해서는 4장에서 더 자세하게 설명할 것이다. 무거운 짐의 전승 과정에 대한 생각은 분석치료에서 말하는 내사(introjection)와 비슷하지만, 한 가지 중요한 개념적 차이가 있다. 내면가족체계에서는 대물림된 무거운 짐들에 대해서 그 짐이 비롯된 선조의 본질도 아니고 내면의 어떤 부분의 본질도 아니라고 생각한다. 부분을 정신적 내사로 보게 되면 그 부분의 귀한 자질과 변화할 수 있는 능력을 간과할 수 있다. 내사는 짐이지 그 부분이 아니다. 우리의 목표는 부분들이 자신들이 지고 있는 무거운 짐에 의한 속박에서 벗어나 더 바람직하고 건설적인 역할을 추구할 수 있도록 하는 것이다. 변화하라고 몰아붙이는 것이 아니라, 나아갈 수 있도록 도움을 주는 것이다.

참자기

스스로를 믿으면, 살아갈 길을 찾는다.

—J. W. von Goethe

누구나 가슴 한가운데에 의식의 자리를 갖고 있으며, 우리는 그걸 **참자기**(Self)라고 부른다. 이 참자기는 태어날 때부터 훌륭한 지도력에 필요한 자질—연민, 균형 잡힌 시선, 호기심, 수용성, 자신감 등—을 모두 갖고 있다. 참자기는 단계별로 발달하는 것이 아니다. 그렇기 때문에 부분들이 지휘를 허락하면 참자기는 내면에서 최고의 지도자가 되어 내면의 균형과 조화를 낳을 수 있다. 동시에, 부분들은 참자기를 보호하도록 구성되었다가 외상에 직면할 위험에 처하면 무슨 수를 써서라도 참자기를 제거해 버릴 수도 있다. 보호하는 부분들은 보호해야 한다는 이유 때문에 참자기를 몸 밖으로 몰아내 버릴 수도 있다. 그렇게 하고 나면, 내면체계가 지닌 무거운 짐이라고 하는 극단적 감정이나 사고가 보호자의 손 안에 들어온다.

하지만 참자기는 온전하게 유지된다. 치료사는 참자기를 대신하지도 않고 참자기를 강화하지도 않는다. 참자기가 관찰자가 될 수도 있지만, 수동적이거나 그냥 지켜보기만 하지는 않는다. 대신 부분들이 참자기로부터 분화가 되고 나면, 적극적이면서 연민의 마음을 지닌 협력적인 지도자가 된다. 또한 이상하게 들릴지는 모르지만 부분들이 신뢰를 얻고 참자기를 위한 여지를 열어 주면, 내담자들은 정신적으로뿐만 아니라 신체적으로도 참자기가 존재하고, 활기차게, 중심을 잃지 않고 있다는 것을 느낄 수 있다는 말을 한다(내면가족체계의 실제와 몸에 대해서 더 많은 것을 알고 싶으면 5장을 참고하라).

참자기-주도성

모든 수준의 체계—가족, 직장, 국가—는 지도부가 분명히 지정되어 있고, 존중받으면서, 공평하고, 유능할 때 가장 잘 움직인다. 내면의 가족도 다를 바가 없다. 참자기는 싸우고 있는 부분들을 공정하고 인정을 베푸는 방식으로 보살피고 양극성을 해소시킬 수 있고, 그 사람의 삶이 나아가는 데 중요한 결정에 관한 부분들의

회의를 이끌 수도 있고, 외부세계에 대처할 수도 있다. 부분들은 참자기-주도성하에서 사라지는 것이 아니라, 경직된 세 집단 관리자, 소방관, 유배자들이 하던 식으로 자신들의 극단적인 역할을 한다. 참자기-주도적 체계에서 가장 어린 부분들은 마음대로 놀기를 원할 수도 있다. 다른 부분들은 충고하고, 상기시키고, 문제를 해결하고, 자신들의 재능을 빌려주면서, 대개들 도움을 주고 싶어 할 것이다. 모두 서로 다르고, 귀한 역할을 맡고 있고, 능력을 갖추고 있다. 일반적으로 부분들은 서로 경쟁하거나 논쟁하기보다는 서로 돕는 편인데, 갈등이 일어나면 참자기가 거기서 중재를 한다. 체계가 대부분의 시간에서 조화롭게 움직이기만 하면, (조화로운 체계 내에서) 각 개별 구성원들은 눈에 덜 띄고, 우리도 우리 부분들에 대해서 잘 알아차리지 못하게 된다. 한마디로, 참자기-주도 상태에서 우리는 일체감과 통일감을 갖게 된다. 우리니까, 더욱 하나가 되었다고 느끼는 것이다.

한 부분이 잠시 지도부가 되는 것을 절대 원하지 않는다는 뜻이 아니다. 어떤 부분들은 특정 상황에서 최고의 지도자가 될 능력을 지니고 있기도 하다. 어떤 부분이 지휘권을 얻으면 소동이 벌어지거나 흥분하는 때도 있다. 참자기-주도성이 장착되고 나면 보호를 빌미로 부분들이 (참자기의 허락하에) 통솔권을 쥐게 될 이유는 없다는 것이 요점이다. 그리고 참자기가 다시 지휘권을 가질 때가 되면 그 부분들은 지도부에서 물러난다.

내면가족체계 핵심가설

내면가족체계 핵심가설을 요약하면 다음과 같다.

다원성

인간 정신은 원래 딱 몇 개라고 정할 수 없는 **부분**이라고 하는 하위인격들을 갖고 있다. 대부분의 내담자는 치료 중에 10개에서 30개 정도를 찾아내서 작업을 한다. 부분들이 모습을 드러내는 방식 때문에, 내면가족 혹은 부분의 무리들을 규정하는 다양한 연령, 기질, 재능, 욕망 등으로 내면의 주민들을 개념화한다. 이 무리는 그것을 둘러싸고 있는 체계의 구성을 반영하고, 다른 인간체계처럼 그 자체를 동일한 방식으로 구성한다.

　정신이 다원성을 지니고 있음은 내면가족체계에서는 너무 당연한 사실이다. 외부의 영향이 내사된 산물도 아니고, 한때는 하나였던 인격이 외상으로 조각난 것도 아니다. 다원성은 이롭기도 하다. 어쩔 수 없이 극단으로 밀려가고, 내면의 양극화와 불균형을 계속 이어 가려는 속성뿐만 아니라 외부 영향으로 파괴적인 역할을 할 때도 있지만, 모든 부분은 소중하고 건설적이고자 한다. 따라서 부분들은 안전하다는 걸 알고 나면 기꺼이 더 바람직하고 가치 있는 역할을 찾거나 회복한다.

양극화

　과거나 현재의 수많은 일이 인간 내면체계의 지도력, 균형, 조화에 영향을 미칠 수 있다. 그런 영향들 중에서 가장 일반적인 것에는 원가족의 태도나 상호작용과 외상 경험 등이 있다. 부분들이 과거에 묶여서 무거운 짐을 지고 지도부인 척하고 있으면, 내면 부분들 간의 관계는 조화가 깨지고 갈등에 처하게 된다. 체계 내 자원, 영향력, 책임 등이 불공평하게 나눠지면서, 한 부분이 극단적이 되면 다른 부분도 그렇게 되기 때문이다. 양극화된 부분들은 상대에게 대응하거나 이기기 위해서 더 극단적으로 치달으며, 서로에 대해서 부정적인 시선을 거두지 않는다. 그래서 유능한 지도부가 없으면 양극화는 심화된다. 양극화는 한쪽이 결집하면 그에 대응하여 경쟁하려고 다른 쪽이 또 결집하게 되는 연합체를 만들기도 한다.

세 집단의 생태계

　고도로 양극화된 내면체계는 온 힘을 다해 붕괴에 맞서는 경직되고 정교한 생태계다. 내재되어 있는 관계망을 고려하지 않고 어떤 부분을 바꾸려고 하면 여러 치료에서 저항이라고 하는 현상이 활성화된다. 내면가족체계에서는 이런 저항을 자연스럽고 때로는 필요한 생태학적 반응이라고 여긴다. 내면의 관계를 보여 주는 생태지도는 보호하는 행위의 타당성을 이해하고 인정할 수 있게 해 준다.

균형, 조화, 지도력

심각하게 양극화된 내면체계라도 치료사가 안전하고 보살펴 주는 환경을 만들어서 내담자에게 특정 방향을 제시해 줄 수 있으면 내담자 스스로 치유가 가능하다. 우리 체계는 이미 풍부한 자원을 갖고 있으며, 그걸 풀어내서 재편성하기만 하면 된다. 또한 체계 모든 부분은 조화롭게 관계를 맺고 싶어 하고, 기회가 주어진다면 얼마든지 극단적인 역할을 버릴 수 있다. 하지만 사람이 안팎으로 위험이 활성화되어 있는 환경 속에서 살아가게 되면, 보호하는 부분들은 자신의 역할을 버리는 것에 주저하게 된다. 내면체계가 조화롭게 되는 과정도 더 어려워지고 기간도 더 길어지게 될 것이다. 뿐만 아니라, 그런 환경에서의 변화는 다른 사람들을 향한 보호적인 반격을 야기하기도 한다. 이런 이유들로 인해서, 치료 전반에서 내담자의 내면세계뿐만 아니라 외부에서도 제약조건들을 찾아서 풀어내라고 권고한다. 가족 및 부부치료에 대한 장에서 이에 대해 설명할 것이다.

상호연결된 생태

체계 사상가들은 살아 있는 체계들 간의 유사성에 관심이 많다. 베이트슨(G. Bateson, 1979, p. 8)의 유명한 질문, "게는 가재와, 난초는 앵초와, 그리고 이 넷과 나는 어떤 연관성이 있는가? 그리고 나와 당신은?"처럼 우리는 부분들의 내면체계 구성이 그 외 인간체계와 어떤 유사성이 있는지에 대해 심취해 왔고, 이 저서 18장에서 가족 및 국가 내 이런 유사성을 밝히고 있다.

아주 작은 데서부터 거대한 데 이르기까지, 생물의 체계는 상호관계를 맺고 있는 생태이다. 따라서 더 큰 관계망을 이해하지 못한 채 체계의 한 면만을 바꾸려 하면 심각한 결과를 초래할 수 있다. 예를 들어, 1950년대 보르네오의 한 부족에서 말라리아가 발병했다. 세계보건기구(World Health Organization, WHO)는 살충제(dichloro-diphenyl-trichloroethane, DDT)[6]를 뿌려 말라리아 병원체 모기를 죽였고,

---

6) DDT라는 약어로 주로 통용되며, 염소를 한 개씩 달고 있는 벤젠 고리 두 개와 세 개의 염소가 결합한 형태의 유기염소화합물이다. 살충제이면서 농약으로 쓰였으나, 1960년대에 들어 그 유해성이 제기되었고, 1970년대에 선진국을 중심으로 사용이 중지되기 시작했다. 하지만 현재 일부 국가에서는 말라리아의 예방을 위해서 합법적으로 사용하고 있기도 하다.

사태는 개선되었다. 하지만 도마뱀붙이가 그 곤충들을 잡아먹어 살충제에 중독되고, 그 도마뱀붙이를 잡아먹은 고양이도 중독되었다. 그 고양이들이 죽어 버리자 쥐의 개체 수가 폭발적으로 늘어났고, 다른 전염병들이 창궐하게 되었다. 이 문제를 해결하려고 세계보건기구는 결국 1만 4천 마리의 살아 있는 고양이들을 보르네오에 낙하산으로 내려 보내 주었다(Hawken, Lovins, & Lovins, 1999).

상호연결된 생태계의 내면과 외부의 평행성

내면체계도 똑같이 정교한 생태계를 갖고 있다. 내면 관계를 이해하지 못한 채 한 부분을 바꾸거나 치유하려 하면 작게는 저항에서 심각하게는 반격까지 일어날 수 있다. 한 예로, 타이런이라는 젊은 남성은 내면의 비판자가 끈질기게 퍼붓는 비난 때문에 우울에 빠졌다. 그는 치료사가 자신의 강점과 긍정적인 사회적 관계에 집중하게 하려는 것을 알게 되었다. 그에 대응하기 위해 그의 비판자는 잔혹해졌다. 도저히 일에 집중할 수가 없어서, 타이런은 휴가를 냈다. 타이런의 치료사는 생각을 바꾸어 타이런을 내면가족체계치료사에게 의뢰했고, 그 치료사는 타이런이 비판자에게 자신의 기분이 좋아지면 어떤 일이 일어나게 될 것을 두려워하는지 물어보도록 했다. 그 비판자는 무턱대고 나서다가 타이런이 사회적 위기에 처해 거부당할 것이라고 말했다. 그게 왜 나쁜 건지를 묻자, 비판자는 한 번 더 거절을 당하면 타이런은 견디지 못해 분명히 자살할 거라고 말했다.

다음 회기에서, 두 사람은 자살하고 싶어 하는 부분과 대화를 나누었는데, 그 부분은 정말 다시는 타이런의 유배자─예전에 몇 번이나 배신당하고 거절당했던─의 고통을 그가 느끼지 못하게 하는 데만 온 신경을 쏟고 있었다. 그래서 타이런은 자신의 비판자가 자신을 계속 우울하게 만들어서 살아 있도록 하려 했다는 것과 그건 처음 치료사의 노력에 반항하기에 합당한 이유였다는 것도 알게 되었다. 그래서 타이런과 내면가족체계치료사는 타이런이 자신의 참자기에 다가가 자살하고 싶어 하는 부분에게 허락을 구하고 유배자를 치유하는 데에 집중하도록 했다. 유배자가 치유되고 나서 비판자에게 돌아갔는데, 비판자는 그제서야 행복해져서 타이런에게 잔인하게 굴던 것을 그만두었다.

내면가족체계 모델은 내담자의 내면과 외부세계를 내포된 집합(nesting)[7]으로, 동일한 원리로 움직이면서 동일한 기법으로 대응하는 상호연결된 체계로 본다. 그리고 서로 교류하는 체계는 서로를 반영하게 되어 한 수준에서 변화가 일어나면 다른 수준에서도 그런 변화가 일어나기 쉽다. 체계 수준은 서로 반향을 일으키기 때문에, 치료사가 내담자의 외부 환경을 완전히 고려하거나 다루지 않고 내담자의 내면체계와 작업해서는 안 된다. 또한 치료에서 한 체계수준에서 출발할 수는 있지만 (말하자면, 가족), 필요하다면 다른 체계수준(가족 내 개인들)과 융통성 있게 왔다 갔다 할 수도 있다.

타이런의 경험에서 보듯, 생태학적으로 민감하면 실전에서 유리하다. 생태학적으로 민감해지려면 전문가의 해석적 입장에서 벗어나, 겸손하고 호기심 어린 태도로, 내담자의 부분들이 자신의 내면 지도를 그려 가는 것에 힘을 보태야 한다. 예비 지도를 갖게 되면, 예우를 갖추는 태도로 따라가면서 얼마든지 계속 배워 갈 수 있다. 우리가 실수를 하면 내담자의 체계가 심각하게 반응을 하겠지만, 그런 반응에도 묵묵히 병리적으로 보지 말고 호기심 어린 태도를 유지하면 된다. 우리가 참자기-주도적이면, 실수도 내담자 내면의 지뢰밭에서 광맥을 찾게 되는 또 하나의 기회가 된다.

맺음말

장기 속에 살고 있는 수백만의 미생물들과 함께 살고 있는 것과 마찬가지로, 우리는 다양한 관계의 하위체계에 거하고 있는 내면의 주민들과 공생을 하면서, 서로서로 관계를 맺고 있다. 우리는 서식지다. 이 서식지에 사는 주민들(부분들)은 상처를 입을 수도 있고, 서로 갈등을 일으킬 수도 있고, 서로 다치게 할 수도 있으며, 자신을 공격할 수도 있고, 방어적(혹은 공격적) 행동도 할 수 있다. 우리가 내면체계를 관리할 태세가 되어 있는 참자기를 갖고 있다는 것은 다행한 일이다. 모든 부분의 서로 전혀 다른 특징들과 관점들을 제대로 알기만 하면, 앞뒤가 맞지도 않고, 착잡한 감정에 사로잡혀, 내면갈등을 초래하며 스스로(혹은 다른 누군가)를 못마땅하게 여기는 에너지가 확산되는 것을 막을 수 있다. 우리 내면의 공동체가 갈등으로 분열될

---

7) 내포된 집합(nesting)이란 가운데부터 동심원을 그리면서 더 작은 집합이 더 큰 집합 안에 완전히 포함되는 관계를 맺고 있는 수학적 개념이다.

수는 있어도, 천부적 재능들도 잔뜩 갖고 있다. 부분들이 의식의 자리(참자기)에서 분리가 되면 수천 년 동안 영적 전통에서 알려지고 가르쳐 왔던 것들—내면에 살고 있는 여린 부분을 지지하고 보호하는 데에 필요한 어마어마한 힘을 가진 자원들을 우리는 갖고 있다—을 발견할 수 있다. 자기-수용은 모든 부분들을 환영하고 아무도 배격하지 않는 현재진행 중인 과정이다. 자기-수용의 이상을 좇을 때 호기심 (curiosity), 탐구(exploration), 아우름(inclusion) 등으로 자유를 얻어 살아가게 되기도 한다.

제**3**장

참자기

바라봐 주기, 관찰하기, 귀 기울여 듣기, 마음에 새기기, 이해하기, 함께 느끼기, 소통하기, 사랑하기, 이 모든 것을 우리는 부분들과 함께할 수 있다. 그런데 누가 바라보고, 들어 주고, 사랑해 주는 걸까? 여러 영적 전통의 비전(秘傳) 속에는 의식의 자리에 해당하는 여러 이름이 있다. 퀘이커교[1]도들은 이를 내면의 빛(Inner Light)이라 하고, 불교도들은 부처의 마음 혹은 부처의 본성이라는 뜻으로 불성(佛性, rigpa)이라 하며, 힌두교도들은 아트만(Atman)[2] 혹은 참자기(the Self)라 한다. 13세기 독일 신학자이자 철학자였으며, 신비주의자였던 에크하르트(M. Eckhart)는 신의 씨앗(Godseed)이라 했고,

---

1) 1647년 영국인 조지 폭스(George Fox, 1624~1691)가 창설한 프로테스탄트의 한 교파로, 영국과 식민 아메리카 등지에서 일어난 급진적 청교도 운동의 한 부류다. 우리나라에는 1955년에 전파되었고, 함석헌이 대표적 인물이다(출처: 교회용어사전 '교파 및 역사').
2) 고대 인도 [우파니샤드] 철학에서 브라만(Brahman, 梵)과 함께 가장 중요한 원리 중 하나다. 끊임없이 변화하는 물질적 자아(육체, 생각, 마음)와 상반되는 개념으로, 절대 변치 않는 가장 내밀하고 초월적인 자아(영혼)를 뜻한다(출처: 두산백과).

수피교[3])도들은 사랑받는 자(the Beloved) 혹은 신을 품은 자(God within)라고 불렀다. [내면가족체계의 참자기가 영적 전통의 이런 면들과 어떤 관계가 있는지에 대해서 더 논의하고 싶다면, 2017년에 슈와르츠와 팔코너가 출간한 저서『여러 마음, 하나의 참자기: 혁신적 패러다임 전환의 증거(*Many Minds, One Self: Evidence for a Radical Shift in Paradigm*)』(Schwartz & Falconer, 2017)를 참조하라.] 내면가족체계 용어로는 정신의 균형과 조화가 핵심이 되어 우리 의식의 자리에 다가가는 것이며, 참자기(Self)라고 부른다. 참자기 주변에서 여러 개의 마음이 선회하면서, 부분들이 참자기의 원심력에 다가가는 것이 어려울 때, 서로 줄다리기를 하면서 전방위로 위협을 쏟아 낸다. 반면, 참자기에게 접근하고 나면 물레 위에 놓인 점토처럼 중심을 잘 잡는다.

우리는 모두 참자기를 지니고 태어난다. 참자기는 발달단계에 맞춰 발달하는 것도 아니고 치료사에게서 강점과 지혜를 빌려오지도 않으며, 손상될 수도 없다. 하지만 부분들에 의해서 가려지고 사면초가가 될 수는 있다. 이 상태가 섞임(blending)이다. 부분이 완전히 뒤섞이게 되면, 부분의 시선으로 세상을 보게 된다. 부분이 부분적으로 섞여 있으면, 부분의 보호자가 우리에게 영향력을 발휘한다. 양극화된 부분들이 섞이면, 다툼 속에 살게 되고 마음속 평화는 사라진다. 하지만 부분들이 분리가 되면, 곧바로 참자기가 드러나고 힘을 쓸 수 있다. 참자기가 부분들—위협에 못 이겨 굴복하고만 아동이나 박해에 맞서다 추방되어 분노에 찬 십대—을 수용하고 사랑해 주면 그 부분들은 원래대로 다시 모습을 바꾸게 된다. 참자기가 이끌고 있는 정신은 전복될 염려도 없고 모든 감정, 관점, 부분들을 위한 여지가 얼마든지 있다. 또한 참자기는 가만히 지켜보기만 하는 관찰자도 아니다. 부분들이 분화되고 나면, 참자기는 인정 많고 협력적인 지도자가 되어, 필요에 따라 나서기도 하고 물러서기도 한다. 수 세기 동안 세계 전역의 영적 전통에서 참자기가 알려져 있었고 그렇게 불리기도 하고, 참자기를 뜻하는 내면의 평온이라는 고매한 순간을 많은 이가 적어도 몇 번은 떠올릴 수 있음에도 불구하고, 많은 치료사는 여전히 내면가족체계의 가장 문제가 되는 개념이 참자기라고 생각한다. 이 장에서는 이 참자기에 대해서 깊이 있게 살펴보고자 한다.

---

3) 이슬람교의 신비주의적 분파로, 전통적인 교리 학습이나 율법이 아니라 현실적인 방법을 통해 신과 합일되는 것을 최상의 가치로 여긴다. 수피교의 유일한 목적은 신과 하나 되는 것이고, 이를 위해 춤과 노래로 구성된 독자적 의식을 갖고 있다. '수피(sufi)'는 아랍어의 양모를 뜻하는 어근 '수프'에서 파생된 말로, 수피즘 초기 행동대원들이 금욕과 청빈을 상징하는 하얀 양모로 짠 옷을 입어 수피라 불리게 된다(출처: 위키백과 '수피즘').

* * *

태풍 속의 '나'

　심하게 양극화된 보호자들이 물러나면, 내담자는 바로 마음을 열고 호기심 어린 태도로 바뀌어 극단적인 부분들이 무엇을 말하고자 하는지 또는 무엇을 도우려 했는지에 대해서 알아 가기 시작한다. 이런 변화는, 부분들과 상호작용은 하지만, 부분은 아닌, 내면의 현존과 연관이 있다. 많은 치료 및 종교가 비심판적 진아(true self, 眞我)에 대해서 말하기는 하지만, 이는 본질적으로 수동적이면서 관조하는 마음의 상태를 말한다. 이런 관점과는 달리, 지난 30여 년간 내면가족체계를 사용해 온 치료사들은 누구나 참자기라고 하는 적극적이면서도 인정 많은 지도자에게 다가갈 수 있다는 것을 입증했다. 참자기는 명료성, 균형 잡힌 시선, 연민, 그 외 효과적인 지도력을 구축할 수 있는 자질들을 갖고 있다. 아무리 심각한 증상이 있어도, 처음에는 내면체계가 아무리 양극화되어 있어도 그렇다.

　참자기가 부분들로부터 분화되고 나면, 사람들은 **참자기-주도적 정신 상태**(Self-led state of mind)라는 걸 경험한다. 이 저서에서는 참자기로부터 부분들의 분화를 촉진시키기 위한 여러 전략을 선보인다(2017년 출간된 Anderson, Sweezy, & Schwartz의 저서에서도 확인할 수 있다). 부분들이 자발적 분화를 이루고 나면 내담자들은 행복감에 젖어 구심점을 잘 잡고, 차분하고, 경쾌한 느낌이 든다고 말한다. 자신감과 진솔함도 내비친다. 선택에 대해서도 더 잘 이해하게 된다. 노련한 명상가들이나 황홀경으로 들어간 구도자들이 말하는 상태와 비슷하게, 타인 및 우주와 연결된 느낌으로 가슴이 벅차오르는 것도 경험할 수 있다.

　심리학자 칙센트미하이(M. Csikszentmihalyi, 2008)는 박사과정 중에 인간 행복의 근원에 대해서 연구했었다. 여러 사람과의 면담을 거친 후, 스포츠, 자동차 정비, 미술, 독서, 집안 청소까지, 어떤 활동이든 인간이 어떤 정신 상태에 접근하도록 해 주면 충만감을 야기할 수 있다는 결론을 내리고, 그는 이를 **몰입**(flow)이라 했다. 정신이 몰입된 상태는 승리감과 행복감에 수반되는 자신감, 강한 집중력, 활동 자체 이외에 다른 보상을 바라지 않는 것 등이 특징이다. 시간의 제약, 남의 시선을 의식하는 자의식을 벗어나고, 초월마저도 벗어난다. 칙센트미하이는 몰입은 보편적이면서도 긍정적으로 인간에게 일어나는 현상이라는 결론을 내린다. 불교도들도 마음 챙김에 대한 이야기를 나누면서 동일한 현상의 범주를 말하고, 이를 내면가족체계 전문가들은 참자기-주도성 및 참자기-주도적으로 되기라고 말한다.

하지만 내면가족체계에서 찾은 참자기는 낯설면서도 대단한 이원성을 포함한다. 『내면가족체계 모델 입문(Introduction to Internal Family Systems Model)』(2001)에서 적극적인 내면의 지도자이면서, 광범위하고 경계가 없는 마음의 상태라는 참자기의 이원적 본성에 대해서 자세히 설명했다. 이 이원성을 이해하려면, 빛을 생각해 보라. 양자물리학은 빛을 구성하는 광자는 입자처럼 움직일 때도 있고 물웅덩이 속 파장처럼 움직일 때도 있다는 것을 입증했다(Zohar, 1990). 그와 같이 참자기도 '나'로 경험될 수도 있으면서 공간과 에너지의 광범위한 감각으로 느껴질 수도 있다. 예를 들어, 우리가 부분들이나 다른 사람들과 상호작용을 할 때의 참자기는 경계를 가진 개인이지만, 대신에 우리가 우리 부분들(혹은 다른 사람들)과 함께 있을 때는 '참자기 안에' 있는 경험이 광범위해지고 포괄적이게 된다. ― 역설적이게도, 이는 '무아(no self, 無我)'같은 마음의 상태이다. 내면가족체계치료사들의 최우선 임무는 내담자들이 두 형태의 소중한 정신 상태에 다가갈 수 있도록 돕는 것이다. 두 번째 임무는 내담자들이 자기 내면가족들의 치유자가 될 수 있도록 길을 비켜 주는 것이다.

참자기의 본성

어떤 영적 가르침은 '상급 참자기(higher Self)'와 일상적인 일이나 관리하는 자기―프로이트(S. Freud, 1923/1961)의 용어로는 자아(ego)―를 분간한다. 하지만 내면가족체계를 사용하는 임상 경험에서는 이런 이분법에 이의를 제기한다. 우리 관점으로 볼 때 프로이트가 자아라고 한 것은 관리자 부분들의 집합체. 내면가족체계의 참자기는 부분들과 상호작용을 하기도 하고 또 초월하기도 한다. 하나의 존재로서, 참자기는 서로 다른 관점을 들어 주고, 보살펴 주고, 문제를 해결해 줄 수 있다. 그 수준에서의 파장이 결국에는 모두 똑같이 겹쳐지는 것처럼, 우주와 사람들도 하나인 것이다. 부분들은 참자기와의 관계를 찾아서 크나큰 위안을 얻지만, 참자기와 함께하는 데서 오는 득을 얻기 위해서는 참자기를 감지하고 분화되는 위험―여러 보호자에게는 무서울 수도 있는 일—을 먼저 감수해야 한다. 한 사람의 무게중심과 정체성을 부분 및 부분들의 무거운 짐에서 본질(참자기)로 옮긴다는 것은 대부분의 영적 전통에서 말하는 깨달음을 의미한다. 부분들의 눈으로 보게 되면, 세상은 참자기의 눈으로 보는 것과는 아주 달리 보인다.

참자기-주도성

우리의 핵심 참자기는, 영적 전통에서 숭앙받는 영혼으로, 호기심, 연민, 평정심, 자신감, 용기, 명료성, 창조성, 유대감, 친절 등을 아우른다. 하지만 우리가 두려움에 빠지거나 창피를 당하면 통솔권을 쥐게 되는 보호하는 부분들로 인해서 쉬이 흐려진다. 보호자들이 통솔권을 쥐게 되면, 우리는 그들의 신념—예를 들자면, 세상이 얼마나 위험한지 혹은 우리가 얼마나 나약한지 등과 같은—으로 인해서 동일시되고 지배받는 기분이 든다. 우리 자신보다 더 큰 무언가와의 관련성을 살짝 들여다보거나 우리 내면의 진실된 선과 강인함을 잠깐 보게 되더라도, 이런 일은 어쩌다 요행으로 일어났을 뿐이라고 생각한다. 고매함을 우리의 생득권으로 보기는 쉽지 않지만, 그 고매함이 곧 우리이며 일상에서든 누군가와의 갈등 속에서든 그 고매함의 자리에서 살아갈 수 있다.

참자기-주도적 상태에서는 주변 사람들과 관계를 맺는 법을 마음을 열고 알고 싶어 하고 그에 대한 직관적 지혜를 갖는 소중한 자질이 나타난다. 하지만 우리는 여리고 약한 부분들을 업신여길 게 아니라 더 알고 싶어 하도록 우리 스스로를 이끌지 못한다. 연민이 얼마나 이로운 것인지 잘 알고 있어도, 스스로 연민을 가지도록 할 수도 없다. 어떻게 해야 그렇게 되는 걸까? 어떻게 해야 내담자들이 그렇게 될까? 내담자들이 기꺼이 마음속에 집중하여 극단적인 부분들을 왜곡된 정서 및 사고와 분리시킬 수 있는 최선의 방법에 대한 지침을 구가할 수 있도록 하면, 내담자들의 참자기가 풀려나와 훌륭한 지도자가 되는 데 필요한 자질들이 자연스럽게 드러날 것이다. 내면가족체계에서는 내담자가 우선 **실마리**(trailhead)라고 하는 것에 집중하도록 한다. 이는 정서, 이미지, 내면의 목소리, 사고, 신체 감각, 충동 등인데, 이런 데에 집중을 해서 따라가다 보면 부분에게로 이를 수 있다.

치료 회기 중 찾아서 따라가는 실마리들은 대개 곤경에 처한 부분들의 조짐이다.

정서, 이미지, 목소리 등이 발산하는 목표부분에 대해 어떤 기분을 느끼는지 내담자에게 묻는다. 내담자의 다른 부분들이 그 부분을 두려워하거나 싫어하면, 그런 부분들에게 긴장을 풀고 여유를 가지도록 부탁하면서 목표부분을 알아 갈 수 있도록한다. 반응적인 부분들이 협조를 해 주면서 긴장을 풀면, 내담자는 곧 더 차분해지고 더 알고 싶어진다. 이런 감정들은 부분들이 분리되고 나면 자동적으로 나타나기 때문에, 이미 거기 있던 참자기-에너지로 다가갈 수 있다. 내담자가 특정 방식대로 느끼기 위해 노력을 기울여 보라고 할 필요가 없다. 이 과정에서 딱 한 가지 유의할 점은 참자기를 확인하고 참자기를 경험하기 위한 일정 정도의 호기심을 찾아내기 위한 최소한의 자발성이 요구된다는 것이다. 스스로 하겠다는 마음과 알고 싶은 마음이 없으면, 참자기에 대한 경험을 일상에서는 볼 수 없는 유쾌한 일탈이나 환상으로 여길 수도 있다. 우리가 진짜 누구인지 모른다면, 일관되게 그 사람이 될 수 없다. 참자기가 거기, 우리 부분들 아래에 있다고 믿을수록, 참자기에게 더 잘 다가갈수 있다.

* * *

참자기를 만나는 사례

다음은 내담자에게 참자기를 소개하는 예시다. 자비어는 자신의 내면 비판자에게 억압을 당해 두려움에 떨고 있었다. 이 회기 중에 그가 비판자에게 집중해서 자신의 머릿속에서 그 비판자를 찾아내고는 "오! 난 듣고 싶지 않아요."라고 분명하게 말했다.

치료사: 비판자의 말을 듣기 싫어하는 부분이 마음을 좀 가라앉히고 당신 말을 들어 줄 수 있을까요? 당신이 비판자의 편을 드는 게 아니라 그를 파악하고 그 일을 그만두게 돕는 거라고 말이에요.

[치료사는 부분들의 성별을 예단하지 않고, 내담자가 다른 제시—그렇게 한다면—를 할 때까지 '그'라고만 한다.]

자비어: 음……. 네.

치료사: 지금은 그에 대해서 어떤 느낌이 드나요?

자비어: 나한테 그 남자가 왜 이러는지 모르겠어요.

[내담자가 성별을 표시했다.]

치료사: 그 남자에게 물어봅시다.

[치료사가 내담자를 따라 간다.]

자비어: 흠. 그 남자는 저희 할아버지의 거대한 환영처럼 저를 윽박지르기 시작했어요. 그런데 제가 왜 그러느냐고 하니까 갑자기 아이 같아 보였어요.

치료사: 지금은 그 남자에 대해서 어떤 기분이 드나요?

[자비어는 좀 더 차분해지고 자신감이 더 차오른 듯했다.]

자비어: 미안한 기분이 들어요. 그 남자는 내가 뭐든 완벽하게 해내서 아무도 나에게 뭐라고 못하게 하고 싶다고 하네요. 나를 때리곤 했던 그 사람처럼 행동을 하는 게 아무 소용없다는 걸 알기나 하는지.

치료사: 그 남자가 그걸 아나요?

자비어: 당황하는 것 같아요. 문제를 만들 생각은 아니었어요. 그런데 그만둘 수 있다고 여기지는 않네요.

치료사: 그 남자가 그만두고 싶어는 하나요?

자비어: 네.

치료사: 그 남자가 그렇게 하지 않으면 어떤 일이 일어날 것을 염려하나요?

자비어: 내가 완벽하지 않으면, 비난받고 배척당할 거래요.

치료사: 그러니까 그 남자는 예전에 그런 식으로 상처를 입은 부분들을 보호하고 있는 거군요.

자비어: 흠……. 네. 그런 것 같아요.

치료사: 그 부분들을 우리가 치유해서, 나약한 것 때문에 거절당할 일은 없게 할 수 있어도 그 남자가 당신에게 계속 비난을 할까요?

자비어: 글쎄요. 그 남자는 우리가 그렇게 할 수 있다고 생각하지 않네요.

치료사: 그 남자에게 당신이 몇 살로 여겨지는지 물어봐 주세요.

자비어: 열 살이요.

치료사: 그 남자에게 당신 실제 나이를 말해 주시고 자신이 어떻게 대하고 있는지를 말해 주세요.

자비어: 그 남자가 충격을 받았어요. 믿을 수가 없대요. 그 남자는 아직도 내가 힘없이 겁에

질린 아이라고 생각했대요.

치료사: 그 남자가 당신에게 어떻게 반응하나요?

자비어: 그 남자는 내가 뭘 원하는지 몰라요.

치료사: 당신은 뭐라고 말할 건가요?

자비어: 나는 도우려고 여기 있는 거야.

치료사: 그 남자가 당신의 도움을 좋아합니까?

자비어: 자신에게 어떤 일이 일어날지 물어요.

치료사: 그 남자는 언제나 당신의 일부분이지만, 더는 그 어린 소년을 보호할 필요가 없으니, 새로운 역할을 그 남자 마음대로 고를 수가 있어요. 지금 임무에서 자유로워지면 뭘 하고 싶은지 물어보세요.

자비어: 쉬고 싶다네요. 그런데 나를 믿어도 될지 모르겠대요.

치료사: 괜찮아요. 당신은 그 남자에게 뭐라고 말할 건가요?

자비어: 그 남자의 신뢰를 얻을 기회를 달라고 해요. …… 됐어요. 그 남자가 그렇게 해 보겠대요.

이런 대화들이 오가고, 비판자는 자신이 보호했던 열 살짜리—폭력적인 할아버지에게 가해를 당했던 장면에 갇혀 있었던—에게로 자비어가 다가가도록 허락해 주었다. 자비어가 통솔권을 쥐고 그 소년과 관계 맺는 법을 알았기 때문에, 치료사는 대부분의 시간을 묵묵히 지켜봐 주고만 있었다. 내담자의 참자기가 부분들을 사랑하고 도와줄 방법을 알고 있기 때문에 내면가족체계치료에서는 이런 일이 비일비재하다. 살아오면서 한 번도 보살핌을 받아 보지 못한 사람들이라도 자신들의 참자기에게 접근을 하고 나면 부분들을 어떻게 돌봐야 하는지 알게 된다. 우리의 몸이 신체 상해를 치유하도록 만들어져 있는 것처럼, 정서적으로도 치유 장치가 갖춰져 있다.

인간본성에 대한 긍정적 시각과 부정적 시각

우리의 본질은 지극한 기쁨과 평화이고, 거기서부터 이어져 치유가 가능하다는 사상은 우리가 배웠던 것과는 상반된다. 서구 문화에서는 인간본성에 대한 여러 부정적 시선들이, 특히 성 아우구스티누스(St. Augustine)가 욕망은 인간본성에 새겨진 저주라고 주장했던 때부터 팽배해졌다(Schwartz & Falconer, 2017). 아우구스티누스의 기독교 선조들은 우리가 축복받았다고 여겼지만, 아우구스티누스는 그 당시에는 별로 중요하게 여기지 않았던 성경의 한 비유에 시선을 집중했는데, 그 문제가 당시로서는 당혹스러운 것이었다(Greenblatt, 2017). 아담과 이브가 신의 명령을 따르지 않고 선악과의 열매를 따 먹었다는 사실을 신께서 부끄러이 여겨 에덴에서 내쫓아 버렸다는 이야기가 있다. 더 직설적으로 말하면, 신께서 성교를 즐기는 두 사람에게 벌을 내렸다. 아우구스티누스 개인에게 있어서, '원죄'에 관한 이런 이야기는 리비도를 부정하고 기독교도인 어머니에게 순종하기 위해서 몸부림쳤던 자신의 경험을 그대로 담고 있기 때문에 가장 설득력 있게 들렸을 것이다. 아우구스티누스는 자신의 페니스를 마음대로 휘둘렀던 삶(수년간 그는 허랑방탕하게 살았었다)을 한탄하면서, 욕망이 행복한 무지(blissful ignorance)[4]에서 무력한 고통으로 인간을 몰고 갔으며, 그로 인해서 시시포스[5]처럼 끝없는 자기-부인을 해야 한다는 관념을 대중화시켰다(Greenblatt, 2017).

인간본성을 부정적으로 보는 또 다른 비관론자들은 다윈(C. Darwin)의 진화론에 비추어 원죄설에 과학을 입힌다. 이들은 인간본성이 진화 속 경쟁적이고 승자독식

---

4) blissful ignorance는 현실의 부조리 등을 느끼지 못하는 행복한 무지를 뜻하는 말로, 모르는 것이 약이다 (Ignorance is bliss)라는 속담에서 비롯된 말인데[출처: 강준만(2013), 『교양영어사전 2』, 인물과사상사], 슈와르츠는 아우구스티누스의 예를 들면서, 이 '행복한 무지'를 에덴동산에서 선악과를 범하기 전의 아담과 이브가 신의 축복하에서 아무 근심 걱정 없이 살고 있었던 상태를 표현하기 위해 쓰고 있다.

5) 그리스 신화에 나오는 코린토스의 왕으로 코린토스 시의 창건자이며 그 당시 이름은 에피라다. 교활하고 못된 지혜가 많기로 유명하다. 그는 제우스의 분노를 사 저승에 가게 되었는데, 저승의 신 하데스를 속이고 장수를 누렸으나, 그로 인해 저승에서 무거운 바위를 산 정상으로 밀어올리고 떨어지면 다시 밀어올려야 하는 영원의 형벌에 처해진다(출처: 그리스로마신화 인물백과).

적인 환경을 반영한다고 단정한다. 이런 사상도 큰 영향을 미쳤다. 프로이트의 주장과 심리학에 있어서 행동주의와 진화론의 가르침대로라면, 우리는 쾌락을 극대화시켜 우리의 유전자 공급원을 넓혀 가도록 만들어져 있다. 이는 심리학이 타락에 대한 기독교적 이야기와 '이기적 유전자'에 대한 과학적 진술을 어떻게 반향하고 있는지를 보여 준다(Dawkins, 1976).

우리의 근본 본성이 부모가 우리를 어떻게 길렀느냐에 달려 있다고 주장하는 애착이론(Ainsworth, 1982; Bowlby, 1988)도 또 하나의 잘못된 시선이다. 발달초기 어떤 결정적 시기에 다행히 상당히 훌륭하게 양육되었다면, 자아 강도가 얼마든지 잘 기능할 수 있는 어린 시절을 보낼 수는 있을 것이다. 하지만 그다지 운이 좋지 않다면, 치료사나 유의미한 타자로부터 교정적 재양육 같은 것을 받을 때까지 기능을 제대로 못한 채로 있어야 한다. 이런 관점대로라면, 우리는 도덕성, 공감, 존중을 내면화시키거나 배워야 하고, 우리의 가장 귀중한 자질들은 외부 환경 속에서 양육—치료사인 우리들은 내담자에게 부족한 것을 주려고 해야 하고, 내담자는 우리를 내면화시켜야 한다—되지 않으면 습득할 수가 없다.

이런 환경적 의존에 대한 신화는 학습이론과 교육체제를 지배하고, 내담자들을 과소평가하게 만들고, 불필요한 의존을 종용하고, 치료사들을 과부하시킨다. 우리가 태생적으로 나약하거나 외상으로 심각하게 손상을 입었다면 치료사에게 기대거나 애착인물과 좋은 유대를 가져야 한다. 치료사와의 관계는 자율이 가능하게 하는 자아를 발달시킬 수 있도록 만든다. 내면가족체계에서는 이미 발달되어 있고 완전한 참자기를 자유롭게 만들어 자기-조절(self-regulate)과 자기-양육(self-nurture)을 가능하게 하는 치료사와의 관계를 중시한다. 내면가족체계에서는 치료사-내담자 관계가 중요하지 않다는 뜻이 아니다. 6장에서도 말하고 있지만, 오히려 아주 중요하다[『새로운 차원의 내면가족체계치료(*Internal Family Systems Therapy: New Dimensions*)』(Sweezy & Ziskind, 2013) 1장에서 내(R. Schwartz)가 이 주제에 대해서 쓰기도 했고, 시겔(D. Siegel)도 지난 20년간 이 주제에 대해서 글—2012년 출간된 『발달하는 마음: 우리 정체성에 대한 관계와 뇌의 상호작용(*The Developing Mind: How Relationships and the Brain Interact to Shape Who We Are*)』도 그중 하나다—을 써 오고 있다].

* * *

참자기-주도적 인물의 자원

이제 치유와 가장 많이 관련된 참자기의 자질에 대해서 설명하고자 한다. 흥미롭게도 이들은 모두 알파벳 C로 시작된다.

호기심(Curiosity)

초보자의 마음은 많은 가능성을 담고 있을 뿐만 아니라, 경이로움으로 가득 차 있다. 우리는 태생적으로 알고 싶은 것이 많아서 생각할 틈만 나면 자연스럽게 계속 호기심이 일어난다. 누군가의 분노를 직면하게 되면, 과거 경험과 활성화된 부분에 의해 우리 시야가 가려지지만 않으면 궁금증이 일어난다. 무슨 일이냐고 물어보면, 그 화난 사람은 두려움과 판단이 아니라 관심을 느낄 수 있다. 우리가 방어적이지만 않으면, 화난 부분이 보호하고 있는 내면의 상처가 무엇인지 궁금해할 수 있다. 호기심은 내면가족체계치료의 핵심이다. 참자기는 내면의 목소리, 감각, 감정, 사고—그리고 외적 관계까지도—에 대해서 무한한 관심을 불러일으킨다. 모든 영역에서, 순수하고 숨은 의도 없는 호기심은 무장을 해제시킨다. 관심을 가지면, 내면의 악마들(남을 업신여기는 이, 인종차별주의자, 여성 혐오자, 자해를 일삼는 부분들)이라도 나약함에 숨겨진 보물에게로 안전하게 다가가도록 하는 기회를 감지한다.

평정심(Calm)

많은 사람, 특히 외상을 경험한 사람들은 팽팽하게 감아 둔 용수철처럼 계속해서 긴장을 느낀다. 이렇게 각성 상태에 있게 되면 힘든 사람이나 사건에 대해 지나친 행동을 하게 된다. 반면, 참자기-주도성은 신체적으로나 정신적으로 퍼져 있는 고요함이 특징이다. 참자기를 간직한 내담자들은 더욱 품행방정하고 회복력도 더 뛰어나다. 참자기는 어른 같은 책임감과 케케묵은 두려움을 지닌 보호하는 부분들의 마음을 풀어 준다. 광분한 내면 상태 속에 살고 있던 내담자가 매우 침착해진다. 감정이 휘몰아쳤다가 아무것도 느끼지 못하는 죽음의 상태로 변하는 양극단으로 분열되어 있던 내담자가 잔잔한 물결처럼 자연스럽게 감정이 흘러들었다가 다시 빠져나가는 것을 경험할 수도 있다. 파도가 심해져도, 내담자의 참자기가 활성화된 부분들을 감지하고 진정시킬 수 있는 적극적인 지도자가 될 수 있다. 그래서 폭풍우는 가라앉고 참자기-주도적 상태로 돌릴 수 있다는 자신들의 능력을 믿는다. 존경받고 신뢰를 얻는 지도자들이 이끌어야 양극화가 덜해지는 인간의 외부체계와 마찬가지로 내면체계도 참자기-지도부를 신뢰할 때 더욱 평온해진다.

자신감(Confidence)

무심코 던진 말들이 상처로 쌓이고 타인들로부터 우리를 지키기 위해 막아 놓는 장벽을 다른 보호자들이 치고 들어오듯 내면의 비판자들이 마음속을 공격한다면, 우리의 유배자들의 상처가 치유되지 않았다는 신호다. 참자기는 내면체계에서는 한 번도 본 적이 없는 어떤 것을 행하여 이 순환의 고리를 끊어 버린다. 우리는 치유의 능력을 가지고 태어난다. 세균이나 바이러스는 몸의 치유를 방해한다. 신념과 주체하지 못하는 감정상태(무거운 짐)는 마음의 치유를 방해한다. 참자기는 (무거운 짐을 지고 있는 어린 부분들을 포기하거나 고립시킬 수 있는 전형적인 보호자들이 하는 충고인) '그냥 내버려 둬, 다 잊고 계속 가'도록 애쓰게 하지 않고, 상처는 치유될 수 있기 때문에 긴장을 푸는 것이 안전하다는 사실을 보호자 부분들에게 알려 주면서 자신감을 고취시키는 경향을 지니고 있다. 참자기의 자신감은 선순환—유배자들이 무거운 짐을 내려놓고, 체계는 강해지고 반항은 덜해지고, 보호하는 부분들은 참자기-지도부에 대한 신뢰를 더욱 강화시킨다—에 불을 붙인다. 흔들리지 않는(grounded)과 견고한(solid)과 같은 말들은 참자기의 자신감이 미친 영향을 설명해 주고, 그 자신감은 세상에서 위기를 만날 때면 안정감 있는 기반을 마련해 준다.

유대감(Connectedness)

1950년 아인슈타인(A. Einstein)은 한 서한문에서 다음과 같이 썼다.

인간은 우리가 우주라고 하는 전체의 한 부분—시간과 공간에 제한된—입니다.

인간은 자신과 자신의 사고 및 감정을 다른 것들과 분리된 것이라고 여깁니다. 일종의 의식의 광학적 망상(optical delusion)이지요. 이런 망상은 우리에게 감옥 같은 것으로, 우리라는 범주를 개인의 욕망과 아주 가까운 몇 사람 정도로 제한을 두게 합니다. 자비로운 아량을 넓혀 모든 살아 있는 창조물과 자연을 아름다움으로 받아들여서 이 감옥에서 우리 스스로가 벗어나야만 합니다. 누구도 완전히 그렇게 될 수는 없겠지만, 그렇게 하려고 애쓰는 것만으로도 해방과 내부 안정을 위한 초석의 한 부분이 될 것입니다.

아인슈타인의 말대로 참자기는 원래 유대감을 갖고 있다. 연결되어 있다고 느끼려고 애쓸 필요가 있는 게 아니라, 연결되어 있다고 느끼기만 하면 우리는 참자기에게 도달한다. 또한 참자기는 부분들과 다른 사람들과도 관계를 맺고 싶어 하기 때문에, 예전에는 겁에 질리거나 악마 같았던 이들에게까지 우리가 접속되도록 독려한다. 유대감은 평정심과 자신감과 관련되어, 신성(divine)이라고도 하는 훨씬 더 큰 무언가를 반영하게 된다.

명료성(Clarity)

명료성이란 극단적 신념이나 정서(무거운 짐)의 왜곡된 영향 없이 상황을 인식할 수 있는 능력이다. 참자기의 눈으로 보면 시선은 명료해지고 극단적인 부분의 눈으로 보면 시선은 왜곡된다. 어떤 왜곡들은 기괴하고 급진적이지만, 그 외에 일상 속에서도 얼마든지 볼 수 있다. 거식증을 가진 마른 사람이 거울 속에서 뚱뚱한 사람을 보는 것이 당치도 않음은 알지만, 연인에게 실망을 하고 나서 어제까지 완벽하게 잘해 줬던 것을 기억하지 못하는 것을 심각한 인지적 왜곡이라고 여겨지는 않는다. 보호하는 부분들과 섞여 버리면, 호기심에 닿을 길을 잃어버린다. 새로운 발견을 위해 마음을 열지 못하고 부분들에 대한 선입견, 기대, 시각적 왜곡이 가득 차 버린다. 부분들이 물러나고 참자기의 눈으로 보게 되면, 내면의 괴물들이 불현듯 겁에 질린 십대처럼 보인다. 뿐만 아니라, 그들의 극심해진 괴로움을 볼 수 있기 때문에 외부의 적들도 더 이상 두렵지 않다.

창조성(Creativity)

과학자, 발명가, 예술가들은 몇 시간, 며칠, 아니 몇 달 동안이나 이성적인 고민과 고려 끝에 완전하게 형성된 영감을 그려내 보이곤 한다. 내담자들과의 경험을 통해서 내면의 소란이 누그러지고 참자기가 고개를 들면 창조성에 다가갈 수 있음을 확인한다. 우리 의식을 가득 메운 관리자 부분들이 드디어 마음을 누그러뜨리면, 우리는 큰 기쁨과 안도감과 더불어 더 많은 창의성을 자극하는 자발적이면서도 격이 다른 사고로 갑자기 문제를 해결할 수 있다. 어떤 부분이 "다음에 뭘 해야 할지 모르겠어."라고 말하면서 주춤거리면, 내담자들은 마음을 다해서 "난 이렇게 해 볼 거야."라고 말하면 된다. 따라서 치료사는 빠진 해석, 통찰, 암시, 지시 등을 해 줄 필요가 없다. 내담자의 참자기가 나타나기만 하면, 내담자는 목표에 맞춰 누구도 더 나은 걸 제시할 수 없는 창의적 해결책에 도달할 수 있다.

용기(Courage)

지금까지 이 장에서 참자기의 차분하고, 인정 많고, 보살피는 면들에 대해서 강조하였지만, 필요하다면 참자기는 단호하고 보호적이 될 수도 있다. 실제로 무술은 참자기-주도성의 이런 면을 풀어낸다. 수용하고 관대하긴 하지만, 참자기가 불의에 무관심하거나 수동적이지는 않다. 박해자는 참자기-주도적인 사람들의 에너지가 자신들의 통제 기반을 약화시키기 때문에 그들을 공격한다. 같은 이유로, 학대하는 어른들은 아이 안에 있는 참자기의 자질을 공격한다. 심각한 학대를 받은 내담자의 대부분이 근성과 자발성, 독립성을 내비치면 혼이 나곤 했다고 말한다. 이에 응하여 이들의 보호자들은 몸과 마음에서 참자기를 축출한다. 그래서 정신 속 무서운 곳으로 가는 데는 어마어마한 용기가 필요하다.

그와 동시에, 내담자가 극단적인 이력이 없어도, 참자기-지도부가 내담자를 부인(denial)에서 벗어나도록 하면 보호자들이 환영받을 수 없게 될 위험에 처할까 봐 두려움에 떨 수 있다. 많은 보호자는 자신들의 역할에서 벗어나고 싶어 하지 않는다. 자신들이 없으면 그 사람은 힘없이 아무것도 하지 않을 것이라고 믿기 때문이다. 보호자들은 내담자가 수년 전에 내면의 지하실, 감옥, 동굴 등에 가둬 둔 유배자들의 문을 열어 줄까 봐 늘 극심한 두려움에 시달린다. 내담자가 내면세계에서 뭘

제1부 내면가족체계치료 개론

하기가 두렵다고 말을 하는 것은 부분이 말을 하는 것이다. 하지만 그 부분이 내면세계─정서적 괴로움, 부끄러움, 분노, 위협 등을 담고 있는─에서 참자기의 대담한 속성을 인지하기만 하면, 그 두려움은 가라앉는다.

물론, 호기심, 평정심, 자신감, 유대감, 명료성, 창조성, 용기, 연민 이외에도 참자기는 여러 다른 자질도 드러낸다. 예를 들어, 균형 잡힌 시선, 기쁨, 참을성, 친절, 감사, 끈기, 침착, 명랑, 특히 사랑. 하지만 내면가족체계치료를 배우고 가르치는 데에 있어서, 여덟 개의 C로 시작되는 낱말들이면 참자기의 치유적 본질을 포착하는 데는 충분하다.

연민(Compassion)

내담자에게 내면가족체계로 접근해 보면, 내담자들이 싫어하거나 두려워하는, 특히 분노하고 겁먹은 부분들에게서 어느 정도 분리가 된 뒤 일어나는 일을 보면서 경탄해 마지않게 될 것이다. 내담자들은 불쑥 "이 부분에게 너무 미안해요! 도와주고 싶어요."라는 말을 툭 내뱉기도 할 것이다. 시달리고 있는 부분들(혹은 사람들)을 도와주려는 선천적인 욕망은 연민을 뜻한다. 이는 유대감에서 비롯되어 우리는 떨어질 수 없다는 것을 직관적으로 이해하는 것이다. 네가 나이고 내가 너이다. 필연적으로 너의 괴로움이 나에게 영향을 미치고, 너의 기쁨도 내 것이 될 수 있다. 대부분의 사람이 의식적으로 이런 생각을 떠올리지는 못한다. 살면서 그저 '의미 있는' 일을 하도록 이끌릴 뿐이다. 내면가족체계 관점에서 보면, 연민은 개발시켜야 하는 힘이 아니다. 무거운 짐에 가려져 있어서 해방시켜야 하는 참자기의 천부적 자질이다.

공감(empathy)이 다른 사람과 함께 느끼는 것(feeling with)이라면, 연민은 다른 사람을 위해서 느끼는 것(feeling for)으로, 도와주고 싶은 관심과 욕망을 불러일으킨다. 연민과 공감에 대한 연구를 하던 신경과학자 싱어(T. Singer, 개인적 대화 중, 2017. 11.)는 놀라운 발견을 했다. 이 두 정서가 뇌에서 동일한 신경회로를 사용할 거라는 예측을 했는데, 그게 아니라 연민은 보상회로를 사용하는 반면, 공감(함께 느끼는(feeling with) 경험)은 통증회로를 사용한다는 것을 발견했다. 따라서 공감은 우리를 고통에 휩싸이게 하지만, 연민은 하면할수록 삶이 풍성해진다. 그러므로 내면가족체계에서는 부분들에게 격렬한 감정을 멈추라고 하는 것이 아니라, 자신들의 격렬한 감정으로 우리를 휘두르지 않도록 충분히 분리시켜 달라고 한다. 유배자들을 돌봐 줄 수 없으면, 다른 부분들의 괴로움을 견뎌 내기가 어렵다는 것을 알게 된다. 하지만 유배자들이 모든 걸 휩쓸어 버리지 않고 분리되어 소통을 하기만 하면, 참자기가 나타나고, 보호자들도 움직이지 않게 되어, 부분들뿐만 아니라 고통받고 있는 다른 사람들을 향한 연민을 가지게 된다.

행동하는 참자기

우리 대부분은 부분이 극단적인 정서 상태에 갇혀 있거나 극단적인 신념(다음 장에서 설명하게 될 무거운 짐이라는 것)을 지니고 있어서 자신에게만 몰두하는 경향이 상당히 크다. 이로 인해서 타인, 자연, 지구 등과 분리된 기분을 지니게 된다. 무거운 짐들은 과거를 바꾸고, 안전해지고, 즐거워지는 것에 대해서 생각하고 또 생각하게 한다. 아니면 불쑥 불쑥 떠오르는 생각들로 머릿속이 복잡해지도록 한다. 엘리어트(T. S. Eliot)가 "시선이 흩어지니 시선은 흩어져 시선은 흩어지나니, 공상만 그득하고 의미는 공허하여라."[6]라고 쓴 것처럼.

여러 영적 전통은 이런 내면의 인격을 프로이트가 말하는 자아(ego)라는 것의 산물로 본다. 하지만 내면가족체계의 관점은 다르다. 시선이 분산된 부분들이 긴장을 풀고 유배자들이 짐을 내려놓을 수 있게 해 줄 때, 이들의 모든 활동과 소란은 확 줄어들고 참자기의 용기와 명료성에 도달하게 된다는 것이 우리의 관점이다. 우리가 모두 별개라는 광학적 망상에서 벗어나게 되면, 불의를 분명히 보고, 환경을 염려하고, 조치를 취하게 된다. 모든 것이 서로 연관되어 있다는 것을 알고 나면, 이기적인 데서 사회 및 종족 중심, 생명 중심, 지구 중심의 자세로 변한다. 연민과 참자기의 유대감 인식은 개인의 능력과 자원에 따른 사회적 혹은 환경적 행위를 하도록 이끈다. 파머(P. Palmer, 2004)가 말하듯, 영혼(참자기)은 가족, 이웃, 직장, 정치 생활에서, "진리와 정의, 사랑과 용서를 갈망하는 인간 주체에게 삶이 아낌없이 부여하는 핵심이며……, 영혼을 찾아내면, 상처 입은 세상의 치유자가 될 수 있다"(p. 2).

부분들이 다른 부분들의 극단성에 맞추면, 참자기는 극단성 아래 유배자의 고통을 보고 극단적 행위와는 완전히 다른 것일 수도 있는 그 뿌리를 알고 싶어 한다. 참자기가 지휘하는 활동은 시간이 흐를수록 부분들이 이끄는 활동들보다 효과적인

---

6) T. S. Eliot의 시, 〈중주(4Quartets)〉(1941) 서론 부분에 해당하는 Burnt Norton 속에 담긴 내용 중에서

데, 참자기의 연민 어린 의미 전달이 상대편 보호자들을 지나쳐서 그들의 참자기에게 더 잘 닿을 수 있게 하기 때문이다. 반면, 정의롭고, 돌봐 주고, 권력을 추구하는 부분들은 서로 양극화되어, 단기적으로는 위험을 키우고 장기적으로는 심신이 지쳐 절망감이 일어나고 냉소적으로 변하게 만든다.

필요에 따라, 참자기의 용기, 명료성, 자신감은 우리를 단호하고 대담한 행동을 할 수 있게 하면서도 차분하게 어떤 결과 앞에서도 창의적으로 융통성을 발휘하게 만든다. 실제로 참자기가 균형 있게 바라보는 시선은 결과를 예측할 수 있는 체계의 지혜를 준다. 나(R. Schwartz)는 참자기에게는 예정된 목록 같은 것이 없어도 참자기가 만나는 체계에 치유, 조화, 균형, 일체감 등을 선사할 의도와 능력을 갖고 있다고 믿는다. 내면가족체계의 더 큰 목표는 우리 모두가 참자기에게 더 많이 도달하여 우리의 터전에 더 많은 참자기–에너지를 쏟아부을 수 있도록 하는 것뿐이다.

맺음말

내면가족체계 모델의 중심이 되는 개념이 참자기이기 때문에 이 저서에서 별개의 장을 할애했다. 내면가족체계에서는 참자기는 존재하며, 훼손될 수 없고, 신속하게 접촉 가능하기도 하고, 치유법을 알고, 내적 혹은 외적 불의를 공명정대하게 바로잡고, 부분과 사람들 모두에게 있어서 좋은 애착을 이룰 수 있다고 주장한다. 이런 관점하에, 치료과정이 힘들 때도 있지만, 계획은 분명하다. 이 저서의 한마디 한마디 모든 지침과 임상 사례들은 여러분과 여러분의 내담자들이 참자기에게 이를 수 있도록 하는 것을 목표로 삼고 있다.

제**4**장

무거운 짐

내면가족체계의 가장 중요한 발견 가운데 하나는 분별 없이 자살을 일삼거나 공격적으로 보이는 극단적인 부분들이 겉으로 보이는 것과는 같지 않다는 것이다. 오히려 극단적인 부분들은 자신들의 행위에 이유를 가지고 있고, 외상 혹은 애착 손상에서 비롯된 체계 내 신념, 정서, 에너지로 인해 궁지로 몰린 것이다. 게다가 이런 신념, 정서, 에너지는 가족, 민족 집단, 문화 등에서 대물림될 수도 있다. 직접적인 인생 경험으로 인해 생긴 극단적인 신념, 정서, 에너지는 개인의 짐(personal burdens)이라고 하고, 가족, 민족 집단, 문화로부터 흡수된 것은 대물림된 짐(legacy burdens)이라 한다.

(나약한)부분들과 (내려놓아야 할) 부분들의 짐과의 구별은 매우 중요하다. 대부분의 심리치료와 영적 전통들은 부분들이 곧 그들이 지고 있는 짐이라고 착각을 하고, 종국에는 온갖 애를 다 써서 빈대 잡으려다 초가삼간 다 태우는 지경에 이르게 된다. 내면가족체계 관점에서는, 예를 들어 가혹한 내면의 비판자는 할머니가 비난을 퍼붓던 목소리—단순히 한 귀로 흘리거나 쫓아내 버려야 하는—를 내재화시킨 것이 아니다. 오히려 필사적으로 더는 다치지 않게 하려고 할머니의 수치스러워하는

목소리, 이미지, 에너지를 사용하는 여덟 살짜리 아이다. 여덟 살짜리 비판자가 마음 놓고 짐을 내려놓을—내면체계 밖으로 부끄러워하는 에너지를 풀어낼— 수 있다고 생각하고 나면 그 부분은 변한다. 이 장에서는 무거운 짐을 진 보호자들이 어떻게 서로 양극화되어, 억압 혹은 일탈하고, 심지어 더 극단적으로 되는지를 살펴보면서, 한편으로는 무거운 짐을 진 유배자들이 자신들의 슬픔, 외로움, 절망 등으로 내면의 안정성을 어떻게 위협하게 되는지를 살펴본다.

* * *

발달 환경

문화는 아동 발달을 위해 중요하다. 미국 주류문화는 가족들이 포부와 독립심을 드러내 보이는 아이들을 더 좋아하도록 만들고 쉽게 상처받고 의존적인 아이들을 거부하도록 한다. 가부장제 문화는 비슷한 연령대 혹은 역할을 하고 있어도 여성보다 남성에게 더 많은 존중, 자원, 영향력, 책임감 등을 부여한다. 인종차별주의 문화는 여타의 인종보다 하나의 인종에게 더 많은 존중, 자원, 영향력, 책임감 등을 부여한다. 개인주의, 가부장제, 인종차별주의 등과 같은 문화적 편향은 가족과 문화 내의 균형을 심각하게 손상시키는 무거운 짐이 된다(이런 문화적으로 무거운 짐이 미국에 어떤 영향을 미치는지를 더 알고 싶으면 18장을 참고하라).

내면가족체계에서는 부모들이 자신들의 특정 부분들을 애지중지하거나 거절하고, 자녀들(혹은 타인들)에게도 똑같이 그렇게 하면서, 아이들에게 내면의 그런 부분들을 애지중지하거나 거절하는 것을 가르쳐서 무거운 짐들이 세대 전승되는 과정을 살펴본다. 예를 들어, 타인을 기쁘게 하는 것을 중시하는 지배적 관리자를 지닌 어머니가 화를 낼 때마다 딸을 부끄러워한다고 가정해 보자. 그러면 그 딸은 인정에 매달리는 관리자를 키울 것이고 독단적인 부분들의 입을 틀어막으려 할 것이다. 인정을 좇아가는 부분이 과도한 책임감, 영향력, 자원이용권리 등을 갖게 되면, 독단적인 부분은 거의 아무것도 가질 수 없게 된다. 이는 과잉−아부(over-pleasing)라는 대물림된 짐의 산물이다. 이런 무거운 짐은 초기 이민 세대인 선조들이 겪었을 고생들 때문에 발아하게 된 것일지도 모른다.

대물림된 짐의 속성

조(혹은 누구든)가 불안해지면, 우리는 우리 자신의 불안한 부분들과 연관된 방식으로 조를 이해하려 할 것이다. 이것은 내가 내면 물리학(inner physics)이라고 부른 중요한 법칙이다. 당신이 자신의 나약함을 싫어한다면, 당신의 아들이 나약해질 때 혼을 낼 것이다. 당신이 당신의 분노를 두려워하면, 당신 딸이 성질을 부릴 때 혼을 내거나 아니면 딸에게 져 주고 말 것이다. 당신 어머니의 관리자가 마음속에서 자신의 어떤 감정—이를 테면 슬픔—에 조급하고, 부인하고, 비난하고, 역겨워하고, 시선을 딴 데로 돌리는 식으로 반응을 했다면, 그 관리자는 당신이 슬픔을 드러내면 또 그런 식으로 반응을 했을 것이고, 당신의 관리자도 똑같은 태도를 취했을 것이다. "우리 가족은 잘난 체하지 않는다."라는 말을 들은 아이는 자신의 자랑스럽게 여기는 부분을 추방해 버릴 것이다. 이런 식으로, 슬픔이나 분노부터 설렘과 사랑에 이르기까지 어떤 감정이든 가족 내에서 추방당할 수 있다. 감정은 우리에게 방향을 제시하기 때문에, 감정을 막으면 그런 감정을 드러내는 부분들과의 접촉이 끊겨, 공허감과 방향상실이라는 위험에 처할 수도 있다.

개인의 짐과 대물림된 짐의 차이

"난 쓸모없어, 난 너무 심해, 난 사랑받을 수 없어" 등과 같이 가장 근본적이고 일반적인 짐들은 직접 경험에 대한 반응으로 일어나기 쉽다. 아이가 창피를 당하거나 위협을 당하거나, 그 외 어떤 식으로든 상해를 당하게 되면, 그 아이의 체계는 그 경험을 스스로에 대한 실제 정보로 받아들일 수 있다. 예를 들어, 부끄러움이 동생들을 통제할 수 있는 효과적인 방법이란 걸 알게 된 형이 있다고 생각해 보자. 그 형은 동생이 흥분만 하면 창피를 준다. 그러고 나면 동생의 보호자는 '과하면' 안 좋다는 걸 알게 된다. 그리고 내면에서 흥분하는 부분을 제거할 준비를 한다. 치료로 흥분한 부분을 도와주자고 하면, 그런 보호자들은 신경이 날카로워진다. 과하면 안 된다고 지레 겁 먹기 전에 안심이 필요하고, 근본적으로는 흥분된 부분을 사랑하고 소중하게 여겨 줌으로써 수치스럽다고 여겼던 판단을 참자기가 뒤집어 버리는 것을 직접 보아야 한다.

　모든 짐은 개인적일 수 있다. 반면, 한쪽 혹은 양쪽 부모로부터 가족 내에서 모든 자녀에게 체류되어 온 대물림된 짐일 수도 있다. 예를 들어, 가족의 가정 문화에 있어서, "우리 가족은 일을 어중간하게 하지 않는다!"라거나 더 큰 문화로 보면, "우리는 독립 민족이다!"라는 말들. 대물림된 짐은 부모로부터 자녀에게로 직접 전승되지만, 그 신념의 뿌리(특정 욕구나 욕망이 위협이 되기도 한다는 이유로)는 다른 누군가—앞서 살아간 선조들 중 누군가—로부터 비롯된다는 의미에서 간접적일 수도 있다(Sinko, 2016).

　후생유전학[1]은 외상을 입은 사람이나 동물의 유전자를 통해 세대 간 외상 전승 과정을 연구한다. 이 학문이 대물림된 짐의 전승에서 유력한 요인을 입증해 줄 수 있다. 후생유전 연구는 메틸화(methylation)[2]라는 유전적 변화를 유발하는 환경적 스트레스 요인과 천식, 양극성장애, 정신분열 등과 같은 질환 간의 관계를 보여 준다. 후생유전의 영향에 대한 최근 연구에 따르면 미국의 남북전쟁 당시 포로가 되었던 북군의 아들들(학대로 외상을 입은 사람들)이 수감되지 않았던 북군의 아들들보다 더 어린 나이에 사망하는 경향이 있었다는 것을 밝혔다(Khazan, 2018). 이와 같은 발견은 어떻게 우리가 부정적인 방향보다 긍정적인 방향으로 영향력을 행사할 수 있는가에 대한 의문을 일으킨다. 일례로, 치료가 스트레스 관련 유전자의 메틸화 수준을 감소시킬 수 있는지에 대한 연구가 진행 중이다.

　우리의 대물림된 신념과 케케묵은 정서의 뿌리에 대해서 아무 단서가 없다 해도, 이런 무거운 짐들은 강력한 인생 설계자가 될 수 있다. 예를 들어, 자신은 왜 연애관계에 문제가 많은지 걱정하는 여성은 중조모가 전시(戰時)에 윤간을 당했던 일 때문에 모든 남자는 위험하다는 무의식적 신념을 물려받았을 지도 모른다. 대물림된 짐은 만성적이면서, 감정 공유 상태로("우리 엄마도 불안해."), 습관을 공유하면서("우리 가족은 겁이 날 때마다 농담을 해."), 신념을 공유한다("권위에 맞서지 말라고 배웠습니다."). 누군가 어떤 계층의 사람(말하자면, 성별, 성적 지향, 성정체성, 인종, 민족성 등에 관해서)에 대한 편향이나 두려움, 혹은 특별한 감정(예를 들어, 부끄러움, 분노, 비탄, 흥분, 사랑

---

1) DNA, RNA 또는 단백질 간의 공유 결합 변형을 통해, 일차 서열을 변경하지 않고 분자의 기능이나 조직을 변화시키는 유전학을 연구하는 학문. 환경적 자극에 변화하는 유전적 변형의 경우, 유전자의 활동과 발현에 영향을 주는 염색체의 변화로 설명될 수 있다(출처: 두산백과).
2) 유기화합물의 탄소, 질소, 산소, 황 원자 등과 결합한 수소원자를 메틸기로 치환하는 반응(출처: 두산백과)

등)이나 행위(예를 들어, 친밀함, 독단, 관용, 대담함 등)를 내비친다면, 대물림된 짐을 감지한다. 대물림된 짐은 가족력 안에 적재되어 여러 세대에 걸쳐 전해 내려올 수 있다(Sinko, 2016).

무거운 짐이 대물림된 것인지 개인의 것인지 알고 싶으면, 그 부분에게 "이런 믿음(감정, 행위 등)이 몇 퍼센트 정도 다른 사람과 관련이 되어 있나요?"라고 물어본다. 100%에서 0%까지 답을 할 수 있지만, 50% 이상이면 대물림된 짐일 확률이 높다. 이어서 "이런 짐을 진 부분 혹은 부분들이 당신 몫이 아닌 부분을 얼마든지 풀어 주겠다고 할까요?"라는 질문을 한다. 그럴 준비가 되었다고 하면, 짐 내려놓기는 순식간에 끝날 수 있다. 그래도 한 부분(혹은 일군의 부분들)은 대물림된 짐을 버리는 데 망설이기도 한다. 가족, 민족 집단, 국가 등에 대한 충성심, 그 짐이 중요한 누군가와 관계를 지속할 수 있는 유일한 방도라는 믿음, 그 부분이 그 짐을 버리면 자신들이 사랑하는 누군가가 그 짐을 지게 될 거라는 생각 등이 가장 큰 난제들인 경우가 많다. 그 이유야 어떠하든, 개인의 무거운 짐을 살펴보던 것과 마찬가지로 대물림된 짐에 대한 염려들을 살펴보자(Sinko, 2016).

레오나르드의 대물림된 짐

레오나르드는 19세 동성애자로 여러 대물림된 짐을 물려받았다. 아버지의 고군분투, 완벽주의, (레오나르드를 그렇게 생각해서) 게이인 것을 부끄러워함, 외모에 대한 어머니의 강박, 양쪽 부모 모두 레오나르드의 슬픈 부분을 무시함. 이 모든 것은 부모의 원가족에게서 비롯되었다. 레오나르드는 부모의 행복에 대한 책임감과 자신은 나약하고 역겹다는 생각 등, 개인의 무거운 짐도 갖고 있었다. 치료를 하면서 대물림된 짐들을 찾아서 해결하지 않고서는 자신의 개인적 짐에 관한 많은 것을 어찌할 수 없다는 것을 알게 되었다. 어린 시절 내내 어머니는 우울해 보였고, 레오나르드는 엄마가 절대로 행복해질 수 없다고 믿어 버린 부분들을 갖게 되었을 뿐만 아니라, 죄책감을 느끼면서 엄마 대신 그 짐을 지려고 하는 부분까지 갖게 되었다.

게다가 레오나르드는 자신의 부모에 대해서 과한 걱정을 하는 것에 분노를 느끼는 부분들도 갖고 있었다. 고등학교 2학년이 되기 전까지는 이런 무거운 짐들로 인해서 그의 관리자들이 부모를 기쁘게 하도록 자극했지만, 2학년 때는 화가 난 부분이 전방에 나섰다. 가짜 신분증으로 게이클럽에 가서, 진탕 마시고는 무방비 상태로 성관계를 가졌다. 레오나르드가 치료실에 들어섰을 때는, 자신은 편안하면서 행복해야 하는데, 게이라는 것에 갈등을 겪으면서 불행하다고 자신을 증오하고 있었다. 숨 막히는 압박감과 부적절하다는 느낌의 60%가 대물림된 짐들에서 비롯되었다는 것을 알고 나서 레오나르드의 치료는 속도를 내기 시작했다. 대물림된 짐들이 떨어져 나가고 나자, 아무 무리 없이 부모와 더 잘 분화될 수 있다는 것을 알게 되었다. 이로 인해서 자신감도 더 생기고 희망도 더 생겨 자신의 개인적인 짐으로 시선을 옮길 수 있게 되었다.

* * *

개인의 무거운 짐

이 저서 전반에서 설명하고 있듯, 가족역동과 문화적 편향뿐만 아니라, 거부당하고, 버려지고, 충격을 받고, 겁에 질리고, 학대(신체적, 성적, 정서적으로)를 받은 어떤 개인의 경험이든 아주 민감한 부분들에게 공포, 수치, 정서적 고통 등의 짐이 될 수 있다. 유배자들은 자신들의 가치에 대해서 포괄적인 비난을 일삼는 신념을 하나 이상 끌어온다. 그중에서 가장 먼저 손꼽히는 것들은 쓸모없음, 사랑받을 수 없음, 너무 심하거나 너무 별로라고 생각하는 것들이다. 그보다는 덜하지만 드물지 않게, 어린 부분들이 자신들이 나쁘거나 사악하다고 생각하게 되기도 한다. 또한 외상으로 인해서 나약함에 대한 경멸과 사람이나 세상 전반에 대한 극단적인 신념이라는 짐을 보호자들이 지게 될 수도 있다. 모든 경우에 있어서, 안팎으로 아동은 경험을 정체성으로 바꾸는 발달 경향이 있다. "나는 사랑받지 못해."가 "나는 사랑스럽지 않아."가 되고, "나쁜 일이 일어났어."가 "나는 나빠."가 된다.

유배자를 구원해야 한다

아동이 자신의 가치를 부정적으로 여기는 이유가 있으면, 인정에 대한 정상적 욕구가 과장되어 갈망이 되어 버린다. 이런 아이들은 자신들이 의지하고 있는 누구에게서든 자신들의 가치와 취약함에 관해 부정적인 판단이 담긴 메시지를 받으면 신경을 곤두세운다. 사랑스럽지 않음이라는 저주를 풀기 위해 몸부림치면서도, 이런 어린 부분들은 한편으로는 분별 있는 성인임에도 불구하고 자신들에게 상처를 입혔던 사람에게 돌아가거나 그와 비슷한 대체 인물을 찾아가게 만드는데, 이러다 보면 아니라는 걸 알면서도 위험한 관계들로 이어지게 되는 결과를 낳기 쉽다.

레오나르드의 개인적 짐

레오나르드로 돌아가자. 더 이상 극심한 외상을 겪지는 않았다 해도, 그의 가족 문화는 그가 자신의 예민하고, 외롭고, 분노에 찬 부분들을 내쫓아 버리도록 부추겼을 것이다. 그러나 레오나르드는 외상을 겪었다. 치료가 진행되면서, 그의 상처 입은 부분들이 과거에 그대로 굳은 채 드러나기 시작했다. 맨 처음에는 어느 날 갑자기 엄마가 사라졌던 다섯 살짜리가 나왔다. 한참 뒤에 레오나르드는 다섯 살 무렵 어머니가 '신경쇠약'으로 입원한 적이 있었다는 것을 알게 되었다. 당시 그의 어머니는 아무 말도 해 주지 않고 그냥 사라졌다. 깨어 보니 혼자였고 집에 엄마는 없었다. 아버지한테 가서 엄마가 어디 있는지 물었지만 아무 답도 해 주지 않았다. 할머니―다정다감한 여성은 아니었다―가 그를 돌봐 주려고 집에 오셨는데, 할머니도 엄마에 대해서는 아무 말도 하지 않았다. 다섯 살 먹은 이 아이는, 아이들이면 으레 그러하듯, 엄마가 자기 때문에 말도 없이 사라졌다는 결론을 내리고 만다. 한 달이라는 긴 시간이 지날 때까지 엄마는 돌아오지 않았고, 레오나르드는 공포와 죄의식에 사로잡혀서, 스스로에게 무서운 이야기를 하다가 마음을 달래는 이야기를 하다가를 반복했다. 나중에 마침내 엄마가 돌아왔는데 어른들은 마치 아무 일 없었다는 듯한 행동을 계속해서, 레오나르드가 화를 냈는데, 이 때문에 어른들의 관리자들이 레오나르드를 꾸짖고 아무 말도 못하도록 만들었다.

치료를 통해서 레오나르드가 다섯 살짜리를 도와주고 나니까, 또 다른 일곱 살짜리 아이가 다른 외상에 대한 이야기를 가지고 나타났다. 열 몇 살 정도 된 사촌이 레오나르드를 속여 숲으로 데리고 가서, 레오나르드한테 억지로 자신의 성기를 만지고 놀게 만들었다. 레오나르드는 부모님들께 말하고 싶었지만, 자신의 관리자가 부모님은 너무 나약해서 그런 골치 아픈 이야기를 듣지 못할 거라고 여겼고, 수치심 때문에 레오나르드가 아무 말도 못하게 만들었다. 일곱 살짜리 아이를 도와주고 나니까, 20대 내내 또 다른 무서운 경험에 대한 이야기를 하는 더 많은 부분의 목소리가 들려왔다. 레오나르드의 관리자가 과거에 상처 입은 부분들을 버려둔 채 체계 내 남은 부분들을 전진시켰기 때문에, 그는 하나하나 수습하면서 짐을 내려놓고 치유가 되도록 도와주어야 했다(뒤에서 이 과정을 상세히 설명한다).

보호자들의 무거운 짐

보호자들도 짐을 갖고 있다. 첫째, 이들은 유배자들에 대한 부정적인 압력을 믿고 있다. 둘째, 이들의 임무가 너무 버겁다. 정서적 유기와 학대의 끔찍한 모순 중 하나는 아동의 보호하는 부분들이 가해자—어른이든 다른 아이들이든—를 모방한다는 것이다. 인정을 구가하는 관리자와 반항하는 소방관은 완벽주의, 비난, 신체적 공격에 대한 설교에 이르기까지, 완벽한(혹은 혼이 나야) 아이가 더 많이 사랑받는다는 잘못된 희망 안에서, 내면적으로든 실질적으로든 아동에게 자행되었던 어떤 극단적인 행위라도 다시 할 수 있다. 물론 학대하는 사람을 따라 하는 일은 끔찍하고 체계 내에서도 그 부분을 별로 좋아하지 않게 된다. 대물림된 짐들을 이루고 있는 극단적인 부모의 에너지에서 보호자들이 벗어나려면 치료사의 도움이 필요하다.

모든 보호자처럼, 레오나르드의 보호자들도 그(실제로는 어린 레오나르드)에 대한 여러 가지 신념으로 짐을 지고 있었다. 너무 민감하고 흥분을 잘한다, 발이 너무 크다, 자신의 욕구가 다른 사람들, 특히 부모에게 짐이 된다. 자신의 분노는 역겨운 이기심의 발로다. 이들의 임무는 금지(말하지 마, 불평하지 마, 화내지 마)에서 딴 데로 관심을 돌리는 데(음주, 성관계, 무시)까지 이르고, 이들의 목표는 레오나르드의 잘못을 숨기고, 실패하면 그를 처벌하고, 그를 받아들일 수 있도록 하고, 비참한 기분이 들지 않게 오락에 빠지게 하는 것이다.

무거운 짐, 증상의 심각성, 치료기간

내면가족체계치료의 기간과 난점은 증상의 심각성이 아니라 내면의 양극화 정도, 참자기-지도력에 대한 불신, 내담자가 지고 있는 짐의 수준 등에 따라 결정된다. 설명한 바와 같이, 부분들은 몇 가지 방식으로 어쩔 수 없이 극단적인 역할을 한다. 이들은 사전 대책을 강구하거나(관리자) 반항적으로(소방관) 유배자를 보호하면서, 서로 양극화되고, 과거 겁에 질렸던 그때에 그대로 굳어 있다(보호자도 유배자도). 사람들은 사회화되면서 대부분 자신의 다양한 부분을 추방하기 때문에, 심각한 상해를 한 번도 입지 않은 사람이라도 관리자, 유배자, 소방관이라는 삼각 구도를 따라 구성되고, 내담자의 증상은 어느 집단이 통치권을 쥐고 있는지 우리에게 알려 준다. 예를 들어, 관리자들은 사람을 만성적으로 우울하게 만들고, 소방관들은 걸핏하면 충동적 행위를 하게 만들고, 유배자들은 심한 걱정, 공포, 슬픔, 외로움 등을 겪도록 하는 경향이 있다. 유배자들의 짐이 너무 무거우면, 보호자들이 훨씬 극단적이면서 양극화되기 때문에 치료가 더 길어지고, 그 체계는 내담자의 참자기를 거의 믿지 못한다. 보호자들도 짐을 지고 있지만, 그들이 보호하고 있는 유배자들이 치유되고(짐을 내려놓고) 체계의 취약성이 나아질 때까지 자신들의 짐을 쉬이 벗으려 하지 않을 것임을 염두에 두어야 한다.

맺음말

부분들이 곧 그들이 짐이라고 잘못 인식하면, 엄청난 폐해가 생길 수 있다. 보호자들이 나약한 부분들을 추방하고 나면, 선한 의도를 가진 지인들, 친구들, 치료제공자들이 위험한 보호자들과 싸움을 벌이지만 승자는 없다. 부분들은 그들이 진 짐이 아니다. 이것만 분명히 알고 나면, 내면의 어떤 부분도 몰아내거나 죽여 없애겠다는 숨은 계략 같은 것은 없다고 두려움에 떠는 부분들을 안심시킬 수 있다. 이런 소식만으로도 양극화된 체계의 역동—받아들여질 수 없는 상황에서 유일한 치료책은 누군가를 잘라내 버리는 것뿐이라는 생각에 의거한—을 바로 바꿀 수 있다. 우리는 모두가 자유로워져서 새롭고 더 바람직한 일을 얻어 더 큰 체계에 득이 될 것이라는 메시지를 보호자가 이해하기를 원한다. 모두 환영받는 기분이 들도록 하는 것이 우리의 목표다.

무거운 짐은 여러 방식으로 생긴다. 수직적으로는 가족 내에서 세대 전승되거나 교사, 감독, 성직자 등과 같은 영향력 있는 권위를 가진 인물들의 행동으로 인해서, 또 수평적으로는 형제나 또래, 낯선 이들로 인해서, 자연재해(화재, 지진, 쓰나미, 홍수 등) 때문에 일어날 수도 있다. 대물림된 짐들은 가족 내에서 일어나는데, 몇 세대를 거슬러 올라갈 수도 있다. 개인이 진 짐은 개인적으로 입은 외상적 사건의 결과로 생긴다. 아이가 상해를 입으면, 공격을 당했거나 자신에게 문제가 있다고 생각하는 속성들이 내면체계에서는 골칫거리로 여겨진다. 그래서 그런 자질(예를 들어, 천진난만, 상냥함, 자발성, 설렘, 용기, 분노, 슬픔, 좌절, 민감성, 연민)로 이끄는 부분들이 금지를 당하고, 그런 부분들은 별 볼일 없고 절망적인 기분을 만든다. 유배자들의 입장에서 보면, 이들은 구조와 구원을 손꼽아 기다린다. 한편, 보호자들은 유배자들에 대해서는 자신들 생각에 갇혀 버린다. 대체로 무거운 짐 진 체계는 제한, 제약, 반란, 좌절 등이 그린 초상화다. 그리고 우리 대부분은 이런 식으로 우리 에너지의 많은 부분을 소비한다.

다행인 것은 이 모든 것이 바뀔 수 있다는 것이다. 무거운 짐은 벗을 수 있고 자유로워진 부분들은 변모할 수 있다. 이 저서 후반에서 부분들이 자신들의 짐을 어떻게 내려놓는지 설명한다. 많은 독자에게 불가능할 것—너무 좋아 보여 믿기 힘든—처럼 보일 수도 있고, 회의적 태도도 이해가 된다. 회의에 찬 부분들도 환영한다. 경험상, 회의에 찬 부분들이 자신들의 안전 문제가 제대로 처리될 거라고 생각하기만 하면, 대개 얼마든지 새로운 것을 시도할 수 있다.

제5장

내면가족체계와 몸

부분들이 몸에 영향을 미칠 수도 있고, 반대로 내면가족체계가 신체과정—통상적으로 심인성으로 간주되지 않는 질병들—에 영향을 미칠 수도 있다. 일찍이 커츠(R. Kurtz, 신체 중심 하코미[1] 심리치료법을 개발한 사람)와 내가 협업을 하던 중 대부분의 내담자는 몸속 부분들의 위치를 정확하게 찾아내어 내면세계에 대한 물리적 감각을 따를 수 있으며, 거기서 깊은 관계를 맺을 수도 있다는 것을 알게 되었다. 이 장에서는 하코미 치료사이자 내면가족체계 교육기관(자기리더십센터)의 수석트레이너인 맥코넬(S. McConnell, 2013)이 개발한 여러 사상을 포함해서, 내면가족체계접근법이 어떻게 구현되는지를 설명한다. 맥코넬은 바디워크[2]와 신체심리학이라는 자기 전공을 활용하여 내면가족

---

1) 1970년대 커츠가 개발한 마음챙김 중심의 심리치료 형태 중 하나다. 서양의 심리학, 체계이론, 신체 중심 기술 등을 동양철학 기반의 마음챙김과 비폭력원리와 결합시킨 심리치료법으로서, 마음챙김, 비폭력, 유기성, 통일, 몸-마음 일체론 등의 다섯 가지 원칙이 있다(출처: 위키피디아).

2) 올바른 자세를 통해 인체의 구조와 기능의 효율성을 증진시켜 건강한 몸과 마음을 만드는 모든 작업을 말한다. 기능의 제약을 풀어내는 수기요법, 기능의 약화 및 퇴화를 막아 주는 운동요법, 습관과 자세를 교정

체계 모델을 확장시켰다.

* * *

참자기를 몸 밖으로

   몸은 부분과 참자기를 담고 있는 그릇이다. 따라서 내면체계에서 '사람(person)'
이라고 하면, 몸, 부분, 참자기를 의미한다. 삶의 경험으로 이 체계에 짐이 얹히면,
부분들은 몸에서 참자기를 분리하기로 결정할 수 있는데, 그것 때문에 그 체계가 더
많은 짐을 지게 될 위험성이 증가한다. 예를 들어, 감당할 수 없는 위험에 직면하면,
보호하는 부분이 경호원처럼 행동하면서, '희생을 감수'하고(부분들은 이렇게 말한
다), 나머지 부분들은 참자기를 몸 밖으로 '떠밀어' 낸다. 이런 설명은 내담자들이 학
대를 당할 때 자신들이 천정 위에서 지켜보았다고 하는 진술에서도 자주 보고된다.
몸에서 참자기를 제거하는 것이 위기에서는 유용한 생존전략이 되는 것 같지만, 마
음은 좀 편해질지 몰라도 내면이 무감각해져서 소통이 불가능해진다.

   이와 달리, 부분들이 짐을 벗고 나면, 정신적으로 더 명료하고, 차분하고, 지각 수
준은 훨씬 더 높아지는 것뿐만 아니라, 더 따뜻하고, 현실 기반도 더 튼튼해지고, 정
신이 더 맑아진다는 걸 느낀다. 참자기는 기적처럼 회복되고 손상에 대한 면역도 있
는데, 부분들이 참자기를 왜 보호하려 하는지 이해가 안 되기도 한다. 참자기는 보
호가 필요 없다는 것을 어린 부분들이 모를 수도 있지만, 아이들이 참자기의 자질들
(예를 들어, 호기심, 자신감, 유대감, 용기, 연민)을 드러내 보이면 박해자들이 처벌을 하
는 경우가 많다. 이런 표적이 된 학대에 대응하여, 부분들은 참자기를 몸 밖으로 밀
어내어 더 큰 처벌을 막으려 한다.

   참자기가 몸 밖으로 완전히 떠밀려 나갈 수도 있지만, 점차적으로 분리될 수도 있
다. 우리 대부분이 어떤 지점에서 어느 정도 우리의 참자기가 몸에서 분리되는 경

하기 위한 인지요법 등이 포함된다. 바디워크를 시행하는 사람을 대개 바디워커(bodyworker)라 한다(출
처: 두산백과 건강 및 보건위생일반). 바디워크에 대한 적절한 한국 용어는 아직 없기 때문에 외래어 차음
표기법을 따른다.

험을 했을 것이다. 대학시절 4년간 미식축구를 하면서, 나(슈와르츠)는 나보다 덩치가 두 배나 큰 사람들한테 수도 없이 전속력으로 달려들어 여러 번 부상을 당했다. 몇 번은 뇌진탕을 일으킨 적도 있었다. 그 후에 내 몸의 특정 감각과 정서를 다시 느끼도록 만들기 위해서 몇 년 동안이나 내면작업을 해야 했다. 그런 내면작업을 하는 동안, 아버지가 화가 나서 주먹을 날리고 볼기짝을 때리고 했던 것 때문에 참자기를 밀어내 버릴 정도로 겁을 먹고, 내가 둔감해지도록 만들었다는 것을 알게 되었다. 분노에 찬 내 보호자에게 휘말려, 나는 사람들을 때려눕히고 싶었고 그나마 분별력 있는 부분들이 내게 비명을 질러 대는 걸 막으면서 물리적 고통을 묵살해 버릴 수 있었다. 무거운 짐이 우리 몸에서 우리를 축출해 버리면, 물리적으로 위험한 활동에 휘말릴 위험이 훨씬 더 커져 손상을 입고 나아가 육체에서 이탈되기도 한다.

몸에서 참자기 경험하기

부분들만이 참자기가 몸으로 다시 돌아오도록 결정을 할 수 있다. 하지만 반항하는 보호자들이 허락을 해 주기만 하면 구현할 방법은 많다. 예를 들어, 심장, 뼈, 척추, 정수리에 집중하면서 호흡을 할 수 있다. 동작도 도움이 된다. 요가, 명상, 무술, 그 외 심신 치유법의 훈련들은 모두 부분이 환대받았고 안전하다고 느끼게 해서 참자기가 구현될 수 있도록 하는 데 도움이 될 수 있다. 이런 전략들로 몸속에 있는 참자기에게 다가가서 더 튼튼하게 하고, 굳건하게 만들 수 있다. 그러면 잘 정돈되고, 기반도 튼튼해지고, 융통성도 좋아지고, 공간도 충분히 확보되고, 전율을 느낄 수도 있다. 참자기가 구현되고 나면, 모든 감각이 살아나고 얼마든지 변화를 받아들이고, 숨이 차도 힘이 들지 않는다(McConnell, 2013). 물론 부분들을 위한 공간도 충분하다.

구현이 참자기-주도성에 중요한 것은 두 가지 이유 때문이다. 첫째, 참자기는 몸의 본체에 접근해야 하고, 둘째, 몸속에서 참자기에 대한 견고한 감각을 가져야, 부분들이 참자기의 지도력을 더욱 신뢰한다. 역설적이게도, 이런 현실 기반의 물리적 방법으로 참자기를 경험하면 개인과 신체의 경계를 넘어선 넓은 바다와 같은 통일감의 초월적 확장이 일어난다. 하지만 구현에 박차를 가하기 위해 고안된 훈련들에 있어 중요하게 유의할 점이 하나 있다.

참자기를 구현하는 것이 심각한 학대에 시달렸던 이들에게는 위협이 될 수 있다.

앞에서 언급한 바와 같이, 영리한 박해자들은 피해자가 참자기에게 접근하는 것을 막으려 한다. 피해자가 계속 고분고분하고 세뇌된 상태에 머물게 하려고, 아동(혹은 성인)이 참자기-에너지(호기심부터 연민까지 C로 시작하는 자질들)를 드러내려고 할 때마다 이런 박해자들은 처벌을 강화할 것이다. 심각한 학대 경험자들은 참자기를 구현하려고 할 때 자신들의 보호자들로부터 반격을 당할 위험에 처할 수 있다. 이런 반격에는 자살사고, 자살충동, 신체적 질병, 통증, 치료사에 대한 두려움 및 치료 중단 충동 등이 있다. 그러므로 구현으로 바로 들어가기 전에 내담자가 참자기를 드러내는 것을 어떤 보호자가 두려워하는지를 내담자에게 먼저 확인해 보라고 하는 것이 중요하다. 두려움에 떨고 있는 부분들이 있으면, 진행하기 전에 그 부분들의 두려움을 먼저 다뤄 줘야 한다.

나(슈와르츠)는 일상 속 구현 훈련을 개발해서 활성화된 부분들을 찾아 참자기-구현 수준을 파악하는 데에 쓰고 있다. 하루 종일 마음이 얼마나 열려 있는지 수시로 확인을 하는데, 구현이 된다는 것은 마음이 열려 있다는 것이기 때문이다. 또 진동하는 에너지가 내 심장을 통과하고 있는지도 확인한다. 이것이 참자기-에너지이다. 동양의 영적 전통에서는 기(氣) 혹은 프라나(prana)[3]라고 한다. 내 마음이 막혀 있으면, 보호자가 방해를 하고 있다는 것임을 안다. 그럼 보호자에게 긴장을 풀라고 하거나, 마음을 모으고 보호 같은 게 더는 필요하지 않다는 걸 믿을 수 있게 해 준다. 나의 경우, 가장 활동적인 보호자들이 눈썹 위에 긴장한 상태로 있을 때가 제일 많다는 것도 알기 때문에, 거기로 가서 그 부분들을 달랜다. 그 부분들이 평온해지면, 곧바로 심신이 더 광활해지고 차분해진다는 것을 느낀다.

몸속의 부분들, 그리고 부분들을 위한 도구로서의 몸

부분들은 완전 구현 혹은 완전 이탈하기도 하지만, 조금씩 구현되기도 한다. 구현되면 될수록, 경험 및 삶에의 접근이 자세, 몸짓, 목소리, 표정으로 더 많이 그려진다. 예를 들자면, 근육의 긴장, 혈압, 호흡곤란 등으로 나타날 수 있다. 둔감해지거

---

3) 산스크리트어로 호흡, 숨결을 의미하는 낱말이다. 힌두철학에서 인체 내부에 있는 생명력을 일컫는 말로, 기와 그 의미가 상통한다(출처: 나무위키).

나, 나약해지거나, 만성적으로 열이 나거나 만성 감기에 시달리게 될 수도 있다. 굶거나 지방을 딱 끊어 버리고 성적으로는 아예 관심을 가지지 않으려고 할 수도 있다. 물론 과하게 성적인 자극을 일삼을 수도 있다. 2013년에 출간한 저서에서 맥코넬은 다음과 같이 말했다.

> 부분들이 일생 동안 무거운 짐을 짊어짐에 따라, 몸의 지각, 호흡방식, 타인과 공감하는 능력, 편안하고 품위 있으면서 자유롭게 움직일 수 있는 능력, 스킨십을 주고받는 능력 등이 모두 부정적인 영향을 받는다. [하지만] 신체뿐만 아니라 정신적 상해가 몸에서 일어나니까……, 몸에서 치유도 가능하다(pp. 105-106).

한 내담자는 만성피로증후군을 앓고 있었는데, 애정에 굶주린 어린 소녀 부분을 보살피면서 안정을 취해 주려다 발병한 것이었다. 사이비 종교에 빠진 내담자도 있었는데, 알고 보니, 한 부분이 그 사이비 교주가 자신을 거절하게 만들려고 환경질환(environmental illness)[4] 때문에 병에 걸리도록 한 것이었다. 그녀의 병은 자신이 처한 환경이 아주 좋지 않다는 감당하기 힘든 느낌을 전달하기 위한 아주 설득력 있는 방법이기도 했다. 개인적으로, 나는 내 몸에 대한 높은 기대치를 갖고 있는 부분이 질병과 노화에 대해서 배신감을 느낀다는 것을 감지하고 있다. 내 몸을, 손이 많이 가는 식물이나 잘 관리해 줘야 하는 반려동물처럼 보살피고 질질 끌고 다녀야 하는 것처럼 여기는 부분들이 있다. 자신들의 부분들이 몸을 미워하고 두려워하는 내담자도 있었다. 이런 부분들(드물지 않게 나타나는)은 무시하고, 판단하고, 멍하게 만들고, 몸을 움직이지 못하게 만들도록 한다. 몸이 가진 강렬한 감각과 에너지, 허기 등을 사용해서 여러 가지 목표를 좇아가게 하기도 한다. 이들은 몸을 고갈시키고, 기진맥진하도록 만들고, 심지어 죽일 수도 있다.

부분들은 자신들의 목적을 위해서 몸을 이용하는데, 보호자들의 경우와 유배자들의 경우가 서로 다른 편이다. 유배자들은 도움이 필요하다는 신호를 주려고 몸을 이용하는데, 관리자들은 통제력을 발휘하려고 몸을 이용하고, 소방관들은 정서적 고통이나 과도한 억압(관리자들의 일)에서 관심을 돌리기 위해서 몸을 이용한다. 이

---

4) 질환의 원인을 거주지, 직장, 교회나 절 같은 사원, 개인이 모이는 주변 환경에 노출될 때의 독소나 물질에서 찾는 것

런 목표를 위해서, 부분들은 주의를 분산시키고 어떤 식으로든 신체 역기능과 고통을 유발하기도 한다. 소방관들은 중독, 섭식장애, 문란한 성관계, 자해 등과 같은 행위로 신체에 무차별 폭격을 가한다. 물리적 상해가 원래 목적에 역효과를 내더라도 말이다. 뿐만 아니라, 보호자들이 양극화되고 나면 몸은 전쟁터가 된다. 예를 들어, 한 부분이 망연자실해 있으면, 다른 부분은 무슨 수를 쓰더라도 신체 감각을 증폭시키려 한다.

보호하는 역할을 면밀히 살펴보면, 신체증상에 어느 정도 부합되는 면이 있다. 관리자—구속하고, 억압하고, 견디고, 얼어 버리고, 통제해야 하는—는 근육과 근막에서 나타나는 경향이 있다. 신체 어디서든 발견될 수는 있는데, 관리자들이 접합부—관절, 골반 및 호흡기 횡격막, 목구멍과 턱, 어깨, 허리—에서 에너지를 다루기가 훨씬 더 쉽다. 소방관들은 투쟁도피반응[5]에 몸을 바치기 때문에 내분비와 신경계를 활성화시켜 스트레스 호르몬을 풀어내고, 심박수와 호흡횟수를 높이고 동공을 확장시키는 경향이 있다. 마찬가지로, 소방관은 물리적 각성이나 욕망(예를 들어, 음식, 성관계, 알코올, 약물, 잠 등을 갈구하는 것)을 이용하여 위협이라고 여겨지는 정서로부터 시선을 돌리게 만든다. 그러는 동안 유배자들은 심장, 내장 속 혹은 그 주변으로 숨어 버리기도 한다.

질병이 꼭 부분들 때문에 생기거나 부분들이 질병을 갖고 있다는 뜻이 아니다. 당연히 유전학, 바이러스, 세균, 상해, 환경적 독소 등도 모두 신체에 영향을 미치고 정신 상태와는 아무 상관없이 병에 걸리도록 한다. 하지만 부분들이 의도적으로 생물학적 과정에 영향을 미치려고 할 때, 그렇게 할 수 있다는 것을 말하고자 하는 것이다. 면역 반응을 키워야(자가면역질환을 유발하는) 한다거나 면역 반응을 낮춰야(바이러스나 세균이 증식할 수 있는) 한다고 주장하는 부분들의 말을 들은 적이 있다. 어떤 일련의 사항들을 위해서 장기가 힘을 못 쓰도록 하거나 특정 증상을 유발하는 유전적 소인을 이용해야 한다고 말하는 부분들도 있었다. 그 부분들이 어떻게 그렇게 하는지 알 수는 없지만, 몸에 무슨 짓을 하고 있다고 말하던 부분들이 그만하겠다고 동의를 하고 나면 내담자들의 증상은 호전되었다.

---

5) 교감신경계가 작용하여 생긴 에너지를 소비해서, 긴급 상황 시 빠른 방어 행동 또는 문제 해결 반응을 보이기 위한 흥분된 생리적 상태를 말한다. 캐논(Cannon)이 개인 유기체 내 평형 유지과정을 설명하기 위해 제시한 개념이다[출처: 한국교육심리학회(2000), 『교육심리학 용어사전』, 학지사].

부분들은 별 뜻 없이 질병을 일으킬 수도 있다. 부분들이 류마티스성 관절염 같은 자가면역질환에서 도피하거나 주의를 분산시키려고 했다가, 그것과 똑같거나 더 큰 문제가 되는 손상을 일으킬 수도 있다. 또 의사와 몸에 대한 정보를 공유하지 못하거나, 약을 복용하고 예약시간에 맞춰 가는 것을 잊어버려서 위험해질 때도 있다(Livingston & Gaffney, 2013). 내면가족체계는 제1형 당뇨병[6]을 앓고 있는 청소년의 반항하고 부인하는 부분들—특히 취약한 부분들—과 동맹을 맺을 수도 있다. 이런 아이들은 의사의 처방을 따르지 않고 먹어서는 안 되는 음식을 먹거나 인슐린 주사 시간을 잊어버리는 등과 같은 뻔한 행동들을 해서, 절단술이나 사망에까지 이르기도 한다.

내면가족체계와 의료

섀딕(N. Shadick)과 소웰(N. Sowell)은 동료들(2013)과 함께 류마티스성 관절염에 내면가족체계치료를 적용한 연구를 실시했다. 류마티스성 관절염을 가진 37명의 환자가 집단 및 개인 대상 내면가족체계치료를 9개월간 받았고 통제집단은 류마티스성 관절염 환자 40명으로 구성하고 교육적 개입만 받게 하였다. 두 집단 모두 치료 종료 후 9개월간 추수과정을 거쳤다. 내면가족체계치료집단은 관절통증에 대한 자가평가, 자기-자비(self-compassion),[7] 우울증 등에서뿐만 아니라, 통증 및 신체 기능에서도 전반적인 호전을 보였고, 추수과정에서도 지속되었다. 덧붙여, 나도 20여 년간 여러 의료문제를 가진 환자들에게 내면가족체계를 성공적으로 적용해 왔다. 암, 낭창(狼瘡),[8] 그 외 질병에 수반되는 모든 종류의 통증 등을 가진 환자들과 작업

---

6) 당뇨병은 제1형과 제2형으로 나뉜다. 제1형은 췌장에서 인슐린이 분비되지 않아 발생하는 당뇨병으로, 전체 당뇨병의 약 10%를 차지하고, 주로 소아에게 발병한다. 평생 인슐린 주사를 맞아야 한다. 그에 비해 제2형은 성인들에게 주로 발병하며, 체내 인슐린 분비능력은 어느 정도 있으나 인슐린 저항성이 나타나서 당뇨병이 된다. 이 경우는 인슐린 주사를 반드시 맞아야 하는 것은 아니고, 의사의 처방에 따라서 운동, 경구약, 식단조절 등으로 개선 가능하다(출처: 서울대학교병원 건강칼럼).

7) 자기-자비(self-compassion)는 마음챙김 명상치료에서 타인에게 베푸는 자비처럼 자신에게도 자비를 베풀어야 한다는 개념이다. 우리나라에서는 이 개념과 관련하여 박진영이 『나, 지금 이대로 괜찮은 사람』(호우, 2018)을 펴냈다.

8) systemic lupus erythematosus(전신성홍반성낭창). 줄여서 SLE 또는 lupus라고 한다. 자신의 신체조직을 이물질로 잘못 판단하여 그에 대한 면역작용으로 항체를 만들고 항원-항체 반응이 생겨서 자신의 신체조직을 스스로 파괴하는 결과를 초래하는 자가면역 질환의 일종이다.

을 했다. 이런 질병이나 증상의 발병과 지속에 부분들이 관련되어 있으면, 환자들은 호전되어 차도를 보이곤 했다.

아동기 부정적 경험(ACE) 연구

1995년 캘리포니아 카이저 퍼머넌테 병원 종합건강관리기구(HMO)[9]와 질병관리 및 예방 센터(Center for Disease Control)에서 아동기 부정적 경험에 대한 연구(Adverse Childhood Experience, ACE study)를 출범시켰다. 이 혁신적인 역학 조사는 아동기 학대와 생애 후반의 질병, 조기사망의 경이로운 연관성을 보여 주었다(Corso, Edwards, Fang, & Mercy, 2008; Wylie, 2010). 17,000명이 넘는 환자가 신체검사와 함께 학대, 무시, 가정의 역기능에 관한 ACE 연구를 위해 인터뷰를 했다. 연구자들은 아동기 부정적인 사건과 성인의 정서 및 신체 건강 간의 연관성에 대한 자료들을 조사했다. 당연히 ACE 수치가 높은 사람들이 흡연, 음주, 과식, 약물 중독 등과 같은 값비싼 대가를 치러야 하는 행위들—소방관의 활동으로 분류할 수 있는—에 연루되어 있었다. 물론 이런 행위들은 신체 질환에 대한 위험도 높았다. 하지만 활동에 대한 위험성을 고려하더라도, 아동기 부정적 사건과 암, 관상동맥질환, 만성폐질환 등과 같은 질환의 연관성이 매우 크다는 것이 연구를 통해 밝혀지기도 했다. 이런 발견은 연구자들에게도 놀라운 것이었지만, 외상과 몸에 대해서 오랫동안 정신보건 분야에서 그러리라 생각했던 것이 입증된 것이기도 했다. 상처받은 정신이 몸에 해를 끼칠 수 있다면, 회복된 정신이 몸을 치유하는 데 도움이 될 수도 있다[이 주제에 대해 더 알고 싶으면, 『새로운 차원의 내면가족체계치료(Internal Family Systems Therapy: New Dimensions)』(2013) 중 소웰이 쓴 '내면가족체계와 성인의 건강: 만성 질환 과정의 변화'를 읽어 보라. 여러 곳에서 내면가족체계를 적용한 중요한 사례들이 나온다].

---

9) 미국 의료보험 체제는 HMO, PPO, EPO로 되어 있다. 그중에서 종합건강관리기구(Health Maintenace Organization)의 약자인 HMO는 가장 보편적인 보험 기구로, 피보험자는 정해진 월 보험료를 납부하고 정해진 병원과 의사 진료에 대해서만 보험 혜택을 받는다.

비난이 아니라 도움을

내담자들에게 어떤 부분이 그들의 신체 증상에 대한 의제들(agenda)을 갖고 있을 수 있다는 의견을 제시하면 내담자들은 심한 반발을 하곤 한다. 양극화된 부분들이 피해를 입히는 것들에 대해서 모두 서로 탓을 하느라고 양극화되고, 희생자에게 책임을 돌리는 문화적 경향, 병을 키우는 뉴에이지(New Age)[10] 교리 같은 종교적 요인들이 그런 현상을 만든다. 그렇다 해도, 내담자들은 부분들과 질병에 대해서 깊이 있는 질문을 던지면서 포문을 열면 알고 싶어 하는 때가 많다. 나(슈와르츠)는 다음과 같이 말하곤 한다.

> "어떤 부분들은 의식에서 벗어나 몸에 영향을 미치고 있을지도 모릅니다. 그리고 당신에게 얼마든지 말을 걸 수도 있습니다. 당신이 아프겠다고 생각한 것과는 아무 상관이 없습니다. 부분들은 허락을 구하지 않은 채 몸을 건드립니다. 하지만 너무 어리다 보니 자신들이 신체에 손상을 입힐 수 있다는 것을 알지 못합니다. 아니면 그렇게 하는 데에 중요한 이유가 있을지도 모릅니다. 이런 부분들을 도와주면 커다란 변화가 일어날 것입니다."

부분이 질병을 일으키거나 악화시킬 수 있다는 생각에 내담자가 부정적으로 반응할까 봐, 나는 그냥 내담자가 몸을 치유하도록 도울 수 있게 해 달라고 부분들에게 부탁해 본다. 나는 다른 부분들이 긴장을 풀게 치료사가 설득할 수만 있다면 도움을 주겠다고 하는 부분들을 만난 적도 있고, 신체에 해를 끼치는 데 관련된 부분들이 없을 때라도 몸을 치유하는 법을 아는 부분들을 만나기도 했다.

---

10) 기존의 서구식 가치와 문화를 배척하고 종교, 의학, 철학, 천문학, 환경, 음악 등과 같은 영역들을 집적시킨 발전을 추구하는 신문화운동으로 종교적 영역과도 밀접한 관련이 있다. 인간의 초월능력에 대한 흥미를 돋우어 현대종교사회의 신 중심사상에서 벗어나 인본주의, 특히 우주적 인본주의를 낳았다. 이들은 인간 안에 있는 무한한 잠재력과 신적 능력을 개발시켜 자기의 무지에서 해방되고, 치유받으며, 결과적으로 종교를 인간의 필요와 상황에 따른 치료방법으로 변하게 하였다(출처: 두산백과).

* * *

질병에 대한 내면가족체계 사용 지침

내면가족체계치료사는 의료에서도 질병과 관련 없는 문제의 경우와 동일한 기본 접근법을 사용한다. 첫 단계에서 아무 기대를 가지지 않고, 치료사의 부분들에게 한 발 물러서 달라고 하고, 치료사의 참자기를 드러낸다. 그런 다음, 내담자에게 신체 질환을 살펴볼 수 있게 해 달라고 허락을 구한다. 그리고 나서 다음 몇 가지 중에서 하나로 진행한다.

1. 내담자가 신체 증상에 집중하도록 하고, 부분들과 늘 하던 대로 호기심을 가지고 귀를 기울인다.
2. 부분으로서의 증상에게 직접 말을 건다.
3. 증상과 관련된 부분이 없으면, 증상에 대해서 알고 있는 부분이 없는지 내담자가 물어보도록 한다.
4. 그 증상에 대해서 내담자가 어떻게 느끼고 있는지 내담자에게 물어보고, 그 증상을 싫어하거나 두려워하는 부분들에게 내담자의 몸이나 진료에 응하는 것에 영향을 미치고 있는지 물어본다.
5. 전반적으로든 특정 영역에 있어서든, 누가 몸을 치유하는 방법을 알고 있는지 내담자가 부분들에게 물어보도록 한다.

이런 여러 접근법은 부분들이 터놓고 말하도록 도움을 준다. 그렇게 하면, 어떤 부분이든 증상과 관련된 데로 진행해 나갈 수 있다. 질병을 탐색하는 지침은 〈표 5-1〉에 요약해 두었다.

표 5-1 **부분으로서의 신체 증상 탐색 방법**

1. 내담자가 신체 증상에 집중하여 호기심을 가지고 경청할 수 있도록 한다.
2. 부분으로서의 증상에게 직접 말을 거는 직접 접근을 사용한다.
3. 증상과 관련된 부분들이 없으면, 증상에 대해 알고 있는 부분이 없는지 내담자가 물어보게 한다.
4. 내담자가 증상에 대해 어떻게 느끼는지 물어본다.
5. 그 증상을 싫어하거나 두려워하는 부분들이 내담자의 몸이나 진료에 응하는 것에 영향을 미치고 있는지 물어본다.
6. 전반적으로든 특정 영역에 있어서든, 누가 몸을 치유하는 법을 알고 있는지 내담자가 부분들에게 물어보도록 한다.

유배자는 물리적 고통과 질병을 일으켜 관심을 얻거나 경험을 전하려 한다

증상을 부분으로 다루기 시작한다면, 내담자가 집중해서 알고 싶게 하거나 직접 접근을 사용해서 증상에게 말을 건네도록 하여, 그 부분이 왜 내담자의 몸에 그런 식으로 영향을 끼치고 있는지를 물어보게 한다. 그 부분이 내담자가 자신의 아픔을 이해해 주기를 바라거나, 다른 방법으로는 내담자의 관심을 끌 수 없었다고 말한다면, 그 부분은 유배자일 가능성이 크다. 이런 경우, 내담자의 참자기는 고통을 심화시키지 말아 달라고 그 부분에게 부탁하고 유배자를 도울 수 있게 허락해 달라고 보호자들과 협상을 한다.

겁에 질려 어쩔 줄 모르는 유배자가 통증을 악화시킨 사례가 있다. 조니는 18세 대학 신입생인데, 공황발작으로 인한 만성 복통이 극심해져서 휴학을 하게 되었다. 의사는 과민성대장증후군(irritable bowel syndrome, IBS)이라고 진단했다. 의사는 스트레스가 과민성대장증후군을 악화시킨다고 보고 조니에게 치료를 권했다. 본 회기 당시, 조니는 내면가족체계치료를 두 회기 받았고 부분들에 대한 개념을 이해하고 있었다.

치료사: 지금 아픕니까, 조니?

조니: 거의 늘 통증이 있는데요, 어떨 때는 숨도 못 쉴 것 같고 이러다 갑자기 확 더 나빠지기도 해요.

치료사: 천식이 있나요?

조니: 아니요. 폐에는 아무 이상이 없어요. 과민성대장증후군인걸요.

치료사: 제 경험상, 부분들은 부지불식간에 몸을 건드립니다. 어떤 부분이 당신을 숨쉬기 어렵게 한다면, 분명히 이유가 있을 것 같은데, 물어볼까요?

[치료사는 그의 신체 증상에 대해서 부분들과 이야기하는 방법을 소개한다.]

조니: 아시겠지만, 그 부분은 학교를 그만두고 싶어 하는 걸 탐탁해하지 않아요.

[조니가 문제를 일으켜서 비난을 받고 있다고 어떤 부분이 생각하고 있다.]

치료사: 알겠습니다. 부분들은 몸에 무슨 짓을 하기 전에 허락을 구하지 않습니다. 나름의 이유가 있을 테니 우리가 그걸 어떻게 하지는 않습니다. 다만, 어떤 부분은 너무 어려서 그러는 게 해가 될 수 있다는 걸 모르지요. 그래서 부분이 병을 일으키거나 악화시키면, 우리가 할 수 있는 건 도움을 제공하는 것뿐입니다. 제 경험으로는 그래도 부분들이 어떤 식으로든, 그런 제안을 감사히 여깁니다.

[치료사는 지금 조니가 비난을 받고 있다고 생각하는 부분을 향해서 말하고 있다.]

조니: 알겠습니다.

치료사: 복통이나 호흡에 집중해 볼까요?

[치료사가 어디서 시작을 할지 조니가 선택하도록 한다.]

조니: 호흡이요.

치료사: 어떤 게 감지되죠?

[목표부분 구체화하기]

조니: 꽉 조여 있는 거요. 숨 쉬기가 힘들어요.

치료사: 그것에 대해서 어떤 느낌이 들죠?

조니: 난 이런 몸을 원치 않을 뿐이에요.

[조니의 참자기가 답을 하는 게 아니라 부분이 하고 있다.]

치료사: 좋습니다. 그럼 당신이 이런 몸을 원치 않는다면, 숨이 꽉 조여 오는 것에 대해서 어떤 기분이 드나요?

[치료사는 부분 탐색 질문을 계속한다.]

조니: 무서워요.

치료사: 좋습니다. 제가 그 부분에게 직접 말해 볼까요?

[치료사가 재빨리 직접 접근을 하면서, 많은 반응적 부분이 조니의 신체 문제를 둘러싸고 활성화될 것이라는 가정하에서 그 부분에게 말을 건네려고 허락을 구하고 있다. 이 지점에서 부분에게 직접 말을 걸면 진행이 더 빨라진다.]

조니: 네.

치료사: 그럼 숨을 쉬지 못하는 부분과 말을 하고 싶은데, 거기 있나요?

조니: 네.

치료사: 조니가 뭘 알기를 원하죠?

조니: 도와주세요!

치료사: 어떤 도움이 필요한가요?

조니: 냉장고에서 나가야 해요.

치료사: 무슨 말인지 아세요, 조니?

조니: 예. 놀랍군요. 여섯 살 때였어요. 형이랑 형 친구들이 나를 지하실에 있던 옛날 냉장고에 밀어 넣었어요. 아버지가 그 냉장고 문을 떼어 내려고 했었는데, 손잡이가 어쩌다 부러졌거든요. 형들이야 내가 그냥 나올 수 있다고 생각했겠지요. 그냥 겁만 주려던 거였어요. 그런데 문이 닫혀 버린 거예요. 어찌어찌 몸을 웅크려서 구르고 차고 하다가 열리긴 했지요. 아무한테도 말하지 않았어요. 형한테도요.

치료사: 여섯 살 아이가 아직 거기 있는지 물어보세요.

조니: 있다고 하네요. 난 아무것도 몰랐어!

치료사: 그 아이가 당신의 도움을 원하나요?

[명백해 보이더라도, 부분이 원하는 것을 계속 물어보는 것이 좋다.]

조니: 네. 그런데 제가 어떻게 할 수 있을까요?

치료사: 그때로 돌아가서 그 아이를 보살펴 주시면 됩니다. 당신이 뭘 해 주어야 하는지 물어보세요. 그 당시 누군가 해 줘야 했던 것 말입니다.

[이것이 다시-하기다. 과거를 돌려놓으려고 하는 것—이미 일어난 외상 경험을 막으려 하거나 일어났던 것을 부인하려는 데서 출발하기 때문에 보호하는 부분들이 늘 실패할 수밖에 없다—이 아니라, 유배자를 불러 더 나은 각본으로 더 나은 결과를 직접 해 보도록 한다.]

조니: 내가 문을 떼 내서 하늘 높이 던져 버리기를 바라네요.

치료사: 좋아요. 그렇게 합시다.

조니: 이제 내가 그 아이를 데리고 나왔는데, 그 아이가 아예 냉장고를 집어던지고는 광선총으로 날려 버려요.

치료사: 멋진데요.

조니: 이젠 내가 형에게 그런 건 장난이 아니라고 말하기를 바라고 있어요.

치료사: (잠시 후) 다른 건 없나요?

조니: 혼자 두지 말라고 해요.

치료사: 그 아이는 그때를 떠나서 현재로 와 당신과 함께 살고 싶어 할까요?

조니: 네.

치료사: 좋습니다. 그 아이를 현재로 데리고 오세요. 이제는 숨을 쉴 수 있나요?

조니: 가슴 주변에 아직 쇠로 된 띠 같은 게 있어요.

치료사: 그 아이가 거기에 대해서 당신의 도움을 필요로 합니까?

조니: 내가 그걸 풀어 주니까 아이가 광선총으로 녹여 버리네요.

치료사: 어때요?

조니: 좋아요.

치료사: 그 아이가 당신의 복통에 영향을 미치고 있나요?

조니: 그 아이의 두려움이 통증을 더 심하게 한 거예요.

치료사: 이제 멈출 수 있나요?

[치료사가 이제 회기를 조니에게 넘겼다.]

조니: 많은 도움이 될 거예요. 아이가 숨을 쉴 수 있어요.

치료사: 그럼 당신 복통은 지금 어떤가요?

조니: 훨씬 좋습니다.

치료사: 1점에서 10점 중에 어느 정도일까요?

조니: 5점이요.

치료사: 순전히 물리적인 통증만 보면 어느 정도일까요?

[치료사는 수치 척도로 물리적 통증을 측정해 보도록 하는 이 간단한 수단으로 부분들이 질병에 얼마나 영향을 미치는지 조니가 가늠할 수 있도록 해 준다.]

조니: 1점에서 3점 정도요.

치료사: 통증이 줄어들고 나면 어떻게 해야 할까요?

조니: 제 생각엔 회복하고 나서 그 아이와 한동안 같이 있어 줘야 할 것 같아요.

치료사: 어떻게 되는지 볼까요?

조니: 예. 한 번 보죠.

보다시피, 조니는 너무 무서운 상황에 갇힌 여섯 살짜리를 찾아냈다. 이 부분이 조니의 과민성대장증후군을 일으키지는 않았지만, 그 아이의 공황이 조니의 통증을 악화시켰고 아이는 조니의 도움을 구하고 있었다.

양극화된 보호자들

도움을 원하는 유배자들과는 달리, 내담자에게 혹은 내담자를 위해 무언가—상처를 입히고, 벌을 주고, 통제하고, 오락에 빠지는 등—를 하기 위해 신체 증상을 이용하는 것이라고 말하는 부분이 있다면, 그건 보호자다. 그레타의 예를 들어 보자. 그녀는 25세 성적 학대 경험자로, 낭창 때문에 일어나는 정서적 반응에 도움을 구하려고 치료를 받으러 왔다. (본인은 모르고 있었지만) 그레타는 자신의 통증을 키우는 부분을 갖고 있었다.

> 치료사: 한 번도 해 보지 않은 제안을 해도 될까요? 당신의 몸에게 이 질병에 대해서 물어봅시다.
>
> 그레타: 이상한데요. 뭐 나쁘기야 하겠어요.
>
> 치료사: 잠시 마음속에 집중하면서 혹시 반대하는 부분이 있는지 귀를 기울여 보세요.
>
> [치료사가 부정적으로 반응을 할 듯한 부분들을 다시 한번 확인한다.]
>
> 그레타: 없습니다.
>
> 치료사: 당신은 낭창을 어떻게 알아채나요?
>
> [치료사는 그레타가 몸에서 부분을 찾도록 한다.]
>
> 그레타: 관절이 아파요.
>
> 치료사: 거기 집중해 볼 수 있을까요?
>
> [치료사가 다시 허락을 확인한다.]
>
> 그레타: 네.
>
> 치료사: 그걸 좀 알아보는 거 어때요?
>
> 그레타: 흠. 그것과 싸우는 게 더 익숙해요.
>
> [3장에서 설명한 바와 같이, 보호하는 부분들과 섞여 있으면 호기심에 접근하지 못한다. 그레타가 이런 관찰을 할 수 있다는 것은 질병과 투병하는 부분들 간의 양극성에서 약간이나

마 섞이지 않은 데가 있다는 뜻이다.]

치료사: 투병하고 있는 부분들이 잠시 긴장을 풀고 당신이 호기심을 갖도록 해 줄까요?

그레타: 그러죠……. 이제 알고 싶은 마음이 드네요.

치료사: 그 통증에 대해서 알고 싶다고 말해 보세요.

그레타: "내가 널 구하고 있는 거야."라고 말하는데요. 무슨 이런 말이 다 있대요?

치료사: 계속 더 알아가 봐도 될까요?

["무슨 이런 말이 다 있대요?"라고 말하는 부분에 대해서 확인을 하는 것이 아니라, 치료사는 다른 부분들이 그레타가 계속 호기심을 가질 수 있도록 해 줄지를 바로 다시 묻는다.]

그레타: 예. 내가 그렇게 하도록 해 줘……. 됐어요. "네가 상처를 입을 거야."라고 해요.

[이제 그레타가 통증을 악화시키는 것과 관련된 부분이 하는 말을 듣는다.]

치료사: 이해가 되나요?

그레타: 모르겠어요.

치료사: 뭔가 보이는 게 있나요?

[보호자를 찾아서 집중하고 구체화하는 것은 그들을 알기 위한 첫 번째 단계로, 8장에서 자세하게 설명한다. 여기서 치료사는 목표부분에게 집중해서 구체화하는 데로 돌아와, 새롭게 그 부분의 정체를 밝히고 있다.]

그레타: 네. 머릿속에 구름 같은 게 있어요. 커다란 도깨비가 나한테 기대고 있어요.

치료사: 그 도깨비한테 물어보세요. 당신이 몇 살로 보이는지.

[이 질문은 보호자가 내담자의 현재-일상에 대해서 어떤 인식을 하고 있는지를 드러낸다. 그리고 그게 아니어도, 유배자나 양극화된 보호자를 밝혀낸다. 그게 그 부분이 보고 있는 것이기 때문이다.]

그레타: 다섯 살이요.

치료사: 이해가 되나요?

[부분들이 전하고자 하는 것을 내담자가 이해하고 있는지를 파악하기 위해 이렇게 질문한다. 그게 아니면, 내담자가 설명을 요청할 기회가 있는지 확인을 한다. 이해가 되면 다음으로 넘어간다.]

그레타: 네. 이제 알겠어요.

치료사: 그 도깨비한테 이제는 어떤 느낌이 드나요?

그레타: 분명히 해야겠어요. 난 이제 다섯 살짜리가 아니야. 도깨비가 의심스러운 눈초리를 보내요.

치료사: 그가 허락만 해 주면, 당신이 다섯 살짜리를 도울 수 있다는 걸 알려 줍시다.

그레타: 불안해 보여요.

치료사: 물론 당신은 그의 허락이 필요할 겁니다. 지금 우리가 그 부분한테서 뭘 뺏으려는 것도 아니고 어디 보내려고 하는 것도 아니에요. 그는 당신과 인사도 나누고 당신의 도움을 받을지 결정도 할 수 있어요.

[이 도깨비는 십중팔구 소방관으로, 모든 걸 장악하려는 반항적인 구급요원이다. 소방관들은 자신들을 물리치는 것도 아니고 무시하려는 것도 아니라고 안심을 시킬 필요가 있다.]

그레타: 그 생각은 좋은가 봐요.

치료사: 그에게 당신을 똑바로 쳐다보라고 하고 그가 거기서 누굴 보고 있는지 알려 달라고 해 보세요.

[내면가족체계 선임수석트레이너 엘킨(M. Elkin)이 이 기법을 개발했다. 눈 맞추기는 부분들이 협조적이면 반응적 부분들을 찾아내는 아주 효과적인 방법이 될 수 있으면서도, 참자기를 드러내어 목표부분에게 소개시키는 데도 효과적이다.]

그레타: 그는 겁에 질린 어린 여자아이를 보고 있어요.

치료사: 그 어린 소녀에게 우리가 잘 준비해서 도와줄 수 있다고 알려 주고, 당신이 지금부터 편안한 방에 거하게 할 수 있다고 얘기해 주세요. 당신이 돌아올 때까지 거기서 기다려 달라고 해 보세요. 그러겠다고 하나요?

[이 유배자가 구별이 될 때까지 그 도깨비와 힘겨운 과정을 거칠 것이다. 부분을 편안한 방에 머물게―방 기법(the room technique)―하면 목표부분을 분리하는 데 도움이 된다. 그 방은 안락하니까 불편하거나 위험한 방으로 돌아가지 않아도 된다고 부분에게 분명히 말해 준다. 부분들이 우리의 제안이 전혀 다른 뜻 없이 말 그대로라는 것을 경험하고 골치 아픈 목표부분이 안전하게 격리될 때 체계도 안심하기 때문에 구별하기에 방 기법이 특히 더 유용할 수 있다.]

그레타: 됐어요. 그 아이가 놀이방에 들어갔어요.

치료사: 이제 도깨비한테 말해 봅시다. 도깨비에게 당신을 똑바로 쳐다보라고 하고, 그 도깨비가 누굴 보고 있는지 말해 달라고 해 보세요.

그레타: 날 보고 있어요! 도깨비가 놀라고 있어요.

치료사: 그 어린 소녀를 보호하려고 몸에 어떻게 하고 있었던 건가요?

그레타: 몇 가지 방편을 갖고 있었네요. 통증, 부종, 두통, 열, 뭐 이런 거요.

치료사: 당신이 그 어린 소녀를 도울 수 있게 도깨비가 이제는 그런 방편들을 쓰지 않을까요?

그레타: 선생님이 그렇게 말하니까 걱정되나 봐요.

치료사: 도깨비한테는 몸에 이런 일을 하는 게 얼마든지 이해가 되는 이유가 있어요. 그런데 도깨비가 뭘 걱정하는 걸까요? 그렇게 하지 않으면 무슨 일이 일어나는 걸까요?

[치료사는 도깨비가 미리 예방을 하려던 선한 의도를 가지고 있었음을 인정해 준다.]

그레타: 휴가 때 집에 가는 게 싫대요.

[결국 도깨비가 협조적이 되어 구체적으로 말해 준다.]

치료사: 알겠습니다. 그 조건에 당신도 동의하나요?

[치료사가 여기서 멈추지 않고 개인력으로 들어간다. 그레타와 부분들은 이 염려에 대한 배경을 알고 있다. 대신, 치료사는 그레타와 도깨비 간의 의견 조율을 이어 간다.]

그레타: 집에 가야 해요. 엄마가 아파요.

치료사: 알겠습니다. 그럼 도깨비는 당신이 집에 가는 걸 원치 않는데, 다른 부분은 당신이 집에 가기를 원하네요. 도깨비 반응이 어떻습니까?

[치료사가 양극성을 보고 밝혀낸다.]

그레타: 먹구름처럼 피어올라요. 그는 날 날려 버릴 거래요. 정말 마음이 상한 것 같아요.

치료사: 도깨비는 당신이 집에 가서는 안 된다고 굳게 믿는데, 다른 부분은 집에 가서 어머니를 돌봐야 한다고 생각하는 거네요. 그런가요?

[치료사가 양극성을 다시 밝힌다.]

그레타: 그래요.

치료사: 그럼 어떻게 해야 할까요?

[치료사는 그레타의 참자기에게 지휘봉을 넘긴다. 그레타는 잠시 생각에 잠긴다.]

그레타: 글쎄요, 도깨비가 좀 봐 주기만 하면 집에 안 갈 거 같아요. 대신 엄마와 따로 만나는 시간을 가질 것 같아요.

치료사: 도깨비가 찬성하나요?

그레타: 반대는 하지 않네요. 다만, 새아버지 근처에는 가지 말래요. 이제 동의한대요.

치료사: 이제 우리가 필요한 건 모두 된 것 같군요. 어떠세요?

그레타: 속이 뻥 뚫린 것 같아요.

이 상호작용에서 보듯, 도깨비는 그레타의 낭창 증상을 심하게 만들어서 다섯 살짜리 부분이 계부한테서 다시 외상을 입게 되는 상황에 그레타를 두지 못하도록 관리자들이 막고 있었고, 아마도 분노에 찬 부분도 그래서 활성화되었을 것이다. 그레타가 그 염려를 존중해 주고 협의(관리자들이 그레타의 행위를 지시하도록 하는 게 아니라)를 하게 되었을 때 그레타의 몸에 가했던 압박을 거두었다. 다음 단계는 그 도깨비의 허락(그리고 관리자들의 허락)을 얻어 유배자를 돕는 것이다.

그 외의 보호 동기들

관리자는 내담자가 처리할 수 없다고 생각하는 감정을 회피하기 위해서 증상을 이용하기도 한다. 관리자는 유배자(혹은 분노 같은 추방된 어린 보호자)가 내담자를 정서적으로 좌지우지하는 걸 두려워한다. 같은 이유로, 소방관도 감정에서 시선을 다른 데로 돌리기 위해서 증상을 이용할 수 있다. 이럴 경우는 비의료적 문제에 적용했던 것들을 똑같이 행한다. 우리가 유배자에게 격정적 감정을 자제해 달라고 협의하는 동안 증상을 좀 완화시켜 달라고 그 부분에게 부탁한다. 다음 사례를 보면, 대학수영대회에서 우승을 한 적이 있었던 프란시스는 요통 때문에 대회 준비 훈련을 할 수 없게 되었다.

치료사: 요통과 직접 대화하는 거 어떠세요?

프란시스: 바보 같은 말인데요.

치료사: 바보 같은 짓 한 번 해 볼까요?

[치료사가 이어 가기를 고수한다.]

프란시스: 그러든지요.

치료사: 좋습니다. 통증에 집중을 해 보세요. 그 통증에 대해서 어떤 느낌이 드나요?

프란시스: 글쎄요, 이제야 나를 알고 싶어 하는구나!

치료사: 멋집니다. 그 부분이 당신에게 알리고 싶은 게 뭘까요?

프란시스: 화가 나 미치겠대요!

[이건 보호자이지만, 이어지는 내용에서 나오듯, 훨씬 더 수완이 좋은 관리자에게 사실상 추방된 보호자다.]

치료사: 당신인가요?

프란시스: (눈을 감은 채) 네.

치료사: 알고 있었나요, 프란시스?

프란시스: 지금은 화를 낼 수가 없어요.

치료사: 당신의 한 부분이 화가 나 있고, 다른 부분은 화를 내는 건 좋지 않다고 말하고 있는
건가요?

[치료사가 양극성을 밝힌다.]

프란시스: 전 저희 감독이 좋습니다. 이상적이라고 생각해요. 제가 왜 이럴까요?

치료사: 알겠습니다. 요통이 당신에게 무슨 말을 하고 있죠?

프란시스: 그녀를 죽이고 싶어요.

치료사: 이런 말을 들으니 어때요?

[다른 부분들이 이 분노에 어떻게 대응할지 치료사가 관심을 가진다.]

프란시스: 세상에, 진심이야?

치료사: 지금 말한 부분은 잠시 기다려 줄 수 있나요? 그 부분이 당신을 당황하게 하지 않으
면 화난 부분의 말에 귀를 기울일 수 있어요. 그렇게 해 줄까요?

프란시스: 내키지는 않아도 그러겠다고 합니다.

치료사: 좋아요. 화난 부분에게도 좀 떨어져 있으라고 해 주세요. 그리고 화를 좀 가라앉혀
서 당신이 들을 수 있도록 해 달라고 하세요.

프란시스: 그 부분이 난 매번 속는대요.

치료사: 화난 부분이 당신을 속기 쉬운 사람으로 여기고 있군요?

프란시스: 네. 경고를 듣지 않는대요.

치료사: 경고요?

프란시스: 화난 부분이 하는 거요.

치료사: 이해가 되나요?

**[더 회유적인 부분이 다시 살살 들어오고 있는지, 아니면 프란시스의 참자기가 화난 부분의
이야기를 아직 들을 수 있는 건지 치료사가 확인한다.]**

프란시스: 예, 사실이이에요. 분명히 말을 해야 할 때 거의 잘 못해요.

치료사: 화난 부분이 당신에게 화를 내는군요. 그럼 당신 허리도 아프게 하나요?

프란시스: 네.

치료사: 당신이 분명히 말을 꺼내지 못하는 부분을 도울 수 있으면, 그 화난 부분이 당신 허
리를 아프게 하지 않을까요?

프란시스: 너무 늦었어요. 그만두고 싶습니다.

[이는 치료사의 질문에 대한 직접적인 응답이 아니다.]

치료사: 지금 그만하고 싶은 부분도 있네요. 그 부분에게 어떻게 말하시겠습니까?

[**치료사가 내담자의 지휘를 따른다.**]

프란시스: 내가 기분이 어떤지 그 부분에게 말할게요. 무례하게 굴면, 그만둘 거야.

[**이 반응이 치료사에게는 더 참자기−주도적이라는 생각이 든다.**]

치료사: 당신이 감독과 대화할 때 화난 부분은 자신을 대신해서 당신이 이야기하게 할까요?

프란시스: 내가 할 수 있을지 걱정이라네요.

치료사: 알겠습니다. 분명히 말하지 않는 부분이 당신이 이 상황을 처리하게 해 주면, 화난 부분은 당신이 자신을 대변하도록 할까요?

프란시스: 네.

치료사: 당신이 듣기에는 어떠세요?

프란시스: 글쎄요, 무슨 말을 들어야 하는지는 알겠어요. 제가 무얼 감사해야 하는지를 기억하기만 한다면, 제대로 말할 수도 있을 거예요.

치료사: 화난 부분이 동의하나요?

프란시스: 네.

치료사: 지금 허리는 어떠세요?

[**프란시스가 일어서서 조심스럽게 좌우로 움직여 본다.**]

프란시스: 좀 덜합니다.

　앞서와 같이, 프란시스는 순응하는 보호자와 화난 보호자 간의 양극성에 끼어 있고, 화난 보호자는 허리를 아프게 만들어서 프란시스가 팀에서 중도 하차하도록 하거나(그리고 이런 경우 감독한테서 멀어지도록) 자신의 뜻을 말하도록 떠밀었다. 양극화된 이런 부분들이 분리가 되자, 프란시스는 화난 부분을 대변해서 감독에게 말할 수 있는 상태가 될 수 있었고, 화난 부분은 요통을 완화시키기 시작했다. 치료사가 회기 중에 프란시스와 감독 사이에 무슨 일이 있었는지 살펴보지 않았다는 것을 유념하자. 프란시스가 아직 분명히 의사를 밝힐 준비가 되지 않았다고 말했거나 무슨 말을 하고 싶은지 곰곰이 생각해 봐야 한다고 말했다면, 다음 회기에서 역할놀이를 하면서 감독에게 할 말을 해 볼 수도 있다. 어떤 경우라도 프란시스의 순응하는 관리자가 계속 자신의 의사를 주장할 수 없게 만드는 걸림돌들(무거운 짐)을 탐색하는 것으로 돌아가는 것이 중요하다. 이것이 곧 유배자가 있는 곳을 가리킨다.

부분들이 시작했다면, 멈출 수도 있다

대개 부분들은 내담자에게 두통, 복통, 근육경련, 요통, 멀미, 탈진, 기면증, 심장 두근거림, 오한, 손발 저림, 그 외 다른 많은 증상도 일으킬 수 있다. 이들은 내담자의 의식에 침투적 사고와 이미지를 보내 물리적 반응을 유발할 수도 있다. 하지만 내담자를 물리적으로 괴롭히거나 정신적으로 넋이 빠지게 하지 말고, 원하는 것과 요구를 바로 말해 달라고 부탁하고, 부분들이 하던 것을 멈추기만 하면 우리가 자신들의 염려에 주의를 기울일 거라고 믿게 되어 극적인 변화가 일어날 수 있다.

* * *

내면가족체계와 질병에 대한 몇 가지 유의점

신체 질환 치료에 심리치료를 활용할 때는 몇 가지 유의사항이 있다. 내면가족체계에 정통한 많은 전문가의 경험에 따른 지금까지의 내면가족체계연구 결과들(Shadick et al., 2013)에 의거해 보면, 유배자를 치유하고 보호자를 풀어 주면 매우 다양한 질환에 긍정적 효과를 낼 수 있다고 생각한다. 이런 맥락에서, 많은 질병에 수반되는 염증으로 인한 증상들에 대해서 크나큰 새로운 발견을 하게 되었다. 하버드 대학교의 잡지 *Harvard Magazine*에 실린 쇼(J. Shaw)의 글에서 인용한 부분을 보자. "염증—재발성, 경증, 면역체계 활성화—이 비전염성 질병의 근원이 될 수 있다는 생각은 아주 놀랄 만한 주장이므로, **그야말로 특별한** 증명이 요구된다. 뇌, 순환계, 폐, 간, 관절 등 상관성이 없어 보이는 곳의 질병이 생물학적으로 깊이 연관되어 있다는 것이 사실일까? 알츠하이머, 암, 관절염, 천식, 통풍, 마른버짐, 빈혈, 파킨슨병, 다발성 경화증, 당뇨, 그로 인한 우울증 등과 같은 대개 만성질환이라고 하는 것들이 심각하지 않은 만성의 염증으로 발병된다는 실증들은 날로 늘어나고 있다. 하지만 오랜 의구심들—면역체계의 염증반응이 천천히 사람을 사망에 이르게 한다—을 모두 떨쳐 버릴 때까지 사람을 대상으로 하는 대규모 임상실험이 필요했다."(105쪽, '내면가족체계와 의료' 참조)

관절염 연구에서 우리가 발견한 것과 같이, 이것이 사실로 드러난다면, 내면가족체계는 만성 염증을 완화시킬 수 있다는 것인데, 그 여파는 어마어마한 것이다. 그와 동시에, 한계도 있다. 내담자의 내면체계가 얼마나 조화로운가 하는 것과는 전혀 상관없이, 완전히 회복이 불가능한 지점에서 조직이 손상을 입을 수도 있다. 예를 들어, 폭식증은 치아에 중대한 손상을 입히고 대대적인 치과 치료를 받아야 하는 경우도 생길 수 있는데, 많은 경우 감당이 안 될 수도 있다. 류마티스성 관절염 연구에서 관절염 환자들 중에는 분명히 염증완화에 도움을 받은 사람들도 있었지만, 심각하게 악화되어서 관절을 교체해야 하는 사람들도 있었다. 마찬가지로, 생리학적 과정이 활기를 띠기 시작해도, 곧바로 부분의 변화가 일어나지 않고 끝까지 그 모습 그대로 가는 경우도 있다. 결과적으로, 완쾌가 되려면 식이요법, 명상, 환경적 스트레스 요인, 처방에 따르기 등과 같은 다른 변화들도 있어야 한다. 그리고 명상, 마사지, 자연요법 건강관리, 침술 등과 같은 다른 전도유망한 치유 방안들을 결코 무시하지 말아야 한다.

* * *

맺음말

부분들은 몸속에 살고, 신체를 갖고 있고, 몸에 의해 영향을 받고, 마음만 먹으면 몸에 영향을 끼칠 수도 있다. 몸은 유배자들을 위한 게시판이 될 수도 있고 전투 중인 보호자들의 전쟁터가 될 수도 있다. 무거운 짐은 몸속이나 몸에 있을 수 있지만, 몸 주변에 숨어 있을 수도 있다. 무거운 짐들은 떼 지어 모여 있고, 아동기 부정적 경험 연구 자료에서처럼, 몸을 다치게 할 수 있다. 보호자들도 몸을 다치게 할 수 있다. 그들이 그렇게 하는 이유는 과거의 단서가 되는 경우가 많다. 그리고 그만두게 도와줄 수도 있다.

류마티스성 관절염 연구에서 보았듯, 내면가족체계는 신체 질환에 도움이 될 수 있다. 부분들은 자신들이 일으킨 신체 증상을 멈출 수도 있다. 덧붙여, 부분들이 치유에 도움을 줄 수도 있다. 따라서 이런 주제는 희망적이라고 본다. 그렇다 해도 내담자에게는 주의 깊게 다가가야 한다. 가족, 친구, 의사 등으로부터 자신들의 질환 때문에 비난을 받은 내담자가 있을 수도 있다. 병원에서는 내면체계나 체계의 무거운 짐에 대해서는 알고 싶어 하지 않고, 메시지를 전달하는 이를 없애려 하기 때문에, 자칭 치료사라는 사람들이 메시지를 놓치는 위험에 이를 수도 있다. 내면가족체계는 메시지를 전달하는 이를 불러 늘 하던 대로—질문을 통해서—신체 질환을 살펴본다.

제6장

내면가족체계에서 치료사의 역할

치료사가 내담자와 만드는 관계는 우리의 감정과 신념에 의해 다스려진다. 사람이 자신의 문제를 효과적으로 다룰 수 있는 능력이 있다고 믿으면, 천부적 능력을 제약하는 것이 무엇이든 찾아서 변화시키는 데에 중점을 둔다. 반면, 뭔가—강한 자아, 문제에 대한 실행 가능한 이해, 돌봐 주는 부모나 배우자, 기술 훈련, 공감대 같은 것—가 부족해서 문제가 생긴다고 생각하면, 해석, 정보, 가르침, 지시, 재구조화, 재양육, 약물 등 부족하다고 하는 것을 제공하려 한다. 이는 내담자에게 두 가지 전혀 다른 접근을 하게 한다. 하나는 협력적이고 민주적 동반자 관계를 맺게 하여 내담자가 자신을 신뢰하게 되는 자신감을 실어 주고, 다른 하나는 내담자는 결핍되거나 뭔가 잘못되었다고 보기 때문에 계층 관계를 맺는 경우가 더 많다.

현장에 있는 대부분의 치료사는 이런 접근법들 사이에서 망설이게 된다. 협력적인 치료사는 정보를 주거나 조언을 하고, 권위적 인물의 역할을 품은 치료사는 내담자가 자신의 자원을 사용해 보도록 독려한다. 여기서 강조해야 하는 것은 인간에게 동기가 부여되는 것이 분 단위의 상호작용 과정인지, 아니면 치료사의 전반적인 관점인지에 대한 차이다. 내면가족체계 모델에서는 사람들은 모두 자신에게 필요한 내면의 자원을 갖고 있다고 주장한다. 부분들이 체계의 불균형과 무거운 짐들로 인해서 구속되어 있다고 생각하고, 내담자는 그 부분들을 풀어내고 내면체계를 조화롭게 만드는 데 필요한 자원(참자기)을 갖고 있다고 믿는다. 내면가족체계에서는 내담자의 참자기와 내담자의 부분들의 관계가 주된 치유력이라고 보기 때문에, 치료사의 주 임무는 내담자가 참자기에게 충분히 다가갈 수 있도록 돕는 것이다. 헤세(H. Hess, 1927/1975)가 "나는 나의 진실된 참자기(true Self)를 따라 살고자 할 뿐인데, 왜 이렇게 힘이 드는가?"라고 말한 것처럼, 내면가족체계 모델은 사람들이 장애를 극복하고 자신들의 진실된 참자기를 따라 살 수 있도록 도와주는 것을 목표로 삼는다.

내면관계의 치유력에 중점을 두고 있다는 혁신적인 개념 변화에도 불구하고, 보호자들이 나약함, 신뢰, 노출 등에 잔뜩 경계한 채 치료를 하러 오기 때문에 외적 치료 관계도 중요하다. 보호자들은 내담자가 자신의 참자기에 접근하도록 하기 전에, 치료사가 안전하고 믿을 만한지, 확신이 있는지, 인정이 많은지를 몸소 체험하려 한다. 이들은 치료사를 알아야 한다.

전이와 역전이

내면가족체계 관점에서 보면, 현재가 과거인양 반응하는 부분들은 그 당시의 과거에 그대로 얼어 굳어 버린 것이다. 정신역동치료는 이런 반응을 **전이**(transference)와 **역전이**(countertransference)로 설명한다. 내담자가 치료사를 자신의 과거 누군가처럼 여기고(전이), 반대로 치료사가 내담자를 자신의 부모나 다른 중요한 누군가라고 여기는(역전이) 때가 있다. 내면가족체계 모델은 이 현상을 이해하고 다루는 독자적 방법을 가지고 있다. 내담자가 치료사를 부모, 형제, 학대자로 본다고 생각하지 않고, 내담자의 부분이 그런 식—부분이 그 사람에게 위험한 어떤 일이 일어났던 당시에 묶여서 그때 일어난 극단적인 신념 혹은 감정으로 인한 무거운 짐을 지게 되는—으로 치료사를 보고 있는 것이라고 생각한다. 이런 전이 반응성을 실마리(trailhead)—내담자에게 부정적으로 영향을 끼친 경험에 대해서 더 많은 것을 알게 될 기회라는 뜻—라고 부른다.

실마리

감정, 사고, 신체 감각 등을 감지하는 모든 때가 곧 실마리가 된다. 실마리는 예를 들자면, 여성 내담자가 남성 치료사의 인정을 필사적으로 갈구하는 것을 느낄 때 감지할 수 있다. 내면가족체계에서는 이런 절박한 감정―실마리―을 감지하는 것이 아버지에게 거부당했다고 느끼거나 내담자에게 큰 영향을 계속 미치고 있는 부분을 알게(그리고 돕게) 만드는 기회가 된다. 한편, 내담자가 치료사를 미덥지 못하다고 여기고 밀어내려고 하는 부분을 갖고 있는데, 그 부분은 아버지가 그랬던 것처럼 치료사가 내담자를 거절할 거라고 여기기 때문이라고 해 보자. 치료사는 내담자에게 이런 갈구하는 마음과 치료사를 어떻게든 밀어내려고 하는 전이감정에 대해 이야기할 수도 있지만, 구원을 간절히 바라는 부분들과 치료사를 밀어내고 싶은 부분들이 내담자의 참자기로부터 도움을 얻고 싶어 하는지에 대한 질문으로 바로 넘어갈 수도 있다. 이렇게 하면 케케묵은 시각과 감정에 사로잡히지 않게 된다. 내담자의 참자기가 회복되고 거부당한 아이(갈구하는 부분)가 짐을 내려놓게 되면, 밀어내려는 부분이 자신의 임무에서 해방될 것이다. 이런 식으로, 강한 감정이나 신념을 사용할 때와 같이, 전이(그리고 역전이) 감정을 사용해서 도움을 필요로 하는 부분들의 위치를 찾는다.

내담자의 참자기가 움직일 수 없을 때

내담자는 바로 참자기에게 접근할 수 없을 때, 치료적 관계에 특히 의존하게 되는데, 심각하고 만성적인 학대를 당해 강력한 보호체계를 갖게 되어 참자기를 몸에 혹은 몸 밖에 숨겨 두고 있는 경우에 이럴 수 있다. 참자기 접근에 있어서 이런 교착상태는 대개 일시적이지만, 내담자의 참자기와 치료사의 참자기 간 공동치료를 지연시킨다. 따라서 내담자의 참자기가 움직일 수 있을 때까지는 치료사의 참자기가 나서서 내담자의 부분에게 직접 말을 건네야 한다. 이런 개입을 **직접 접근**(direct access)이라 한다.

직접 접근이 아주 유용한 선택이라 해도, 치료사를 전이된 기대와 극단적 부분의 비난에 노출시킨다. 따라서 직접 접근을 사용하는 치료사는 사면초가라는 생각이 들 수 있고 참자기-주도성을 유지하기 힘들어질 수 있다. 다른 시간에 갇힌 어린 부분을 상대하고 있다는 것을 유념하면 이런 위기는 훨씬 더 쉽게 넘어갈 수 있다. 치료사의 참자기-에너지는 목표부분이 과거 고통을 안겨 준 사람과 치료사의 차이를 볼 수 있게 해 준다. 그리고 치료사의 참자기가 내담자의 부분에게 잠시 주요 애착 인물이 되어 줘야 할 수도 있지만, 내담자의 부분이 내담자의 참자기에게 지휘권을 넘겨줄 때까지만이다.

협력

내면가족체계치료사는 내담자가 자신들의 어려움을 유용한 방법으로 볼 줄 알고 걸림돌들(무거운 짐)만 잘 치우고 나면 얼마든지 능률적으로 움직일 수 있다고 믿는다. 그러므로 해석, 재구조화, 문제 관련 지시 등을 거의 제시하지 않는다. 어떤 것을 알아내는 것이 아니라 내담자의 참자기를 위한 공간을 만들 목적으로 내담자의 체계를 인정하고 탐색하는 것이 곧 내면체계치료사들의 전문성이다. 내면가족체계 가설을 전달하고 질문을 함으로써, 양극화라는 걸림돌을 풀어 궁극적으로 짐을 내려놓게 하는 것이 우리의 목표다.

내면가족체계에서 내담자의 요구는 안팎의 무게 중심을 잘 잡는 것이다. 당신이 초보자라면, 외부에 초점을 두어 온 안전하고 익숙한 관례에 매달리는 당신의 보호자들을 감지하는(그리고 도와주는) 것이 특히 도움이 많이 될 것이다. 동시에, 내담자가 내면에 집중하는 것을 주저할 수 있고, 자신의 부분들을 알아채 가는 동안 내담자가 사용하는 언어(감정, 사고 등)를 사용해야 할 수도 있다. 어떤 경우든, 우리가 무슨 말을 사용하든, 내담자가 자발성이 있든 없든, 부분들을 유념하고 내담자가 참자기와 관련을 맺도록 하는 때라면 늘 내면체계를 실행하고 있는 것이다. 내담자 삶의 구석구석(그리고 그에 대한 기억들)에 대해서 호기심을 품고 치유적 관계를 키워 나가야 한다. 내담자가 만나는 위험들에 대한 치료사의 적극적인 지지, 내담자가 인지하고 있는 실패들과 내담자가 믿었던 부분들이 수치스럽다는 사실을 치료사가 수용해 주는 것, 힘든 관계와 곤경을 어떻게 헤쳐 나갈지에 대해 힘을 모아 작전을 짜고, 내담자가 성공을 하면 기뻐하는 모든 것이 내담자의 여정에 동반자가 되어 주는 중요한 방법이다. 또한 모든 부분이 참자기-주도적 치료 관계에 지름길이 될 수 있으므로, 우리 부분들에 대해서도 마음을 열어야 한다. 우리 부분들이 방해가 되면 대변해 주고 책임을 져야 한다는 말이다.

협력은 부분들을 밝혀내고 참자기-주도성에 대한 제약을 풀어내도록 내담자(그리고, 때에 따라, 내담자의 가족)를 참여시킨다는 뜻이다. 내면가족체계 가설을 이렇게 설명하기도 한다. 모두가 부분을 갖고 있다. 부분은 가족과 유사하게, 관계망 속에 살고 있다. 부분은 결국 역할을 제한하게 되어 도움을 구한다. 모든 부분은 소중하다. 그리고 모두가 가슴 한가운데에, 지도력을 가진 참자기를 갖고 있다. 우리는 호기심에 충만하고, 인정 많고, 존중할 줄 아는 치료 동반자다. 특정 제약에 대한 질문을 하면서 처음에는 지도자 역할로 부분들을 분별해 내는 길을 제시하지만, 내담자의 참자기가 나타나고 나서 주도권을 쥐고 나면, 그 즉시 지휘권을 넘긴다. 그리고 부분 작업을 하면서 제안을 하거나 내담자를 이끌어 가는 경우에는, 내담자 경험에 대해서는 참자기가 가장 잘 안다는 것과 개입을 내담자의 생각으로 구했다는 것을 늘 존중한다.

그러므로 변화에 대한 주요 책임은 치료에 참여한 치료사에게 있다고 하는 것도 아니고, 다른 책임 소재를 내담자에게 두는 것도 아니다. 오히려 내면가족체계는 내담자와 치료사의 참자기가 공동치료사들처럼 활동하면서 책임을 나눠 갖는다. 내담자의 내면체계와 외부세계와의 관계를 조화롭게 하기 위해 서로 협력한다. 무섭고 반항적인 보호자들의 경우, 내담자와 치료사의 참자기들이 공동치료를 하면 시간이 흐를수록 치료사가 신뢰를 더 얻게 되어 훨씬 더 점진적 발전이 일어난다. 이런 협력적 자세는 내면가족체계 내담자들에게 치료 전반을 통해서 보호를 받고 있으며 동행하고 있다는 걸 느낄 기회를 준다.

참자기-주도적 공동치료 동반자관계가 구축되고 나면, 내담자들은 다음 회기와 회기 사이에 내면의 작업을 하기도 하는데, 회기 중에 고안된 계획대로 하기도 하고 나름대로 한 발 더 나아가기도 한다. 내담자들이 치료실 밖에서 부분들의 이야기를 듣고 부분들과 작업을 할 수 있으면 더 힘을 얻어 치료 기간을 단축시킬 수 있다. 동시에, 갈 바를 잃은 사람들에게 치료사가 통찰과 지시를 해 주는 것보다 내면가족체계치료사들은 힘도 덜 들이고 희생도 덜 치르게 된다. 내담자를 위한 주요 애착 인물은 내담자의 참자기니까, 애착이론원리를 내면에 적용시킨다. 경험상, 이렇게 하면 심리치료의 과정 및 결과에 엄청난 변화가 일어날 수 있다.

내면가족체계에서 내담자 교정 작업

거절당하고 창피를 당할 거라는 생각이 아니라 수용되고 존중받는다는 감정을 경험하면 그 자체로도 정서적으로 교정이 된다. 내면가족체계의 지속적인 보살핌은 내담자가 자신들의 부분들 모두를 기꺼이 받아들일─혐오스럽고 다른 이들을 희생시키면서까지 내담자를 보호하고 값비싼 대가를 치르는 쪽을 택한 부분들까지 포용하는 급진적 태도로─수 있도록 돕는다. 이런 부분들에 대해서 우리는 다음과 같이 말한다. 부분은 겉으로 보이는 대로도 아니고 당신 자신도 아니다. 부분도 당신의 도움을 필요로 한다. 내담자들이 자신들의 참자기에 다가가면서, 원래 자신들에게 있었던 선(善)과 강인함을 경험하면서 힘을 얻게 된다.

베아트리즈 치료 회고

베아트리즈는 라틴계 동성애자로 다양한 형태와 강도의 편견을 경험했으며 평생 괴롭힘을 당했다. 그녀가 처음 치료를 받으러 온 것은 73세 때였는데, 역시 동성애자인 16세 손녀가 경주용 오토바이를 갖고 싶다고 했기 때문이다. 2년 후, 치료를 줄여 가고 있었는데, 치료사에게 자신의 첫인상에 대해 이야기했다.

> 베아트리즈: 제가 처음 선생님을 만났을 때 나 자신에 대해서 말했던 거 아시죠? 세상에, 그때 저는 뉴멕시코에서 길가에서 지나가는 차를 세워 태워 달라고 하는 늙어 가는 히피들 같았지요. 그가 어떻게 제 삶을 이해할 수 있겠어요? 그는 계속 훔쳐볼 거고 나는 대가를 지불하겠죠!
>
> 치료사: 당신의 감시하는 부분인가요? 그가 당신이 마음을 놓지 못하게 하는군요.
>
> 베아트리즈: 그래요.
>
> 치료사: 제가 당신을 볼 수 있게 해 줘서 그에게 감사합니다.
>
> 베아트리즈: 그거 아세요? 그는 선생님 눈을 좋아한답니다. 친절해 보인대요. 그리고 나는 손녀가 어린 나이에 저세상으로 가는 걸 원치 않는 호모라고 선생님께 말할 때요, 선생님은 그저, "어린아이들을 염려하는 거 압니다."라고만 대답하셨죠. 선생님은 놀라거나 겁을 내지도 않았어요.

치료사: 그래도 제가 "손녀를 두려워하는 부분에게 말을 해 볼래요?"라고 말할 때는 강하게 반항하는 부분을 갖고 있다고 상기시키기도 했지요.

베아트리즈: 네! 전 생각했죠. **힘내야 해!**

치료사: 제가 당신에게 정신적으로 문제가 있다고 말한다고 생각했군요.

베아트리즈: 그럼요! 갈색피부 동성애자가 치료실로 걸어들어 오다니 와우! 무당 같아! 그때 제가 참 무례했던 것 같아요.

치료사: 그런 말을 쓰기 전에 설명을 더 해 드렸어야 했는데, 죄송합니다.

베아트리즈: 저의 감시하는 부분이 선생님이 분명 나를 뒤로 밀쳐 버리고 있다고 했지만, 다른 부분은 "아니야! 잠깐만 들어 봐. 뭔가 좀 달라 보여."라고 말했지요. 그러고 나서 선생님의 설명을 들으면서 관심이 생기기 시작했어요. 전 선생님이 두려웠지만, 선생님은 저를 두려워하는 것 같지 않았어요. 제가 미칠 듯 화를 낼 때도요. 선생님은 저의 화난 부분에게 똑바로, 친절한 태도로, 이렇게 말하셨죠. **"제 말에 다른 의미를 두지 마세요."**

치료사: 그래서 당신은 떠나지 않으셨고요.

베아트리즈: 그랬죠. 하지만 선생님께 실망할까 봐 걱정하는 부분도 오래 갖고 있었어요.

치료사: 기억나요!

처음 이런 대화를 나누면서, 치료사가 호기심, 평정심, 자신감 등을 전달했다. 치료사는 베아트리즈의 마음을 경계태세에 있는 내면체계로 바라보는 새로운 방식을 제시했다. 그리고 치료사의 접근이 안전함을 확인시켜 달라는 그녀의 보호자들의 요구를 존중했다. 내면가족체계에서 안전감은 다른 무엇보다 치료사가 자신감과 호기심을 보이면서 생긴다. 내담자가 현재 어떤 지점에 어떻게 이르게 되었는지에 대해서 병리적 시각으로 보는 것이 아니라 그대로 인정을 해 주면 생기게 된다. '저항'에 대해서도 인내와 존중을 전하고, 내담자가 안전하다는 것을 보장받으려는 보호하는 부분들의 타당한 요구로 여긴다. 치료사와 내담자가 나란히 걸어가기 때문에, 치료사의 인내심, 관조, 현존 등이 내담자에게로 전해지는 것이다.

치료사의 부분이 운전석에 앉으면

　내담자와의 협력관계를 유지하기 위한 핵심은 참자기가 지휘를 하도록 하는 것이므로, 우리 자신의 부분들이 치료를 좌지우지하지 못하도록 경계하여야 한다. 내담자나 문제의 특정 유형에 반응하는 부분뿐만 아니라 심리치료사 역할에 의해 활성화되는 부분들에 대해서도 주의를 놓치지 말아야 한다. 많은 치료사가 특정 사람들 집단, 특히 편한 느낌이 들거나 현재 치료 중에 있지 않은 사람들에게서는 얼마든지 참자기-주도성을 얻을 수 있다. 하지만 내면가족체계 모델을 이해하기 시작하면 자신의 내면가족을 알게 되는 것을 대체할 만한 것은 없어진다. 우리—치료사—의 부분들은 우리의 효용성을 방해한다. 내담자가 치료사의 유배자나 별로 인기가 없는 보호자 중 하나처럼 행동을 하면, 참자기-주도적인 상태로 견디기가 어려워질 수 있다. 예를 들어, 치료사가 자신의 나약한 유배자와 함께 있는 것을 두려워하면, 내담자의 나약한 유배자가 얼굴을 내밀면 시선을 다른 데로 돌리고 싶은 충동을 느끼게 된다. 혹은 내면의 비판자 때문에 좌절감을 맛본 부분을 가지고 있는 치료사는 내담자 내면의 비판자를 견딜 수 없는 위험에 처한다.

　많은 내담자가 아이처럼 부끄러워하고 수치에 반응을 할 때는 너무 예민해지고 감정적이면서 충동적이 되어 거부해 버린다. 아무리 사과를 해도 귀를 막아 버리는 경우가 많다. 심각한 학대, 배신, 무시를 경험한 사람들은 자신들의 보호자들이 반사적으로 배우자(혹은 치료사)를 가해자로 보기 때문에 과잉행동을 하기 쉽다. 따라서 생활 속 관계는 걱정으로 뒤덮인다. 치료사가 참자기-주도적이면 아무리 심한 상처를 가진 내담자라 해도 자신의 가슴 깊은 곳에서 부아를 치밀어 오르게 하는 행동을 고통으로 봐 주는 누군가와 가까워지는 기회를 주어, 내면에서 균형을 다시 찾고 연민 어린 상태로 머물 수 있게 해 준다.

무거운 짐을 진 치료사

　내담자들이 자신들의 유배자들과 가까워지면 더 나약해지기 때문에 극단적인 보호자들이 반발을 하곤 하는데, 그로 인해서 치료사의 보호자들이 해를 끼치는 일을 만들 수도 있다. 내담자가 극도로 나약할 때 치료사의 참자기-주도성은 정말 중요하다. 치료사의 머릿속에서 내담자에 대한 부정적 생각이 들려오거나 치료사의 목소리가 판단하는 어조가 되면, 치료사의 체계가 도움을 필요로 한다는 것을 알 수 있다. 보호자들에게 뒤로 물러서 달라고 하고 나중에 살펴볼 것이라고 약속을 하며, 치료사의 참자기-지도부로 돌아가면 얼마든지 내담자의 보호자도 긴장을 늦출 수 있다. 반면, 이런 순간에 "당신의 비판자에 대응하고 있는 제 판단하는 보호자 중 하나를 막 느꼈어요. 당신도 눈치 채셨나요? 제가 그 부분에게 한 발 뒤로 물러나 달라고 할게요. 사과드립니다."라는 말을 함으로써 부분들을 대변하는 본보기로 삼을 수 있다.

참자기-주도적인 상태로 머물러 있어도 곤란할 경우를 만날 때가 있다. 내담자의 극단적 부분들이 치료사에게 강한 감정을 야기해서, 치료사의 관리자에게 이르도록 만들고 불쑥 끼어들어서 내담자를 환자로 만들게 될 수도 있다. 치료사의 관리자가 통솔권을 쥐게 되면 전문가답게 거리를 두고, 방어적으로 통제를 하려 하거나, 적당한 경계를 허물고 내담자를 구해 내려 하는 위험에 처하게 된다. 구한다는 것은 결국 보살피는 부분들과 다른 이들에 대한 너무 과한 책임감을 갖는 것에 분개하는 부분들 간 내면의 양극성을 불러일으키기 쉽다. 치료사가 내담자를 조종하려고 할 때 이렇게 된다. 치료사가 마음을 닫으면, 내담자는 버려졌다고 느끼고 보호자가 움직이게 된다. 치료사가 자신의 반응을 제대로 인지하지 못해 내담자가 대상부전[1]을 일으키고 결국 병원에서 받지 않아도 될 치료까지 받게 되는 경우들을 나는 많이 봐 왔다. 이런 내담자들은 내면가족체계 관점에 신속하게 반응을 하면서 호전이 되어 치료에 다시 참여할 수 있게 되는 반면, 치료사를 다시 믿는 데는 훨씬 더 오래 걸리는 경우도 있다.

치료사 부분들의 영향을 축소시키거나 무시하는 것이 잘못된 처방이지만, 치료사의 부분들 없이 이런 심오한 과정을 활성화시킬 수 있다는 뜻은 아니다. 내담자가 약점이나 곤궁함을 보여 주거나, 치료사가 완전히 잘못된 거라고 말하거나, 치료사의 실력에 도전을 하면, 치료사의 치유되지 못한 상처들은 치료사가 자신의 임무를 잘 수행하지 못할 위험에 처하게 만든다. 그리고 누가 상처를 입지 않고 내면 보호

---

1) 보상 기전 상실, 보상 실패, 대상 장애 등으로 번역된다. 두 가지 이상의 보상이나 적응 사이의 갈등으로 인해 신체 일부에서 불균형이 일어나는 증상을 말한다.

자의 부작용으로 고통받지 않겠는가? 누가 내면 비판자의 믿음직한 동행 없이 가겠는가? 자신의 약점, 곤궁함, 분노 등을 누가 싫어하지 않을까? 반대로, 누가 약점이나 곤궁을 판단하는 것과 같은 외부의 타인에 대해서 화가 나지 않겠는가?

내담자는 아무것도 모른 채 치료사에게 얼마든지 있을 수 있는 취약성과 양극화의 지뢰밭에 들어갈 수 있다. 치료사 원가족 중 벌벌 떠는 사람을 닮았거나 치료사의 부모들이 싸우던 것처럼 부부싸움을 한다거나, 치료사가 사춘기 때 했던 행동을 보일 때, 치료사의 경계심 가득한 관리자는 가차 없는 판단을 계속해 댄다. 내담자가 치료사의 양극화된 보호자들을 건드리는데 그걸 모르고 계속 모순된 메시지를 주고 또 주다 보면, 치료사가 원하던 치료적 결과와는 완전히 멀어진다. 치료사의 보호자가 내담자를 얼마든지 혼란스럽게 하고, 상처를 입히고, 주저앉힐 수 있다는 것을 명심해야 한다. 이러한 이유로 내면가족체계에서는 내담자의 보호자들이 나타나면 치료사가 참자기-주도적인 상태를 유지하는 데에 중점을 둔다. 치료사는 회기 중에는 자신의 부분들을 감지하고, 회기 밖에서는 자신의 보호자들의 양극화를 풀고 유배자들의 무거운 짐을 내려놓도록 함으로써 참자기-주도성을 지켜 내기 힘들 때를 대비해야 한다.

치료사의 관리자 부분들이 자주 하는 행위

치료사의 관리자도 모든 관리자와 똑같은—외모, 동작, 관계를 통제하는 것—관심을 둔다. 이들은 "두 번 다시는 안 돼."라는 관리자의 철학으로 살아간다. "널 누구와도 다시는 가깝게 만들지 않을 거야, 넌 완벽하게 해야 하고 완벽하게 보여야 해, 절대 방심하게 두지 않을 거야." 관리자는 유배자에게 신경을 쓰지 못하도록 경계하고 죽도록 일하고 먼저 나서려고 한다. 그들은 비난도 한다. 지나친 감정을 막으려 하고 어떤 때는 감정 자체를 전혀 못 느끼게 하려고도 한다. 우리를 머릿속에 두려고 한다. 지난 실패를 자꾸 떠올리게 한다. 몸을 무감각하게 만든다. 금지시킨다. 통제한다. 자신들의 짐도 지고 있다. 예를 들면, 관리자들은 누구든 혐오스러워할 만한 아주 불쾌한 것이 내면에 숨겨져 있고, 우리는 결점투성이라 성공할 턱이 없으니 시도도 필요 없고, 완벽하지 않으면 아무도 우릴 좋아하지 않을 거고, 정말 우리는 사랑받을 수 없다고 생각한다. 그들은 너무 어릴 수 있다. 자신들이 외상 장면에 갇혀 꼼짝도 못하니까, 우리도 그렇고 더 어리다고도 생각한다. 다음은 치료사의 관리자들이 치료 중에 보이기 쉬운 행동들에 대한 목록이다.

1. 노력하는 관리자: 변화가 지지부진하면 비판적이 된다. 이들은 약점과 취약성을 견디지 못해서, 아주 지시적이거나 강제적이 될 수 있다. 이들은 다음과 같이 말하곤 한다.
   - "이 모든 것이 무엇인지를 내담자에게 모두 말해야 해. 내담자가 너무 감정에 휩싸여 있어서 이해를 하지 못할 거야."
   - "일 년 넘게 너를 보러 왔는데, 겨우 이런 치료라니!"
   - "내담자는 내내 울기만 하는데, 그만 울게 하고 다음으로 넘어가야 하는 거 아냐?"

2. 인정-추구 관리자: 내담자가 치료사를 의지하거나 숭배하기를 원한다. 이런 부분들은 내담자가 기분이 상하거나 마음이 좀 틀어진 것 같으면 자신을 싫어하거나 유능하게 보이지 않을까 봐 걱정한다.
   - "이제 다 끝났어! 내담자는 너한테 화가 나 있고. 내담자는 널 좋아하지 않아. 너와 너의 멍청한 치료 모델은 쓸모없다고 떠들고 다닐 거야".

3. 염세주의적 관리자: 일이 잘 풀리지 않으면, 치료사에게 포기하라고 말하거나, 치료사나 내담자(혹은 둘 다)를 비난한다. 역설적이게도, 이 부분은 계속하지도 못하게 하면서 실망감을 느끼거나 실망한다.
   - "네가 생각하는 것보다 내담자가 더 아파."
   - "너는 네가 무슨 짓을 하는지 몰라."
   - "내담자는 너무 교활해. 그런데 네가 왜 내담자의 아픔을 보살펴야 하는 거지?"

4. 보살피는 관리자: 내담자를 구해 줘야 하고 내담자가 속이 상하면 견딜 수 없다.
   - "내담자를 위해서 뭔가를 해야 해. 내담자는 분명히 못할 거야."
   - "내담자가 고통받게 둔다면 넌 형편없는 치료사야."

5. 화난 관리자: 치료사가 참을 수 없도록 하거나 짐을 지게 만든다.
   - "내담자가 지금 뭘 원하는 거야? 어째 맨날 큰 위기만 생기는 거야."
   - "내담자가 너무 의존적이고 요구하는 게 많아. 왜 더 강해지질 않는 거야?"
   - "이번 주에는 안 올 거야."

6. 평가하는 관리자: 치료사의 체중, 식습관, 탐닉 등을 비난하고 다른 것들도 비난

한다.

- "이런, 내담자가 너보다 말랐으면서 자기 체중에 대해 불평을 하네. 넌 돼지야!"

7. 예민하고 무서운 관리자: 내담자의 고통을 너무 많이 찾아낸다.

- "그렇게 말하면 내담자가 어떻게 견딜 수 있어? 너무 끔찍하잖아! 듣지 마, 너무 힘들어."
- "내담자가 더 이상 견딜 수 없어. 뭔가를 해 봐! 당장 그만두게 해."
- "이 모든 걸 분명하게 이끌고 가려면 노력을 해야 해. 네가 겪은 일과 너무 비슷해. 내담자에게 새 치료사를 찾아줘."

우리 치료사가 참자기-주도성의 모범이 될 필요도 없고 항상 그렇게 될 수도 없지만, 우리 부분들에 대해 책임을 지는 모범을 보일 수는 있다. 내면가족체계에는 하나의 원칙이 있다. 치료 중 문제를 맞닥뜨리면, 부분이 개입했을지도 모른다는 것이다. 하지만 누구의 부분—내담자의 것 혹은 치료사의 것—인지 모른다. 내면가족체계치료사들은 자신들의 부분들을 인식하고 도와주는 훈련을 한다. 치료사의 부분들이 긴장을 풀고 그 순간에 참자기를 신뢰할 수 있도록 하거나, 최선을 다해도 안 될 때는 치료사의 부분이 끼어들었음을 인정하고 내담자에게 사과를 한 뒤, 나중에 치료사 자신의 부분과 작업을 한다.

폭풍 속에서 '나'로 존재하기

치료는 예측 가능 상태와 예측 불능 상태를 오르락내리락하다 보면 끝난다. 증상완화에 온 힘을 기울이는 치료사라면 내담자가 잘하면 좋을 테지만 내담자가 잘하지 못하면 풀이 죽고, 방어적이 되고, 앞날이 캄캄해질 것이다. 이러다 보면 내담자도 비관적이 되어서 내면에서 서로 비난을 하게 될 뿐이다. 분노나 거리감을 두려워하는 치료사는 내담자의 화내는 혹은 소원한 부분을 대면하면, 참자기-주도성을 유지하기 힘들어할 수도 있다. 분노와 거드름을 좋아하지 않는 치료사는 화를 내거나 거드름을 피우는 내담자 가족들을 싫어하거나 방어적으로 대응하지 않으려고 애를 쓸 것이다. 내담자들은 치료사의 유배자에게 이어질 실마리들을 찾을 수 있게 도와준다.

치료사가 격랑을 항해하는 동안에도 반응적 부분들과 구별되어 안정되고, 알고 싶어 하고, 확신에 찬 태도―간단하게 말해서, 폭풍 속에서 '나'를 유지할 수 있으면―를 유지할 수 있게 되면, 내담자와 그 가족은 재발도 견뎌 내고 다시 고개를 드는 장애물들에 대해서도 알고 싶어 할 만큼 도움을 받을 수 있다. 극단적인 상황에 직면해서 서로를 알고 싶어 하는 치료사와 내담자는 차질이 생겨도 가만히 살펴보면서 고쳐 나갈 데를 찾아 나아가고 재발을 방지한다. 재발에서도 배울 수 있다는 것을 목표로 삼으면, 두려움이 덜해진다.

내면가족체계치료에는 숨은 지뢰들이 많다. 도발을 만나게 될 때, 그것도 한두 번이 아니라면, 참자기−주도적 치료사는 역경에 맞서 치료가 성공하도록 돕는 보살핌, 곧 **끊임없는 돌봄**(tenacious caring)을 표현해 준다. 참자기−주도성을 지키려는 노력은 매우 치료적이라서 이런 작업은 내담자뿐만 아니라 치료사에게도 크나큰 보상이 된다. 이런 방법으로, 가장 곤란한 내담자들이 가장 힘이 되는 **힘겨운−스승**(tormentors)[2]이 된다. 치료사를 힘들게 하는 것이 치료사에게 가르침이 되어, 치료사가 치유해야 할 부분들을 찾도록 해 준다.

맺음말

어느 정도라도 참자기−주도성을 유지하고 있는 치료사라면, 당연히 내담자의 곤경에 대해서 호기심을 가지고 연민을 품게 되며 내담자 능력을 존중하게 된다. 치료사가 분노, 행복, 슬픔 등과 같은 여타의 정서들을 느끼지 못한다는 뜻이 아니다. 치료사는 자신의 부분들을 쫓아내지 않는다. 그 부분들은 함께하면서 경험에 영향을 미친다. 내담자는 치료사의 극단성을 갖지 않은 부분들에게서 나오는 반응에 감사할 수도 있고, 내면가족체계치료사들은 적절할 때 자신들의 부분에 대해서 내담자에게 이야기를 해 주라는 권유를 받기도 한다. 하지만 치료사는 자신의 부분들 중 하나를 대변해서 말하기 전에, 가능한 한 그 인식이 왜곡된 게 아닌지 반드시

---

2) tormentor는 괴롭히는 사람이라는 뜻인데, tor와 mentor를 분리하여 언어유희를 하고 있다. tor는 주로 남서잉글랜드 지방의 험준한 바위산을 뜻하고, mentor는 정신적 지도자, 스승, 사부 등으로 해석된다.

파악해야 한다. 그렇지 않으면, 정직하게 내담자에게 치료사의 불확실성을 알려야 한다.

치료사는 자신의 부분들이 회기 중에 왜곡하고 간섭하지 않도록 할 책임이 있고, 회기 밖에서는 부분들과 의사소통이 잘 이뤄지도록 해야 하고, 어조뿐만 아니라 비언어적 행위에서도 전달될 수 있는 고유한 참자기-주도성에 대한 배려와 존중을 가지고 이끌어야 한다. 치료사가 참자기의 지휘하에 있어도, 위험해질 수 있고 내담자와 부딪힐 수도 있지만 존중과 배려로 소통하면 된다. 치료사가 협력자라는 걸 너무 강조하다보면, 내담자가 극단적인 부분들과 너무 심하게 섞여서 그 부분들을 인식하는 데 어려움이 있을 때도 있다. 어렸을 때부터 그 분위기에 익숙해져 있고 이런 부분들이 지닌 신념이 암묵적 편견일 수도 있고 자명한 사실처럼 느껴질 수 있기 때문에, 인종차별, 가부장제, 물질주의, 개인주의(이 내용은 18장에서 다룬다)와 같은 대물림된 문화적 짐을 지고 있는 부분들일 경우 특히 더 그렇다.

뿐만 아니라, 많은 내담자는 자신들의 중독, 자기애, 과장, 특권 등의 영향을 부인하거나 축소하는 부분을 갖고 있다. 따라서 치료사가 "당신은 보지 못하지만, 당신의 한 부분이 당신의 관계들을 모조리 엉망으로 만들어 버리고 있다는 걸 아니까, 그 부분과 더 이야기를 잘 해 봐야겠습니다. 그 부분이 당신을 보호하려고 한다는 걸 압니다. 그건 나쁜 게 아니죠. 당신만 괜찮으면 그 보호하는 역할에서 그 부분이 벗어날 수 있도록 도울 수 있습니다."라는 식으로 말을 해야 할 때도 있다. 내담자들은 대개 전통적인 직면하기보다 이런 식으로 참자기-주도적 직면을 할 때 저항을 덜 느끼는데, 거기에는 두 가지 이유가 있다. 첫째, 내담자들에 대해서가 아니라, 부분일 뿐이고 그 부분은 보호하려고 하는 거니까 나쁜 게 아니다. 둘째, 치료사의 어조나 거동으로 그 부분이 자신의 행위를 바꿀 수 있도록 보살핌과 확신을 전달한다. 내담자들은 치료사가 자신들에게 마음을 써 주고 있고, 염려해 주고, 도와주고 싶어 한다고 느끼면 마음을 열기 쉽다. 소리굽쇠[3]처럼 치료사의 참자기는 내담자들의 참자기를 이끌어 낸다.

---

3) 두드리면 일정한 진동수의 소리가 나도록 만든 U 자 모양의 쇠막대. 두 갈래로 된 좁은 U 자형 쇠막대로 특정 주파수의 음만을 내도록 고안된 소리기구를 말한다.

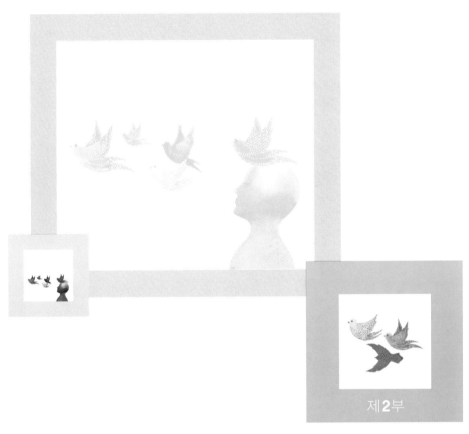

제**2**부

내면가족체계 개인치료의 실제

제7장

치료 환경 조성하기

경험상, 누구나 자신의 내면세계에서 현상에 접근할 수 있다. 여러 진단 및 연령에 대표되는 문제들을 안고 치료실에 들어서는 모든 계층의 사람들과 성공적인 작업을 해 오면서, 광범위한 문화 영역(모든 범위를 아우를 수야 없지만)에서 보내는 신호들을 보았다. 대부분의 사람은 내면가족체계 과정에 대한 직관을 갖고 있다는 것도 알게 되었다. 머리가 좋은 관리자들은 그래도 주목받기를 양보하지 않으려고 하기도 한다. 그 부분들은 심리학에 대해서도 정통하고 책임을 지는 습관도 있어서, 내면가족체계치료에서 빨리 일을 처리하기보다는 느긋하게 지연시키기도 한다. 무서운 관리자들은 내면가족체계치료에 부정적으로 반응하기도 한다. 우리의 과제는 이런 부분들을 받아들이고, 우리 언어를 눈높이에 맞도록 해 가면서 내담자가 내면가족체계 개념들을 이해할 수 있도록 하고, 자신의 내면세계와 연관된 여러 다른 방식을 유연하게 받아들이도록 하는 것이다.

내면가족체계치료에 적합한 사람은?

이 저서에서 설명하는 모든 기법을 내담자에게 사용하지는 않는다. 하지만 마음에 대한 내면가족체계 모델은 인간의 동기와 행위에 대한 이해를 좌우하고 치료사가 어떤 기법을 쓸지 결정하게 하며 모든 임상적 선택에 지침이 되기도 한다. 그래도 우리 두 저자 모두 외상 관련 사례를 많이 다룬 편이다. 따라서 한꺼번에 많은 증상에 대한 진단을 받고 무시무시한 증상들을 보여 주는 사람들에게 내면가족체계를 사용한 경험이 많다. 경험상, 해리, 플래시백, 다양한 중독, 섭식장애, 공황발작, 우울, 불안, 공포증, 자살사고, 단기반응성 정신병(brief reactive psychosis)[1] 등과 같은 병으로 여겨지는 심리적 과정들은 대개 부분들의 활동—그리고 부분들과 협의를 할 수 있다—이다. 그래서 모든 내담자들에게 내면가족체계를 사용하고, 이 저서에서 그 사례들을 설명하고 있다. 내면가족체계가 생소한 치료사들은 자신만의 방식을 개발할 수도 있다고 생각하고, 누구든 몇 년 동안 현장에서 훈련을 해 오면서 얻은 경쟁력 있는 기법들을 창의적으로 함께 쓰기를 바란다.

물론, 치료사들은 여기 제시된 도구들을 안전하게 사용해야 할 책임이 있다. 무리해서 내담자의 세계에 들어가려 하지 않고 그 언저리에서 기다리면서 마음에 대한 우리 모델을 설명하는 대화를 관리자들과 언제까지 나누어야 할까? 계속해도 되는 건 언제인가? 주의를 요하는 환경에 대한 몇 가지 보기는 다음과 같다. (1) 내담자가 심하게 양극화되어 있고 몇 회기 안에 끝내야 할 때는, 내담자의 보호자와 친해지고 인정해 주는 정도에서 그치는 것이 좋다. 우수한 관리의료집단이 심각한 외상을 입은 내담자에게 필요한 만큼의 회기를 제공하는 것이 비용면에서 효과적이라 해도, 관리의료는 진행 중인 치료에 대한 개인의 접근을 근본적으로 제한할 수 있다. (2) 내담자의 외부 환경이 위험하거나 다루기 곤란할 때, 또는 가족이나 직장에서 내담자가 취약성을 드러내기 힘든 자리에 있을 때, 우리는 가장 먼저 그 환경을 안전하게 만드는 작업을 한다. 그게 불가능하면, 우리는 내담자의 유배자에게 접근하는 것을

---

1) 갑자기 지리멸렬, 유리연상, 망상, 환각, 혼란 및 긴장성인 행동 등 정신병적 증상이 생기는 것. 어떤 인정될 만한 고통스러운 생활사건에 대한 반응으로 발생되며 대개 1개월 이내의 단기간 동안만 지속된다(출처: 이우주, 연세대학교 의과대학 약리학교실, 『이우주의학사전』, 군자출판사, 2012).

신중하게 고려한다. 그리고 주변인들이 내담자의 변화에 어떤 반응을 보이는지 예의주시한다. (3) 마지막으로, 내담자와 내담자의 상황 중 무언가가 치료사의 보호자를 자극해서 시간이 흐를수록 치료사 참자기의 통솔력을 방해한다면, 치료사는 내담자의 내면으로 들어가려고 해서는 안 된다.

내담자가 내면세계로 안전하게 들어가도록 동행하기 위해서, 치료사는 외부의 안전과 치료사의 참자기에 접근하기 위해서 필요한 시간을 가져야 한다. 하지만 이런 조건 중 하나 이상이 손상되거나 빠져 있다 해도, 얼마든지 내담자가 자신의 관리자들의 두려움에 귀를 기울이고, 소방관들의 반응성과 선한 의도를 이해하고, 그런 보호자들의 행위를 부추기는 취약성을 인식하고, 참자기의 위치를 찾아내어, 내담자 내면체계 전체와 완전히 다른 관계를 맺을 수 있다. 즉, 유배자 바라봐 주기와 짐 내려놓기로 치료사의 임무를 완료할 수 없을지라도, 보호자들과 관계를 만들어 힘을 얻을 수 있다는 말이다.

심각한 정신적 장애 내담자 대상 내면가족체계

내면가족체계치료 모델을 제안하면 몇 가지 질문을 받곤 한다. 심각한 정신장애를 지닌 내담자와 부분에 대한 이야기를 나눌 때, 분열을 더 악화시킬 위험은 없는가? 대답은 '없다'이다. 사람들이 스스로를 복합적 존재로 여기도록 한다고 해서 위험이 생기는 건 아니다. 심각한 정신적 장애를 가진 내담자들은 자신들의 다원성에 대해서 잘 알고 누군가 그것을 병리적으로 보지 않는다고 말해 주면 마음의 위로를 받기도 한다. 문제는 정신이 다원적이라는 게 아니라, 사람의 부분이 너무 심각하게 양극화되어 있다는 것이다. 극심한 양극화는 참자기-지도부가 맥을 못 추게 하는데, 이는 심각하게 양극화된 체계를 가진 내담자는 유능한 내면의 지도력이나 연속성과 응집력에 대한 느낌을 거의 경험해 본 적이 없다는 말이다.

8장에서 자세히 설명하겠지만, 내면가족체계의 두 가지 중요한 기법으로 내면-들여다보기(in-sight, 내담자의 참자기가 내면에서 부분들과 소통할 때)와 직접 접근(치료사의 참자기가 내담자의 부분들과 소통을 할 때)이 있다. 이런 기법을 부적절하게 사용하게 되면, 관리자가 무례하게 유배자에게 섣부르게 떠밀려 가게 될 때, 특히 심각한 갈등과 만성적 해리로 인해서 내담자의 분열감을 더 크게 만들 수 있다. 그로 인해 강력한 소방관의 반응을 불러일으켜, 내면의 갈등을 더 심화시키고, 양극화도 더 심해지는데, 이것이 곧 분열된 느낌이 된다. 하지만 치료사가 이 저서 및 『내면가족체계 기술 훈련 교본(IFS skills training manual)』(Anderson, Sweezy, & Schwartz, 2017)에 소개된 지침을 따르면, 내면-들여다보기와 직접 접근 기법을 안전하게 사용할 수 있다. 또한 자기리더십센터(Center for Self Leadership)에서 실시하는 1단계 훈련(Pator & Gauvain, 2019)을 강력히 추천한다. 극단적이고, 고립되어 있고, 양극화된 부분들이 무장해제를 하고 참자기를 신뢰하게 되면, 통합되어 조화를 이루고 분열감이 상승되지 않고 감소하게 된다.

아동 및 청소년 대상 내면가족체계

아동은 성인보다 사회화가 덜 되어 있어서 다원성과도 멀어지지 않았기 때문에 내면가족체계 모델을 더 잘 받아들인다. 학대받은 어린 아동이라도 부분과 분리되어 참자기에게 접근하는 것을 보고, 참자기는 누구에게나 완전하게 형성되어 있고 양육적인 외부 관계를 통해 발전시킬 필요가 없다는 확신이 생겼다. 모든 아동 치료사처럼, 아동을 대상으로 하는 내면가족체계치료사들도 소형인형들이나 손가락 인형, 모래상자 같은 외부 소품을 사용한다. 이런 것들이 아동으로 하여금 자신들의 부분을 표현하게 해 주는데, 그 표현물들로 상호작용을 하면서, 이야기도 만들고, 그 이야기를 사이코드라마로 상연을 하기도 한다. 그런 점에 있어서, 놀이치료에서 사용하는 모든 전략이 아동이나 성인을 대상으로 하는 내면가족체계에 적용될 수 있다. 마찬가지로, 내면가족체계치료사들은 청소년과도 이 모델을 사용한다. 치료사가 청소년의 자아상을 보호하거나 어른을 믿지 못하는 부분들과 관계를 맺기만 하면, 십대들은 내면가족체계에 아주 잘 맞는다. 아동 대상 내면가족체계 적용에 대해서 더 알고 싶으면, 『새로운 차원의 내면가족체계치료(Internal Family Systems Therapy: New Dimensions)』(2013) 중 크라우즈(P. Krause)가 쓴, '아동 및 청소년 대상 내면가족체계' 부분과 모네스(A. Mones, 2014)의 저서와 스피겔(L. Spiegel, 2017)의 저서를 참고하면 된다.

집단 대상 내면가족체계

많은 집단치료 전문가가 내면가족체계 모델을 적용해 왔는데, 이제는 더 다양한 집단 형식 및 내담자 모집단에서도 사용되고 있다. 한 내담자와 함께 작업을 하는 동안 남은 집단원들이 지켜보는 것도 한 방법이 된다. 이런 과정은 몇 가지 이점을 가진다. 내담자가 집단의 참자기 에너지를 느껴, 작업을 진전시키고 내담자의 부분들이 관심을 많이 받는다는 느낌을 받도록 해 준다. 그러면서 내담자를 지켜보는 사람들도 내적으로 영감을 받아 비슷한 부분들에게 다가가기도 한다. 이렇게 하여 한 내담자의 취약성을 다루는 것이 지켜보고 있는 다른 집단원들의 풍부한 내면 작업을 일으켜 집단 토의의 물꼬를 트는 경우도 있다. 사이코드라마도 내면가족체계 치료에서 용이하게 적용되는데, 한 구성원이 다른 구성원들을 지휘하면서 여러 부분 역할을 맡아 보호자와 유배자를 포함한 내면에 있는 일군의 부분들에 대한 상호 작용을 설명할 수 있다.

내담자에게 부분이란 개념 소개하기

내담자가 내면가족체계치료에 오면, 내담자의 관리자들이 치료사—그리고 치료 방식—에 대해서 안전성과 투자 가치를 평가할 것이다. 내담자가 무슨 문제로 치료를 받으러 왔는지 들은 후, 치료사는 먼저 언어와 관련된 도움을 제공한다. 경험상, 내담자 대다수가 치료를 받으러 올 때 이미 자신들의 부분들(예를 들어, 나의 한 부분은 고교 동창회에 가고 싶어 하지만, 다른 부분은 주저하고 있어요!)에 대해 말을 하고 있기 때문에, 부분들에 대해—그리고 부분들과—이야기하는 것으로 쉽게 넘어갈 수 있다. 마음이 여러 개가 있다는 걸 정상적으로 생각하면, 내담자가 곤궁함, 무력함, 창피함, 분노 등과 같은 감정이 아니라 스스로를 경험할 수 있는 여지를 만들어 줄 수 있다. 그리고 이런 괴로운 감정들이 부분에서 비롯되었다는 것을 내담자가 알게 되면, 내담자가 제공할 수 있는 도움이 필요한 어린 부분들은 삶에 대해 더 긍정적인 시각을 갖게 된다.

부분들 언어로 바꾸기

이제 부분이란 개념을 소개하고 부분들에 대해서(그리고 부분들과 함께) 이야기하는 변화에 대한 두가지 방법을 설명하고자 한다. 첫째는 내담자의 사고, 감정, 감각 등을 부분이라고 칭하여 문제를 재진술한다. 둘째는 내담자 내면의 독백과 타인에 대한 행위들에 대해서 알아보는 것이다.

문제 재진술

다음은 내담자의 사고, 감정, 감각 등을 부분이라고 불러 부분 개념을 소개하는 보기다.

스텔라: 다 때려 치워 버리지 않으려고 노력하면서, 요즘은 잘되는 게 더 많아졌지만, 부모님은 나아진 걸 보는 게 아니라, 실패로 봐요. '난 너무 잘하고 있어!'라고 생각하는 순간, 부모님이 실망하고 내 기쁨도 모조리 사라져 버리는 게 그려져요.

치료사: 그러고 나면 어떻게 되죠?

스텔라: '뭐 하러 그래? 싹 다 때려치우는 게 낫지.' 뭐 이런 기분이 들죠. 하지만 곧바로 '아니야, 멈춰야 해!'라고 생각하게 돼요.

치료사: 그러니까 당신의 두 부분이 언쟁을 하고 있네요. 하나는 부모님이 나아졌다고 보지 않으니까 포기해 버리라고 말하고 있고, 다른 하나는 어쨌든 노력하라고 떠미네요, 그런가요?

[양극성을 이렇게 분명히 설명함으로써, 치료사는 두 가지 중요한 개념을 소개할 기회를 얻는다. 스텔라는 부분들을 갖고 있고, 그녀의 부분들은 서로가 옳다고 논쟁하고 있다.]

스텔라: 예.

[이 맥락에서, 부분의 개념이 스텔라에게는 특별할 것이 없다.]

치료사: 원하시면 이런 부분들을 도와드릴 수 있어요. 하지만 우선, 질문을 하나 드릴게요. 당신은 부모님이 비판적이라는 이미지를 보았어요. 부모님이 비판적이신가요?

스텔라: 음, 가끔은요. 의사가 그분들한테 나를 더 화나게 하지 말라고 말하기도 했고 부모님도 애쓰고 있는 건 알아요.

치료사: 그럼 어떠세요? 당신은 내면의 비판자를 갖고 있나요?

[행동강령을 가지고 있는 비판자는 타인에게서 오는 반응을 비난으로 해석하고, 실제 비난을 더 심하게 하거나, 내담자에게 다른 사람들이 아무 이유 없이 비난을 한다고 말한다. 치료사는 내면의 비판자가 타인이 반응을 하기만 하면, 부정적 의도가 있든 없든, 부정적으로 해석한다는 것에 주의를 기울인다.]

스텔라: 아, 그래요! 내가 그만두질 못하니까 늘 패배자라는 생각이 들어요.

치료사: 그래서 당신이 없애 버리려고 하면, 당신의 비판자가 당신을 패배자라고 하나요?

스텔라: (눈물을 머금고) 정말 그래요.

치료사: 또 다른 부분이 슬프게 만드나요?

스텔라: 슬픈 부분은 최근에 많았어요.

[스텔라가 마지막 답에서 부분들 언어를 받아들여 사용하게 되었다는 것을 주목하자.]

내담자의 독백과 타인에 대한 행동 탐색하기

다음은 내담자가 독백하는 것과 타인에게 어떤 행동을 하는지를 탐색하여 부분들 언어로 바꾸는 예시다. 고어릭 부인은 스텔라의 어머니다.

고어릭 부인: 스텔라가 욕실을 쓰고 난 뒤에 엉망이 된 꼴을 보고 있을 수가 없어요. 당장 그 버릇을 고치지 않으면, 어떻게 해야 할지 모르겠어요.

치료사: 욕실이 엉망이 된 걸 볼 때 혼자 뭐라고 하시나요?

[치료사가 내담자의 내면 대화로 바로 옮겨 간다.]

고어릭 부인: "얘가 또 이렇게 내 아픈 상처를 건드리네." 하고 말합니다.

치료사: 그 부분이 스텔라가 당신의 아픈 상처를 건드린다고 말하면, 당신은 스텔라에게 어떻게 행동하나요?

고어릭 부인: 고함치면서 내쫓아 버리겠다고 으름장을 놓지요. 그러고선 또 죄책감이 들어요.

[양극성]

치료사: 그럼 죄책감을 느끼는 부분이 당신에게 뭐라고 하나요?

고어릭 부인: 딸의 문제는 내 잘못이라고요. 그러니까 화를 내면 안 된다고요. 전 나쁜 엄마예요. …… 그런데 안 그러면 제가 어떡하냐고요?

치료사: 제가 정리를 좀 해 볼까요? 그래요. 한 부분은 스텔라에게 마구 화를 내게 하는데,

다른 부분은 당신을 비난하는군요. 그런가요?

고어릭 부인: 예. 정말 미친 거죠. 그렇죠?

[여기서, 스텔라의 어머니가 내면의 갈등(양극성)을 통제할 수 없는 혼란처럼 경험한다.]

치료사: 아닙니다. 스텔라의 문제가 무서운 거죠. 그리고 당신의 반응은 정상입니다. 내면에
서 의견 충돌이 일어나는 건 정상이지만, 이런 식으로라면 스텔라와 좋은 관계를 가
지는 건 힘들겠지요. 안 그런가요? 원하신다면, 비용은 반만 부담하시고 가족회기
를 해 드릴 수 있습니다. 스텔라와의 관계를 개선시키고 당신의 그 부분들에게도 도
움을 줄 수 있습니다.

**[치료사가 내면의 갈등을 정상이라고 인식을 시키고 나서, 내담자 체계를 위해 '희망팔이'
처럼 행동하면서, 안팎으로 도움을 주고 있다.]**

고어릭 부인: 딸의 부분들은 어떤데요?

[그리고 자연스럽게 고어릭 부인의 보호자들은 비난에 대비해 무장을 한다.]

치료사: 그럼요, 당연하죠. 스텔라의 부분들도 마찬가지입니다. 모두가 부분을 갖고 있지요.

이 사례에서 보여 주듯, 내담자의 말을 부분의 언어로 그냥 바꿔 주기만 해도 내
담자의 시야를 넓혀 주는 첫 문을 여는 것이다. 이런 넓어진 시야는 부끄러움을 느
끼는 관리자나 화가 난 소방관들에게 시달려 치료를 받으러 온 내담자의 수치심을
덜어 주고 힘을 더해 줘서(내가 저지른 비행이나 상처받은 부분들이 나는 아니야, 다른 사람도
마찬가지고!), 부분들에 관해서 생각하고 말을 함으로써 호기심이 생기는 여백을 충
분히 갖게 되기도 한다. 덧붙여, 부분들의 언어는 계속 해서 치료사를 향하도록 한
다. 내담자가 감정이나 사고를 자신이란 존재 전체인 것처럼 말하는 것(나는 어떤 감
정을 갖고 있다)보다 어떤 존재(자신의 부분이라고 여기는)라고 보면, 치료사와 내담자 모
두 내담자의 부분에 대한 인식을 지속시키면서 감정을 상하지 않게 할 수 있다.

치료를 원하는 사람들의 내면체계

대부분의 사람이 내면갈등과 공포, 분노, 비탄, 창피, 부적합한 죄의식 등과 같은
부정적 감정에 시달려 치료를 받으러 온다. 내면가족체계 관점으로 볼 때, 관리자,
유배자, 소방관의 삼각구도 안에 있는 모든 부분은 상처 입고, 겁먹고, 과거에 갇혀

꼼짝도 못한다. 이들은 생애 위기에 최선을 다해 대처하고 있는 중이다. 우리는 이런 관계는 두 범주 중 하나에 빠지게 된다고 본다. (1) 보호(예를 들어, 관리자나 소방관이 유배자를 보호)하거나 (2) 서로 갈등관계에 있는 두 보호하는 부분이 양극화되어 있거나. 우리는 이런 관계를 살펴보면서, 그들이 찬성하지 않는데 일을 해결하려하거나 그들의 연대에 끼어드는 일은 하지 않는다. 오히려 상황의 판도를 완전히 뒤집어 버릴 인물―내담자의 참자기―을 소개하는 것이 우리의 목표다. 〈표 7-1〉은 치료를 원하는 사람들의 내면체계 인물유형에 대해 정리한 것이다.

표 7-1   치료를 원하는 사람들의 내면관계: 부분은 보호적이거나 양극화되어 있다

- 보호하는: 유배자가 의식에 떠오르지 못하게 하려고 보호하는 부분들을 관리자라 한다. 이런 보호자들은 가혹하거나, 은폐시키고, 상냥하기도 하다. 반면, 반항적인 보호자들―소방관이라고 하는―은 유배자들이 의식 위로 떠오르면 억누르고, 망연자실하게 만들고, 오락에 빠지도록 한다. 소방관들은 성급하게 자극하거나 달래기 위해서 음식, 약물, 알코올, 자해, 분노, 성관계 등을 사용하는 경향이 있다.
- 양극화된: 관리자들이 소방관들과 양극화되는 경우(예를 들어, 보살피는 부분 대 화난 부분)도 많지만, 자기네들끼리도 양극화(예를 들어, 보살피는 부분 대 일 중독된 부분)될 수 있다. 반면, 소방관들은 쉽게 서로 양극화되지는 않지만 자기들끼리 서로 '대타'(먹고 토하기를 그만두면, 과음을 하기 시작한다)가 되기도 한다.

내면가족체계의 평가

내면가족체계 평가는 대개 두 가지 질문을 중심으로 한다. 첫째, 증상을 지닌 부분(예를 들어, 우울이나 불안)이 보호자인지 아니면 유배자인지를 알고자 한다. 둘째, 내담자가 참자기를 얼마나 갖고 있는지를 평가하고자 한다.

첫 번째 평가 질문

첫 번째 질문부터 보자. 부분이란 존재를 알아채기 위해서 가장 쉬운 방법은 물어보는 것이다. 예를 들어, "당신은 사샤를 위해 무엇을 하나요?"와 같이 질문한다.

어떤 부분이 임무를 수행하고 있는 것이란 생각을 시인하면, 곧 몇 가지를 알 수 있다. 그 부분의 역할은 보호적이고 정서적 고통을 억제하는 데 앞장을 서거나(관리자) 정서적 고통에 반항을 한다(소방관). 관리자는 다른 부분들을 막아야 한다는 두려움 때문에 고개를 드는 경우가 많다. 이들은 수치심, 두려움, 슬픔, 죄의식, 괴로움, 분노 등과 같이 너무 과하다고 여겨지는 감정을 막으려고 한다. 그리고 이들은 대개 하나 이상의 보호자, 다른 관리자나 소방관과 양극화되는데, 이로 인해 이들의 행위는 더 심화된다. 덧붙여, 이들은 상처받은 유배자들을 치유할 수는 없다. 대부분의 관리자는 자신들이 보호하는 유배자를 과거에서 벗어나 짐을 내려놓을 수 있게 치료사가 도와줄 때까지 근본적이면서 영구적인 방법으로 변화를 도모할 수 없다. 반항적인 보호자—소방관—는 이런 순환고리 반대쪽 끝에 있다. 이들은 사전적이기보다는 사후적이다. 이미 일어난 감당하기 힘든 감정으로부터 관심을 다른 데로 돌린다. 아니면, 고통의 두려움 때문에 일어나게 될 수도 있고 하나 이상의 다른 부분들(관리자일 경우가 많다)과 양극화되기 일쑤다. 이들도 다른 부분들을 치유할 수는 없다. 자신들이 보호하고 있는 유배자가 짐을 내려놓게 되기 전까지는 쉽게 변하지도 않는다.

대부분의 보호자가 자신들이 보호하는 부분이 치유될 때까지 행동을 바꾸지 않는다는 걸 알면 심리치료의 여러 국면을 더 향상시킬 수 있고 보호하는 부분에 대한 우리 문화의 관용을 더 신장시킬 수 있다. 사람들이 의지력으로 중독에서 벗어나고, 분노를 통제하고, 무서움을 없애야 한다는 생각은 내면의 양극화를 더 심화시킬 뿐이다. 이는 중독을 더 악화시키고, 더 많은 걸 가두고, 처방약에 더 많은 돈을 소비하게도 한다. 의지력에 대한 이러한 예찬은 개인주의의 대물림된 짐에서 비롯되는데, 우리의 문화권과 우리에게 만연해 있다. 대부분의 보호자는 자신들이 보호하고 있던 부분이 치유되고 체계의 나약함이 덜해지면 자신들의 행동을 얼마든지 멈출 것이다. 그럴 때까지 자신들에게 그만하라고 하는 사람들은 그만둘 때의 위험을 잘 알지 못한다는 신념을 계속 가지면서 자신들의 임무—어린 내담자가 이런 보호자의 도움에 의지를 했던 때부터, 내담자의 삶이 거기에 달려 있다는 듯—를 수행하려고 고군분투할 것이다. 의지력으로 소방관 행동을 다스리는 데에 성공한 사람들은 자신들의 유배자뿐만 아니라 소방관들까지도 손에 쥔 관리자들에게 의존하면서, 마른 주정(dry drunk)[2]처럼, 회복이 되는 것 같아도 조마조마하면서 곧 무너져 내릴 것 같다. 〈표 7-2〉는 보호자의 특성에 대해서 정리한 것이다.

표 7-2 │ 임무가 있는 부분이 관리자

- 임무를 가진 부분은 관리자 아니면 소방관이다.
- 관리자라면, 위험하다고 여기는, 특히 부끄러움, 두려움, 슬픔, 죄의식, 괴로움, 분노와 같은 감정을 막는 데 중점을 둔다. 소방관이면, 관심을 부정적 감정에서 다른 데로 돌리는 데 집중한다.
- 관리자와 소방관 모두 두려움으로 움직이게 된다.
- 관리자와 소방관 둘 다 하나 이상의 보호하는 부분과 양극화를 이루기 쉬운데, 양측 모두 더 심한 행동을 하게 만든다.
- 관리자도 소방관도 유배자의 상처를 치유할 수 없다.
- 보호자는 자신이 보호하는 상처 입은 부분이 도움을 얻어 과거에서 벗어나 짐을 내려놓을 수 있을 때까지는 어떤 근본적이면서 영구적인 방법으로 변화할 수 없다.

임무를 수행하지 않는 부분

임무를 수행하지 않는다고 말하는 목표부분은 유배자―겁을 먹거나 부끄러움을 느껴 의식과 시간의 흐름에서 배제되어, 홀로 남아 버려졌다고 느끼는 부분―일 경우가 많다. 이런 부분들은 간절히 구조되고 구원되기를 원한다. 이들은 충분한 자극이 주어지고 나면, 추방된 곳을 뚫고 나와 자신들의 감정으로 내담자를 압도할 수 있다. 유배자의 탈출은 해리, 중독, 자해, 자살 등과 같은 극단적인 소방관들을 일깨우기도 한다. 한편으로는, 내면가족체계치료의 핵심이기도 한데, 유배자는 따로 떨어져 있으면서 관심을 받는다는 확신이 생기면 내담자가 감정에 휘둘리지 않도록 할 수도 있다. 감정을 휘몰아칠지 말지 선택권을 행사하는 유배자의 능력이 내면가족체계치료에서는 중요하다. 유배자가 내담자를 압도하지 않는 것에 동의를 하고, 내담자의 참자기가 머물 수 있게 되면, 보호자는 자신감을 얻고, 유배자를 바라봐 주고 짐을 내려놓도록 해 주는 치료의 궁극적 목표로 가는 길을 닦는 데에 힘을 보태 준다.

어떤 부분이든 참자기와 섞이는 수준을 결정할 수 있기 때문에, 많은 외상치료에

---

2) 알코올중독의 치료를 위해 단주를 하는 기간에 술을 마시지 않았음에도 불구하고 마치 술을 마신 것과 같은 행동이나 심리상태가 나타나는 현상으로 재발증후군이라고도 한다[출처: 김춘경 외(2016), 『상담학사전』, 학지사].

서 주로 쓰는 그라운딩 기법(grounding technique)[3]과 정동조절기술을 꼭 사용하지 않아도 내면가족체계치료는 아주 정교한 내면체계에서 폭넓게 작업이 가능하다. 내면가족체계 관점에서 보면 외상치료에서 그런 기술 설정에 중점을 두는 것은 몇 가지 문제점을 만든다. 첫째, 내담자가 회기 중 공황발작이나 해리를 일으킬 때 내담자에게 치료사의 눈을 똑바로 보고, 바닥에 있는 발을 느끼고, 심호흡을 해 보라고 말하는 것은 앞으로 나올 부분이 너무 무섭거나 위험해서 그 부분을 떠나야 한다는 신호를 보내는 것이다. 우리는 겁에 질려 절망적인 부분들에게 절대 이런 신호들을 전하고 싶지는 않다. 그러므로 회기 중 내담자가 증상을 보이기 시작하면, 내면가족체계에서는 부분이라는 걸 감지하고 그에 대해 내담자의 참자기와 이야기를 하거나 직접 그 부분에게 대화를 청한다. 그 부분이 내담자를 왜 데리고 나가는지를 알고 나면, 내담자를 다시 보내 달라고 그 부분과 협의를 하게 된다. 그러고 나면, 문득 내담자가 다시 현실로 돌아온다.[4] 예를 들어, 내담자가 공황발작을 일으키면, "겁에 질린 부분이 지휘권을 가졌군요. 정말 환영이에요. 예전엔 무서운 곳에 갇혀 있었죠, 안 그래도 꺼내 주려고 했거든요. 당신한테서 조금만 떨어져서 그 부분한테 휘둘리는 게 아니라 함께하게 되면 큰 도움이 될 것 같습니다."와 같은 말을 해 줄 수 있다. 우리가 말한 것이 의미하는 바를 그 부분이 믿을 수만 있으면, 내담자가 갑자기 현실로 돌아와(즉, 참자기가 움직일 수 있게 된다), 겁먹은 부분을 도와줄 수 있게 된다. 대부분의 유배자는 자신들이 물러나면 또 추방되어 갇히게 될까 봐 겁을 내기 때문에 감정을 마구 휘두른다. 치료사의 목표가 그 반대—관심을 갖고 도와주는 것—라는 걸 이해하고 나면 이들은 분리되는 것에 동의를 하고 감정으로 내담자를 좌지우지하는 걸 중단한다. 〈표 7-3〉은 유배자의 특성을 요약한 것이다.

---

3) 이는 현재의 순간에 착륙하거나 현재의 순간과 접촉하기 위해서 고안된 대처전략 중 하나로, 외상후스트레스장애에 주로 사용된다(출처: Veriwell mind).
4) 원문은 'the client is grounded again.'이다. 직역을 하면 '내담자가 다시 접지된다.'인데, 의역을 하여 '현실로 돌아온다.'로 썼다.

표 7-3 임무가 없는 부분은 유배자

- 이 부분은 상처 입고 추방을 당했고, 계속 참을 수 없는 외로움과 무가치함을 느낀다.
- 이 부분은 구조되고 구원되기를 원한다.
- 이 부분은 해리, 중독, 자해, 자살 등과 같이 보호자에 대한 극단적인 반항으로 일어난 감정으로 내담자를 쥐고 흔들 수 있다.
- 분화가 자신의 요구에 부합하는 최선의 방법이라는 걸 믿고 나면 이 부분은 내담자가 감정에 휘둘리지 않게 할 수도 있다.
- 정서적 압도는 보호자의 가장 큰 두려움이기 때문에, 내면가족체계치료에서는 유배자가 감정으로 휩쓸어 버리지 않겠다고 결심할 수 있게 하는 것이 중요하다. 유배자가 감정으로 좌지우지하지 않겠다는 데 동의를 하고 나면, 보호자들은 협조를 더 많이 하게 되어, 바라봐 주기와 짐 내려놓기를 위한 길을 닦아 준다.

두 번째 평가질문

부분이 임무를 수행하는지 안 하는지(다시 말해, 보호자인지 유배자인지)를 알고 나면, 두 번째 중요한 평가질문을 한다. 내담자가 참자기에게 얼마나 다가갈 수 있는가? 부분들이 말을 하는 것이 아니라 내담자가 부분들을 대변할 수 있는지, 내담자가 자신의 부분에 관심을 가질 수 있는지, 부분들을 향한 내담자의 호기심, 상냥함, 연민 등을 가늠해서 측정한다. 내담자가 부분들에 대해서 알고 싶어 하는 한, 내면-들여다보기라는 의사소통 방법을 쓸 수 있다. 하지만 내담자가 초조하고, 울먹이고, 자아비판적이고, 화내고, 혼란스러워하고, 생기 없이 나른하고, 분열되어 있고, 그 외에도 다른 극단적인 상태로 되면, 직접 접근—치료사의 참자기가 내담자의 부분과 이야기를 하는—을 많이 사용한다고 생각하면 된다. 이런 경우 치료가 더 길어질 수는 있다.

이 내담자의 삶을 누가 움직이고 있는가

우리는 내담자의 행동에 대해 깊이 생각을 해 보면서, 내담자 체계를 누가 지배하고 있는지 자문해 본다. 유배자가 지배하고 있으면, 내담자가 임무를 갖지 못하고,

플래시백 및 공황발작을 감당하지 못하고, 걸핏하면 입원을 하고, 폭력적 관계에 있어도 관계를 끊어 내지 못하고 지낼 것이다. 관리자가 운전석에 앉으면? 내담자는 일을 할 수 있고 제 기능도 충분히 발휘할 수 있지만, 내담자 자신과 타인에 대해서 비판적이거나, 융통성 없이 경계심이 많거나, 만성적으로 우울해 있고 성취불안(breakthrough anxiety)을 가지게 된다. 이와 달리, 소방관도 운전석에 앉을 수 있다. 그 경우에는 내담자가 펜타닐[5]에 중독되거나 몸을 혹사시키거나, 폭식과 구토를 일삼는다. 끝으로, 두 보호자의 양극성에 내담자가 지배당할 수도 있다. 이 경우, 내담자는 집에서는 현모양처이지만 직장에서는 외도를 하는 이중적인 면을 보인다. 체계를 지배할 수 있는 부분들이 〈표 7-4〉에 정리되어 있다.

표 7-4	내담자의 체계를 어느 부분이 지배하는가
	1. 유배자?
	2. 관리자?
	3. 소방관?
	4. 두 보호자의 양극화?

체계 내 부분의 역할에 호기심 가지기

역할이 다르면 접근도 다르게 해야 하므로 내담자 체계 내 어떤 부분이든 그 역할에 대해 알고 있는 것은 도움이 된다. 관리자들은 미리 움직이고 억제적이다. 이들은 추방된 감정이 의식에 떠오르는 것을 원치 않는다. 이들은 내담자가 계속 잘 살아가기를 원하고, 결과를 중시하고, 매섭게 비난을 가할 수도 있지만, 지치고 실패했음을 인정할 것이다. 안정감에 대한 이들의 바람을 제대로 알아주고, 소방관에 대한 이들의 두려움을 확인해 주고, 내담자의 참자기가 소방관과 협의를 하고 유배자를 보살펴 줄 수 있다는 것을 제시해 줌으로써 관리자를 도울 수 있다.

반면, 소방관들은 반항적이고 (늘 그런 건 아니지만) 일탈을 하기도 한다. 이들은

---

5) 수술 후 환자나 암환자의 통증 경감을 목적으로 사용되는 마약성 진통제 혹은 마취보조제. 일각에서는 펜타닐이 신종합성마약형태로 불법 유통되고 있어서 사회적 문제가 되고 있다(출처: 시사상식사전).

정서적 고통을 회피하고 싶어서 가능한 당장에 효과를 낼 수 있는 방법이라면 뭐든 할 것이다. 소방관들은 근시안적이고, 모든 걸 파괴해 버리는 결과가 닥쳐도 상관없다고 말하면서 실패를 받아들이려 하지 않는다. 따라서 소방관이 협조를 하도록 만드는 일은 녹록치가 않다. 소방관을 설득하기 위해서는, 이들이 보호하는 능력을 유지하고 인정받기를 원하는 것에 관심이 있다는 것을 유념해야 한다. 그래서 소방관들에게 이렇게 말한다. "당신이 대장이군요." 이들의 희생에도 감사를 표하고 내담자를 위한 이들의 선한 의도를 인정해 준다. 이런 부분들을 질책하는 것을 피하면서, 고된 임무를 덜어 주고 이들을 부끄러워하고 저주를 퍼붓고 제거해 버리려는 다른 부분들(혹은 사람들)로부터 보호해 준다. 특히 이들에게 보다 바람직한 역할에 대한 가능성을 제공해 주어야 한다.

무엇을 할 수 있고, 해야 하고, 할지 말지에 관심을 기울이는 바쁜 보호자들(관리자와 소방관)과는 달리, 유배자는 그저 괴롭고, 외롭고, 위험스럽기도 한 곳에 가만히 있기만 한다. 숨어 있기도 하고, 어떻게든 눈에 띄어 구조되려고 몸부림치기도 하고, 내담자가 이들의 존재를 알아챌 수 없는 몸속이나 지하 감옥에 너무 깊이 묻혀 있기도 한다. 유배자는 이들이 나쁘다고 여기도록 만든 일이 일어났던 것을 바라봐 줌으로써 도와줄 수 있다. 참자기가 부분을 바라봐 주면(이해해 주고, 인정해 주고, 사랑해 주면), 이 부분은 "나는 나빠."(쓸모없고, 사랑받을 수 없고, 모자라고, 추하고 등등)라고 여긴 데서 나와서 "나쁜 일이 나한테 일어난 거야."라는 걸 받아들이고 이해하는 감정을 느낄 수 있게 된다. 이 지점에서 대개는 부분의 무거운 짐에서 벗어날 준비가 된다.

정신과적 진단에서 내면가족체계로

앞의 설명에서도 분명해졌으리라 기대하는데, 내면가족체계의 평가 및 진단은 정신장애진단 및 통계편람 개정판에 기반한 표준 평가 및 진단과는 겹쳐지는 부분이 거의 없다. 내면가족체계는 증상을 보이는 행위를 다원적인 마음의 산물이라는 개념으로 이해하고, 심신의 질병을 마음, 뇌, 몸의 상관성으로 평가한다(Anderson et al., 2017). 정신장애진단 및 통계편람의 진단을 우리는 여러 활성화된 부분의 행위가 과거의 위험에 대처하고, 다가올 위험을 예방하고, 내면의 균형을 유지하여 생존을 보장하려는 의도를 보여 주는 것이라고 여긴다. 보호하는 부분들이 선한 의도를 가졌다고 말하는 것이 이들의 행위가 긍정적인 결과를 낼 것이라는 말은 결코 아니다. 하지만 이들의 행위로 인한 결과와는 별개로, 이들을 도우려면 이들의 선한 의도를 이해해야 한다. 정신장애진단 및 통계편람의 어떤 진단이든 어떤 내담자든 우리는 부분들이 지배하고 있다는 것에 기반하여 그 질환에 대한 대안적인 비병리적 관점을 제시할 수 있다.

내면가족체계는 무엇을 변화시키고자 하는가

어떤 치료 모델은 부가적 원리에 입각하기도 한다. 새로운 통찰과 이해뿐만 아니라, 내담자가 새로운 기술, 경험, 외부의 타인들과 관계를 맺는 방식 등을 깨달을 수 있게 치료사가 돕는다. 새로운 기술을 연습하고 새로운 경험을 하는 것에 대한 가치는 인정한다. 하지만 우리는 내담자가 삶에서 걸림돌들을 제거하고 한 발 더 앞으로 내디딜 수 있는 것을 최우선으로 삼는다. 그러고 나면 앞에서 언급한 그런 성취들은 자연스럽게 얻게 된다. 외상 경험에 의해 야기된 많은 감정(너무 무서워, 화가 폭발할 지경이야)이 그러하듯, 스스로를 부정적으로 여기는 신념(난 아무 쓸모가 없어)은 굉장히 억제적이다. 이런 속성을 억압하면 어떤 종류든 결과적으로 부정적인 후유증으로 이어진다. 내면가족체계에서는 내담자가 제약에서 풀려나 현재에 거하면서 과거의 무거운 짐에서 자유로워지도록 하는 것을 목표로 삼는다.

이런 맥락에서, 개인을 대상으로 하는 내면가족체계 활용에 세 가지 주요 목표는 다음과 같다. (1) 부분들이 극단적인 역할에서 자유로워져서 더 바람직하고 가치 있는 역할로 나아간다. (2) 참자기-주도하에 부분들의 신뢰를 회복한다. (3) 부분들의 체계가 다시 조화를 이뤄 서로를 더 잘 알게 되고 생산적 협력을 형성한다. 이런 목표들이 성취되면서, 사람들은 더욱 통합된 느낌을 가지지만, 부분들은 여전히 존재한다. 이런 변화는 내담자의 부분들이 같이 살고 있으면서도 더 이상 불쑥 튀어나오지는 않는 것이다. 인간의 모든 체계 수준에 동일한 목표를 적용하고 있다는 것을 독자들이 감지했을 텐데, 이는 안팎의 체계 간에는 많은 유사점이 있다는 것을 암시한다. 따라서 우리의 좌우명은 **모든 부분 환영**(all parts are welcome)이다. 내담자 내면의 주민들이 거할 공간이 거의 없다고 생각하면서 내담자가 치료를 시작해도, 정반대의 분위기—내담자의 내면 환경이 널찍해지고, 모든 걸 아우를 수 있고, 참자기-주도적으로 되어서 부분들이 조화롭게 구현되는—로 치료가 끝나는 것을 목표로 삼는다.

내면가족체계에서는 내담자가 시간과의 관계를 변화시키길 원한다. 보호하는 부분들은 현재 감정을 관리하기 위한 여러 방법으로 과거의 기억들을 사용하고, 희망, 실망, 자살을 막기 위해 사기를 꺾어 버리고, 결과를 회피하고자 부인을 하고, 수용과 비탄을 회피하기 위해서, 모든 종류의 전략들, 예를 들어 무효화하기(그 일이 일어나기 전으로 돌아가서 싹 지워 버리는 거야), 짐작하기(5분만 늦었다면 어땠을까?), 향수에 젖어 회상하기(그때 좋았었는데……), 축소하기(그렇게 나쁜 건 아냐), 비교하기(다른 사람들은 더 안 좋아/더 좋아) 등을 사용한다. 보호자들은 미래를 사용하기도 한다. 이들은 현실에서 시선을 돌려(난 승자가 될 거야!) 탈출(지금 그 물 속에 있다고 생각해 봐!)하기 위해 공상을 펼친다. 이들은 통제(이 관계에 모든 걸 바치면, 결국 아버지와 똑같은 사람과 함께하게 될 거야)하거나 억제(그 비행기는 추락할 거야!)하거나 조종(부자가 되는 거 멋지지 않아?)하기 위해서 온 힘을 쏟을 거라 예상한다. 신체에 영향을 미치는 중독 전략(음식, 운동, 약물, 알코올, 음란물)들이 정서적 괴로움을 달래고 회피하는 소방관의 전략이라면 (Catanzaro, 2016; Sykes, 2017; Wonder, 2013), 과거를 무화시키고 특별한 미래를 상상하거나 예상하는 것은 감정을 통제하기 위한 관리자의 전략이다. 이들의 노력이 단기간(혹은 계속되지 않아도)에 원하는 효과를 낳는다 해도, 길게 보면 공상에 잠겨 현실을 부인하면서 감정을 조절하는 것은 필연적으로 그 대가를 치르게 된다.

보호자들이 기억과 기대를 조종하려고 시간 속에서 헤매고 다니느라 정신이 없는 반면, 유배자들은 시간 안에 갇힌다. 내담자의 참자기가 유배자와 신뢰 관계를 구축하고 나면, 유배자는 참자기에게 과거 여행을 시켜 자신이 어디에 어떻게 갇혀 있었는지 보여 준다. 이런 여행은 그런 경험으로 누적된 신념과 감정—무거운 짐—에서 벗어날 준비가 될 때까지, 참자기가 유배자의 입장(당신은 상처 입었어)을 확인하고 위로(당신 탓이 아니야)해 줄 기회를 준다. 그러므로 내면가족체계치료에서 시간에 대한 개념을 잘 잡고 나면, 문자 그대로 생각하는 데에 도움이 된다. 우리는 보호자가 시간으로 속임수를 쓴다는 것을 감지하고 유배자와 동행하여 과거로 간다. 궁극적인 목표는 내담자가 정신을 바짝 차려 현재를 이용할 수 있게 하고, 원한다면 원하는 때에 과거를 기억해 내고 과거로 돌아가, 미래를 상상할 수 있게 하여, 불필요한 제약에서 벗어나 확신을 가지고 자신들의 염려에서 자유로워지게 만드는 것이다. 걱정할 일이 있더라도 그건 현실에 근거한 것이 될 것이다. 과거에 갇혀 있는 부분들의 무거운 짐은 모래시계의 모래알들 같다. 뚫어 주지 않으면, 시간은 흐르지 않는다.

내면가족체계치료 요약

내담자가 자신의 문제를 설명하면 치료사는 그 문제를 둘러싸고 있는 내면의 경험에 대해서 질문을 던지고, 치료사가 들은 것에 대해 반응을 해 주면서, 이런 말을 덧붙인다. "그러니까 당신의 한 부분이 ······하고, 다른 부분은······" 내담자가 어느 정도의 부분들을 찾아내고 나면, 내담자가 제일 먼저 도와주고 싶은 부분은 어느 것인지 묻고 그 부분이 보호자인 것 같으면 걱정되는 부분이 있는지를 물어본다. 그 다음 반항적인 부분들을 도와서 목표부분을 알아 가는 단계로 넘어간다. 하지만 목표부분이 유배자인 것 같으면, 훨씬 신중하게 진행을 해야 하는데, 우선 유배자가 뒤덮고 있는 감정 문제와 보호자들의 두려움을 다룬다.

이런 과정 전반에서 관리자와 소방관의 역할에 대한 본질적인 차이를 유념하면서, 내담자 내면의 양극성—관리자와 소방관, 혹은 관리자와 관리자—을 찾아낸다. 관리자들은 유배자가 활성화되지 못하도록 미리 나서서 통제하려고 애를 쓰는 경향이 있고, 소방관들은 유배자가 활성화되자마자 바로, 추방된 정서에서 시선을 다른 데로 돌리거나 그 불길을 잡으려고 반항적이고 충동적인 행동을 시작한다.

이런 행위를 할 때 보호하는 부분들은 몇 가지 공통된 걱정을 갖고 있다. 이들은 서로를 두려워하거나(너무 화가 났을 거야, 너무 비관을 할 거야) 유배자를 두려워한다(슬픔을 견디지 못할 거야, 사랑받지 못한다는 걸 알 거야). 거기에 더해, 자신들의 운명에 대해서도 걱정을 한다(이렇게 하지 않으면 사라지게 되겠지?). 이런 부분들을 알게 되면서, 자신들이 그렇게 하지 않으면 어떻게 될 것 같은지 물어볼 수 있다. 그 답은 부분들이 가장 두려워하는 것이 양극화된 보호자나 곧 부서져 버릴 것 같은 유배자일지도 모른다는 것을 말해 준다. 내담자의 참자기가 유배자를 보살피고 양극화된 부분들이 누그러지게 해 줄 수 있다는 것을 제시하고 새로운 역할을 마음껏 선택할 수 있다고 해 주면서 이들의 두려움을 다뤄 준다.

보호자들이 내담자의 참자기가 유배자를 도울 수 있게(그리고 이를 위해 더 많은 시간을 쓸 수 있게) 허락을 해 주고 나면 참자기는 유배자와 신뢰관계를 형성하고 필요한 게 무엇인지 물어볼 수 있게 된다. 대부분의 유배자들은 내담자의 참자기가 과거에 무거운 짐을 지게 된 경험을 바라봐 주기를 요구한다. 이런 경우, 참자기는 유배자와 과거로 함께 가서, 충분히 지켜봐 주고 있다는 느낌을 유배자가 가질 수 있도록 한 후, 그 부분이 당시 누군가 그렇게 해 주기를 원했던 것을 참자기가 제공해 준다[이는 다시-하기(do-over)인데, 정서상의 교정 경험이다]. 마침내 유배자가 준비가 되면, 참자기는 과거에서 유배자를 데리고 나와 그 부분의 무거운 짐을 벗어 버릴 수 있게 해 준다. 바라봐 주기와 짐 내려놓기를 하는 동안, 유배자는 모든 결정을 책임진다. 유배자가 짐을 내려놓고 앞으로 나아가는 데 필요한 자질을 얻고 나면, 참자기는 보호자에게 돌아가서 그들이 새로운 임무를 맡을 준비가 되었는지 확인한다. 〈표 7-5〉에 내면가족체계치료의 주요단계를 정리해 두었다.

표 7-5 **내면가족체계치료 주요 단계**

목표부분 찾기: 보호자와 함께 출발하기

1. 내담자에게 "무엇 때문에 치료를 받으러 오셨나요?"라고 묻는다.
2. 내담자에게 "부분들에 대해 이야기를 나눠 볼까요?"라고 묻는다.
3. 목표부분—가급적 관리자—을 찾고, 두 보호하는 부분들 간의 양극성에 집중한다.
4. 유배자가 먼저 모습을 드러내면, 그 부분에게 내담자가 우선 보호자들과 협의를 해도 될지를 묻고 다시 돌아와서 목표부분이 될 보호자의 위치를 찾는다.
5. 목표부분과 이야기를 나눌 수 있게 해 달라고 (모든 부분에게) 허락을 구한다.
6. 목표부분에게 자신의 임무에 대해 묻는다.
7. 목표부분에게 자신의 두려움에 대해 묻는다.
8. 목표부분에게 내담자의 참자기를 소개해 준다.
9. 유배자를 도울 수 있게 해 달라고 허락을 구한다.
10. 목표부분이 동의를 하면, 반대하는 다른 부분이 없는지 확인을 한다. 찬성을 하고 나면, 같은 단계로 가서 그 부분들과 진행을 한다. 반대를 하면, 유배자에게로 간다.

바라봐 주기와 짐 내려놓기: 목표부분은 유배자

1. 유배자와 내담자의 참자기가 만난다.
2. 유배자가 필요한 것을 참자기에게 말한다.
3. 유배자가 짐을 지게 된 경험을 참자기가 바라봐 준다.
4. 유배자가 자신의 무거운 짐을 내려놓는다.
5. 유배자가 짐 대신, 앞으로 나아갈 수 있는 자질을 얻는다.
6. 참자기가 다시 보호자를 살펴보고 그들이 새로운 역할을 찾을 수 있도록 해 준다.

맺음말

대개 사람들은 자신들의 감정을 두려워하고 자신들이 사랑받을 수 없다고 생각해서 치료를 하러 온다. 내면가족체계에서는 이런 증상들을 병리적 신호로 보지 않는다. 우리에게 있어서, 두려움, 견디기 어려운 신념, 내면의 갈등, 극단적인 행위 등은 아동기 사건에 근원을 둔 체계적 불균형 및 제약의 산물이다. 뿐만 아니라 우리는 복합적으로 동심원을 이룬 어떤 체계에서도 불균형과 걸림돌이 생길 수 있음을 체계적이라는 말로 설명한다. 부분이라는 정신 내적 체계가 가족체계 안에 포함되고 다시 이 가족체계가 지역공동체 체계 안에 포함되고 이는 또 문화와 도시 구조 안에 포함된다. 아동기의 극단적 취약성과 삶의 체계적 복합성을 고려해 보면, 적어도 어느 정도의 두려움과 자신에 대한 의심이 누적되고, 이는 대부분의 사람이 해방시켜야 할 부분들을 갖게 된다는 뜻이다.

내면가족체계는 걸림돌을 제거하고 부분들을 해방시켜 체계의 균형을 다시 잡는 것이 목표다. 우리는 보호하는 부분의 행위와 동기에 대한 호기심으로 개인의 치료를 시작한다. 회기 초반에는 내담자 내면체계 내 관계―현재 누가 누구에게 무엇을 왜 하고 있는지―에 가장 많은 관심을 가진다. 보호자들이 참자기로부터 충분히 이해를 받았고 인정되었다고 느끼고 나면, 이들은 유배자에게 접근하는 것을 허락할 것이다. 그리고 나면 치료의 두 번째 단계로 넘어가, 훨씬 빨리 변화가 일어나는데, 참자기는 유배자―주로 과거에 갇혀 있고, 해 줄 중요한 이야기를 갖고 있음―를 바라봐 주고 짐을 내려놓게 하는 것에 온 힘을 다한다. 내담자의 체계가 유배자를 많이 갖고 있으면, 서로 다른 부분의 집단들과 함께 여러 시간을 반복할 수도 있다. 매번 유배자는 자신의 이야기를 하면서 짐을 내려놓게 되고, 내담자는 자신의 자연스러운 자동복원 능력―참자기―과 만나서 내면의 공간과 시간을 넓혀 간다.

제8장

내면-들여다보기와 직접 접근

우리는 여러 문을 통해 내면체계로 들어갈 수 있다. 무속제례와 MDMA[1](속칭 엑스터시라고 알려진), 실로시빈[2](특정 버섯 속에 있는 환각유발 물질), 케타민[3](우울증 치료에 현재 사용되고 있는 마취제)처럼 뇌의 화학물질체계에 영향을 미치는 약물, 전기 시스템(뉴로피드백[4] 같은 형태)과 같이 비법이 그 문이 되기도 하고, 예술(예를 들어, 데생이나 회화, 동작)이나 치료형태(예를 들어, 모래놀이, 사이코드라마, 동작, 대화)가 그 문이 되기도 한다. 내담

---

1) 19장에서 MDMA 관련 치료에 대해 자세히 설명한다.

2) 암이 진행 중인 환자의 우울증 혹은 불안증 치료에 연구되고 있는 물질. 환각버섯(Psilocybin mexicana)에서 추출한 물질로, 부작용으로 환각을 일으킬 수 있다(출처: 위키백과).

3) 전신 마취 유도 및 유지, 통증 경감을 위해 사용하는 해리성 전신마취제. 천식, 기도 점막 등의 부종을 포함한 알러지 반응을 유발할 수 있고, 흥분, 시각 및 청각 등의 향정신성 작용이 있다(출처: 서울대학교병원 의학 정보).

4) 다양한 생체신호 중 뇌파를 사용한 바이오피드백 기법 중 하나. 1958년 카미야(J. Kamiya)의 알파파 통제 실험 성공에서 시작되었고, 1990년대 이후 자기조절훈련에 활용되면서 면역력 강화, 심신의 조절 능력 향상 등의 효과를 얻고 있다(출처: 김춘경 외(2016), 『상담학사전』, 학지사).

자가 성인이면, 내면가족체계 모델은 내면-들여다보기와 직접 접근이라고 하는 기법을 주로 써서 내담자의 주의를 이끈다. 이 장에서는 여러 치료사가 이를 광범위하게 사용했던 내용들을 설명한다. 내면-들여다보기와 직접 접근에 기반을 두고 있다 해도, 치료사가 광범위한 선택지를 제공할 수 있다면 내담자들이 부분들을 외현화시키는 방법에 더 반응을 잘할 것이다. 예를 들자면, 아동에게는 모래놀이, 회화, 동작 등이 주로 사용된다. 이런 방법들은 쉽게 내면가족체계와 통합을 이룬다. 방법이야 어떠하든, 신중하게 진행하면서, 이 장에서 설명하게 될 함정—방법론과는 상관성 없이—에 유의하기를 바란다.

치료 초기 내담자의 의식은 '춘추전국시대'인 경우가 많다. 서로 영향과 통제를 위해 안간힘을 쓰면서 부분들이 섞였다 분리되었다 한다. 알려지지 않고, 말을 섞은 적도 없고, (가끔은) 확인되지도 않은 부분들은 서로 별로 달라 보이지 않는다(아마 직접 겪어 본 적도 없었을 것이다). 그 결과, 내담자 내면의 경험은 소란스럽고, 걷잡을 수 없고, 아무 의미도 없는 것처럼 보일 수 있다. 하지만 대부분의 내담자는 감각, 감정, 사고 등을 따라서 내면의 왕국을 발견하고, 개성을 가진 부분들과 괄목할 만한 속도로 소통을 하기에 이를 수 있다. 이런 변화가 생기고 나면, 내담자는 목표 부분을 선택하게 되는데, 그다음에는 어떻게 진행할지가 문제이다. 누가 누구에게 말을 걸까?

누가 누구에게 말을 거는가

내담자의 참자기가 움직일 수 있으면, 의사소통을 하게 되는데, 이를 두고 내면-들여다보기(in-sight)라 한다. 하지만 내담자의 참자기가 힘을 쓸 수 없을 때는, 내담자의 참자기를 거치지 않고 치료사의 참자기가 내담자의 부분에게 직접 말을 건다. 그래서 직접 접근(direct access)이다(〈표 8-1〉을 보라). 치료사는 직접 접근을 사용해서 부분들이 다른 부분과 이야기를 하도록 할 수도 있고, 내담자의 참자기에게 말을 걸게 할 수도 있다. 게슈탈트 치료의 빈 의자 기법이 직접 접근을 실시하는 한 가지 방법이지만, 내면가족치료에서는 내담자가 움직이도록 하는 경우는 거의 없다. 그냥 부분에게 직접 이야기를 건넨다. 이 장에서 그 방법들을 설명할 것이다. 내면-들여다보기를 쓰든 직접 접근을 쓰든, 우리는 치료사와 내담자의 부분 대 부분의 상

표 8-1 의사소통 선택 사항: 원하는 것과 원치 않는 것

내면-들여다보기 (내담자의 참자기가 움직일 수 있을 때)	직접 접근 (내담자의 참자기가 힘을 쓸 수 없을 때)	회피 (내담자의 참자기가 힘을 쓸 수 없을 때)
내담자의 참자기가 내담자의 부분에게	치료사의 참자기가 내담자의 부분에게	내담자의 부분이 내담자의 부분에게(내담자 혹은 치료사의 참자기가 초대한 경우 외에)
치료사의 참자기가 내담자의 참자기에게		치료사의 부분이 내담자의 부분에게
(치료사의 참자기가 움직일 수 있음)	(치료사의 참자기가 움직일 수 있음)	(치료사의 참자기가 힘을 쓸 수 없음)

호작용을 피하는 것을 목표로 삼고, 치료사의 부분이 아니라 치료사의 참자기를 가지고 이끌어 가기를 바란다. 끝으로, 우리의 최우선 사명은 개인의 내적 공동체에 대해서 배우는 것이지만, 내담자 정신의 집안에 불쑥 쳐들어가고 싶지는 않으니, 내면-들여다보기나 직접 접근을 활용함에 있어서 각 단계마다 조심스럽게 허락을 구하고자 한다.

* * *

내면-들여다보기

나는 내담자들이 자신들의 부분들을 보고 부분들이 상호작용하는 것을 지켜본 내용의 보고를 통해서 이른바 내면-들여다보기라는 부분들과의 의사소통방법을 우연히 발견하게 되었다. 이후, 융(C. G. Jung)이 비슷한 발견을 하고 유사한 접근법을 개발했음(Hannah, 1981)을 알게 되었는데, 그 기법을 '적극적 상상(active imagination)'[5]이라고 하였다.

---

5) 융(C. G. Jung)이 제안한 개념으로 각성할 때 구체적인 상황에서 출발하여 무의식에 잠재되어 있는 심상들을 의식으로 끌어올리는 행위[출처: 김춘경 외(2016), 『상담학사전』, 학지사]

시각적인 경우, 많은 내면의 의사소통이 심상의 형태로 들어온다. 그렇지만 내면가족체계 내담자는 애써 뭔가를 상상하거나 상상해 보라는 이야기를 듣지는 않을 테니까, 심상은 내면-들여다보기를 대체할 최적의 용어는 아니다. 어떤 내담자들은 곧바로 아주 선명하게 자신들의 부분을 볼 수 있겠지만, 어떤 내담자들은 희미하게만 자신들의 부분을 감지하거나 보기도 하고, 소수긴 해도[나(슈와르츠) 같은 경우] 내면적으로 시각적이지 않아 마음 안에서 아무것도 보지 못할 수도 있다. 내면적으로 시각적이지 않은 사람들은 자신들의 부분들과 운동감각적으로나 청각적으로 소통을 하는 것이 일반적인데, 눈으로 세상을 보아 왔던 사람들의 경우에는 방향을 잃을 수도 있다. 어떤 경우든, 내면에 집중을 하면 이미 존재하는 세계로 들어가서 볼 (혹은 느끼거나 감지할) 수 있는 듯하다. 그러므로 내면-들여다보기란 말은 그 경험이 원래 시각적이든 아니든 내면을 살펴보는 데서 비롯된 '명민한 이해'를 뜻한다.

치료시작부터 내면을 들여다보는 게 차단된 내담자들은 몇 종류의 보호자들 중 하나—매우 이성적이고, 분석적이며, 성과를 걱정하면서 열심히 애쓰는 부분, 치료사를 믿지 않는 부분, 내면가족체계접근법을 신뢰하지 않는 부분—에 의해 지배당하고 있을 가능성이 크다. 내담자가 자신의 부분들을 보지 못하면, 자연스러운 흐름에 맡긴다. 이 모델에 확신이 있고 내담자의 경험에 대한 호기심을 갖고 있으면, 내담자의 관리자들은 결국 긴장을 풀고 내면의 시야를 열게 된다. 하지만 어떤 경우에도 시각적인 것이 내면-들여다보기를 사용하기 위한 전제조건은 아니다. 자신들의 부분을 전혀 보지 못하는 내담자들도 부분들을 감지하고 부분들과 상호작용할 수 있다. 내면-들여다보기는 내면적으로 잘 맞춰져 가는 것에 대한 자발성이 필요할 뿐이다.

내면-들여다보기로 내담자가 치료사 되기

치료사의 초기 도움으로 많은 내담자가 대다수의 부분을 찾아내고 신속하게 참자기에서 부분들을 분화시켜 주고 나면, 내담자의 참자기는 내담자의 부분들과 의사소통을 할 수 있게 된다. 그 결과, 내담자의 참자기가 치료사의 역할을 인계받고, 치료사는 보조 안내 및 증인 역할을 하면서 내담자를 도와준다. 내담자가 내면-들여다보기를 어떻게 쓰는지 알고 나면 회기와 회기 사이에 자신감을 북돋우고 치료사에 대한 의존도를 줄이도록 훈련할 수 있다. 자신들의 참자기에 충분히 접근할 수 있는 내담자들은 내면−들여다보기가 효율적이라는 것을 알게 된다. 내담자가 참자기에게 접근할 수 없으면 치료사는 다음에 이어서 설명할 직접 접근을 사용한다.

* * *

직접 접근

직접 접근에서 치료사는 내담자의 참자기를 거치지 않고 내담자 부분들과 소통을 한다. 치료사의 참자기가 내담자의 부분들에게 직접 말을 걸거나, 내담자의 부분들이 서로에게 말을 걸거나, 내담자의 참자기에게 말을 걸게 할 수 있다(예를 들어, "회기 중에 잠이 들게 만드는 부분과 제가 직접 이야기를 나눠도 될까요? 좋습니다. 치료 중에 잠에 빠지는 부분에게 말을 하고 싶어요. 거기 계신가요?") 내담자가 극심한 외상의 이력을 갖고 있으면, 직접 접근은 최고의 선택일 수 있고 한동안 내면세계를 향한 주요 출입구로 쓸 수 있다.

직접 접근은 몇 가지의 이점을 갖고 있다. 내담자가 심각하게 상처를 입었거나 겁을 먹고 있을 때 보호자들은 거의 누구도 믿지 않을 수 있기 때문에 직접 말을 걸어 치료사를 하나하나 따져 봐야 할 수도 있다. 지속적으로 근친상간을 당해 온 한 사람을 예로 들면, 한 번도 건드려 본 적 없는 내면의 자원(참자기)을 바로 거절할 수도 있다. 내담자의 참자기가 모습을 드러내는 것에 보호자가 허락을 하지 않으면, 내담자의 참자기를 아무리 지도자의 자리에 두려고 애를 써도 소용이 없다. 이럴 경우, 직접 접근은 내면−들여다보기보다 더 효율적일 뿐만 아니라 경계하는 보호자들에게 치료사의 참자기—내담자의 참자기만큼 보호자들의 양극화를 해결하는 데 도움을 줄 수 있는—와 관계를 맺을 기회를 주기 때문에 더 안전하기도 하다. 이런 도움은 내담자의 참자기에 대한 보호자들의 호기심을 건드려 더 많이 신뢰할 수 있다는 느낌이 들 때 내면−들여다보기로 바꿀 수 있도록 대비를 할 수 있게 한다.

따라서 보호자들이 내담자의 참자기를 막으면, 치료사가 내담자 체계를 위한 참자기가 되어 움직인다. 직접 접근으로 이 부분 저 부분과 이야기를 하면서 회기마다 많은 시간을 보낸다. 두 부분이 서로 이야기를 하도록 돕기도 한다. 부분에게 직접 이야기를 한다는 것이 해리성 정체감장애에 대한 문헌상에 설명된 접근법과 비슷해 보이지만, 한 가지 점에서 중요한 차이가 있다. 내담자의 부분이 치료사를 믿게 되면, 치료사는 내담자의 참자기가 모습을 드러낼 수 있게 부분들이 내면의 공간을 열어 달라고 제시하고, 마침내 수긍을 하고 나면, 치료사는 내담자의 참자기에게 지휘권을 넘겨주고, 회기와 회기 사이에 필요할 것들을 준비한다. 반면, 해리성 정체감장애 치료사들은 참자기에 대해 알지 못하기 때문에, 본질적으로 치료 전반을 위해 내담자와 직접 접근을 실행한다.

심하게 반항적인 부분들이 치료사의 체계에서 어떻게든 결함을 드러내려고 할 것이기 때문에 직접 접촉을 하는 것은 어려울 수도 있다. 그러므로 극적으로 양극화된 내담자들과 함께 앉으면 어떤 도발이 일어나더라도 참자기를 가지고 이끌 수 있을 때에만 직접 접근을 실시해 본다. 극단적인 부분에게서 공격을 당해 참자기-주도성을 유지할 수 없게 되면 잘못을 인정하고 사과를 하는 것이 최선의 선택이다. 치료사가 보호자 부분을 드러낸 상태에서는 어떤 시도를 하든 내담자의 신뢰를 떨어뜨릴 것이다. 그렇긴 하지만, 경험상 직접 접근은 강력한 부분들을 알게 되는 대단한 기회가 되고, 그 상호작용으로 부분들만큼이나 치료사들에게도 보람이 될 수 있다.

끝으로, 직접 접근은 부분들이 구현되어 스스로를 완전히 표현할 수 있게 하고, 치료사는 부분들이 활동하는 것을 보게 된다는 이점이 있다. 부분이 구현되면, 내담자의 어조, 자세, 동작 등이 모두 바뀌고, 자신의 내면 인격들의 생생한 장면들을 제공하여, 정신의 복합성이 체내에서 그대로 드러나는 것에 회의적인 치료사들마저도 강렬한 인상을 받는다. 직접 접근은 부분들이 말로 표현함으로써 자신들의 감정과 사고를 알게 되는 데도 도움이 된다. 내면가족체계를 배우는 사람들은 약간의 시간을 들여 별로 양극화되지 않은 몇 명의 내담자들에게 직접 접근을 실행해 보고 스스로 부분 개념에 익숙해지는 연습을 해 보는 것도 좋다.

직접 접근과 내면-들여다보기 결합하기

많은 내담자에게 직접 접근은 내면-들여다보기의 훌륭한 보완책이다(〈표 8-2〉를 보라). 내면-들여다보기로 넘어가기 전에 직접 접근으로 내담자의 관리하는 부분과 앞으로 어떻게 할 것이며 그것이 얼마나 안전한가에 대해서 이야기를 하곤 하는데, 이는 관리자들에게 치료사를 확인할 기회를 준다. 그들의 허락을 얻고 진행을 하면, 내면-들여다보기로 들어간다. 하지만 더 낫겠다 싶으면 언제든지 직접 접근으로 다시 돌아갈 수 있다. 예를 들어, 한 부분(혹은 부분들 전체 집단)이 너무 활성화되어 있는데 내담자의 참자기는 발 디딜 데가 없으면 목표부분에게 치료사가 직접 말을 걸게 해 달라고 할 수도 있다. 뿐만 아니라 치료 중 어떤 시점에서든, 경계하는 부분이 치료사의 참자기와 개별 접촉을 함으로써 진행이 촉진될 수 있다는 느낌이 오면, 치료사는 그 부분에게 직접 이야기를 나누자고 요청할 수 있다. 대체로 걱정이 많은 보호자들이 이야기를 하고 자신들의 목적을 분명히 밝히고, 이해받는다는 느낌이 들게 되면, 치료는 무리 없이 잘 진행된다.

표 8-2   **직접 접근의 사용 시기와 이유**

직접 접근 사용 이유
- 치료 계획에 대해서 관리하는 부분에게 말해 준다.
- 보호자들에게 치료사와 관계를 가질 기회를 준다.
- 과하게 활성화된 부분들이나 체계가 두려워하는 부분들과 이야기를 나눈다.
- 내담자와 이야기를 하지 않으려는 부분과 이야기를 한다.
- 구별 과정을 촉진시킨다.

직접 접근의 장점
- 부분들이 구현되어 스스로를 완전히 표현할 수 있다.
- 부분들이 말로 자신을 표현하여 자신들의 감정과 사고를 알 수 있게 된다.
- 보호자들이 자신들의 동기와 목적을 분명히 밝힐 수 있다.
- 보호자들이 치료사의 참자기와 접촉하여 내담자의 참자기와 더 잘 연결된다는 느낌을 가지고, 이야기에도 귀를 기울인다.
- 다른 부분들이 직접 접근 면담을 지켜보면서, 면담을 하고 있는 부분이 달라지는 것을 보고, 두려움과 혐오가 덜해져서 더 자발적으로 참여하게 된다.
- 이 모든 것이 많은 부분들이 자발적으로 구분되는 데 도움을 줄 수 있다.

직접 접근의 단점
- 비효율성, 상대적으로 느림
- 보호자의 허락 없이 부분과 이야기를 나눠야 하는 위험성
- 전이를 자극해서 치료사의 부담을 가중시킬 수 있다.
- 내담자 참자기에 대한 부분의 애착을 진작시키지 않는다.

직접 접근의 단점

직접 접근에는 세 가지 단점이 있다. 첫째는 비효율성이다. 일반적으로 말해서, 내면-들여다보기보다 천천히 진행이 되는데, 특히 치료사가 부분들의 전체 집단을 돕고 있을 때 더 그렇다. 둘째, 허락 없이 부분에게 말을 걸어 체계의 규칙을 위반하게 될 위험이 있다. 고도로 양극화되고, 갈등에 시달리고 있는 체계에 대한 직접 접근은 아주 정교한 작업이다. 유배자가 드러나는 것을 체계가 견딜 수 있게 되기 전에 유배자(혹은 추방된 보호자)에게 말을 걸고 싶은 마음이 들 수도 있다. 한 부분에게 직접 말을 걸 때는, 체계 내 나머지 부분들의 만장일치 허락을 받았을 때보다 훨씬 어렵다(반대로, '아주 다루기 힘든' 부분과 이야기를 나누고 나면, 체계 내 나머지 부분들은 훨씬 덜 두려워질 수 있다). 셋째, 직접 접근은, 부분들이 내담자의 참자기가 아니라 치료사와 애착을 구축하기 때문에, 될 수 있는 대로 일시적으로 하고 내담자의 참자기가 가능한 빨리 들어오게 하는 것이 좋다.

직접 접근과 유배자 감정의 격동

유배자는 내담자를 정서적으로 휘두를지 말지를 선택할 능력을 가지고 있다. 이는 내면가족체계의 가장 중요한 발견 중 하나다. 내담자가 무서운 사고나 기억에 빠져들거나, 회기 중에 갑자기 흐느껴 울고, 겁에 질리고, 절망적이 된 아이 같아지면, 유배자가 의식을 뚫고 나와 내담자를 정서적으로 뒤덮어 버리는 것이다. 치료사가 이 같은 사건을 병리적인 신호로 여기면, 두려움 때문에 그라운딩 기술이나 관리자 같은 어조를 지닌 기법들을 써서 그 부분을 쫓아내 버릴 수도 있는데, 이는 환영받을 수 없으니 떠나야 한다는 메시지를 그 부분에게 전달하는 것이 된다.

우리는 공포나 절망이 드러나면 병리의 악화가 아니라, 부분이 도움을 필요로 한다는 신호로 본다. 이런 관점이 내면가족체계의 핵심이다. 공황, 플래시백, 해리, 절망에 가득 찬 눈물, 그 외 격한 행위들을 만나면, 그 부분에게 직접 말을 걸게 해 달라고 허락을 구한다. 그다음 (직접 접근으로) 달래면서 상냥하게 존중하는 태도로 그 부분에게 말을 걸어, 상황에 대해서 묻고 내담자의 참자기가 조금이라도 분리가 되어 도와줄 수 있게 해 달라고 독려한다. 대개는 유배자들이 협조를 하고 내담자는 곧 현실로 돌아온다. 이런 상황에서 치료사의 참자기-주도성은 매우 중요하다. 유배자의 감정이 휘몰아친다는 위협은 보호자를 활성화시켜 내담자의 참자기를 가리기 때문에, 내담자의 정서적 상태를 가라앉히기 위해 구별에 대한 목표를 설정하고 협의를 진행하는 것은 거의 매번 직접 접근을 이용하여, 치료사의 참자기가 내담자의 부분에게 말을 건다.

앞서 언급한 바와 같이, 싱어와 클리메키(Singer & Klimecki, 2014)는 함께 느끼는 (feeling with) 행위는 깊은 반향과 일체감(성숙한 공감이라고 부르는 것)과 관련되어 있거나, 정서적 격동을 불러일으키고 사회적으로는 위축되도록 할 수도 있다(정서 감염과 정서적 괴로움이라고 하는 것). 반면, 위해서 느끼는 것(feeling for, 연민)은 긍정적이고, 친사회적 행위뿐만 아니라 이타적 사고와 감정과 연관이 있다. 따라서 위해서 느끼는 것(연민)은 내면의 안정성을 만들지만, 함께 느끼는 것(공감적 괴로움에서 성숙한 공감까지 모두)은 부분들이 참자기로부터 내면적으로 분화된 정도에 따라서(내면가족체계 용어로), 내면이 불안정해질 가능성이 있다. 싱어(사적인 대화에서, 2017년 11월)도 연민 어린 위해서 느끼는 것이 공감적 함께 느끼는 것(통증회로)의 반응과는 다른 신경망(보상회로)에서 나타난다는 것을 발견했다. 경험상, 한 부분의 함께 느끼는 것은 참자기의 위해서 느끼는 것에 정서적으로 휘둘리지 않고 정보를 잘 전달할 수 있는데, 그 부분이 참자기와 좋은 관계를 가지면 거의 그렇게 될 확률이 크다고 본다.

그와 달리, 치료사가 자신의 유배자를 두려워하고 회피하여, 무거운 짐을 진 그들을 버려두면, 내담자의 유배자에게 공감적으로 반응을 하게 되는데, 그 결과 치료사의 보호자가 내담자(그리고 치료사)를 통제하도록 만든다. 그러므로 우리의 목표는 온 마음을 다해 우리 자신의 유배자와 함께하면서 그들을 치유하는 것이다. 치료사의 부분들이 보살핌을 받는다고 느끼면, 치료사는 참자기와 함께 공감하고 이끌어 갈 수 있다. 치료사가 참자기를 가지고 나서면, 친밀감을 느끼면서 타인을 마음 깊이 보살피게 되고, 우리 자신의 투사된 고통의 왜곡을 일으키지 않고 그들의 감정을 보고 들으면서 더 분명히 알게 된다. 평정심을 느끼면서 어떻게 도울지 알고 싶어 하고, 자신감, 창의성, 용기를 가지고 그들을 돕기 위해 능률적으로 행동하게 된다 (〈표 8-3〉을 보라).

표 8-3	내면가족체계 언어에서 공감과 연민

- 짐 진 부분 대 짐 진 부분: (타인 되기) 정서 감염, 공감적 괴로움, 정서의 격동
- 짐을 내려놓은 부분 대 짐을 내려놓은 부분: (정서적 반향과 타인과 함께 느끼기) 공감
- 참자기 대 부분: (보살핌과 염려로 타인을 위해서 느끼기) 연민
- 참자기 대 참자기: 연민 어린, 진심 어린, 공감적 조율과 유대감

안정적인 유대감

궁극적으로 내면가족체계는 몇몇의 경로로 안정적인 유대감을 이루고자 한다. 첫째는 참자기와 부분(참자기 대 부분) 간의 유대감인데, 연민이 특징이며 내면의 균형과 조화를 촉진시킨다. 둘째는 한 사람의 참자기와 다른 사람의 참자기(참자기 대 참자기) 간에서, 연민과 다정함을 특징으로 한다. 셋째는 자신들의 짐을 내어던진 부분들(짐을 내려놓은 부분 대 짐을 내려놓은 부분) 사이다. 짐을 내려놓은 부분 대 부분의 관계는 정서적 반향이 특징이고, 감염, 압도, 괴로움, 짐 진 부분들의 고질적 관계에 대한 보호자의 반항 등과는 첨예한 대조를 이룬다. 우리의 임무는 추방되고 괴로워하는 부분들이 참자기를 압도하지 않은 것에 대한 답례로, 그들이 갈구하는 관심—도저히 거절할 수 없는 제안—을 주는 것이다. 유배자에게 참자기를 감정의 격랑으로 압도하지 말아 달라고 부탁하는 것은 심리치료에서 조절 불가능한 어마어마한 문제를 해결할 수 있는 유일한 길이다.

직접 접근 시작하기

직접 접근은 어렵지 않다. 내면-들여다보기와 같이 내담자가 그저 내면에 집중하는 것으로 시작하면 된다. 내담자가 감각, 감정, 사고 등을 찾아내고 나면 내담자가 부분인 거기에 집중을 하도록 이끌면서 그 부분이 치료사와 직접 이야기를 나누고 싶어 하는지 물어보도록 한다. 그 부분이 동의를 하면, 다음과 같은 일련의 대화들이 시작된다.

치료사: 그냥 그 부분이 당신이 되도록 두시죠. 그럼 당신이 지켜볼 수도 있겠지요.

마르셀라: 좀 이상하지만 해 볼게요.

치료사: 좋습니다. 질문을 하겠습니다. 그 부분이 이야기하고 싶지 않아도 좋아요. 다른 걸 해 보면 되니까요. 시작할까요?

마르셀라: 네.

치료사: 저는 마르셀라의 불신하는 부분과 이야기를 하고 싶습니다. 거기 계신가요?

마르셀라: (잠시 가만히 있다가, 끄덕인다.)

치료사: (이어서) 당신은 마르셀라에게 뭐라고 말하나요?

[마르셀라와 부분을 분화시키기 위해서, 치료사가 그 부분이 마르셀라와 어떻게 관계되어 있는지에 대해 질문을 한다.]

마르셀라의 부분: 난 그녀에게 아무도 믿지 말라고 합니다.

보는 바와 같이, 관계중심 질문은 부분이 마르셀라와 분리되어 스스로 말을 하게 한다. 〈표 8-4〉에 이런 초기 질문을 하는 다양한 형식이 정리되어 있다.

표 8-4   **목표부분에게 직접 접근을 시작하는 질문들**

- 당신은 마르셀라에게 뭐라고 말(혹은 행동)을 하나요?
- 당신은 마르셀라에게 왜 그렇게 말(혹은 행동)을 하나요?
- 당신은 마르셀라가 어떤 생각(혹은 행동)을 하게 하나요?
- 당신은 마르셀라를 위해 무엇을 하나요?
- 당신이 마르셀라를 볼 때 당신은 누굴 보는 건가요?
- 마르셀라는 당신에 대해서 어떻게 생각할까요?
- 마르셀라에게 그렇게 하지 않으면 무슨 일이 생길까 봐 두려운가요?
- 마르셀라가 몇 살이라고 생각하세요?
- 당신은 몇 살인가요?

부분이 대답을 하고 나면, 치료사는 우리가 내면-들여다보기에서 사용했던 것과 같은 종류의 질문들을 이어 나간다. 이런 질문은 부분의 진짜 의도와 바람직한 역할부터 참자기를 돕고 싶은 방법까지 광범위하게 쓸 수 있다. 끝으로 관련된 것들에 대한 정보를 얻고 나면, 치료사는 그 부분이 더 원하는 건 없는지 묻고, 나와 줘서

고맙다는 감사의 인사를 한다. 그러고 나서 내담자에게 어땠는지를 묻는다. 대부분의 내담자는 흥미로웠다고 하지만, 치료사가 자신들의 부분들 중 하나(그들에게 말을 하지 않을 것 같은 부분인 경우가 많다)에게 말을 거는 것을 보는 게 이상하다고 하는 사람들도 있다. 내담자가 이를 정신적 질환의 표시라고 믿으면, 정신의 복합성이라는 주제를 다시 논의하여 부분들을 가지는 것은 정상이며, 내담자와 이야기를 하기 전에 부분들이 치료사에게 자발적으로 말을 거는 것도 정상이라는 것을 강조한다. 마르셀라의 불신하는 부분에 대해서 계속해 보자.

치료사: 마르셀라가 아무도 믿지 못하게 하는 제일 중요한 이유가 뭐죠?

마르셀라의 부분: 안전해지는 거요.

치료사: 이해가 됩니다. 마르셀라가 많이 안전하지 못했다는 거 알아요. 다른 사람들에 대해 그녀에게 뭐라고 말하죠?

마르셀라의 부분: 사람들은 나쁘고 그녀에게 상처를 입힐 거라고 말합니다. 그리고 마르셀라도 다를 게 없으니 나를 믿으라고 하죠. 그녀도 나빠요.

치료사: 그녀는 당신을 믿나요?

마르셀라의 부분: 대개는 그렇죠.

치료사: 당신이 마르셀라에게 그렇게 말하지 않으면 무슨 일이 일어날까 봐 두려운가요?

마르셀라의 부분: 마르셀라는 어리고 멍청해요. 좋은 생각을 못해요.

치료사: 당신은 몇 살이죠?

마르셀라의 부분: 마르셀라보다는 위죠.

치료사는 이 부분에 대해 계속 질문을 하면서 더 많은 걸 알고자 했겠지만, 마음이 열린다는 느낌이 들었으면, 그 부분에게 마르셀라의 참자기를 만나 볼 의향이 있는지 물어볼 수도 있었다. 그 부분이 그러고 싶지 않다고 하면, 치료사는 다시 돌아가서 그 부분의 역할, 동기, 목적, 두려움 등을 구체화하는 질문을 한다. 그런 질문을 하면서, 왜 참자기를 알고 싶어 하지 않는지도 함께 물어본다. 부분과의 대화가 완료되고 나면, 치료사는 마르셀라와 이야기하겠다고 한다.

치료사: 저한테 이런 모든 말씀을 해 주셔서 감사합니다. 또 마르셀라의 지금까지 삶을 보았을 때, 당신이 사람을 믿지 못하는 것을 충분히 이해합니다. 그리고 어느 부분이 아

닌 마르셀라를 언제 만나고 싶을지에 대해서는 전적으로 당신의 결정에 달려 있습니다. 물론 저를 믿기 어려운 것도 이해하고요. 그에 대해서 우리가 계속 이야기를 해 보고 싶습니다. 제 임무는 당신의 신뢰를 얻는 거라고 생각하는데, 시간이야 좀 걸릴 수도 있겠지요. 이제 다시 제가 마르셀라와 이야기를 해도 될까요?

마르셀라의 부분: 그래요.

치료사: 거기 있나요, 마르셀라? 다 들으셨죠?

마르셀라: 네.

치료사: 이 부분에 대해서 지금은 어떤 기분이 드나요?

마르셀라: 그 부분이 나를 안전하게 지켜 주려고 얼마나 애를 썼는지 제대로 알겠어요. 도와 주고 싶네요.

직접 접근 말미에 들은 대로, 이런 단호한 보호자에게 치료사가 말을 하는 것에 귀를 기울이면서 이제는 마르셀라가 그 부분을 더 잘 이해하게 되었고 더 많이 인정을 하게 되었는데, 이는 내담자의 참자기가 직접적으로 관련이 되지는 않았어도 구별이 약간 일어났다는 의미다. 내담자의 인정을 동반한 이 정도의 분리 수준이면 그들의 관계를 가속화시킬 수 있다.

두-의자 대화

많은 내담자가 계속 한 의자에만 앉아서 부분을 겉으로 드러내지 않고도 자신들의 부분들과 관계를 잘 맺는 편이다. 하지만 어떤 내담자들은 부분들을 겉으로 드러내는 것이 큰 도움이 되는데, 이런 경우 게슈탈트치료의 '두-의자' 기법—한 의자에 부분을 앉히고 바로 맞은편 의자에 참자기를 앉히도록 고안된—으로 부분과 내담자 참자기 간의 대화를 촉진시킨다. 돌아가면서 이들을 구현시키는데, 내담자는 두 의자를 왔다 갔다 하면서 이들의 관계에 진전이 생길 때까지 대화를 주고받는다.

두 부분 혹은 몇 부분 간의 대화를 생성시키기 위해서, 같은 과정을 사용할 수도 있다. 부분에게 다가가 의자를 정해 주고 나면, 내담자는 의자들을 왔다 갔다 하면서 각각의 부분들이 되어 말을 한다. 내담자는 한 의자에 앉아 있는 동안 약간 자세를 움직일 수도 있고, 안락의자에서 옆으로 움직여서 부분의 역할을 바꿀 수도 있다. 그러는 동안 치료사의 역할은 참자기-주도적 가족치료사가 외부 가족구성원들을 참여시키는 것과 같은 방법으로 이 부분들을 참여시키는 것이다. 부분들과 친구가 되어 가능한 빨리 내담자의 참자기를 포함시킨다. 하지만 이들이 실행한 의자 대화가 외현화된 의사소통의 유일한 방법은 아니다. 내면가족체계치료사는 아동뿐만 아니라 성인을 대상으로 하는 이 외의 많은 외재화 기법들(externalizing techniques)—모래놀이, 손가락인형, 내면가족체계 기반 그림이 담긴 카드집, 부분 그리기 및 도표 만들기, 여러 형태의 사이코드라마—을 사용하는 것으로 유명하다.

맺음말

이 장에서는 부분과 소통을 하는 내면가족체계의 두 가지 전략에 대해서 설명하고 예시를 보였다. 내면-들여다보기는 내담자의 참자기가 내담자의 부분과 내면적으로 소통을 하는 것과 관련된 반면, 직접 접근은 치료사의 참자기가 내담자의 부분에게 직접 말을 걸고 내담자가 이를 듣는 것과 관련되어 있다. 모두 유익하고 효율적이다. 그렇긴 하지만, 내담자의 부분이 참자기를 거의 믿지 못하거나 참자기가 움직일 수 없으면, 치료사는 대부분 직접 접근을 사용하면서, 취약한 부분들에게 잘못된 메시지를 줄 수도 있는 그라운딩 훈련을 사용하지 않고서도 내담자가 강렬한 정서를 조절할 수 있게 치료사가 도움을 주도록 한다. 동시에, 직접 접근은 내담자 참자기를 구별하고 돌아오게 하면 안전한 경험으로 더 많은 득을 볼 수 있다는 것을 부분들이 믿을 수 있도록 한다.

제9장

보호자 찾기, 집중하기, 구체화하기

내면가족체계치료 훈련에서는 보호하는 부분과는 여섯 개의 F로 고안된 단계 — 찾기(find), 집중하기(focus), 구체화하기(flesh out), 이어서 ~에 대해서 느끼기(feel toward), 친해지기(befriend), 두려움 탐색하기(explore fears) — 를 밟는다(Anderson et al., 2017). 이 장에서는 내담자가 목표부분을 찾고, 거기 집중하고, 구체화하는 방법에 중점을 둔다. 부분들이 운동감각이나 청각적으로 나타날 수도 있기 때문에 구체화는 엄격하게 규정하지는 않는데, 부분들이 시각적으로 나타날 때는 인간의 형태로 나타나기도 하지만 기하학적 모양이나 구름처럼 보일 수도 있다. 부분들이 어떻게 나타나든, 내면으로 들어가서(내면에 주의를 기울여서), 주변을 인식하고 있지만 마치 다른 세계에 있는 것처럼 느껴지는 한계 상황에 곧바로 진입한다. 내담자가 이 상태가 되면, 참자기-주도적 치료사도 그렇게 되고, 여기서부터 내담자의 내면체계에 대한 많은 것을 직관으로 알 수 있다. 하지만 치료사의 임무는 말하는 것이 아니라 질문을 하는 것이니까, 내담자가 자신의 체계를 탐색하고 그 모든 정보를 유기적으로 펼쳐 놓을 수 있게 이끈다.

＊ ＊ ＊

부분들이 부분의 언어에 저항할 때

　　많은 내담자가 쉽게 부분 언어를 사용할 수 있지만, 저항하는 부분을 가질 수도 있다. 이들은 우리의 문화가 다원성에 대해서 오랫동안 병리적으로 여기고 있었기 때문에 미쳤다는 낙인이 찍히는 것을 두려워할 수 있다. 내면으로 들어가는 것에 집 중하거나 드러내 보이는 걸 원치 않을 수도 있다. 치료사에게 이끌려 사물에 대한 특정 관점을 갖게 될까 봐 걱정이 될 수도 있다. 뿐만 아니라, 이야기를 들어 준다는 기분이 들고 치료사가 자신의 관점을 이해해 준다는 확신이 들 때까지 뭐라 해도 입 장을 양보하지 않을 부분에 의해서 내담자가 그냥 지배를 당하고 있을 수도 있다. "내 부분들에 대해서 말하지 마! 문제는 스텔라가 내 욕실을 엉망으로 만드는 거야." 이런 정신 구조 안에 있는 부분들은 신이 나서 언어에 대한 영역다툼을 벌일 것이 다. 그럴 땐 이렇게만 하면 된다. 말려들지 말라. 언어에 관해서는, 치료사와 함께하 면서 내면에 집중을 하는 것이 더 편안하다고 느낄 때까지 내담자가 사용하는 언어 가 뭐든—감정, 사고, **충동**, **고통** 등—그걸 사용하는 것이 가장 쉬운 방법이다.

초보자의 흔한 언어 실수 세 가지

　　내면가족체계 초보자들이 부분 개념을 소개할 때 흔히 세 가지 실수를 할 수 있다 (〈표 9-1〉을 보라). 첫 번째 실수는 너무 열심히 부분에 대해서 이야기하고 너무 많 은 낱말을 사용하는 것인데, 이러면 내담자 관리자의 신경을 거스르게 된다. 치료 사의 관리자들이 이런 경계로 인해 사기가 꺾이게 되면, 이 부분들은 치료사가 포기 하도록 밀어붙이거나 더욱 열정적으로 이 모델을 납득시키려고 한다. 두 번째 실수 는 너무 머뭇거리고 일관성도 갖추지 못해서 이 모델의 언어에 대해서 내담자 관리 자가 위험과 저항을 감지하게 한다는 것이다. 세 번째 실수는 내담자가 부분 언어가 바보 같거나 별나다고 생각해서 소통이 쉽지 않을 거라고 예단하는 것과 관련이 있 는데, 이 또한 치료사 관리자의 주의를 자극하게 된다. 치료사가 이 모델에 대해서 더 자신감 있게 쾌활하게 하면 내담자도 기꺼이 참여하기가 더 쉬워진다. 물론 문제는 치료사가 자신감을 가지려면 시간과 경험이 필요하다는 것이다. 내면가족체계 훈련이 많은 경험을 요하는 것도 이 때문이다. 숙련된 내면가족체계치료사에게 내담자가 되어 보는 경험을 권하는 이유도 마찬가지다.

표 9-1   언어에 대한 초보자의 실수

- 부분들에 대해서 너무 열심히 말하고 너무 많은 낱말을 써서 포기하게 하거나 더 열정적으로 이 모델을 납득시키려고 하면 저항을 일으키게 되는 것
- 부분 언어에 대해서 너무 주저하고 일관성 없게 말해서 내담자의 관리자가 위험을 감지하여 저항하는 것
- 내담자가 부분 언어를 어색하거나 이상하다고 생각해서 의사소통이 쉽지 않을 거라고 예단하는 것

내면으로 들어가기: 질문으로 마음 얻기

내담자들이 내면가족체계 모델을 해 보겠다고 동의를 하고 나면, **부분**이란 낱말을 쓰든 쓰지 않든, 몇 가지 방법을 선택한다. 가장 덜 위협적인 방법은 아마 그냥 질문을 하는 것이다. 내담자의 문제를 평가하고 서로 다른 부분들을 찾아내면서, 각각 부분과 내담자 참자기, 다른 부분, 내담자 주변의 사람들과의 관계를 살펴볼 수 있다. 내담자의 내적·외적 생태를 이해하는 것이 목적이다. 내면가족체계 초보자라면, 우리는 이 단계에 시간을 들여 천천히 하라고 권한다. 내담자의 부분을 찾아내고 내담자의 지배적 관계를 알고 나면 내담자 체계에 안전하게 들어갈 수 있다. 내담자의 관리자가 의심도 많고 겁도 많으면, 어느 정도의 속도로 진행을 해야 할지 잘 알고 일반적인 관계 양식도 쉽게 찾아내는 숙련된 내면가족체계치료사라 할지라도 내담자가 그 부분들에게 말을 걸도록 도와주기 전에 잠시 동안 부분들에 대해서 이야기를 나누고자 할 것이다. 하지만 일단 내담자가 부분의 언어를 쓰고 더 깊이 탐색하고자 마음을 열기 시작하면, 그다음 단계는 목표부분을 찾는 것이다.

＊ ＊ ＊

목표부분 찾기

치료를 시작할 때 우리는 내담자 체계에 대한 많은 정보를 이끌어 낸다. 이 모든 것을 칠판에 쓰면서 내담자와 함께 볼 수도 있고, 종이에 기록하거나 기억을 해도 된다. 하지만 이런 초기 정보를 따라가면서, 들었던 것을 계속 요약을 해 가는 것이 좋다. "당신은 세 부분을 말씀하십니다. 하나는 오레곤으로 이사를 가고 싶고, 하나는 대학원에 진학을 하고 싶고, 하나는 그냥 여기서 당장 직장을 구해서 돈을 벌고 싶은 거군요. 맞습니까?" 치료사가 요약한 내용을 내담자가 맞다고 하면, "가장 먼저 관심이 필요한 게 누굴까요?"라는 질문을 해서 목표부분을 선택하는 단계로 나아간다.

목표부분에 집중하고 구체화하기

목표부분을 찾기 위해서, 내담자에게 내면에 집중해서, 관찰하고, 그 부분에 대해서 설명해(혹은 구체화해) 보라고 한다. 찾기, 집중하기, 구체화하기가 거의 동시에 그다지 눈에 띄지 않는 방식으로 일어나는 내담자들도 있다. 하지만 권위를 가진 인물에게서 지속적으로 인정을 받지 못한 주관적 경험이 있는 사람들과 같은 경우에는 부분들을 알아채고 설명하는 것이 신기하고 흥미로운 경험이 될 수도 있다. 오랫동안 해리 상태에 있었던 많은 사람은 치료를 시작할 때는 자신들의 부분들을 그저 희미하게 느끼지만, 더 면밀하게 관찰을 해 보라는 질문을 통해서 많은 것을 얻어 내기도 한다. 호기심과 다정함은 위험에 노출된 부분을 불러들이는 데에 큰 도움이 된다. 그와 동시에, 치료사가 내담자의 내적 경험에 대한 이해를 하고 시작을 하면, 혼란스럽고 안절부절못하는 데서 벗어나, 아주 정돈이 잘되면서도 천천히, 분명하면서도 편안하게 진행을 할 수 있다.

감각, 감정, 사고 속에서 목표부분의 위치 찾아내기

가장 먼저 관심이 필요한 부분을 바로 알지 못하면(혹은 치료 중에, 지난 회기에서 내담자가 돌아오기를 기다리는 부분이 없다면), 내담자에게 내면세계로 들어가는 출입구가 되는 모든 감각, 감정, 사고 등에 집중을 해 보라고 한다. 다음은 부분 보기, 듣기, 느끼기부터 부분의 존재를 감지할 수 있는 것까지, 목표부분 위치 찾기에 대한 네 가지의 보기다.

레이와 머리 두드리는 사람

레이는 내면에 주의를 기울여 머리를 두드리는 부분을 찾으려고 치료사가 말하는 것에 주의를 기울이고 있다.

치료사: 어디서 시작할까요?

레이: 모르겠어요.

치료사: 잠시 내면에 집중하세요. 뭘 느끼세요?

[치료사는 레이가 내면에 집중하도록 한다. 대다수의 고통을 받고 있는 사람들은 자신들이 회피하고 있다는 것을 모르고 회피를 한다.]

레이: 늘 그렇죠. 난 쓸모없어.

[내면에 주의를 기울이기 전에는, 레이가 머리 두드리는 부분의 행동에서 자신의 내면체계가 취한 메시지를 광범위하게 인식은 하는데, 실제로는 제대로 귀를 기울이지 않아서 그 부분과 관계는 별로 맺지 못했다.]

치료사: 당신이 쓸모가 없다고 말하는 부분은 어떻게 나타나죠?

[치료사가 부분의 언어로 합리적이면서 구체적인 데로 바로 이동하여, 레이의 경험을 부분에 대한 소통으로 형성시킨다.]

레이: 내 머리 상처에서 그 소리를 듣는 것 같아요.

치료사: 거기서 시작해 볼까요?

[치료사가 이 현상에 관심을 가지겠다고 허락을 구한다.]

레이: 흠. 정말 제대로 하고 싶어요.

[그리고 외부의 기대에 순응하고 싶어 하는 부분이 바로 모습을 드러낸다.]

치료사: 정해진 방법이 있는 건 아니니까 잘못할 건 없습니다. 한 부분을 감지하시고 거기 있다는 걸 아실 수 있을 겁니다. 아니면 그 부분을 보거나, 소리를 듣거나, 물리적으로 느끼실 수도 있어요. 우리의 할 일은 당신의 경험에 주의를 기울여 거기 누가 있는지 찾아내는 겁니다.

[치료사가 알아차림을 위해서 관심을 갖게 하는데, 이는 분리하기로 나아가기 위한 중요한 단계다.]

레이: 아! 이제 그 사람이 잘 보여요! 커다란 망치를 갖고 있는데, 그 사람이 종을 치듯이 내 머리 속에서 망치를 쾅쾅 치고 있어요. 이렇게 말하네요: 거기! 거기! 이건 네가 자초한 거야! 왜 내 말을 안 들어?

레이의 머리를 두드리는 관리자는 그림처럼 선명하다. 이제 그를 보기만 하는 게 아니라 듣기도 하고 레이 머리 안에서 망치질하는 걸 느낄 수도 있다. 눈에 띄는 것은, 부분들이 그 메시지를 해석한 것처럼 "넌 쓸모없어."라고 말하는 게 아니라 왜 "내 말을 안 들어?"라고 말하고 있다는 것이다.

노아는 아무도 보지 못한다

이와 달리, 치료를 시작할 때 노아는 자신의 부분을 볼 수 없다. 시간이 흘러야 변화를 알 수 있을 것이다. 앞서 언급한 바와 같이, 몇몇 사람은, 나도 마찬가지였지만, 부분을 보지 못해도 듣거나 느낄 수 있다. 노아는 내면의 시각을 갖지 못했을 것이다. 한편으로는 그의 목표부분이 너무 두려워하거나 너무 섞여 있어서 못 보거나 관리자가 시야를 가로막고 있었을 수도 있다. 그렇다면 노아의 내면 과정은 나중에 시각적으로 바뀔 것이다. 어느 쪽이든 치료는 진행할 수 있다.

노아: 전 불안에 집중하고 싶어요.

치료사: 어디서 그걸 감지할 수 있죠?

[치료사가 바로 내담자가 알아차리는 구현된 정서 경험으로 들어간다. 부분은 신체에 영향을 미치고 몸속에서 모습을 드러낸다.]

노아: 가슴속에서요.

치료사: 거기에 집중해 보실래요?

[치료사가 아직은 부분이라고 하지 않고, 그 부분을 알아차리기 위해 허락을 구한다.]

노아: 네.

치료사: 어떻게 불안을 알아차릴 수 있죠?

노아: 뱃속에 있는 감각인데요. 그게 온몸으로 퍼져요.

치료사: 거기 집중하면 뭐가 보이나요?

[내면의 눈이 부분과 즉시 접촉을 하게 하여, 치료사는 노아가 내면적으로 시각을 지니고 있는지 확인한다.]

노아: 아니요.

치료사: 그에 대해 어떻게 느끼나요?

[치료사가 표준화된 부분–탐색 질문으로 곧바로 이동한다.]

노아: 세상에! 넌더리가 나!

치료사: 넌더리나는 부분은 당신이 자신을 도울 수 있게 허락할까요?

[치료사가 이제 부분 언어로 바꾸지만, 아직은 불안을 부분이라고 칭하지는 않는다.]

노아: 얼마든지요, 제가 그 방법만 안다면야. 난 분명 지치고 말 거예요. 장담하죠.

치료사: 그렇게 해 주기만 하면, 당신에게 뭔가 다른 걸 보여 드릴 겁니다.

[치료사가 그들이 듣고 있다는 걸 알고, 노아 보호자의 자발성에 대해 언급을 한다.]

노아: 평생 그랬어요. 불안에는 아무것도 소용이 없어요.

[노아가 체념하고 절망하고 있는 부분이 되어 말하고 있다.]

치료사: 오랫동안 이런 식으로 느껴 왔군요. 소용없었던 것들에 대해서 지쳐 있군요. 그러니까 당신이 나를 믿지 못하는 부분을 갖고 있는 게 이해가 됩니다. 그래도 그들이 당신이 뭔가 새로운 걸 해 보게 할까요?

[치료사가 인정을 해 주고 진행에 대한 허락을 구한다.]

노아: 아니요.

치료사: 이유를 물어봐 주실래요?

[시비를 가리지 않고, 치료사는 보호자의 두려움에 대해 알고 싶어 한다.]

노아: 희망 따윈 아무 쓸모가 없다고 말하네요.

[그리고 보호자가 자신의 두려움을 드러낸다.]

치료사: 당신이 희망을 느끼면 어떻게 되나요?

노아: 우울해져요.

치료사: 뭐 때문에 우울해지죠?

노아: 실망이요.

치료사: 그럼 희망을 느꼈다가 실망하게 되면, 우울해지나요? 그런가요?

[부분들이 마구 했던 말들을 요약하고 드러난 문제—불안—를 추적해서 우울한 부분의 근원을 찾는다.]

노아: 네.

치료사: 실망 때문에 우울해진 부분을 도와줘도 될까요?

노아: 그러시든지요.

치료사: 내면을 살펴보세요. 그리고 그래도 되는지 물어봐 주세요.

[내 생각에는 너무 모호하다. 이렇게 계속 하기보다는, 보호자들이 확실한 허락을 해 줄 때까지 치료사는 보호자의 이야기에 귀를 기울이는 과정을 고수한다.]

노아: 많이들 꺼려하는 것 같아요. 좋다고는 하는데 언제든지 중지시킬 권리를 유보하고 있을 뿐이에요. 우울한 부분이 힘을 갖게 되는 걸 이들은 원치 않아요.

치료사: 저도 그렇습니다. 당신이 관심을 가져 주면 그 부분이 지휘권을 갖지 않을 수 있는지 물어봅시다.

[치료사는 이 보호자의 염려를 인정하고 한 발 나아가 유배자에게 협상을 제안한다.]

노아: 네라고 했어요.

치료사: 그럼 우울한 부분과 함께 나아가 볼까요?

[치료사가 진행에 대한 허락을 다시 확인한다.]

노아: 네.

치료사: 그 전에, 한 가지 질문이 있습니다. 해도 될까요?

노아: 그럼요.

치료사: 실망해서 우울해지는 부분이 불안한 부분인가요?

노아: 네.

이와 같이, 노아는 아동기부터 불안을 경험했으며 어떻게 해도 불안을 감소시킬 수 없었다. 노아는 불안한(실망한, 우울한) 부분을 보지 못하고 느꼈다. 다른 부분들은 이 불안으로 인해서 절망했지만, 실패와 실망—과거에 일어나 우울을 일으켰던—때문에 그와 관련된 새로운 것을 시도해 보려는 희망을 갖도록 내버려 두지 않았다. 이 모든 걸 이해하고 나서, 노아와 치료사는 불안한 부분이 감정의 격랑을 일으키지 않도록 협의를 해서 노아의 참자기가 나타나고 그의 보호자가 안전하게 치료를 진행한다고 여길 수 있게 할 수 있었다.

유배자와 함께 춤추는 엘리야

세 번째 사례는 자신의 부분을 감지하고 함께 움직이는 경우였는데, 그림자처럼 희미하게만 부분들을 볼 수 있었다. 엘리야는 25세 무용수다. 동성애자이고 부모님은 동성애혐오증이 가득한 공동체 속에서 살고 있는 근본주의[1] 기독교 신자였다. 엘리야는 부모님을 설득하고 싶어서 치료를 하러 왔는데, 자신들의 편견에서 '한발 물러나' 부모가 되어 달라고 말한다. 그는 부모님이 선하고, 독실한 신자로 모이기에 힘쓰는 분들이라고 말하면서, 분명히 하나뿐인 자식인 자신과 관계를 회복하기 원하실 거라고 믿고 있었다. 동시에, 그의 부분들 중에서는 그분들을 두려워하는 부분도 있었다.

> 엘리야: 부모님은 비열해요.
>
> 치료사: 그래서 누가 당신의 도움을 필요로 하나요?
>
> **[치료사는 부분들이 그의 부모님에게 집중(섞인 채로 있고자 하는 관점)하도록 하지 않고 바로 유턴(U-turn)을 해서 내면적으로 자신의 부분들에게 집중하도록 한다.]**
>
> 엘리야: 두려움이 엄습하지 않았으면 해요. 그분들은 그럴 분들이 아니라는 거 알아요.
>
> **[엘리야가 부분에 이름을 붙인다.]**
>
> 치료사: 그럼 당신은 이 두려움이 가득찬 부분을 돕고 싶은가요?
>
> 노아: 네.
>
> 치료사: 어디서 그걸 느끼죠?
>
> **[치료사가 그 부분의 위치를 물리적으로 찾을 수 있게 한다.]**
>
> 엘리야: 배속이요.
>
> 치료사: 볼 수 있어요?
>
> **[엘리야가 자신의 부분을 얼마나 인지할 수 있는지 확인한다.]**

---

1) 종교적 교리의 절대적 진리성에 충실하려는 입장. 원리주의라고도 한다. 경전을 절대적으로 믿고 그대로 해석하고 따르는 입장으로, 19세기 천년왕국 운동에서 발생하였다.

엘리야: 그림자 같아요. 더 많이 느껴져요.

치료사: 그에 대해 어떤 느낌이 드나요?

[치료사가 참자기-에너지를 확인한다.]

엘리야: 연민이 생기네요.

치료사: 그 부분의 반응은 어떤가요?

엘리야: 실의에 빠져 있어요.

치료사: 그 부분은 당신한테 뭘 요구하죠?

[엘리야가 자신의 참자기에 훌륭하게 접근을 하고 있기 때문에, 치료사가 그 부분이 자신의 요구를 진술하도록 한다.]

엘리야: 제 생각에는 같이 움직이고 싶은 것 같아요.

치료사: 이 방에서 움직여 보실래요?

엘리야: (눈을 감고) 아뇨. 내면에서 함께 움직일게요.

[이제 엘리야의 참자기가 감당을 한다.]

치료사: (몇 분 뒤) 어때요?

[치료사가 확인을 해 본다. 내담자를 관찰하면서 도움이 필요한 때를 감지하고 들어갈지 말지를 결정한다. 과정 중에 푹 빠져 있는 내담자는 방해받았다고 느낄 수도 있다. 그러면, 그렇다고 언제든 말해 달라고 한다. 내담자가 방해받고 싶지 않다고 하면, 내담자의 체계에 적합한 것이 무엇인지 나중에 확인하는 것도 좋다. 동시에 해리된 부분은 외적인 신호를 별로 주지 않고 지휘권을 탈취할 수도 있어서, 새로운 내담자나 해리를 눈여겨봐야 하는 경우에는 지나치다 싶을 정도로 확인을 해 두는 것이 좋다.]

엘리야: 이 부분은 저와 함께 있는 걸 좋아해요.

치료사: 당신을 믿을까요?

엘리야: 저를요, 그럼요. 하지만 부모님은 아니에요.

치료사: 괜찮을까요?

[또, 치료사는 엘리야 참자기의 지휘를 따른다.]

엘리야: 뭔가를 하기 전에 이 부분과 시간을 더 많이 보내야 할 것 같아요. 준비가 덜 됐어요. 준비가 될 때까지 부모님을 뵙지 않을 겁니다.

이와 같이, 엘리야는 구체적인 목표와 풍부한 참자기-에너지를 가지고 치료를 하러 왔지만, 이 목표는 부모로부터 상처를 받았다고 느끼는 부분을 위협하고 있다.

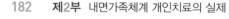

엘리야는 그 부분에게 연민을 갖고 있고 그 부분과 함께할 길을 모색하는데, 이는 그 부분과 그의 참자기가 내면에서 함께 움직이는 것과 연관되어 있다.

토시의 시야를 가린 벽

마지막으로, 내면 의사소통 관련 네 번째 사례는 45세 여성으로 경계하는 보호자에게서 더 많은 협조를 구할 때까지 보지는 못하고 느끼고 듣기만 했던 경우다.

> 토시: 누군가 거기 있어요. 하지만 볼 수가 없어요.
>
> [이 진술은 토시가 평소에는 내면을 볼 수 있었다는 실마리가 된다.]
>
> 치료사: 어떻게 그걸 알 수 있죠?
>
> 토시: 거기 있다는 걸 그냥 알아요. 하지만 전등이 나간 것 같아요.
>
> 치료사: 그에 대해 어떻게 느껴지나요?
>
> [치료사가 기본적인 부분–탐색을 뒤로 미루고, 참자기–에너지–탐색 질문을 한다.]
>
> 토시: 만나고 싶어요.
>
> 치료사: 반응이 어떤가요?
>
> 토시: 아무 반응이 없어요.
>
> 치료사: 그런 무반응을 느껴도 괜찮은가요?
>
> [모든 부분을 환영한다. 모든 경험, 무반응까지도 부분이 보여 주는 의사소통이라고 볼 수 있다.]
>
> 토시: 작은 목소리가 말하는 게 들려요. 벽!
>
> 치료사: 벽이 있나요?
>
> 토시: 네. 벽에게 비켜 달라고 하니까, "당신 누구야?"라고 말해요.
>
> 치료사: 그 벽에 대해서는 어떤 기분이 드세요?
>
> [두 부분—벽(토시가 처음엔 무반응으로 경험했던)과 벽!이라고 말하는—을 찾아내고, 이 벽에 대한 다른 부분들의 반응과 토시의 참자기–에너지 수준에 대한 접근을 찾아보기 위해 치료사가 부분–탐색 질문으로 이동한다.]
>
> 토시: 음, 조심해야 될 이유들이 있는데요, …… 지금은 그 벽이 좀 진정이 되었어요. 도우려고 여기 왔다고 제가 말할게요.
>
> [토시의 반응에서 참자기가 곧 분명히 눈에 띈다.]

치료사: (가만히 있다가) 어떻게 반응하죠?

[토시가 풍부한 참자기-에너지를 갖고 있어도, 이 지점에서 너무 오래 아무 말도 없이 있으면 애매해진다. 토시가 지금 벽이 하는 말을 듣고 있는지 아니면 뭔가 다른 일이 일어나는지 알 수 없는 치료사는 확인해 보기로 한다.]

토시: 투명해지고 있어요. 그 뒤에 아이만한 사람이 보여요.

치료사: 어떻게 해야 할까요?

[토시의 참자기가 있고 내면을 따라 잘 풀리고 있으니까, 치료사가 관여하지 않는다.]

토시: 벽은 이 아이한테 제가 압도당하는 걸 원치 않는대요.

치료사: 그래요. 하지만 그 아이에게 당신을 좌지우지하지 말아 달라고 부탁할 수도 있어요. 그러겠다고 하면, 그 벽은 당신이 그 아이를 돕게 할까요?

[여기서 치료사는 벽-보호자-의 걱정을 인정해 주고 처리해 줄 기회를 얻게 된다.]

토시: 네.

여기서 보듯, 토시는 보지 않고도 처음부터 부분을 감지할 수 있었다. 그런 다음 자신과 이 보이지 않는 부분 사이에 있는 벽을 발견한다. 토시는 충분한 참자기-에너지를 갖고 있어서 벽을 달래고, 다시 벽이 정서적 격동—보호자들의 최우선 걱정거리—을 두려워하고 있다는 것을 설명할 수 있었다. 치료사가 이런 걱정을 인정해 주고 감정의 휘둘림을 피할 수 있는 방법을 설명해 주자, 벽은 협력하기로 한다.

이 네 가지 사례에서 보여 주듯, 부분들을 인지하고 부분들과 소통할 수 있는 방법은 많다. 내면의 의사소통이 시각, 청각, 감각 등에서 함께 일어나는 경우도 있지만, 한 가지로만 될 수도 있다. 자신들의 부분을 보지 못하는 내담자들은 주관적 경험이 너무 특이하고 광범위하게 다양해서 안심을 시켜야 할 때도 있다.

* * *

맺음말

찾기, 집중하기, 구체화하기는 내면가족체계 연구의 첫 세 단계다. 내담자가 얼마나 자신의 삶과 분열되어 있는지 그리고 얼마나 참자기-에너지에 접근할 수 있는지에 따라서, 이 단계들은 같이 일어날 수도 있고 순식간에 휙 지나갈 수도 있으며, 아주 뚜렷하게 나타나면서 시간이 걸릴 수도 있다. 우리는 내면가족체계 개념 및 언어를 소개한 뒤, 관리자들에게 허락을 구한다("내면에서 일어나고 있는 것을 알아봐도 될까요?"). 허락을 받고 나면, 내담자의 내면세계로 들어가 내담자의 몸, 감정, 사고 등에서 목표부분의 위치를 감지해서 찾아낸다. 목표부분이 관리자면, 정교한 질문들로 안전하게 진행을 하면서 내담자가 내면의 경험을 구석구석 살펴보고 잘 표현할 수 있도록 도울 수 있다.

하지만 유배자가 탈출한 상태에 있는 사람과 기능에 문제를 갖고 있는 사람인 경우에는 이런 탐색이 문제가 될 수 있다. 치료사가 처음 내담자 내면으로 들어갈 때는 신중하면서도 참자기-주도적으로 활동할 것을 강력히 권고한다. 내담자가 갑자기 주제를 벗어나거나 바꾸지 않고 집중할 수 있는지, 부분들을 구체화하는 질문을 하는 것이 안전하다. 안전한 진행이 보장되고 나면, 내담자가 내면세계를 시각적으로 경험한다는 것을 볼 수도 있고, 이런 시각적인 것들이 훨씬 생생해져서 더 잘 감지되기도 한다는 걸 확인할 수도 있다. 희미하게만 내면을 보는 내담자들도 있다. 또 부분을 청각이나 운동감각으로 경험하는 경우도 있다. 내면가족체계에서는 모든 부분이 환영을 받는 것처럼, 모든 경험 방식은 동등하게 타당하고 뜻깊을 수도 있다.

제10장

~에 대해서 느끼기, 친해지기, 보호자의 두려움 탐색하기

앞에서 기억하기 쉽게 찾고, 집중하고, 구체화한다고 표현하면서 목표부분을 밝혀내는 세 가지 탐색 단계를 설명했다. 이 세 단계를 사용해서, 내면의 광경에 익숙하지 않은 내담자들이 자신의 부분들을 알게 되고, 내면세계에 더 익숙해지면 부분들의 위치를 능숙하게 찾아내기도 한다. 이런 단계를 거치고 나면, 세 단계—~에 대해서 느끼고, 친해지고, 두려움을 탐색하는—가 더 있는데, 이는 부분의 동기를 드러내고 내담자의 참자기와 관계를 구축하는 단계들이다.

~에 대해서 느끼기

목표부분과 이야기를 하고 싶은 때마다, 목표부분과 면담을 하는 과정 중에 또 다른 부분이 내담자의 참자기한테서 지휘권을 탈취한 것 같은 의심이 들 때마다, 우리는 이런 질문을 한다. 그 [목표]부분에 대해서 어떤 느낌이 드나요?(〈표 10-1〉을 보라).

이 질문에 대한 내담자의 답을 보면 부분(예를 들어, 난 그게 싫어! 그게 무서워, 그게 불쌍해.)인지 참자기(예를 들어, 호기심이 생겨요, 안쓰럽다는 느낌이 들어요, 그를 알고 싶어요.)인지 알 수 있다. 이런 식으로 ~에 대한 느낌 질문은 목표부분에게 강력하게(부정적으로든 긍정적으로든) 대응하는 부분들을 들춰낸다. 내담자의 답이 반항적인 부분을 드러내면, 긴장을 풀도록 해서 내담자의 참자기가 나타날 수 있도록 공간을 조금 더 넓혀 달라고 한다. 연달아 몇 개의 부분들이 나오면 잠시 물러나 달라고 부탁을 해야 할 때도 있다. 물러나지 않겠다는 부분이 보이면, 그 부분이 뒤로 물러날 때까지 그 부분이 새로운 연구의 대상이 된다.

표 10-1 그 (목표)부분에 대해 어떤 느낌이 드나요?

내담자의 대답으로 우리는 다음과 같은 것을 알 수 있다.
- 목표부분이 섞여 있는지
- 반발하는 부분이 섞여 있는지
- 내담자의 참자기가 어느 정도 현존하는지

~에 대해서 느끼는 단계의 목표는 내담자의 부분에게 내담자의 참자기를 소개하는 것이다. 내담자의 체계가 심하게 반항적이고 보호자들이 협조를 하지 않으면 이 단계를 잠시 접어 두고 직접 접근으로 치료사의 참자기가 목표부분과 친해져서 그 부분의 두려움을 살펴볼 수 있다. 직접 접근으로 바꾸고 나면, 내담자가 목표부분에게 어떻게 느끼는지가 아니라 치료사가 그에 대해 어떻게 느끼는지가 중요한 질문이 되는데, 이는(치료사가 참자기-주도적이라면) 호기심에서 연민으로 넘어가는 어느 지점이 되어야 한다.

방 기법

내담자 부분들의 양극화가 심하지 않고 참자기와의 분화가 더 잘되어 있으면, 내담자의 부분들은 더 협조적이어서 직접 접근을 사용할 필요성은 덜해진다. 오히려 목표부분을 알아 가기만 하면 된다. 하지만 경우에 따라서는 너무 겁을 먹고 부끄러움을 많이 느껴서 감지하기 어렵거나 다른 부분들을 불안하게 만들 수도 있다. 이럴 경우, 앞서 언급한 방 기법이 유용해진다. 치료사가 내담자에게 겁에 질려 있거나 무서운 부분을 어떤 방에 넣어 달라고 하면서 시작한다. 내면체계는 말 그대로 분리라는 뜻으로 방을 경험하기 때문에 다음의 두 측면에 도움이 된다. 하나는 목표부분이 봉쇄되어 더 안전하다고 느끼는 것이고, 둘째는 목표부분을 싫어하거나 두려워하는 부분들이 더 안전하다고 느껴 내담자의 참자기가 그 부분과 이야기를 하도록 허락하기가 쉽다는 것이다.

방 기법에는 두 가지 유의사항이 있다. 유배자가 나쁜 일이 일어났던 방으로 돌아가지 않도록 하려면, "그 부분이 안전하고 편안하다고 느끼는 방이나 공간에 넣어 주세요."라는 지시로 시작하기를 바란다. 목표부분이 방이라는 생각에 멈칫거린다면, 내담자가 관심을 기울이면서 이야기를 잘 들어 주도록 하는 것이 목적이니까 방뿐만 아니라 풀밭, 숲속 계곡, 우주선 같은 안전하다 싶은 어떤 머물 공간을 제공한다고 하면 좋아할 수도 있다. 이 생각은 물리적 분리를 이루는 것이다. 목표부분이 이런 종류의 머물 곳을 갖게 되면 자유롭게 자신들의 감정을 보여 줄 수 있다고 설명한다. 화난 부분들은 방 안에서는 폭풍처럼 휘몰아치는 어마어마한 쇼를 보여 주기도 하겠지만, 밖으로 나오지는 않는다.

놀랍게도, 내담자가 그 부분을 방에 두기로 하고 거기서 부분이 모습을 드러내게 되면(시각적 현존이 아니라 느껴지는 것일 때도 있다) 이 기법은 다른 부분들의 반응성을 진정시키는 효과를 내기도 해서, 더 편안하게 긴장을 풀면서 물러나게 된다. 대화가 잘 풀리면 참자기가 방에 들어가서 그 부분의 마음 상태와 먼저 다뤄야 할 것들에 대해서 함께 탐색을 해도 될지 물어보면서 더 알아 간다. 다음은 방 기법에 대한 간단한 예시다. 다코타는 17세 여아로, 주문과 처벌로 다른 부분들을 위협하는 내면체계 내 늙은 마녀를 찾아냈다.

> 치료사: 그 마녀 혼자 방에 두고 너는 방 밖에 있자.
>
> 다코타: 그럴게요, 거기 넣었어요.
>
> 치료사: 지금은 그 마녀에 대해서 어떻게 느끼지?
>
> 다코타: 마녀는 심술궂으니까 무서워요.
>
> 치료사: 내면의 우주에는 중요한 법칙이 있는데, 말해 줄게. 네가 두려워하지 않으면, 심술 궂거나 무서운 부분들이 너를 해치지 못해. 부분이-아닌-다코타는 이런 사악한 걸 두려워하지 않아서, 두려움에 떨고 있는 그 부분에게 잠시 긴장을 풀고 너를 믿어

보라고 할 수 있단다.

다코타: '너'라고 하는 게 누구예요?

치료사: '부분이 아닌' 다코타를 말하는 거지.

다코타: (가만히 있다가) 알겠습니다. 무서워하는 부분이 해 보겠대요.

치료사: 지금은 그 마녀에 대해서 어떤 느낌이 드니?

다코타: 음, 지금은 마녀한테 화가 나요. 마녀를 쫓아내 버리고 싶어요.

치료사: 좋아. 화난 부분에게도 잠시만 널 믿어 달라고 해 보자. 그 부분이 대기실에 갈 수도
있어. 그래도 될까? 됐어. 지금은 마녀한테 어떤 느낌이 드니?

다코타: 지친 할머니처럼 보여요. 미안해지네요. 이 할머니는 어디서 온 거죠?

치료사: 할머니한테 물어보자.

마녀를 더 충분히 보기 위해서, 다코타는 섞이지 않은 두 부분—마녀를 두려워
하는 한 부분과 마녀에게 화를 내는 한 부분—을 도와주어야 했다. 참자기가 목표
부분을 도와줄 수 있기 전까지, 많을 때는 6~7개의 반항하는 부분들을 도와줘야 할
때도 있다. 내담자에게 "이 부분에 대해 어떻게 느끼나요?"라고 물어봄으로써 도움이
필요한 반응적 부분들의 위치를 찾아낸다. 내담자의 참자기가 움직일 수 있으면, 참
자기의 자질을 반영하는 답—내용이나 목소리의 어조에서도—을 할 것이다. 반응
적 부분들을 완전히 구별해 낼 필요는 없어도 내담자가 열린 마음으로 알고 싶은 느
낌이 들 정도로 충분히 구별은 되도록 해야 한다. 내담자가 목표부분에 대해서 열린
마음을 느낀다고 말을 하고 나면, 내담자의 참자기가 그 방에 들어가서 그 부분의
두려움에 대해서 알게 해 달라고 부탁한다.

참자기-같은 관리자

보살펴 주고 세심히 배려해 주는 관리자군이 있다. 이 같은 관리자는 내담자의 참
자기와 아주 비슷해 보인다. 이들이 내담자의 참자기와 쉽게 혼동이 되기 때문에,
내담자들이 다른 이름(예를 들어, 꼭 빼닮은 부분)을 제시하더라도, 이런 관리자를 참자
기-같은 관리자라 한다.

다른 여느 관리자들과 다를 바 없이 참자기-같은 부분들도 다른 부분들을 통제
하려고 함을 기억하는 것이 중요하다. 내면을 볼 수 있는 내담자들은 참자기-같은

부분을 볼 수 있는데, 이 사실이 그것이 참자기가 아니라 부분이라는 걸 말해 준다. 참자기가 구현되고 나면 우리의 팔, 손, 코, 무릎, 다리를 볼 수 있지만 분리된 전체를 볼 수는 없기 때문이다. 내담자가 자신의 다른 부분들과 상호작용하는 스스로의 이미지를 보게 된다면, 그건 참자기-같은 부분이다. 치료사는 내담자가 약간만 옆으로 비켜서서 내담자의 참자기가 나타날 수 있도록 부탁해 보라고 할 수도 있다. 참자기-같은 부분들은 책임자로 있고 싶어 하기 때문에 처음에는 부분이라는 걸 부인할 수도 있고, 즉시 구별되기를 수긍하지 않을 수도 있다. 치료에 진전이 없을 때, 특히 치료사가 보기에는 내담자가 참자기에게 접근도 잘하고 모든 게 잘 풀리는 듯한데, 진전이 없으면, 참자기-같은 부분이 섞여 있다는 신호다. 마찬가지로, 내담자가 마음을 열고 있는데도 여전히 강한 의제들로 밀려가고 있다는 게 감지가 된다면, 참자기-같은 부분의 통제하에 있는 것일 수도 있다.

친해지기

내담자가 충분한 참자기-에너지를 갖고 있다는 것을 확인하고 나면, 치료사는 목표부분과 친해지기로 넘어간다. 목표부분이 협조적이고 자발적이면 이 단계는 거의 부지불식간에 지나갈 수도 있다. 하지만 부분이 경계심이 많고 걱정이 많으면 이 단계에서 시간이 걸릴 수도 있다. 늘 그렇듯, 치료사는 부분의 걱정거리를 살펴본다. 부분이 내담자의 참자기와 더 많은 시간을 함께 보내면서 안전감을 느껴야 할 수도 있고, 치료사가 판단하지 않는다는 것을 알아야 할 수도 있고, 다른 부분이 끼어들 수도 있다. 초보 내면가족체계치료사는 끼어드는 신호를 놓칠 수도 있다. 내담자—혹은 치료사—가 갑자기 졸기 시작하거나, 주제를 바꾸거나, 이미지를 잃어버리거나, 치료 진행 속도를 견딜 수 없다는 걸 표현하거나, 극단적인 입장을 표명하는 등과 같은 것이 여기에 포함된다.

내담자의 이런 행위는 보호자가 유배자를 기피하는 신호가 될 수 있지만, 치료사의 섞인 부분에 대한 반응일 수도 있다. 치료사의 부분들이 문제를 야기할 수도 있으니, 치료사는 자신을 먼저 살펴보아야 한다. 치료사의 부분 중 하나가 문제를 만들고 있다는 걸 발견하고 나면, 내담자와 이에 대해 이야기를 나눠야 한다. 내담자가 치료사의 부분을 인식하고 있었으면, 내담자는 인정받는 느낌이 든다. 치료사의 활성화된 부분을 알아채지 못했다 해도 치료사가 자신의 부분들에 대해서 기꺼이 책임지는 것을 보고 안도하게 되고 치료사가 정직하다는 것에 기쁨을 느낄 수 있다. 치료사가 속을 툭 터놓고 자신들의 부분에 대해 책임을 지면 내담자는 안도감을 느낀다. 한편, 치료사 부분들이 끼어들지 않았다면, 문제를 일으키는 행위에 관련된 부분을 찾아서 그 부분의 걱정거리와 요구를 바로 말하도록 초대해 보라고 내담자에게 요청한다. 눈속임으로 살아남았고 자신들이 요구하는 건 다 받아들여져야 한다고 생각하는 보호자들에게 이런 초대는 참신하다.

관리자와 친해지기

친해지기는 경청하고, 인정하고, 대상 부분을 존중하는 것을 포함한다. 다른 모든 단계와 마찬가지로 보호자들이 속도를 설정한다. 그리고 치료의 성공은 내담자만큼이나 치료사가 지닌 참자기–에너지 수준에 달려 있다. 다코타의 사례로 이어나가면서, 치료사가 어떻게 이런 질문을 하는지 설명한다.

치료사: 그 마녀가 뭐라고 하니?

다코타: 겁을 줘서 내가 착한 아이가 되도록 한대요. 그러면 아버지가 더는 나한테 화를 내지 못할 거예요.

치료사: 이해가 되니?

다코타: 휴, 슬프네요. 요 몇 년간 그래서 나한테 그렇게 심술궂게 군 거라니. 마녀는 그렇게 하는 게 옳은 거라고 생각했대요.

치료사: 마녀한테 뭐라고 말할래?

다코타: 안아 주고 싶어요. 뭐 이런 허접한 일이 다 있어.

치료사: 마녀는 어떠니?

다코타: 눈물을 닦고 있어요.

치료사: 이제는 네가 다 컸다는 걸 마녀가 알고 있니?

다코타: 난 더 이상 아이가 아니라고 마녀한테 말해요. 난 열일곱 살이나 먹었어. 누구도 다시는 나한테 그런 식으로 말하게 두지 않을 거야.

치료사: 어떻게 해야 할까?

다코타: 마녀가 마녀 복장을 벗어야죠. 마녀는 진심으로 아무도 그걸 갖고 가길 원치 않으니

까, 핼러윈 바자회에 내놓을 거래요.

치료사: 이제 마녀는 뭘 하고 싶을까?

다코타: 내가 괴롭힘에 맞설 수 있게 도와주고 싶어 해요.

관리자와 친해지기는 이 예시가 보여 주는 것처럼 빨리 되지 않을 수도 있지만, 늘 강력한 변화를 일으킨다. 또한 관리자는 지쳐 있다는 것을 인정하기 때문에 소방관과 친해지는 것보다는 더 친해지기 쉬운 경우가 종종 있다. 다코타의 참자기가 상냥하게 대하자, 마녀는 괴롭히는 게 아니라 오히려 괴롭힘에 맞서서 보호를 하고 있었다고 털어놓는다.

두려움 탐색하기

내담자의 참자기가 목표부분과 친해지고 나면, 내담자는(통찰을 사용해서) 질문을 시작할 수 있다(〈표 10-2〉를 보라). 보호자의 두려움에 대한 일련의 질문들을 던져, 그 부분이 계속 극단적인 역할을 하게 만드는 걸림돌 발견에 중점을 둔다. 그 부분이 더 바람직하다고 여기는 역할들에 대해서 질문을 할 수도 있다. 이런 질문들은, 충동적이고 제멋대로 하게 두는 소방관들과 비판적이고 판단적이며 완벽주의적인 관리자들을 포함한, 모든 보호자를 대상으로 사용할 수 있다.

- 왜 당신은 말로든 행동으로든 이런 [극단적인 행위]를 하는 걸까요?
- 당신이 정말 [내담자의 이름]을 위해서 원하는 게 뭐죠?
- 당신이 그렇게 행동하거나 말하는 걸 그만둔다면 어떤 일이 벌어질까 봐 두려우신가요?
- 만약 [내담자의 이름]이 그렇게[그 부분이 두려워하는 결과] 되는 걸 막을 수 있어서 당신이 이 일을 그만두고 하고 싶은 일을 할 수 있다면 그게 뭘까요?
- 당신이 새로운 역할을 할 수 있도록 저희가 도움을 드려도 될까요?

표 10-2 | 내담자의 참자기가 나타나 지휘권을 갖고 있는지 평가하는 비지시적 질문

- 당신은 그것에 대한 반응으로 뭐라고 하시겠어요?
- 지금 어떤 일이 일어나야 하나요?

다음의 대화는 우리가 이런 질문을 하는 방법을 보여 준다.

치료사: 이 부분은 당신에게 아주 비판적이네요.

솔: 제가 실수를 너무 많이 한다고 생각해요.

치료사: 당신도 그렇게 생각하세요?

솔: 흠. 그의 걱정이 좀 심해 보여요.

치료사: 당신을 비난하지 않으면 어떤 일이 일어날 것을 두려워하는지 물어보세요.

[이 명료화 질문이 핵심이다. 보호하는 부분에게 마지막으로 그의 두려움에 대해서 물어볼 수 있게 되면, 유배자인지 양극화된 보호자인지 알게 된다. 유배자이면, 내담자가 유배자를 밝혀낼 때(아무도 날 사랑하지 않아)까지, 괄호 안의 질문들을 이어 가다가(그럼 그다음엔 무슨 일이 일어날까? …… 또 그다음에는요?), 어느 지점에 이르면 유배자에게 도움을 줄 수 있다.]

솔: 사람들은 날 좋아하지 않아요.

[이 부분의 두려움은 거절당한 기분을 느낀 유배자를 가리키고 있다.]

치료사: 누가 당신을 좋아하지 않죠?

솔: 아버지와 형이래요.

치료사: 이해가 되나요?

솔: 약간은요. 형은 우리 가족이 그리는 이상적인 사람이에요.

치료사: 그 비판자에게 물어봐 주세요. 형보다 못하다고 여기는 그 부분을 당신이 치유할 수 있다면 그렇게 하는 걸 그 부분이 막아야 하는지 말이에요.

솔: 아니라고 하는데요.

치료사: 그럼 그 부분이 당신을 더 이상 비난할 필요가 없다면, 뭘 할까요?

솔: 흠. 그림 그리는 거 좋아해요.

치료사: 이제 당신이 형보다 못하다고 여기는 부분을 도와줘도 될까요?

[치료사가 다음 단계로 가기 전에 그 부분의 허락을 얻는다.]

보호자의 두려움을 조사하여, 치료사는 보호자가 보호하고 있는 유배자—대화 중에 밝혀진—를 내담자의 참자기가 도와주도록 허락을 얻는 것이 목표라는 것을 명심하자. 이 사례에서 치료사는 솔에게 비판자를 위한 질문을 제시해 준다. 보호자가 완강할수록 내담자에게 한동안 질문을 제공하여 더 많은 도움을 줄 수 있다. 하지만 일반적으로 지시는 가능하면 짧게 해야 한다. 내담자에게 행할 것과 말할 것을 정해 주기보다는, "뭐라고 답을 할래요?"와 "이제 어떻게 해야 할까요?" 같은 비지시적 질문으로 내담자의 참자기가 지휘권을 인계받을 준비가 되었는지를 계속 확인해 본다. 분화가 되고 나면, 내담자의 참자기는 전체 체계를 어떻게 다뤄야 하는지 알고, 내담자는 어찌할 바를 치료사에게 묻는 게 아니라 참자기가 무엇을 하는지 치료사에게 알려 준다.

가상 질문과 주장

솔의 보호자와 그 두려움에 대해서 면담을 하는 사례에서 치료사가 세 가지 전략을 고수한다는 점에 주목하자. (1) 관찰하기와 안심시키기(〈표 10-3〉을 보라), (2) 명료화 질문하기, (3) 가상 질문하기(〈표 10-4〉를 보라). 모든 질문이 부분들을 분리해 내는 것을 목표로 삼고 있는 반면, 가상 질문은 의견 불일치와 논쟁을 해소시킬 수 있다. 그러니까 가상 질문은 마법의 공식이다. 가상 질문("그 부분이 치유가 되면, 뭘 하고 싶을까요?")으로 새로운 최상의 가능성을 소개하는 한편, 부분의 두려움과 비관적인 생각에 수긍이 갈 만하다고 고개를 끄덕여 줄 수도 있다. 물론, 솔이 다시 '누구보다 못하'다고 여기게 되는 건 원치 않는데, 솔이 안전하다고 느껴도 당신이 이 일을 해야 할까요? 이러한 가상 질문은 유배자가 치유될 수 있고—비판자는 절대로 불가능하다고 생각하지만—행복한 결말로 직행할 수 있는지에 대해서 가타부타 할 필요를 없앤다. 치료사는 그 부분에게 이런 행복한 결말을 보증하라고도 하지 않고, 가능할 거라는 말도 하지 않는다. 그저 행복한 결말이 좋을지에 대해서 물을 뿐이다. 경험상, 어떤 경우든 치료사가 알아야 할 숨겨진 위험을 간과하면, 부분들은 이런 질문에 절대 아니라고 한다. 대부분은 행복한 결말이 좋은 결과라는 데에 동의하지만 가능하지 않다는 말을 덧붙인다. 그러면 실제로 가능하며 부분이 우리에게 기회만 준다면 증명할 수 있다고 주장한다. 보호자들이 별 효과가 없을 게 뻔하다 여겨도, 이런 새로운 실험(내담자의 참자기가 유배자와 함께 머무는)이 밑져야 본전이라는 걸 보

표 10-3 **보호자를 안심시키는 말**

- 당신한테서 뭘 뺏으려는 게 아닙니다.
- 당신이 대장입니다.
- 이런 결과가 싫으면, 바로 돌아가서 당신이 잘하는 일을 하면 됩니다.
- 당신은 [내담자 이름]의 소중한 부분이고 늘 내담자의 부분일 겁니다. 그리고 잘되면, 오히려 원하는 것을 더 자유롭게 할 수 있을 겁니다.

표 10-4 **가상 질문과 주장**

- [내담자의 이름]이 취약한 부분[유배자]이 짐을 내려놓을 수 있게 도와줄 수 있다면, 그래도 이 일을 해야 할까요?
- 나쁜 결과가 생길 걸 막는 데에 새롭고 더 효율적인 방법이 있다면, 관심이 있으신가요?
- 밑져야 본전인데, 당신에게 우리가 이보다 나은 결과가 가능하다는 걸 한 번 보여 드려도 될까요?
- 이런 결과가 싫으시면, 바로 돌아가서 당신이 잘하는 일을 하시면 됩니다.
- 효과가 있다면, 당신이 하고 싶은 걸 자유롭게 하실 수 있어요.
- [내담자의 이름]이 [부분이 만든 두려운 결과]를 막을 수 있어서 그 일을 그만두고 하고 싶은 뭔가가 있다면, 어떤 걸 하고 싶으세요?

여 주는 것이 우리의 임무다.

또 가상 질문을 활용하면 논쟁을 할 필요가 전혀 없다. 보호자가 좋은 일이 일어날 수 있다는 걸 수긍하지 않으면, 십중팔구 그렇겠지만, 치료사는 그저 그 비관적인 생각을 인정해 주면 된다. 당신의 경험을 보면 왜 그런 기분이 드는지 이해합니다. 치료사는 '희망팔이'가 되어 좀 더 낙관적인 견해를 주장하지만, 내담자의 부분에게 치료사의 낙관주의를 함께 가지라고 요구하지는 않는다. 제안을 하는 것이지 힘을 과시하는 게 아니다. 제안을 통해서 이런 과정이 어떻게 안전하게 작용을 하는지 부분에게 보여 주는 것이다. "아무 대가 없이 찾을 수 있으면, 당신이 어떻게 이보다 더 나은 결과를 이룰 수 있는지 보여 주실 수 있을까요?"라고 묻는다. "한 번 지켜보세요. 그리고 너무 무섭다 싶으면, 중단할 수도 있고 당신의 걱정거리를 다뤄 드리기 위해서 멈출 겁니다." 라고 초대한다. 그리고 "제가 말하는 게 사실이 아니라면, 바로 당신의 임무로 돌아가실 수 있습니다. 아무도 당신한테서 아무것도 빼앗지 않습니다. 당신이 대장입니다."라고 주장한다. 지배권 이양을 두려워하는 보호자들은 이런 제안을 더디게 수용할 수도 있고, 실망으로 모든 게 무너지는 걸 두려워하는 보호자들은 내담자의 참자기를 만나거나 유배자를 드러내기 전까지 직접 접근을 하면서 치료사의 참자기와 상당한 시간을 보내야 할 수도 있다. 하지만 아무 대가 없는 가상 질문의 행복한 결말이 시간이 지날수록 엄청난 설득력을 갖게 되고, 결국 대부분의 보호자는 제안을 받아들인다.

관리자의 두려움

사람들은 내면의 관리자에게 떠밀리거나 부모, 배우자, 고용주, 입원병동, 법정 등의 압력 때문에 치료를 받으러 오곤 한다. 이럴 때 내담자가 유배자나 소방관과 섞여 있으면, 위기 상황에서 양도 혹은 의뢰되기 십상이다. 하지만 스스로 도움을 청하러 올 때는 관리자가 그 결정을 내렸을 확률이 크다. 그렇다 해도 관리자의 결단력을 보고 내면의 보호하는 부분들이 치료에 동의했다고 착각해서는 안 된다. 다른 관리자나 소방관들은 자신들만의 걱정거리를 가지고 만반의 준비를 하고 있으며 그들에게 발언권을 주지 않으면 진행을 막아 버릴 수도 있다.

관리자는 두려움에 떠밀려, 현재 유효한 것이 아니라 내담자 삶의 특정 시점에 머무는 때가 많다. 그들의 두려움을 이해할 때 그들의 협조를 얻을 확률이 훨씬 커진다. 치료사가 그들의 두려움을 다뤄 주고 새로운 계획에 협조하는 것이 안전하다는 것을 충분히 느끼고 나면, 관리자들은 참자기가 유배자에게 다가가도록 저항하지 않고 도움을 주기까지 한다. 관리자들의 주요 두려움에 대한 목록을 다음에서 설명하고, 요약해서 〈표 10-5〉에 실어 둔다. 모든 관리자가 이 모든 것에 부합하지는 않을 수 있지만, 대부분 하나 이상은 해당이 된다.

소방관은 위험하다

내면가족체계치료사들은 유배자와 접촉을 시도하기 전에 분노, 자살, 폭식 등과 같은 행동의 위험성에 대해 묻는다. 유배자 주변을 배회하는 소방관들은 위험할 수 있다. 내담자가 유배자 근처에라도 가면, 소방관들은 공격태세를 갖춘다. 이 상황에 경계하는 관리자도 있고, 소방관들이 있다는 것을 부인하는 관리자도 있다. 관리자가 위험을 부인해도 내담자의 삶이 그렇지 않다는 걸 보여 준다면, 치료사가 인식하고 있는 소방관들에게 직접 확인한다. 내면체계는 아주 정교하게 균형을 이루고 있기 때문에, 유배자에게 접근을 하려면 그들의 허락이 필요하다.

유배자의 감정이 휘몰아친다

내담자에게 문제가 생겨 치료실을 찾게 만드는 행동들 중 대다수가 보호자의 두려움 때문에 일어난다. 관리자와 소방관이 가장 두려워하는 것은 내담자가 유배자의 부정적인 감정 및 신념에 사로잡힐 수 있다는 것이다. 휘몰아치는 감정에 사로잡히는 것에 대한 두려움은 관리자로 하여금 억제하게 하고 또 소방관에게는 종종 일탈까지 일으키면서 오락에 빠지도록 만든다. 앞서 언급한 바와 같이, 많은 치료법이 정서조절기술훈련으로 내담자가 자신의 감정을 조절하고 충동성을 미연에 방지하도록 돕는다. 하지만 내면가족체계는 유배자에게 자신의 감정으로 내담자를 압도하지 말아 달라고 부탁을 해서 극단적인 반항성을 미리 예방한다. 유배자가 감정의 격랑을 일으키지 않겠다고 결심을 해 주면, 내담자는 많은 시간과 에너지를 얻을 수 있다. 물론, 이런 부탁이 유배자의 협조를 보장하지는 않는다. 그러나 내담자의(그리고 치료사의) 참자기를 믿으면, 대개 동의한다. 유배자가 내담자의 참자기를 믿지 않으면, 협조를 기대하기 전에 치료사는 반드시 참자기와의 관계를 개선해야 한다.

참자기가 움직일 수 없고 유배자가 무리하게 다른 사람들을 돌봐야 하면 유배자는 분노하기도 한다. 하지만 참자기가 이런 분노를 인정해 주고 사과를 하면 그 부분은 곧 기분이 좋아져서 도움을 받아들인다. 참자기와 유배자의 관계가 회복되어 가면, 걱정이 많은 관리자가 신경이 예민해져서 끼어들 수 있다. 대부분은 그들에게 물러서 달라고 부탁을 하지만, 끝까지 고집을 피우면 유배자에게 돌아가기 전에 그들의 걱정에 대해서 귀를 기울여 들어 주고 다뤄 준다. 내면가족체계에서 '저항'은 관리자가 제동을 거는 것이다. 얼마든지 불신을 가질 만한 이유가 있는 외상을 입은 개인 내면의 정교한 생태계 속으로 우리는 발을 들이게 된다. 관리자에게 예우를 갖추고 세심한 주의를 기울여 주면서, 안전하게 나아갈 방법을 치료사가 알고 있다는 것을 믿게 되면, 저항하지 않고 도움을 준다.

당신(치료사)은 감당하지 못할 거야

많은 내담자들은 자신들의 유배자가 모습을 드러내었을 때, 상처를 입고, 가족과 동료 및 예전의 치료사들에게 버림을 받은 이력을 갖고 있어서, 이들의 보호자들은 내면가족체계치료사들한테서도 같은 대접을 받을까 봐 겁을 낸다. 이들은 유배자가 드러나면 치료적 관계를 무너뜨릴 거라고 생각하고, 치료사가 자신의 유배자와 불편한 상태라면, 이런 두려움은 현실이 된다. 내담자가 유배자를 드러내고 나서 치료사의 관리자가 주도권을 쥐게 되면(혹은 그럴 태세를 갖추고 있으면), 내담자를 위험에 처하게 한다. 치료사가 안전하고, 따뜻하고, 보살펴 주는 사람이 되는 것이 아니라, 내담자가 약해질 위험에 처할 때, 냉정하고, 조급하고, 주의가 산만한 사람의 모습으로 순식간에 바뀌어, 내담자는 자신이 쓸모없다는 느낌을 확신하게 되고 자신의 보호 체계를 가속화시킨다. 이 모든 것은 치료사가 자신들의 부분과 밀접한 관계를 가지고 참자기-주도성을 유지하는 것의 중요성을 말해 준다. 자신의 유배자를 돌볼 수 없는 치료사는 내담자의 유배자와 작업을 해서는 안 된다. 일단 문이 열리고 내담자가 자신의 유배자에게 다가가게 되면, 치료사는 막중한 책임을 지게 된다. 내담자가 치료사의 보호자들에 의해 거절당하고, 버려지고, 처벌당해야 할 이유는 없다. 누가 뭐라 해도 치료사가 다룰 만한 능력이 생기기 전에 문을 열어서는 안 된다.

이와 관련하여, 불분명한 치료사, 겁이 많은 치료사, 분노에 찬 치료사가 내담자의 관리자들에게는 특정 문제가 될 수 있다. 치료사의 역할이 모호하면, 특히 과거로부터 부정적 경험이 불안하게 다가올 때, 관리자들의 승산을 높이게 된다. 대다수의 관리자는 치료사가 내담자를 돌봐 준다고 여겨야 하고 그게 비단 일 때문이 아니라는 느낌이 들어야 하는데, 많은 치료사가 보살핌을 직접 표현하면 안 된다는 생각 때문에 애매한 자세를 유지하도록 훈련을 받는다. 이런 자세는 치료적 관계에서 비현실적인 환상이나 부적절한 행위를 진작시킬 수 있다. 이런 불행한 조합은 서먹함, 관리자 불신 강화, 치료 지연 등을 야기시킬 수 있다. 그러니까 당신이 내담자에게 관심이 있으면, 그대로 말하면서 그 관심에 대해 안심시킬 방법을 찾기 바란다.

경계심이 많은 관리자의 두 번째 걱정거리는 두려움에 가득 찬 치료사다. 많은 관리자, 특히 외상 경험이 있는 관리자들은, 인간—어른, 남자, 여자, 좀 달라 보이거나 달리 행동하는 사람 등등—이라면 아예 믿지를 않는다. 이는 내담자뿐만 아니라 치료사에게도 해당이 된다. 치료는 관계로 하는 일이다. 내담자를 무서워하면 관계를 맺을 수 없다. 내담자의 보호자들이 속임수를 쓰고, 파괴하고, 공격을 일삼을 때 치료사의 관리자들이 벌떡 일어나 방어벽을 치면, 아무것도 할 수가 없다. 특히 내담자가 특수 관리자 계급을 강하게 드러내게 되면, **치료사의 부분**(합리적이고, 이성적이고, 학식 있고, 유익하고, 참자기와 쉽게 헷갈리는)이 더 안전한 쪽으로 회기의 방향을 틀고 싶다는 마음을 가질 수도 있다. 뿐만 아니라, 내담자가 지나치게 '애정에 굶주린' 것처럼 보일 때, 어린 부분들—치료사가 돌봐 줄 거라는 이들의 환상은 효과적이지만 채워지지 않는 욕구의 표현이다—을 대신해서 내담자가 보살핌과 염려를 직접 요구하는 것은 치료사가 충분히 감사할 일이다. 이런 부분들은 통제되거나, 다른 곳에 머물거나, 겸손해지지 않아도 된다. 이들은 관계 속에서 이해받고 계속 관계를 맺고 있어야 한다. 한편, 치료사의 부분들—이들도 관계를 맺고 있어야 한다—은 힘을 부여받을 필요는 없지만, 내담자의 부분이 아닌 치료사 자신의 참자기와 함께 있어야 한다. 내담자와 치료사가 부분–대–부분으로 상호작용을 하면 잘되는 일이 거의 없다.

세 번째 걱정거리, 분노에 찬 치료사도 마찬가지로 곤란한 점이 많다. 치료사의 소방관이 힘겨운 내담자에 대하여 움직이기 시작하면 자신의 위치를 이용할 수 있고 온갖 상해를 입힐 수 있다. 소방관이 주도하는 치료사는 위세를 부리면서, 냉정하고, 멸시하고, 업신여기고, 가혹하고, 주제넘게 참견을 하고, 유혹을 하고, 위험을 부인할 수 있다. 치료사의 소방관에게 굴복한 내담자는 외상을 입게 되고 그 경험으로 인해서 다시 힘들어진다. 자신의 소방관과 좋은 관계를 맺는 것은 치료사 역할을 시작하는 사람들에게는 도덕적 필수요건이다. 내면가족체계 모델은 누구나 참자기와 함께 다른 덜 적대적인 부분들을 갖고 있다는 것을 환기시켜 주고, 치료사의 역할은 해를 끼치지 않는 것이 최우선이며, 두 번째가 내담자의 참자기가 내담자의 요구를 들어줄 수 있도록 촉진시키는 것이다.

안전하지 않아

유배자를 위험한 환경 속에 데리고 들어가는 것은 어리석고 비윤리적이다. 내담자가 안전하지 않으면, 계속 진행하다가는 취약성이 너무 많이 드러날 거라는 염려 때문에 내담자의 관리자가 내면가족체계치료에 저항할 수 있다. 학대하는 배우자나 가족구성원과 내담자가 함께 살고 있으면, 내담자의 참자기—혹은 적어도 성숙한 관리자—에게 접근하여 그 환경을 바꾸는 데에 중점을 둔다. 또한 내담자가 점점 강해져 의존을 덜 하게 되면서, 내담자와 가까운 사람들은, 마치 자신들이 위험하게 하지도 않고 학대도 하지 않는다는 듯, 극단적인 방식으로 대응할 수도 있다. 이런 이유로, 치료사는 취약한 부분들과 내면의 작업을 하기 전(그리고 하는 중)에 내담자의 외부 환경을 평가하고, 필요시에는 변화를 독려하기도 한다. 가능하면, 가족구성원들을 초대해서 자신들의 부분들에게 도움을 주게 할 수도 있다. 14장에서 가족치료에 대한 설명을 한다.

나쁜 일이 일어날 거야

양육자라는 부분이 잘못을 저지른 증거들을 덮어 버리거나 축소시키려고 몇 년을 보내는 관리자들이 있다. 이런 부분들을 **부모 보호자**라 한다. 사랑받지 못하고 불운하다고 느끼는 유배자에게 위안을 주기 위해, 이런 관리자들은 가해자가 내담자를 결코 사랑하지 않았다는 생각을 물리치는 데 혈안이 된다. 유배자가 애착을 느끼는 사람, 혹은 내담자가 여전히 의존하고 있는 사람에게 화난 부분이 대항하고, 폭로하고, 관계를 잃어버리려 할 때 관리자들이 제동을 걸 수도 있다. 내면가족체계 모델은 이 모든 염려에 대해서 관리자들을 도울 수 있다.

첫째, 유배자들이 내담자의 참자기를 믿게 되면, 이들은 상처를 입히는 타인에 대한 의존에서 벗어나게 할 수 있다. 우리는 내담자의 참자기가 모든 부분에게 주요 애착인물이 되도록 하는 것을 목표로 삼는다. 둘째, 치유는 가해자에게 언제, 어떻게 맞설지 말지 등의 여부에 따른 것이 아님을 내담자가 알아야 한다. 그 결정은 전적으로 내담자에게 달려 있다. 상당히 많은 내담자가 내면체계가 그 사람의 반응을 다룰 준비가 되기 전에, 너무 조급하게 박해자와 직면하라는 요구에 떠밀린다. 그래서 그들은 부인이나 반격을 당하고 정서적으로 다시 학대받을 위험이 더 커진다.

가해자와 맞서는 것이 치유의 조건은 아니지만, 내담자가 그렇게 하고 싶을 수도 있다. 그럴 경우가 되면, 우리는 내담자의 참자기가 주도권을 쥐고 자신의 부분들이 어떤 상호작용이 일어나든 안전하다고 느낄 수 있게 할 수 있을 만큼 충분한 시간을 들여 내면적으로 준비를 하도록 한다. 이런 접근법이 대다수의 내담자에게 힘을 줄 수도 있지만, 자신을 스스로 돌본다는 것을 버려지는 것으로 연관시킬 부분들(대개는 아주 어린)도 있다. 이런 어린 부분들은 뼈저린 무시를 경험했기에, 간절히 구원을 바랐을 것이다. 온 힘을 다해 타인의 사랑을 얻으려고 애를 썼을 것이고 오랫동안 참자기를 만나는 것도 거부할 수 있다. 그들의 욕구나 경험을 인정하고 그들을 감싸고 있는 보호자들의 두려움을 탐색하면서, 그들을 달래 참자기를 감지할 수 있게 하고 자신을 돌보는 것이 전제조건이지만 안전하고 사랑을 나누는 관계가 되는 것의 대체물은 아니라고 위안을 해 주도록 한다.

난 사라지고 말 거야

많은 보호하는 부분은 자신들이 내면체계를 가득 채우고 있는 역할일 뿐이라고 여긴다. 이들은 너무 오랫동안 극단적인 역할에 빠져 있어서 그들이 지니고 있는 다른 재능이나 욕망 같은 것은 인식하지 못한 채 자신들의 일에만 골몰해 있었다. 게다가 체계 내 다른 부분들은 이들의 행위가 억압적이거나 파괴적이다 보니 이들을 간절히 없애 버리고 싶을 수도 있다. 따라서 유배자가 더 이상 자신들의 보호를 필요로 하지 않으면 보호자들은 존재할 수 없을 거라는 두려움을 가지기도 한다. 우리의 임무(다시 말해, 내담자의 참자기와 치료사의 임무)는 보호자의 희생에 감사하고 그 역할이 어떠하든 그들이 가치로운 존재임을 인정하고 있다고 보호자들을 설득하는 것이다. 앞으로는 어떤 바람직한 일을 하고 싶은지 물어본다. 모른다면, 쉬는 것도 좋은 생각이고, 새롭고 가치 있는 역할은 언제든 선택할 수 있는 것이라고 확신을 준다. 보호자의 바람직한 역할은 이전과는 전혀 다른 모양으로 드러나는 경우가 놀랄 만큼 많다. 예를 들어, 당신이 숨겨 두었던 비판자는 세상 밖으로 나와 사람들과 당신에게 도움을 주고 싶어 하고, 응원단장이 되고 싶어 한다.

유배자는 곧 그의 무거운 짐이다

대부분의 보호자는 유배자가 곧 그의 짐이라고 여긴다. 유배자가 어린 경우 대개 그렇지만, 이거 아니면 저거("나는 착해 아니면 나는 못됐어.") 그리고 자아─지시적("그렇게 되면, 내 책임이야.")인 아동의 특징적 사고를 지니고, 딱 그 연령만큼의 시야를 가진다. 그런 신념을 인지적으로 교정하려고 하면 어린 유배자를 설득하기가 쉽지 않지만, 참자기가 친해져서 사랑을 베풀면, 이들은 마음을 열고 다른 시각을 갖게 된다.

내담자에게 참자기가 없다

관리자들은 내담자에게 참자기가 없다고 아주 오랜 세월동안 우겨 왔을 수 있다. 논란의 소지가 있겠다는 생각도 들지만, 이런 부분들과는 직접 접근을 사용해서 그들이 위험에 처해 있다고 여기는 것에 대해서 알고 싶어 하는 것이 가장 효과적이다. 참자기가 나타났을 때 일어날 수 있는 최악의 일은 무엇일까? 부분들은 자신들이 더 이상 소용없어질까 봐 겁을 내기도 한다. 하지만 관리자들은 내면의 공허함을 내담자에게 참자기가 없다는 증거라는 생각에 젖어 우길 수도 있다. 공허함을 느끼는 어른은 아동기 부재의 경험으로 가득 차 있고, 부모의 무시가 현재까지도 이어지

고 있는 공허, 무감각, 냉정함에 대한 특히 강렬하면서도 안절부절못하는 느낌을 만들어내는 것 같다는 점에 주목하여 치료사가 도움을 줄 수 있다. 관계적 진실과 해묵은 이야기들을 알려 주는 무거운 짐은 눈을 뗄 수 없는 위험한 애착의 초상화이지만, 그게 유배자가 텅 비어 있다는 의미와는 전혀 다른 뜻이다.

내담자의 참자기가 나타나면 치료사가 떠나 버릴 것이다

부모화된 어린 관리자들은 관계 포기에서 자신들이 감당해야 할 몫 이상을 겪게 된다. 외부의 사랑과 지지를 갈구하는 이들도 있지만, 경계의 방향을 바꾸어, 혼자 다 알아서 하겠다고 주장하는 이들도 있다. 더 많은 유대감을 간절히 원하는 부분들은 참자기와의 기본적인 관계를 형성하기 위한 우리의 초대를 치료 종료의 서곡(치료사가 성공을 선언하고 치료를 끝낼 것이다)으로 듣기도 하여, 영원히 고립되고 희망이 없어진 것으로 받아들일 수도 있다. 동시에, 유대감을 더 가지려는 생각에 반대하는 부분들은 우리의 제안(참자기와 관계를 가지라는)을 더 많은 포기를 위한 장치로 듣는다. 이들은 또, 참자기를 만나 보라고 제안을 하는 우리의 의도에 의구심을 품기도 한다. 어느 쪽이든 이러한 이해할 수 있는 두려움에 직면하면, 인내함이 특히 설득력을 가진다.

내가 입힌 피해에 대해 심판을 받게 될 것이다

소방관들이 그냥 상해를 일으키기만 하는 것은 아니다. 가혹하고, 엄격하고, 지속적으로(혹은 전반적으로) 비난을 일삼는 관리자들은 내담자의 삶에 큰 대가를 치르게 한다. 내담자의 참자기는 일종의 내적 신뢰와 상처 입은 부분들 간의 화해 과정을 두루 살펴볼 필요가 있다. 이들은 자신들의 경험을 인정받아야 하고, 해를 입히는 행동을 한 부분들은 자신들의 가혹한 역할에 대해 사과를 하고 다시는 반복해서 하지 않겠다 선언을 할 기회를 가져야 한다. 외부 타인들과의 개선도 필요할 수 있다. 여기서 참자기보다 더 중요한 것은 없다. 가해자의 사과와 상처받은 부분의 화답에 있어서 참자기의 용기, 명료성, 열린 마음은 정말 중요하다.

변화는 체계를 흔들고 고통을 야기할 것이다

보호자들은 결코 끝나지 않을 것 같은 슬픔이며 우울로 가는 통로인 비탄을 두려워한다. 따라서 비탄을 막고, 마비시키고, 피하기 위해서 많은 노력을 기울인다. 보호하는 부분들이 이런 입장에서 벗어나게 하고 참자기가 거기서 유배자를 바라봐 주면, 비탄은 아주 쉽게 치유 과정의 일부가 된다. 부분들이 마침내 참자기에게 다가가면, 안정감과 안전감이 결국 자신들의 상실을 느낄 수 있게 해 주기 때문에 너무나 마음 아파한다. 그러므로 치료를 하는 과정에서 비탄은 치유의 자연스러운 방식이며 우리는 모두 생산적으로 마음 아파할 수 있도록 태어났다고 관리자들을 다독여야 한다(Scott, 2016).

맺음말

목표부분—가급적이면 관리자— 찾기와 구체화하기를 하고 내담자의 참자기가 움직여(~대해서 느끼기) 목표부분과 내담자의 참자기 사이에 유대감을 촉진(친해지기)시키고 나면 그 동기(두려움)에 대해 알게 된다. 내담자가 목표부분과 관계를 맺고 왜 그 행위를 하게 되었는지를 알고 나면, 두 가지 근본적인 제안을 한다. (1) 우리가 부분의 문제를 해결해 줄 수 있는데, 이는 유배자를 보호하는 데 꼭 필요한 것이며 (2) 그 유배자를 위해서 참자기의 형태로 믿음직한 도움을 줄 수 있다. 보호자가 내담자의 참자기를 만나고 나면, 더 진실된 걸 보여 주지 않으면 믿기 어렵다고 해도 그 부분의 임무를 못하게 막으려 하지 않고, 뭔가 다른 것을 하면서, 실제 문제(추방된 취약성)를 해결하는 데 도움이 되는 것을 그 부분이 볼 수 있을 것이다. 보호자의 걱정과 광기어린 방식이 이유가 있다는 것을 치료사가 이해하고 있다고 보호자들이 믿으면 이들은 얼마든지 새로운 것을 시도할 위험을 감수한다.

표 10-5 **관리자의 주요 두려움**

1. 소방관은 위험하다. 관리자는 내담자의 참자기가 유배자에게 접근해도 위험한 소방관이 전투 태세를 갖추지 않을 것이라는 확신이 필요하다.
2. 유배자의 감정이 휘몰아친다. 유배자가 섞여서 참자기가 정서적으로 압도당해도 해를 가리는 구름과 같다. 참자기는 단지 가려질 뿐이지 손상을 입지는 않는다. 그렇지만 참자기가 가려지면, 다른 부분들이 참자기의 지도력에 다가갈 길이 없어지고 유배자의 괴로움만 느끼게 된다. 그러므로 유배자가 섞임의 수준을 통제할 수 있고 참자기가 드러날 수 있다고 관리자를 안심시켜야 한다.

3. 당신(치료사)은 감당하지 못할 거야. 관리자는 치료사가 혐오스러운 걸 봐도 움츠러들지 않고, 내담자를 포기하지도 않고, 무례하거나 처벌적이지도 않으면서, 허약하지 않고 유배자의 취약성을 다룰 수 있다는 것을 믿어야 한다.

4. 내담자의 참자기가 나타나면 치료사가 떠나 버릴 것이다. 관리자는 내면의 참자기 자원에 다가가는 것이 관계 포기를 준비하는 것도 아니고 나중에 내담자가 외부의 지지를 포기하고 자급자족을 해야 한다는 것도 아니라는 것을 알아야 한다.

5. 안전하지 않아. 관리자는 내담자 주변 사람들이 위험한 부분을 갖고 있더라도 참자기가 유배자를 보호하고 체계를 안전하게 유지할 거라는 확신을 느낄 수 있어야 한다.

6. 나쁜 일이 일어날 거야. 관리자는 유배자가 비밀을 누설하거나 절망적인 애착에 대해 포기를 하면 가족으로부터 외면당하거나 폭력의 위협을 받게 되는 것과 같은 가혹한 결과를 참자기가 처리할 수 있다는 데에 확신을 가져야 한다.

7. 난 사라지고 말 거야. 관리자는 극단적인 역할을 더 이상 할 필요가 없어져도 자신들이 버려지거나 제거되지 않을 것을 알아야 한다.

8. 유배자는 곧 그의 무거운 짐이다. 관리자는 유배자가 그의 무거운 짐은 아니라는 것과 무거운 짐의 구속에서 풀려나기만 하면 그 모습이 바뀔 거라는 것을 알아야 한다.

9. 섞여 있지 않으면(Unblending) [내담자의 이름]이 공허하고 참자기가 없다는 걸 드러낼 것이다. 관리자는 내담자의 공허함—문자 그대로 받아들이는—에 대한 새로운 관점을 가져야 한다. 추방된 부분의 의사소통이라는 관점으로 보면, 공허함을 느낀다는 것은 실제로 불안전 애착으로 얼룩진 초상화라고 할 수 있다. 공허함을 느끼는 내담자는 아동기 부재의 경험으로 가득 차 있다.

10. 내가 입힌 피해에 대해 심판을 받게 될 것이다. 관리자와 소방관은 참자기로부터의 연민을 얻고, 부분들(혹은 사람들)이 화를 내거나 비판을 하면 이를 참자기가 중재해 줄 거라는 안도감을 필요로 한다.

11. 변화는 체계를 흔들고 고통을 야기할 것이다. 관리자는 외부 위협에 대해 문제를 해결해야 할 뿐만 아니라, 유배자가 기분이 좋아지는 것과 내담자가 모든 종류의 감정에 접근하는 것에 대한 장단점을 파악해야 한다.

보호자 양극화 변화시키기

지금까지 개인의 부분들을 돕기 위해 내면-들여다보기를 어떻게 사용하는지 설명했다. 내면가족체계치료사들은 유배자가 참자기와 관계를 맺고 더 좋아지도록 돕고 보호자가 이런 치유효과를 보고 새로운 역할을 맡을 수 있도록 돕는다. 그렇다 하더라도 우리 작업 중 가장 중요한 것은 부분들 간의 관계를 변화시키는 데에 있다. 경험상, 모든 내담자는 각각 부분들이 서로 대립된 채 양극화되어 있다. 또 덜 양극화된 체계 속에 있는 부분들은 더 협력적이고 개인의 관심에만 집중하는 경향이 적다. 반면, 적대적인 부분들과 고도로 양극화된 체계에 있는 부분들은 자신들에게 훨씬 더 많은 주의집중을 요구한다.

무거운 짐은 양극화를 초래한다

하나의 사건이 체계의 균형을 깨뜨리면, 그 구성원들은 균형을 회복하려 할 것이

207

며, 그 와중에 서로 대치하는 경우도 생길 것이다. 부모는 적이 되고, 형제자매는 경쟁자가 되며, 정서적 고통을 물리치겠다는 동일한 목표를 공유하는 부분들은 서로 상반되는 전략을 선택할 수도 있다. 그렇게 되면 서로 상대가 이겨 자신이 무릎을 꿇게 되면 어쩌나 고민하게 된다. 바츨라빅(P. Watzlawick)과 그의 동료들은 이런 양극화를 두 뱃사공의 이야기를 들어 설명한다.

> 뱃사공 둘이서 배가 가라앉지 않도록 균형을 잡으려고 양쪽에서 노를 젓고 있다. 한쪽 사람이 바깥으로 몸을 기울이면 다른 쪽 사람은 배가 기우뚱거리지 않게 하려고 반대로 힘을 쓴다. 하지만 이 두 사람이 안간힘을 쓰지 않아야 배가 훨씬 더 안전해질 것이다(p. 36).

이 비유를 내면체계에 적용하면, 뱃사공 둘 다 완고하고 편협하고 극단적인 역할에 묶여서 배가 전복될 위험에 처했다고 말할 수 있다. 두 뱃사공이 서로 대립하고 있으니까, 서로가 상대 행동에 맞서서 사력을 다해야 하고, 상대가 움직이는 데 따라서 움직일 수밖에 없게 된다. 모두 안전하고 편안한 항해를 원하고 있지만, 두 사람의 자리가 주는 모순 때문에 서로를 믿지 못해 뜻을 같이할 수가 없다. 이런 식의 행동에 변화를 주려면 두 사람 모두 인정할 수 있는 선장(참자기)과 같은 제3의 부분이 필요하다. 이 둘의 반목으로 인한 문제들이 해결되고 나면, 각자가 배에서 자유롭게 움직이면서 가치 있는 역할을 할 수 있게 되고, 선장이 안전하면서도 모두에게 이로운 항로로 이끌 것임을 믿게 된다.

퀸의 양극성

이 비유로 퀸의 사례를 살펴보자. 이 사례는 폭식증으로 내원했으나 실패로 끝난 경우다. 퀸은 부모로부터 독립을 하고 남자 친구도 있었는데, 여러 부분이 양극화되어 있었다. 한 예로, 어떤 목소리는 직장에서나 집에서나 그녀에게 끊임없이 일을 하라고 떠밀었다. 퀸이 잠깐 앉아 있기만 해도 이 고군분투하는 부분은 그녀에게 게으르다고 핀잔을 주면서 해야 할 일이 얼마나 많은지를 환기시키곤 한다. 나는 퀸에게 퀸이 기진맥진할 때까지 몰아대지 않으면 두려워지는 게 뭔지 '열심이'한테 물어보라고 했다. 이 부분은 퀸이 축 처져서 계속 침대 속에 누워 있기만 할 것 같다고 대답했다. 실제로 퀸은 잠시라도 쉬고 있으면 우울한 기분이 되어 일도 친구도 다 멀리한 채로 집에 틀어박혀 있다는 말도 했다. "내가 좀 느긋해지면 우울이 나를 덮치는 것 같아요."라고 말했다.

과로와 우울 간의 관계를 알고 나서 퀸은 열심이가 마음대로 다 한다고 불평하는 자신의 우울한 부분과 이야기를 나눴다. 우울한 부분은 퀸이 손을 놓고 일을 좀 멈추게 하기 위해서 어떤 틈이든 붙잡아야 했다고 말했다. 우울한 부분이 붙잡은 걸 놓으면, 곧 열심이가 퀸을 다시 일으켜 세워서 정신없이 분주하게 만들어서 모든 슬픈 생각과 기분을 없애려 한다. 그러니까 각 부분은 상대의 영향을 두려워하면서 두 부분 모두 교착 상태에 빠져 있었다. 둘 다 상대가 승복할 것이라고 확신하지 않으면 이 긴장을 완화시킬 수가 없었다.

퀸의 다른 치료사가 이 저서에서 설명하고 있는 체계적 인식이 부족한 상태에서 별 생각 없이 그냥 그렇게 생각하기 쉬운 대로, 퀸의 우울한 부분 쪽 편을 들었다. "자신을 완전히 기진맥진하게 될 때까지 몰아가지 말고, 느긋해져 보도록 하세요." 보란 듯이 퀸의 열심이는 더 일에 매진했다. 가족, 친구, 치료사들이 내적 갈등의 양극화된 속성을 이해하지 못할 때, 겉으로 보기에 최선이라고 여겨지는 부분의 편을 드는 실수를 자주 한다. 한 가족이 협의를 할 때 그 각각의 구성원들처럼, 혹은 국제 협상 중의 국가들처럼, 여러 부분도 한쪽만 바꿀 수도 없고, 바뀌지도 않는다. 서로 반대편 부분들을 신뢰하지도 못할 것이다. 극단적인 부분들에 대한 관계적 맥락을 이해해야 효과적인 개입을 위한 토대를 마련할 수 있다.

급격히 심화된 양극화

양극화는 아주 작은 차이라 해도 갑자기 심해질 수 있다. 퀸이 자신의 우울한 부분을 외면할수록 우울감과 절망감이 커져 갔고, 우울한 부분이 득세를 할수록 열심이는 우울을 추방시키려고 몸부림치는 행동들을 이어 갔다. 이런 흔한 피드백 루프(feedback loop)[1]는 체계사고의 중심을 차지한다. 각 부분들을 서로에게 소개하고

---

1) 컴퓨터 IT용어로, 피드백 제어에 있어서 결과를 자동적으로 재투입시키는 궤환 회로를 일컫는 말이다(출처: 전산용어사전편찬위원회(2005), 『컴퓨터 인터넷 IT용어 대사전』, 일진사). 여기서는 저자가 원인과 결과가 서로 맞물려 자동 순환되는 상황을 강조하기 위한 표현으로 쓰고 있다.

각자가 어떤 잘못된 추측을 하고 있는지를 듣게 하면서, 서로 해칠 의도가 있는 게 아니라 근본적으로 같은 문제를 해결하려고 하고 있음을 부각시켜 부분들의 양극화를 해소하도록 할 수 있다. 이 사례에서 우울한 부분은 외롭고 겁먹은 다섯 살짜리 아이를 보호하는 여섯 살짜리 아이였다. 이 우울한 부분은 퀸을 꼼짝 못하도록 붙들어서 이 다섯 살짜리에게 관심을 갖게 하려고 한 반면, 열심이는 다섯 살짜리 외로운 겁쟁이와 우울함에서 퀸을 떼어 놓으려고 애쓰고 있었다.

퀸이 열심이와 우울한 부분을 서로에게 소개해 주자, 그 둘은 마음을 좀 가라앉혔다. 두 부분들이 하던 일을 멈추기 전에 퀸의 참자기가 다섯 살짜리 아이를 돌보고 있음을 알아야 했다. 어린 퀸에게 필요했던 관심, 영향력, 자원 등을 다섯 살짜리 아이가 얻고 나면, 우울한 부분과 열심이도 마음을 놓을 수 있게 된다. 내면가족체계치료에서 균형과 조화는 서로 떼려야 뗄 수 없는 목표로, 균형이 조화에 필요한 조건을 생산한다. 다행히 참자기는 유능한 선장이다. 우울한 부분(추방된 보호자)과 다섯 살 아이(유배자)가 퀸의 관심을 얻을 만큼 분리되고 나서, 이 둘은 퀸의 무릎에 누워 안식을 취하고 안길 수 있었다. 이런 관계가 회복되고 퀸의 삶에는 새로운 수준의 만족과 에너지가 일어나기 시작했다. 이를 확인한 후, 열심이도 몰아대기를 멈추고 실현 가능한 목표를 세우고 이를 달성하기 위한 계획을 수립하는 데 힘을 보탰다.

내면가족체계치료사들은 내담자의 내부 및 외부세계를 모아 하나의 큰 체계를 구성하여 동일한 원칙을 따르면서 동일한 치료 기법으로 대응한다. 예를 들어, 퀸의 내면가족은 그녀의 외부 가족의 가치관과 구조를 반영하고 있다. 그녀의 부모가 퀸을 독립시킨 것처럼, 퀸의 참자기도 그녀의 체계가 내적 경계 개발을 도와 부모를 잃어 버릴까 봐 떨고 있는 부분들을 돌보았다. 한 수준에서의 변화가 꼭 다른 수준의 변화로 이어지지는 않지만, 체계 수준을 흔들어 생산적인 변화의 기회를 만들어 낸다. 하지만 그 출발에서 내담자의 외부 상황이 불안정한 상태라면, 주의를 기울여야 한다. 체계 간의 수준을 움직이는 변화는 준비가 되지 못한 내담자를 위험에 빠뜨릴 수 있기 때문에, 치료 전반에서 잘 관찰하면서 외부 안전성에 주목하고 있어야 한다. 내담자가 안전하다면, 우리는 필요에 따라 수준을 옮길 수 있다는 것을 알고 있으니까, 내담자가 선택하는 체계 수준이 어디든 갈 수 있다.

트라우마로 인한 무거운 짐

가족의 역동과 성향만이 무거운 짐을 만드는 것은 아니다. 거절당할 때, 거부될 때, 버려질 때, 충격을 받을 때, 겁에 질릴 때, (신체적, 성적, 정서적으로) 학대당할 때, 사람들의 상처 입은 부분들은 빠르게 격리되고 그들의 내면체계가 양극화된다. 트라우마로 생길 수밖에 없는 여러 무거운 짐, 불균형, 양극화들에 대해 트라우마로 시달리는 무수한 내담자들이 내면가족체계 전문가들을 가르쳤다는 사실을 우리는 입증할 수 있다. 인간의 체계—개인, 가족, 공동체, 국가 등—는 위협과 감당할 수 없는 트라우마에 시달릴 때, 지도자와 가장 취약한 구성원들을 보호하기 위해 움직인다. 예를 들어, 한 국가가 다른 국가를 위협할 때, 위협을 당한 국가는 지도자를 안전한 곳으로 옮길 것이다. 동시에 시민들은 위험을 피할 수 있는 곳으로 보내질 것이고, 군대가 일어날 것이다. 지도자가 평정을 유지하고 위기를 타개할 힘을 찾고 국민을 위로할 수 있으면, 지도자에 대한 민중의 신뢰도는 높아질 것이다. 반면, 지도자가 충격적인 손실을 막지 못하게 되면 신뢰를 잃어 군부가 정권을 쥐고 놓지 않을 것이다.

내면가족도 마찬가지다. 다양한 연령과 취약성의 정도가 저마다 다른 구성원들을 갖고 있는 내면가족을 생각해 보자. 위험에 처하면, 이 가족은 참자기뿐만 아니라 체계 중 가장 취약한 부분들을 안전한 곳으로 보내고 보호를 하려는 부분들이 전면에 나선다. 외상을 입은 내담자들은 트라우마 이전 혹은 트라우마 사건 중에 내면가족이 참자기를 신체감에서 떼 내어 여러 등급(위험의 정도가 얼마나 심각한지를 판단하여)으로 분리해 버리는 것을 보여 준다. 때로는 신체에서 완전히 밀어내 버리기도 한다. 그리고 투쟁도피반응—덤벼들 것인가, 도망갈 것인가—으로 체계를 보호하기 위해 나이 든 구성원들 중 누군가가 통제권을 쥐게 된다. 반면, 상대적으로 취약한 부분들은 꼼짝달싹 못한다. 최전방에 있는 이런 보호자들은 체계와 참자기에게 미치는 위협감과 고통을 최소화하는 것을 목표로 한다.

이런 노력에도 불구하고, 내면가족 중 가장 어리고, 가장 취약한 구성원들은 충격적인 외상 사건에 의해 큰 상해를 당한다. 이들은 상처, 버려짐, 배신 등을 쓰라리게 맛본다. 자극이 심한 경우, 취약한 부분들은 그 시간에 묶여 트라우마가 끊임없이 반복되는 경험에 시달려 모든 감각과 느낌이 거기에 좌우지된다. 그에 반해, 참자기가 통합된 상태를 유지하면서 즉각적인 도움을 줄 수 있으면, 참자기의 지도력에 대한 신뢰가 상승하고, 내면의 힘을 구축하여 양극화되려는 것을 막고, 모든 상처 입은 부분들이 추방되지 않도록 하여 자연스럽게 세월이 약이 될 수 있게 돕는다.

위기 전반에서 참자기의 지도력이 이상적이라 해도, 트라우마 경험 내내 참자기가 지도력을 발휘할 수는 없다. 희생자가 유아 혹은 아동일 경우, 주변의 반응에 따라 많은 것이 달라진다. 예를 들어, 한 아이가 안전하고, 평온하고, 사랑받는 상태가 되어 일어난 일을 이해하고 수용할 수 있도록 도와주면, 이 아이의 참자기도 역시 그 힘을 발휘하여 사랑과 위로와 수용으로 상처 입은 부분들에게 반응할 수 있을 것이다. 이 아동의 경험이 옳다는 인정을 받아, 상처 입은 부분들이 자연스럽게 편해지는 것이 최선의 시나리오다. 하지만 참자기가 체계를 보호할 힘이 없고 사건 이후 외상을 입은 부분들을 도울 수 없으면, 내면가족은 믿음을 잃어버려 참자기와 상처 입은 부분들 모두를 과도하게 보호하려 할 것이다. 이럴 경우, 보호자들은 부모화된 아이들이 역기능적 가족을 지배하는 것처럼 내면체계를 지배하게 되어, 내담자는 자신의 참자기에게 거의 혹은 완전히 접근이 불가능해질 수 있다.

그렇다 해도 그런 사람은 참자기를 가질 수 없다고 단정짓는 것은 잘못된 것이다. 모든 사람은 훼손되지 않은 참자기를 가지고 있다는 내면가족체계의 원칙은 우리가 내담자들에게 계속 호기심을 가지고 내담자를 완전히 바꿀 모든 길을 제시하도록 한다. 참자기가 신체에서 분리되어 있을 때조차도, 참자기의 자원이 있을 거라고 확신할 수 있다. 이런 개념이 독자들에게 다소 어렵다면, 옛날 사람들이 일식을 대하던 일을 생각해 보면 도움이 될 듯하다. 달이 해를 가리면, 사람들은 해가 영원히 사라져 버렸다는 두려움에 떨게 된다. 마찬가지로, 트라우마로 인해 잠식되어 버린 참자기도 해가 사라져 버렸다는 두려움과 같다. 마치 심리적으로 의지할 데도 없고 삶에서 단절되어 버린 것처럼 느껴지고, 우리 영혼이 길을 잃었다고 느껴지며, 실제로 죽은 것 같아서 하루하루 연명할 뿐이라고 느낀다. 내면가족체계치료에서는 이런 일식 상태를 끝내는 것을 목표로 삼는다.

보호자의 양극화

소방관들이 주의를 분산시키는 동안 관리자들은 추방된 감정을 억누른다. 내담자를 안전하게 보호하고 어떻게든 삶을 견딜 수 있게 하려다가 이런 두 부류의 보호자들이 양극화를 일으키곤 한다. 양극성을 발견하고 나면, 양극화에 관련된 부분들과 대화를 하면서 서로를 얼마나 부추기고 있는지를 알게 한다. 또한 그 부분들이 그런 싸움을 멈추면 무슨 일이 일어날 것 같아서 두려운 건지를 묻고 근본적인 문제에 초점을 맞추어, 추방된 부분의 유전적 문제 혹은 정서적 괴로움으로 그 범위를 좁혀 들어간다. 양극화된 부분들은 쉽게 변하지 않을 수 있다. 〈표 11-1〉은 양극화된 부분들이 잘 참을 수 있도록 만드는 것과 단계적으로 약화되는 데에 도움이 되는 것들을 목록으로 만든 것이다.

표 11-1	보호자들이 양극화되는 이유와 그 양극화를 완화시키는 방법

보호자는 왜 양극화되는가

- 양극화된 부분들은 유배자의 취약성이라는 공통의 문제는 공유하지만 그것을 처리하기 위한 최선의 방법에 대해서는 서로 의견이 충돌한다.
- 한 방향에서 극단적이 되는 관리자는 다른 방향의 관리자와 소방관을 극단적으로 만든다.

보호자를 어떻게 단계적으로 완화시킬 것인가

1. 어느 편도 들지 않고 양극화된 부분들을 함께 껴안으면, 그 부분들은 훨씬 쉽게 힘을 모아 양극화 현상을 완화시킨다.
2. 이런 부분들이 서로 만나도록 해서, 공통된 지점을 가지고 있다는 것을 인식시키고, 그들이 보호하고자 하는 유배자를 참자기가 돌볼 수 있다는 것을 믿게 만들도록 요청한다.
3. 그들이 동의하면, 그 부분들의 문제를 해결할 수 있는 제3자, 즉 내담자의 참자기에게 소개한다.
4. 참자기를 만난 후에도, 심하게 양극화된 보호자들은 자기들만 누그러지게 될까 봐 버틸 수도 있어서 동시에 양극화를 완화시켜야 할 때도 자주 있다(Krause et al., 2016).
5. 어떤 때는 부분들이 서로 힘을 뭉치기 전에, 참자기가 각 부분들과 신뢰관계를 구축하는 것이 더 좋을 때도 있다.

다음은 양극화된 부분들의 협의 과정을 보여 주는 사례다. 샬롯은 38세이고 오랫동안 대기업에 다니는 중이다. 그녀는 우울감 때문에 내원했다.

치료사: 어디서 우울하다는 것을 알 수 있죠?

샬롯: 복잡한 머리요.

치료사: 복잡한 머리에 대해서 느낌이 어때요?

샬롯: 피곤해요.

치료사: 그에 대해서 호기심이 생기는데, 괜찮을까요?

샬롯: 그게 뭔지 말해 드릴게요. 제가 일을 너무 많이 해서 제 생활이라는 게 없어요.

치료사: 생활이 없다고요?

샬롯: 음……, 실은 일은 문제가 아니에요. 새벽 2시까지 넷플릭스를 보고 있다는 게 문제죠.

치료사: 문제가 뭔가에 대해서 당신은 두 가지 마음을 가지고 있다고 말씀하시는 것 같네요.

샬롯: 전 말 그대로 아침 7시부터 밤 10시까지 일을 해요.

치료사: 당신이 복잡한 머리라고 하는 말이 무슨 의미인지 알 것 같네요.

[치료사가 양극화를 인식한다.]

샬롯: 더 일찍 퇴근해야 한다는 건 나도 알아요. 그런데도 그러지 못하는 경우가 많아요. 잠을 좀 더 자면, 가끔 야근을 해도 별로 문제가 되지 않을 텐데.

치료사: 그러니까 당신의 한 부분은 오랜 시간 일을 하는 건 괜찮으나, 잠을 좀 더 자고 텔레비전은 보지 말라고 하는 거네요. 맞나요?

[치료사가 양극화된 부분을 명시한다.]

샬롯: 이런 식으로 일을 더 할 수는 없어요. 난 지쳤어요. 이런 게 싫어요.

치료사: 그건 오랜 시간 일을 하기 싫은 부분이네요.

샬롯: 유선 방송을 끊어야 해요. 그럼 퇴근해서 바로 자겠죠.

치료사: 그건 또 다른 부분이네요. 이런 두 부분을 눈치 채셨나요, 샬롯?

[부분들이 다투도록 두지 않고, 치료사는 샬롯이 그 부분들을 관찰할 만한 여유가 있는지를 살펴보도록 주의를 집중시켰다.]

샬롯: 그런 것 같아요.

치료사: 그 부분들에 대해서 당신은 어떻게 느끼시죠?

샬롯: 내 머릿속 이런 싸움에 호기심이 생기네요.

[참자기가 충분히 한 발 앞으로 나와도 될 만한 말로 들린다.]

치료사: 밤에 텔레비전을 보는 부분에게 텔레비전을 보지 않으면 무슨 일이 일어날 거 같은지 물어볼까요?

샬롯: 난 절대로 쉬지 않을 거예요.

치료사: 좋습니다. 이제 열심히 일하기를 바라는 부분에게 당신을 그렇게 몰아대지 않으면 어떤 일이 일어날 거 같은지 물어볼래요?

샬롯: 발전할 수 없을 거예요.

치료사: 그다음에는 어떻게 될까요?

샬롯: 난 패배자가 될 거예요.

치료사: 그러고 나면요?

[치료사는 열심히 일하는 부분을 움직여서 유배자가 모습을 드러낼 수 있다는 일관된 신념을 따라가고 있다.]

샬롯: 난 쓸모없어질 테죠!

치료사: 그럼 이 부분은 쓸모없다고 느끼는 부분한테서 당신을 보호하고 있는 건가요?

[치료사는 내담자가 괴로워하는 쓸모없다는 감정―이것이 무거운 짐이다―을 달래 주려고 하지 않는다. 무거운 짐을 다루려면, 내담자의 참자기가 나중에 나올 유배자와 관계를 맺어야 한다.]

샬롯: 가끔 그러는 것 같아요.

치료사: 쓸모없다고 느끼는 부분을 우리가 도와줄 수 있다면, 당신이 그래도 지금처럼 이렇게 열심히 일을 해야 할까요?

[이제 치료사는 유배자에게서 물러나 내담자의 보호자들의 극단적인 행동으로 옮겨 간다.]

샬롯: 그렇지는 않겠죠.

치료사: 그럼 지금처럼 열심히 일하지 않으면 밤늦게까지 텔레비전을 볼까요?

샬롯: 그건 아니에요.

치료사: 그렇다면 이 두 부분이 당신이 쓸모없다고 느끼는 부분을 돕도록 할까요?

[치료사는 유배자를 도와주기 위해 허락을 구한다.]

샬롯: 제가 어떻게 하면 되죠?

치료사: 아무도 반대하지 않으면 제가 보여 드리죠.

샬롯: 좋다고 하네요.

치료사: 당신의 신체나 그 주변에서 당신이 쓸모없다고 느끼는 곳이 어디죠?

샬롯: 제 몸 한가운데서 멀리 떨어진 데 있는 작은 얼룩이요.

치료사: 그것에 대해서 어떻게 느껴요?

샬롯: 저는 계속 그 부분을 거기 뚝 떨어진 곳에 두고 싶어요.

치료사: 누가 그렇게 말하죠?

샬롯: 열심히 일하는 부분인 것 같아요.

치료사: 그래요?

샬롯: 네.

치료사: 열심히 일하는 부분이 당신을 보고 있나요?

[내담자의 참자기가 유배자를 돕도록 허락하는 것이 좋다고 열심히 일하는 부분을 설득하기보다, 치료사는 열심히 일하는 부분을 참자기에게 소개시키는 데 집중한다.]

샬롯: 아니요.

치료사: 그 부분이 당신을 보게 해도 될까요?

샬롯: 좋아요.

치료사: 반응이 어떤가요?

샬롯: 놀라네요.

치료사: 그 부분이 당신을 쉽게 믿어 줄까요?

샬롯: 그럴 거 같아요.

치료사: 뭔가 새로운 것을 시도해 봐도 좋을 만큼 그 부분이 당신을 충분히 믿어야 해요.

[치료사는 열심히 일하는 부분의 염려를 받아들이면서도 끝까지 버티고 있다.]

샬롯: 네.

치료사: 그럼 그 얼룩을 발견한 지점으로 돌아가요. 이제는 어떤 느낌이 들어요?

샬롯: 기분이 괜찮아요. 그런 것 같아요. 돕고 싶어요.

치료사: 그렇다고 알려 주세요.

샬롯: 얼룩이 더 커져요.

치료사: 괜찮아요?

샬롯: 네. 지금은 콩알만 해요. 애벌레만한 것 같기도 해요!

치료사: 그 얼룩이 당신한테 뭘 요구하나요?

[치료사가 그 부분이 참자기와 관계를 맺을 수 있게 이끈다.]

샬롯: 보호요.

치료사: 그럼 어떻게 해야 할까요?

[치료사는 내담자의 참자기가 주도권을 잡도록 힘을 실어 준다.]

샬롯: 황금빛 지구본 속에 그걸 넣어요. 그 얼룩이 그걸 좋아합니다.

치료사: 그것에 대해서는 다음 주에 다시 시작할까요?

샬롯: 네.

샬롯은 너무 많은 시간 동안 일하는 부분과 늦은 밤까지 텔레비전 앞에 멍하게 앉아 있는 부분을 갖고 있다. 열심히 일하는 부분이 너무 지나쳐서 이런 상황이 벌

어졌기 때문에, 치료사는 그 부분의 두려움에 대해서 묻는다. 내담자는 유배자의 무거운 짐—쓸모없다고 믿는 것과 쓸모없다는 느낌—을 확인하는 것으로 답한다. 유배자의 짐이 명시되고 나면, 치료사는 도움의 손길을 내민다. 두 부분 모두 샬롯이 추방된 감정을 주체하지 못하는 것보다는, 필요악으로 그에 수반되는 피해를 묵살해 버릴 거라고 생각했기 때문에, 치료사는 열심히 일하는 부분이 지나쳤다는 문제점에 대해서도 언급하지 않고, 텔레비전을 보는 부분을 질타하지도 않았다는 것을 주목하라. 그래서 치료사는 추방된 감정의 문제를 해결하기 위해 노력했다.

내담자가 유배자를 돕겠다는 약속을 하고 나면, 바라봐 주기와 짐 내려놓기를 위한 준비를 한다. 다음 주까지 샬롯의 보호자들이 다시 생각해 보니 너무 빨리 자세를 바꿨다고 여길 수도 있는데, 이럴 경우에는 방해를 할 수도 있고 치료가 한동안 답보상태에 빠질 수도 있다. 이 사례에서 보는 것처럼, 양극화된 보호자들은 다른 이들에게는 상당히 모호할 수 있는 내적인 무언가(감정에 대한 두려움)에 의해 예외 없이 동기부여된다. 내담자가 이런 근본적인 동기에 초점을 두면, 부분들도 주의를 기울이게 되고 결국 (매번 이렇게 신속하게 되지는 않더라도) 협력하게 된다.

내면 삼각형으로 인한 악순환

설명한 바와 같이, 보호자들은 유배자의 아린 상처에 대한 최선의 대처 방법 언저리에서 양극화된다. 이들의 양식화된 행동은 시간이 지날수록 악순환으로 빠져들어 관련된 부분들의 세 가지 범주 모두를 더 심한 극단으로까지 몰아간다. 예를 들어, 수잔나는 자신이 사랑받지 못한다(수치스러운 믿음)고 믿는 유배자를 갖고 있다고 가정해 보자. 이에 대응하여, 그녀의 소방관 중 하나는 수잔나가 술집에 앉아서 정신없이 취할 때까지 술을 마시게 한다. 그런 행동에 대한 반응으로 관리자는 끊임없이 그녀의 나약함과 방탕함을 질책할 것이고, 수잔나가 자신과 자기 가족에게 저지른 행동을 부끄러워하면서, 의지력을 총동원해서 그런 행동을 멈추게 하려고 몸부림칠 것이다. 그녀의 가족과 치료사는 또 스스로를 수치스러워하지 못하게 하려고 한다. 이 모든 내적 그리고 외적인 부끄러움은 불행히도 수잔나의 고통받는 유배자를 더욱 절망적으로 느끼게 만들어, 소방관이 그녀를 더 취하게 하는 행위들[이런 악순환은 약물과 알코올 중독으로 심해지기도 한다. 시익스(C. Sykes)의 『내면가족체계의 혁신과 완성(*Innovations and Elaborations in Internal Family Systems Therapy*)』(2016)이라는 저서 중 '내면가족체계로 중독 바라보기: 극단적인 부분들에 대한 연민' 장 참조을 부추기는 결과를 낳는다. 우리의 문화가 의지력을 중시하다 보니, 대부분의 중독 문제는 이런 악순환의 형식에 갇힌다.

보호자-유배자 관계 대 보호자-보호자 양극화

극단적인 보호자의 행동은 유배자의 극심한 절망, 아픔, 공포, 수치 등을 나타낸다. 그러니까 보호자의 극단성은 유배자의 취약성에 상응한다. 유배자의 감정이 극렬해지면서, 보호자들의 부분이 행하는 양극화는 어떤 체계든 균형을 유지하려고 하는 당연한 경향을 설명한다. 모든 극단적인 전략은 잠재적으로 불균형하기 때문에, 보호자들은 서로 균형을 잡아 주려고 애를 쓴다. 예를 들어, 일중독 부분(관리자)과 알코올중독 부분(소방관)은 아무리 애를 써도 악화되기는 하지만 균형은 잡고 있다. 관리자들도 서로 양극화될 수 있다. 예를 들어, 아동기 초기에서 비롯된 관리자는 착하고, 순종적인 아이가 되는 것에 초점을 두지만, 다 큰 관리자는 돈을 더 많이 버는 것에 집중해서, 자기주장은 세고 순종적인 면은 덜해질 것이다. 극단적으로 양극화된 행동의 더 불행한 결과는 지배권을 가지려는 싸움에서 생기는 당연한 부작용이다. 양극화를 부추기는 보호자들의 전략은 빨리 효과를 내려고 하지만 서로 간섭이 되면서 어쩔 수 없이 더 독하게 쓰게 되어 결국 환자를 위독하게 만드는 두 가지 종류의 약과 같다.

보호자들이 서로에 대해 혹은 그들이 보호하는 유배자에 대해서 심하게 비판적이 되면, 보호자 양극화와 보호자-유배자의 관계가 별 차이가 없어 보인다. 그렇지만 이런 관계들은 차별성 있는 치료적 전략을 필요로 하기 때문에, 그 차이를 유념하는 것이 좋다. 보호자 양극화를 다룰 때는, 3인조 부분들(이 셋 중에서 유배자는 숨어 있는 경우가 많다)이 있고 두 단계 과정을 거친다. 첫 번째 단계는 다투고 있는 두 보호자에게 물러서 달라고 요청하는 것이다. 거기에 동의를 하고 나면(물론 시간이 필요하지만) 내담자의 참자기가 유배자에게 다가갈 수 있게 해 달라고 요청한다. 다른 한편으로는 한 보호자와 한 유배자를 관리하면서, 그와 동시에 그 보호자가 분위기를 좀 누그러뜨려 줌으로써 유배자가 한 발 전진하여 참자기를 만날 수 있게 해 달라고 요청한다. 자칫 유배자를 양극화된 보호자로 오인하여 저 아래 숨은 유배자를 찾을 수 있다는 기대를 가지고 그 부분에게 긴장을 풀어 달라고 요청을 하는 경우, 진짜 유배자에게 원치 않는 메시지를 줄 위험이 크다. 이런 실수는 치료를 담보 상태에 빠뜨리고 곤혹스러운 증상을 악화시킬 수 있다. 그래서 보호자 양극화와 보호자-유배자 관계에 대한 구별이 중요하다. 간단하고 뻔한 질문으로 쉽게 구별이 가능하다. "누구를 보호하죠?"라고 물었을 때, 부분이 "아무도 보호하지 않아요."라고 답한다면, 그 부분이 유배자다.

양극화 무장해제: 회의테이블 기법

내면가족체계치료사들은 양극화된 부분들 간의 직접적인 소통을 추진시켜 양극화를 무장해제한다(〈표 11-2〉를 보라). 양극화된 부분들이 서로를 알고 싸우면서 내담자에게 영향을 미치더라도, 직접적으로는 결코 상호작용하지 않을 수도 있고, 자신들이 같은 부분을 보호한다는 것을 알고 있는 경우도 거의 없다. 이 부분들이 서로 고립되어 있는 한, 서로 극단적인 행동으로 인해 이들의 편견은 더욱 확고해진다. 그러나 이 부분들이 결국 만나게 되면, 해묵은 갈등이 풀리고 새로운 관계로 급진전한다.

그러므로 부분들이 실제로 서로에게 귀 기울이고 눈을 맞출 수 있도록 돕는 것이 내면가족체계치료의 목표다. 20여 년 전 내면가족체계치료 발달 초기에 함께했던 로즈(M. Rose)에 의해 개발된 **회의테이블**(conference table)이라는 기법을 사용해서, 진행 중인 문제에 관련된 부분들을 모두 불러 모아서 참자기와 함께 테이블에 앉힌다. 이때 참자기는 이 부분들의 심판 역할을 하면서 격 있는 대화가 오갈 수 있도록 한다. 관련 부분들이 한 자리에(근처에라도) 모이고 나면, 내담자의 참자기가 다음과 같은 말들로 부분들 간 대화의 문을 연다. "두 분 모두 전체 내면에 좋은 것을 바란다는 것을 압니다─하지만 그 방법은 서로 다르지요. 제가 도와드릴 수 있습니다만, 우선 여러분이 서로의 말을 들어 주시면 좋겠습니다. 그렇지 않으면, 목표는 같아도, 방법이 달라 여러분의 싸움은 자멸이 되고 맙니다. 여러분이 이 사실을 알고 있는지 걱정됩니다. 약속드리지요. 두 분 모두 안전할 수 있는 방법으로 근본적인 문제─고통과 상처받을 수 있는 상황 모두─를 해결할 수 있습니다. 그럼 두 분이 서로의 말을 들어 주는 걸로 시작해 보겠습니다." 참자기는 각 부분의 본성에 대한 정보를 전달하면서 이 작은 하위체계를 위한 희망

표 11-2 완강하게 양극화된 부분들 도와주기

- 내담자의 참자기가 동시다발적으로 분리된 현상을 재편성할 수 있도록 돕는다.
- 각 부분이 개별 작업을 더 잘할 수 있는 기회를 얻을 수 있음을 시사한다.
- 양극화된 부분들이 상대가 나타날 때마다 극단적인 반응을 덜하게 될 만큼 충분히 귀를 기울일 수 있을 때까지 반복적으로 서로 마주치도록 만든다.
- 포기하지 말고 이 부분들이 계속 활약할 수 있게 한다.
- 부분들이 서로에게 귀울일 때 나아갈 길이 생길 것이라는 기대를 전달한다.

팔이가 되어 서로를 이해하는 것이 그들에게 얼마나 더 좋은 일인지를 설명하는 것으로 회의를 시작할 수도 있다. 많은 경우 양극화된 부분들은 참자기가 조금만 도와주면 대화를 할 수 있게 된다.

하지만 한쪽 혹은 양쪽 부분이 저항을 하면서 쟁점에 대한 토의를 선의로 하지 않으려 할 때, 참자기는 그들에게 적어도 존중하는 자세로 서로의 이야기에 집중하라고 단호하게 말해야 한다. 이런 노력들이 즉각적으로 결실을 내지 못할 수도 있고 한 번의 회기에서는 아무것도 해결되지 못하는 경우도 있다. 치료사는 각 부분이 개별적으로 더 잘 작용할 기회를 얻고, 부분들이 나타날 때 극단적인 반응을 조금 줄이고 서로의 말을 들어 줄 때까지 반복해서 서로 만나도록 주선을 해 주기도 한다. 전략이 두 부분에게 가장 적합해 보이든지, 그 생각이 지속적이든지, 부분들이 계속 함께하도록 하고 각자의 이야기에 귀를 기울이면 결국엔 도움이 될 거라는 기대를 전달하라. 이런 대화 과정에서, 치료사는 부조종사 역할을 하면서 다음과 같은 질문을 던져 내담자의 참자기가 차별화된 상태를 유지할 수 있도록 집중한다.

- 가장 지도력을 많이 발휘하고 있는 것은 누구입니까?
- 누가 누구를 돕고 있습니까?
- 누가 누구와 충돌하고 있습니까?
- 누가 가장 마음이 많이 상했습니까?
- 모두들 오늘 무슨 일이 일어나야 한다고 생각합니까?

한 부분이 극단적인 상태로 머물러 있어서 새로운 역할이 필요하다고 집단이 보고할 때는, 참자기가 그 부분과 면담을 해서 집단원들이 협의된 변화를 유지하기 위해 도움을 요청한다고 말해 줄 수 있다. 두 부분 간의 의견이 맞지 않는 문제에서는, 참자기가 나서서 나머지 집단이 지켜보는 가운데 두 부분이 서로 마주 보면서 이야기를 나누도록 요청할 수 있다. 한 부분이 도움을 필요로 하면, 참자기가 어떤 종류의 도움이 필요한지를 살펴보고 지원자를 청한다. 내담자가 문제를 직면하고 나면, 참자기는 집단을 초대하여 문제를 해결할 수 있는 계획을 고안하도록 한다. 내담자가 중요한 결정에 직면하면, 참자기는 집단을 소집해서 여러 부분의 취향에 맞는 선택에 대한 찬반양론을 고려해 달라고 요청한다. 이야기가 끝나고 나면, 참자기가 마지막 결정을 하고 채택되지 못한 부분들에게 필요한 것이 무엇인지를 묻는다.

이런 대화를 하고 나면, 갈등을 일으켰던 내적 관계들에서의 극적인 반전이 일어나곤 한다. 예를 들어, 나는 어린 부분을 얕보던 관리자가 전혀 다른 모습이 되어 이 어린아이의 모범이 되어 멘토를 자청하는 것을 본 적이 있다. 부분들이 어떻게 반응하는지 관찰하고 집단 진행과정에서 양극성이 어떻게 발전하는지를 보기 위해서, 참자기는 다음과 같은 질문을 할 수도 있다.

- 이렇게 의견을 나누면 누가 속이 상할까요?
- 이 결정을 방해할 생각을 가질 만한 건 누굴까요?
- 이 결정을 누가 이행하고 싶어 할까요?
- 앞으로 여러분 모두 서로 어떻게 관계를 맺고 싶습니까?

이런 설명에서 보여 주듯, 양극성에 대한 내면가족체계치료는 한 부분에서 두 부분, 세 부분, 내면 집단(즉, 가족) 전반까지 치료가 가능하다. 양극성 해결에서처럼, 무엇보다 중요한 우리의 목표는 내면 관계를 전반적으로 재구성하여 부분들이 서로 믿고 도울 수 있게 하는 것이다. 이런 방법으로 내면가족을 지원하고 지지할 때, 참자기에 대한 인식이 없을 때도 그 집단이 자력으로 그 힘을 이어받아 기능할 수 있게 되기도 한다. 참자기가 관련된 부분들을 찾기 위해서 회의를 소집했을 뿐인데도 이미 문제를 처리하고 다른 쟁점으로 넘어가는 경우를 본 적도 있다. 경험상, 가장 많은 변화는 참자기와 동떨어진 집단 내에서 일어난다. 이런 종류의 내면 집단 과정은 문제가 일어나자마자 문제와 관련된 그들의 자원을 모두 끌어오기 때문에 내담자에게 큰 힘이 된다. 달리 말하면, 내담자는 건강한 외부체계에서처럼 자원을 모으고, 토론을 통해 결정하고, 지도부를 신뢰하는 순기능의 내면 집단을 키울 수 있다.

맺음말

보호자들은 늘 갈등을 겪는다. 내면체계가 외상을 많이 입을수록, 양극성은 더 쉽게 커진다. 보호자의 양극성은 언제 어디서나 일어날 수 있고 유배자의 존재를 표시한다. 우리의 일은 주어진 양극성에서 시비를 가리는 것이 아니라 부분들이 그 일을 멈출 때 어떻게 될지 알아내는 것이다. 이 물음이 유배자를 나타나게 한다. 유배자를 찾고 나면, 내담자의 참자기가 그 문제를 해결하기 위해 손을 내민다(즉, 유배자의 요구에 부합한다). 그리고 유배자가 치유되면 양극성은 햇볕 아래 얼음처럼 녹아내리기를 기대할 수 있다.

제12장

유배자의 짐 내려놓기

유배자의 경험 바라봐 주기

유배자가 내담자의 참자기와 충분히 접촉을 하고 나면 유배자는 어떤 식으로든 내담자가 외상을 입었던 경험을 보여 주게 된다. 자연스럽게 그렇게 되지 않으면, 치료사는 "그런 감정을 경험하고 그런 신념을 갖게 되었을 때 일어난 일에 대해서 이 부분은 당신이 어떤 걸 알고 느끼고 감지하기를 원하나요?"라는 질문을 던져 그 부분을 불러들인다. 그 기억은 부끄러움 또는 배신감 같은 단일 삽화부터 만성적 학대에 대한 두려움, 부당한 착취, 무시당함 등과 같은 데까지 이를 수 있으며 내담자에게 뜻밖의 놀라움을 줄 수도 있다. 또 다른 사람들은 그 사건을 아무 상관이 없다고 여기거나 실제로는 그렇게 나쁜 일은 아니라는 식으로, 또는 한낱 아이의 너무 예민한 기색이라고 묵살해 버릴 수도 있고, 보호자들이 기억을 축소시키거나 완전히 관심 밖으로 밀어내 버릴 수도 있다. 내담자의 참자기에게 유배자가 보여 주는 것에 무엇이 담겨 있든, 아이에게는 걱정스럽고 고통스러울 것이다. 그 경험을 아무 판단 없이 따뜻하게 바라봐 줌으로써, 그로 인해 생겨서 커져 온 괴로운 신념("난 사랑받지 못해.")이 무엇이든 참자기는 그 부당성을 입증한다.

연민(인정해 주기, 관심 가져주기, 도와주기)이 바라봐 주기 과정의 주된 치유적 요소인 반면, 다른 부분들은 상당한 양의 공감을 요구할 수도 있다. 공감으로 그 부분이 정서적 및 물리적으로 느끼는 것을 내담자가 느낀다. 유배자가 공감(혹은 다른 사람이 느끼는 기분)을 요구하면 관리자들이 힘들어질 수 있다. 유배자가 참자기와 그 느낌을 공유하기 시작하는 걸 막으려는 불안한 관리자들은 유배자가 난처하게 되지 않을 것이라는 확신이 더 필요할 수도 있다.

유배자가 과거의 외상적 순간에 갇히게 되면, 치료사가 앞서 다시-하기라고 설명했던 것[1]으로 과거 고쳐 쓰기를 제시한다. 이때 내담자의 참자기(그 부분이 원한다면 치료사도 함께)는 그 과거로 들어가서 당시 유배자가 누군가 그래 줬으면 했던 것을 해 준다. 예를 들어, 어른을 막아서거나, 다른 이들에게 분명하게 소리 높여 말해 주거나, 그 부분을 붙잡아 주거나, 그 외에 그 부분이 요구하는 무엇이든 말이다. 유배자가 어떤 때는 박해자에게 폭력적인 일(죽여!)이 일어나게 해 달라고 할 수도 있는데, 그러면 다른 부분들이 경계심을 증폭시킨다. 하지만 우리는 결국 유배자의 바람은 좋은 쪽으로 흘러가게 된다는 것을 배웠다. 이런 식으로 외상적 순간들을 정서적으로 바로잡아 고쳐 쓰기를 하고 나면, 과거에 대한 내담자의 경험이 바뀌는 듯하다. 내담자가 일어난 사건은 잊지 못해도, 내담자의 요구가 인정되었고 내담자 기억에 대한 정서적 유의성은 달라진다. 따라서 유배자는 과거에서 벗어날 수 있고 내담자는 유배자에게서 강박적 시선과 사고를 거두고 외면하지도 않게 된다. 고쳐 쓰기를 마치고 나면 유배자는 그때 거기를 벗어날 준비가 되는데, 이때 **회복**(retrieval)이라는 다음 단계로 넘어간다. 이 단계에서 참자기는 유배자를 현재로 데리고 오는데, 선택에 따라 환상의 장소도 가능하다.

장애물

유배자가 바라봐 주기, 고쳐 쓰기, 회복 등의 과정을 잘 거쳐 가더라도, 보호자들

---

1) 111, 157쪽 참조

이 과거로 돌아가서 유배자를 회복시킨다는 개념을 제대로 받아들이지 않고 과거 사건을 바꾼다는 생각에 더 강한 반응을 할 수도 있다. 이는 과거와의 관계에 대한 견해가 갈라져 있기 때문이다. 여러 가지 말로 원상복구에 대한 전략들이 나타난다 (예를 들어, …만 했으면 …했을 텐데, 난 왜 …하지 않았을까, 넌 왜 …하지 않았을까, …하는 건 불가능해, …라니 믿을 수 없어, …는 인정할 수 없어 등). 이는 너무나 일반적인 현상이라 어떤 사람이든 다 갖고 있기 마련이다. 그와 동시에, 많은 내담자가 절망감이나 패배감에 찌들어, "과거는 바꿀 수 없어."라고 토로하는 것도 들었다.

내면가족체계의 관점에서 볼 때, 바꿀 수 없는 과거라는 건 역사적 사실과 기억을 합성한 것이다. 사실은 변하지 않지만 기억은 해석과 부분들의 시각에 연관되어 있다. 그때에 갇힌 부분들은 반복되는 순환고리에 빠져 괴로운 신념("난 나약해, 난 사랑받지 못해.")을 강화한다. 보호자들은 이를 바꿀 수는 없으니까, 그대로 받아들여서 완전히 기진맥진해질 정도로 수용을 하다가 또 필사적으로 외면하는 행동들을 왔다 갔다 반복한다. 내면가족체계 관점에서는 더 나은 방법을 선택할 수 있다. 부분의 경험을 기피하거나 부정하지 않고 그 고통을 완화한다. 우리는 기분이 좋아지면서 과거에서 벗어날 수 있도록 도울 수 있다.

부정하는 자의 운명

더 나은 길을 제시하더라도 내면의 부정하는 자(deniers)가 버틸 수 있다. 유배자가 존재하는 한, 부정은 보호자들 무기고 안에 있는 중요한 무기가 된다. 해리처럼 부정도 위험하다. 이는 내면체계를 환상 속에 가두고 자신들의 이야기를 들어 주기 바라는 부분들 간의 공황 상태를 더 심화시켜 개인 외부 사회 조직까지 가차 없이 무너뜨린다. 부정하는 자가 해리 포터라 해도 이들은 어쩔 수 없이 실패한다. 그리고 부정에 얼마나 애를 썼는지를 더 분명하게 보여 주려는 다른 쪽 보호자들과 반드시 양극화된다. 이런 다른 쪽 부분들의 누군가는 과거를 바꾸는 데 도움을 주겠다는 것이 실제로 일어난 일을 부인하는 교활한 방법이 아닐까 염려하기도 한다. 여기서 유배자가 그랬어야 했다고 주장하는 대로 도와주기 전에 참자기가 실제로 일어난 것을 바라보는 것에 주목해 볼 수 있다. 사실, 내면가족체계에서의 진행과정은 부인과 상반된다. 참자기는 유배자의 이야기를 바라봐 주면서—다가가 사랑을 주는 과정— 그의 사실성을 수용하고 유배자가 그때의 경험을 고쳐 쓰고 당시에 마땅히 그랬어야 했다고 주장할 수 있는 기회를 제공한다. 이런 식으로 고쳐 쓰기는 지금까지 살아온 과거 경험을 변화시킨다.

회복 후, 짐 내려놓기

일단 유배자가 나타나고 나면, 참자기는 여전히 무거운 짐을 지고(carry) 있는지를 묻는다. 내면가족체계에서는 **지다(carry)**라는 말을 의도적으로 사용한다. 무거운 짐이 온몸을 누르고 있어서 내담자 몸의 유전인자 속에 있는 것처럼 본래적으로 느껴지더라도, 무거운 짐은 기생하는 것이다. 유배자가 여전히 무거운 짐을 갖고 있다면, 몸(부분들은 자신의 몸을 갖고 있다)의 어디에 그 짐들이 실려 있는지 묻는다. 부분들은 무거운 짐이 무엇이고 어디에 있는지 경이로울 정도로 정확하게 말할 수 있다. 예를 들어, 부분은 "내 내장 속에 불덩이가 있어요."라든가, "내 피부에 점액이 있어요.", 혹은 "돌덩어리들을 넣은 배낭 같아요."라고 말하곤 한다. 그럼 참자기가 그 부분에게 그 무거운 짐을 버릴 준비가 되었는지 묻는다.

무거운 짐을 버리는 데에 아무 이견이 없으면, 그 짐들을 내담자의 체계 밖 다른 데로 보낼 수 있다. 짐을 내려놓는 과정을 둘러싼 주변 모든 것은 협상의 여지가 있다는 것을 유의해야 한다. 예를 들어, 한 부분이 체계 밖으로 무거운 짐을 내보낼 준비가 되어 있지 않다면, 뚜껑 있는 상자에 그것을 넣고 언제든 다시 갖고 올 수 있는 선택의 여지를 두고 보관할 수 있다. 경험상, 부분들은 1회기 이상의 기간 동안 바라봐 주기를 계속하면 이런 식으로 무거운 짐을 저장하려는 경우가 있다. 몸에서 짐을 벗어 내리고 일단 저장을 해 두면, 그 짐을 버릴 준비가 다 되기 전까지 더 많이 바라봐 주기를 원할 수도 있다. 부분들은 또 무거운 짐을 나눠 가면서 내려놓을 수도 있다. 그 짐의 내용을 바라봐 주는 정도에 따라 부분은 짐을 지고 있던 몸이나 보관소에서 조금씩 짐을 내보낸다.

짐 내려놓기에서 우리의 주된 목표는 부분이 자신의 몸에서(혹은 몸 밖으로) 짐을 내려놓고 더 가벼워진 기분으로 참자기와 더 많이 접촉하는 것을 돕는 것이다. 결국에는 부분이 무거운 짐을 언제 어떻게 내려놓을지를 결정할 것이다. 그리고 다음에서 설명하겠지만, 한 부분이 다시 무거운 짐을 진다면, 다음에서 논의하는 바와 같이, 알고 싶다는 단 하나의 불가피한 이유가 있을 때뿐이다. 유배자가 이미 자발적으로 짐을 내려놓았다고 보고하는 경우도 있고(Geib, 2017), 유배자가 자신의 짐을 어떻게 버리고자 하는지를 알고 있다고 하는 경우도 있다. 대개는 짐을 내려놓는다는 생각이 유배자들에게는 신선한 것이며, 약간의 도움이라도 좋아하기 때문에, 우리는 무거운 짐을 빛, 흙, 공기, 물, 불 등의 요소 중 하나에게 보내라고 제안한다.

어떤 식으로든, 바라봐 주기와 함께 시작하는 과정은 짐 내려놓기로 끝낸다. 저주가 풀린 것처럼, 짐을 내려놓은 유배자는 완전히 달라짐과 치유됨을 느낀다. 우리 관점으로 볼 때, 이런 변모는 바라봐 주기 과정 중에 인정받음(본질적으로 수치심을 상쇄시켜)을 느끼고, 속박에서 벗어나, 지혜롭고 마음씨 좋은 돌보미에 의해 사랑받는다고 느끼기 때문에 가능하다. 짐 내려놓기는 참자기가 보호자들과 친구가 되고 유배자를 바라봐 줌으로써 성장의 상징이 되는 졸업식처럼 그 자체가 하나의 변화다.

개인의 짐과는 다른 대물림된 짐 내려놓기

대물림된 무거운 짐들이 대를 이어 내려오면서 내담자의 개인적 경험에서는 그 정보를 찾을 수 없다는 것을 보호적인 부분들이 알고 나면, 곧장 그 짐들을 버리려고 한다. 다른 데서 설명한 바와 같이, 대물림된 짐을 버리는 것을 꺼리는 것은 가족 내 다른 이들을 향한 충성심 때문인 경우가 일반적인데, 치떨리는 행동을 한 사람에게 그런 충성을 보이는 경우도 있다. 이런 충성심이 고개를 들면, 그것을 길잡이 삼아 파고들어가서 다룬다. 대물림된 짐과 개인적 짐의 주된 차이점은 대물림된 짐을 진 부분들은 그 무거운 짐에 담긴 트라우마를 경험하지는 않는다는 것이다. 결과적으로 대물림된 짐을 지고 있었던 부분들이 바라봐 주기나 회복과 같은 도움을 원하는 듯해도, 그걸 받을 만한 유배자가 없다.

자질과 선물 불러오기

무거운 짐은 몸에도 많은 공간을 차지하지만 선물을 차단하고 가치 있는 자질을 쫓아내 버리기도 한다. 그러므로 짐 내려놓기 이후에는 부분들이 원하거나 몸으로 다시 들여올 선물과 자질들이 무엇이든 초대하도록 한다. 이러한 요소가 어떠한지에 대해 지레짐작하는 말은 전혀 하지 않고, 부분들이 든든하고 굳건하면서도 살아 있다고 느끼게 하는 자질과 언젠가 그런 짐을 다시 지게 되더라도 약해지지 않을 사랑, 용기, 쾌활함, 자애로움 등과 같은 자질에 대해서 치료사가 말해 준다.

통합하기와 적응하기

유배자가 치유되고 나면, 내담자에게 보호자들을 모두 불러 지금 와서 보라고 요청한다. 보호자들은 보통 마음을 놓고 행복해한다. 하지만 그들은 과거에 얼어붙은 채 무거운 짐을 지고 있었기 때문에, 자신들의 역할이 더 이상 필요치 않게 되면 지금도 버려질 수 있다는 걱정을 할 수 있다. 그러면 그 부분들이 소중하고 사랑받을 만하다고 다시 한번 마음을 도닥여 주고, 체계 내에서 새로운 역할을 수행할 수 있도록 손을 내밀어 준다. 원래 하던 일을 버리고 완전히 변모하기 위해서는 따로 회기를 마련할 필요도 있다. 짐 내려놓기 과정은 중요한 통합으로 이렇게 마무리된다. 〈표 12-1〉에 그 내용을 요약해 둔다.

표 12-1 **짐 내려놓기 과정**

1. 바라봐 주기: 유배자가 자신의 경험에 대해서 참자기가 알아주기를 원하는 것이 무엇이든 바라봐 준다. 내담자가 치료사와 이 내용을 공유하기 원할 수도 있지만 아닐 수도 있다. 어떻든 괜찮다.
2. 다시-하기: 유배자가 과거에 도움을 원했다면, 내담자의 참자기는 유배자와 함께 그 장면으로 들어가서 유배자가 당시에 누군가에게 원했던 것이 무엇이든 행하거나 말을 하여 그 경험을 고쳐 쓴다.
3. 회복: 참자기는 유배자를 과거에서 현재로 데리고 나와 안전한 곳으로 데려 간다.
4. 짐 내려놓기: 유배자는 무거운 짐(막연한 불쾌감, 만성적이고 극단적인 기분 상태, 유독한 신념)을 어떻게 버릴지를 결정한다. 그리고 나서 그 짐들을 버리는 과정을 실행한다.
5. 초대: 유배자는 언젠가 원하게 될 새로운 자질들을 불러온다.
6. 통합: 내담자의 참자기는 유배자가 짐을 내려놓고 치유된 기분이 되었다는 것을 보호자들이 알 수 있도록 이끌고, 그들이 새로운 일을 찾을 준비가 되었는지 물어본 뒤 도움이 필요하면 돕는다.

짐 내려놓기 추후과정

짐 내려놓기는 추후과정이 아주 중요하다. 많은 부분이, 부활한 유배자까지도 이런 큰 변화에 대해서는 경계한다. 체계는 적응할 시간이 필요하다. 따라서 회복된 부분을 다시 살펴보고 매일 보호자들의 마음을 어루만지는 것(거의 명상처럼)이 매우 중요하다. 우리는 시행착오를 거치면서 유배자가 참자기를 신뢰하고 분명하게 연결이 되었다고 느끼는 데까지 대개 3주에서 한 달 정도의 시간이 걸린다는 것을 알게 되었다. 아주 신경이 예민한 보호자들의 경우에는 내담자들이 이런 사전조사를 염두에 둘 수 없도록 만드는 일도 허다하다. 우리는 이어지는 회기에서 내담자가 잊지 않고 잘 살펴보는지, 유배자가 어떡하고 있는지, 무거운 짐은 완전히 사라졌는지 등을 물어본다.

짐 내려놓기 중 돌발사고

무거운 짐은 짐 내려놓기 이후에 다시 돌아올 수 있다. 그렇게 되는 이유는 대개 다음과 같다.

1. 그 부분이 충분히 관심을 받았다고 느끼지 못했다.
2. 짐을 내려놓고 나서 참자기가 그 부분을 버렸다는 기분이 들었다(내담자가 살펴보지 않았을 때 주로 그렇게 된다).
3. 짐을 내려놓고 보호자들이 불안해져서 다시 짐을 지게 되었다.
4. 다른 부분들이 같은 짐을 지고 바라봐 주고 짐을 내려놓게 되는 기회를 다시 필요로 할 수 있다.
5. 짐 내려놓기 이후 잠시 어떤 두려움 같은 게 생겨 그 부분이 익숙한 습관처럼 짐을 다시 지는 상태로 돌아가게 된다. 아니면 다른 부분들이 그 무서운 사건이 짐 내려놓기 때문이라고 생각해서 다시 짐을 들고 온다.
6. 대물림된 짐은 한 분 이상의 조상에게서 스며들어와 그대로 남아 있다. 다른 이로부터 비롯된 무거운 짐은 참자기가 끝까지 바라봐 주면서 거기서 풀려날

때까지 그 부분과 함께 작업을 이어 가야 한다.

　　무거운 짐이 다시 돌아오면 일어난 일을 잘 살펴본다. 보호자들은 돌아온 짐이 내 담자를 진짜 다치게 하는 것일까 봐 두려워하는 경우가 많다. 모든 사항을 설명(한 회기 이상 소요될 수도 있다)하고, 우리는 유배자의 짐 내려놓기 작업을 다시 한 뒤, 계속 유지가 되는지 지속적으로 확인을 한다.

신경과학과 짐 내려놓기의 연관성

　　우리의 동료 앤더슨(F. Anderson, 2013)은 정신약리학에서 내면가족체계 활용의 장을 열었다. 앤더슨과 함께 내면가족체계에 대한 입문서를 공동집필했는데, 그는 바라봐 주기와 짐 내려놓기라는 내면가족체계 단계가 엑커 등(Ecker et al., 2012)이 "시냅스 수준에서 기존의 정서 기억을 변화"시키는(Anderson et al., 2017, p. 127) 신 경가소성 형태인, **기억 통합**(memory reconsolidation)이라는 신경과학 분야의 과정과 연관이 있는 것 같다고 생각했다. 기억 통합에 대응하여, 인지행동치료(CBT) 등의 치료는 반작용 변화 전술을 사용하는데, 이는 예전의 신경망에 대항하는 새로운 신 경망을 개발하는 것에 초점을 둔다. 이 입문서에서 설명한 바와 같이, 기억 통합은 네 단계를 포함한다. 우선 외상적 기억에 접근하는 것이 첫 단계다. 내면가족체계 에서 이 단계는 목표부분을 찾아서 거기에 집중하고 구체화하는 것이다. 다음은 재 활성화로, 정서 기억망을 흔들어 시냅스 수준에서 풀어 놓는 것이 두 번째 단계다. 내면가족체계에서 이 단계는 구별하기라 할 수 있다. 이는 부분들이 내담자의 참자 기를 위한 공간을 만드는 것이다. 세 번째 단계는 **부조화**와 관련이 있는데, "목표 기 억의 의미에 대한 부당성을 확실히 보여 주는 것"이다(Anderson et al., 2017, p. 127). 내면가족체계에서 이는 추방된 부분들을 바라봐 주고 회복시키는 과정 중에 일어 난다. 마지막 네 번째 단계는 **지워 없애기**(erasure)인데, 내담자가 새로운 관점으로 외상적 경험에 대한 이해를 개선해 나가도록 하는 활동을 포함한다. 내면가족체계 에서는 부분이 경험한 것을 참자기는 외상으로 보지 않고 타당성을 인정해 주기 때 문에—"네 잘못이 아니야, 그냥 너한테 나쁜 일이 일어난 거야."— 유배자의 짐 내 려놓기에서 이 과정이 나온다.

소냐와 책임감에 시달리는 아이

소냐는 33세 독신여성이고 동성애자다. 어린 시절 심각한 성적 학대로 인해 자살 충동을 자주 느꼈던 외동딸이었다. 소냐의 어머니는 미국 서부 근처에서 이리저리 이사를 다니면서 웨이트리스로 일을 하기도 하다가 어떤 때는 그런 벌이마저도 없어 지독한 가난에 찌들어 살았다. 소냐의 아버지는 트라우마 이력을 지닌 퇴역군인으로 마약중독자였다. 그는 소냐가 세 살 때 집을 나갔고 어쩌다 한 번씩 집에 들르곤 하다가 소냐가 여덟 살이 되었을 때, "연을 끊겠다"는 말로 가슴에 못을 박고 떠난 뒤 다시 나타나지 않았다. 소냐에게 이 모든 것에서의 유일한 탈출구는 학교였다. 소냐는 아주 영리하고 선생님들과의 관계도 좋았다. 뿐만 아니라 소냐와 이름이 같은 사랑하는 이모도 있었다. 비록 그녀는 늘 취한 상태였지만, 소냐와 엄마에게 와서 며칠씩 같이 살기도 했고 세심하고 재미있는 사람이었다.

그 이모는 소냐가 열다섯 살이 되던 해에 간경화로 사망했는데, 그때부터 소냐의 폭음 습관이 시작되었다. 다음에 나오는 회기 당시에 소냐는 술을 끊은 지 4년이 되었고, 자칭 '닥치는 대로 운동과 섹스'라는 걸로 술을 대신하고 있었다. 소냐는 술을 끊었던 4년 중 2년 동안 내면가족체계치료를 받았는데, 여전히 짐 내려놓기를 못하고 있었다.

치료사: 지난주 우리가 어떻게 마쳤는지 기억해요? 당신이 과거에 매여 있지 말라고 말했던 여덟 살짜리, 계획하는 부분과 이야기를 나누고 있었죠. 당신이 왜라고 물었을 때 그 부분이, "너무 하잖아. 난 싫어."라고 말했어요.

소냐: 별 생각 없었어요.

치료사: 지금 생각해 봐도 될까요?

소냐: 예.

치료사: 그 부분이 당신과 같이 있나요?

소냐: (미소 띠며) 그게 나예요. 그 부분은 지금 이대로 좋다고 하네요. 그 부분은 내가 운동이나 많이 하고 섹스 근처는 얼씬도 하지 않는 걸 좋아해요.

치료사: 좋습니다. 저는 당신에게 힘든 건 하고 싶지 않아요. 그래서 그 부분이 허심탄회하게 말해 주니 좋네요. 조금만 과거로 가 보면 어떨까요? 내면에 있는 모두가 안심할

수 있고, 누구도 그렇게 극단적으로 가야 할 필요는 없습니다.

[이런 초대가 내면가족체계에서 핵심이 된다. 유배자가 당신을 좌지우지하지 않도록 도울 수 있다.]

소냐: 그 부분은 그게 가능할 거라고 믿지를 않아요.

치료사: 압니다. 그리고 분명 그 부분의 책임이 아니란 말도 틀린 건 아니죠.

소냐: 그 부분은 당신을 이상하다고 생각해요.

치료사: 날 이상하다고 생각해도 나한테 말을 계속하게 해 줄 수 있나요?

소냐: 물론이죠.

치료사: 그 부분은 당신이 몇 살이라고 생각하나요?

소냐: 열여섯이요.

이런 상호작용은 지배적인 젊은 관리자와의 협상을 그대로 보여 준다. 이 부분은 유배자가 드러나게 되면 감정에 사로잡혀 참자기를 알아보지 못하고 다른 보호자들과 양극화를 만든다. 이 사례에서 소냐의 여덟 살짜리 참자기처럼 보이는 관리자는 대담한 열여섯 살 아이와 양극화를 이루는데, 이 둘은 모두 세 살짜리 유배자를 보호하고 있었다. 소냐의 내면세계의 형상화가 너무 만화 같아서 믿기 어렵지만 드문 일은 아니다.

치료사: 그 여덟 살 아이가 기꺼이 당신과 눈을 맞추면서, 세 살짜리 때문에 감정적으로 압도당하게 될 위험에서 당신이 도움을 줄 수 있을지 살펴볼까요?

[눈 맞춤은 부분이 내담자의 참자기와 견고하게 이어질 수 있도록 하는 효과적인 방법이다.]

소냐: 그 부분이 날 그렇게 보고 있어요.

['나'가 누구인지 알기 위해서, 치료사는 그 부분의 반응을 확인한다.]

소냐: 그 부분이 나한테 말해요. 다른 부분들에 대해서 걱정된다고요.

치료사: 우리가 그들을 도울 수 있을까요?

소냐: 네, 좋아요.

치료사: 그 부분들을 볼 수 있나요?

소냐: 네. 그 부분들은 허공에서 팔을 흔들고 있는 한 묶음의 막대기들이에요. 내 어린 시절로 돌아가면 어찌해야 할지를 모르겠다고 말해요.

치료사: 그들이 뭘 해야 하나요?

소녀: 그 부분들이 그렇게 생각하는 것 같아요.

치료사: 당신은 그들에 대해 어떤 느낌이 들어요?

[치료사는 소녀의 참자기가 그런 부분들과 시간을 보내면서 긴장을 풀 수 있기를 바란다.]

소녀: 안타깝게도, 그 부분들은 어찌할 바를 모르고 있어요.

치료사: 그들이 당신을 보거나 느끼고 있나요?

소녀: 조금요.

치료사: 그 부분들이 더 많이 당신을 알아채도록 하는 데 방해가 되는 게 뭔가요?

소녀: 시간이 없어요. 선생님이 보지 말았으면 하는 게 있어요. …… 아! 미움받는다고 생각
해요. …… 그러니까 **내가** 미움을 받아요. 그 부분들은 다른 누구에게 이걸 보일까
봐 겁에 질려 있는 거예요. 선생님이 나를 판단하고 떠나 버릴까 봐 두려워해요.

치료사: 당장 그 부분들은 뭐가 필요할까요?

소녀: 누군가 그들에게 징징대지 말고 입 다물라고 말해 줘야 해요.

치료사: 그 부분이 당신이 나설 수 있게 할까요?

소녀: 별루요. 억지로 말로만 그러라네요.

치료사: 아주 좋습니다. 그 어떻게 할지 모르겠다던 부분들에 대해서 당신은 지금 어떤 기분
이 드나요?

소녀: 안됐어요.

치료사: 그 부분들이 당신한테서 필요로 하는 게 뭘까요?

소녀: 미움받았던 부분을 내가 도울 거라고 그 부분들에게 말할 거예요.

치료사: 반대하는 사람은요?

소녀: 내가 그렇게 하면 다들 마음이 놓일 거예요.

치료사: 좋아요. 미움받는다고 느끼는 부분을 찾으세요.

소녀: 세 살짜리 아이가 보여요.

치료사: 그 부분은 당신을 보나요?

소녀: 헉! 갑자기 작은 악마가 튀어나왔어요. 쇠스랑을 휘둘러요. 정의 없이 아무것도 바라
지 말라고 말해요.

치료사: 이해가 되나요?

소녀: 제 생각에는 미움받는 부분을 나한테 풀어 주고 나면 정의가 없어질까 봐 겁이 나는
것 같아요. 아무도 그 부분에게 일어나는 일을 돌아보지도 않고 보상도 없을 것 같
아서요.

치료사: 당신은 뭐라고 말하죠?

소녀: 이해한다고요.

치료사: 그 악마가 정의를 원해요?

[치료사가 악마에게 따로 떨어지도록 요청을 할 수는 있지만, 그 부분이 그렇게 해 줄지 의문이 든다. 그래서 그렇게 하지 않고 그와 함께 확인을 한다.]

소녀: 네.

치료사: 그 부분은 여러분 모두에게 득이 되도록 협상을 할까요?

소녀: 그 부분은 자기 쇠스랑에 기대고 있어요.

치료사: 만일 그가 당신이 미움받는 부분을 돕게 한다면, 당신들 두 사람은 함께 앉아서 정의와 관련된 모든 것을 전방위적으로 검토해 볼 수 있어요. 그렇게 하면 그 부분은 당신의 관심을 독차지할 것이고 정의라는 문제에 온전히 주의를 기울일 수 있을 겁니다. 왜냐하면 당신들 중 누구도 이 세 살짜리에 대해서는 걱정할 필요가 없기 때문이죠.

소녀: 좋아요. 그 부분이 편안해졌어요.[2]

치료사: 아주 좋아요. 그럼 이제 그 미움받는 부분을 당신이 도와줄 수 있을지를 물어보세요.

소녀: 다시 세 살짜리 아이를 보고 있어요.

치료사: 그 아이에 대해 어떤 느낌이 들죠?

소녀: 도와주고 싶어요.

치료사: 그 부분 반응은 어때요?

소녀: 먼 산만 봐요.

치료사: 당신에게 눈길을 줄까요?

소녀: 그 부분은 누가 자기를 보는 것도, 자기가 누굴 보는 것 따위도 아무 상관없다고 생각하고 있어요.

[여기서 그 부분은 짐 내려놓기의 첫 단계인 바라봐 주기—아니면 자신의 경험을 소녀의 참자기에게 보여 주기—로 간다.]

치료사: 그 부분이 그런 것에 대해서 당신이 더 많이 알아주기를 바랄까요?

[치료사는 한 발 더 나가도록 힘을 실어 준다.]

---

2) 원서를 직역하면 'He put up hammock(그가 해먹을 걸었다).'이다. 해먹이 나무 사이에 거는 야외용 그물 침대라는 점을 볼 때 긴장을 풀고 편안해졌다는 의미로 의역할 수 있다.

제2부 내면가족체계 개인치료의 실제

소냐: 아무도 못난 애를 좋아하지 않는다고 말해요.

치료사: 그 부분에 대해서 어떤 느낌이 들어요?

[한 부분이 참자기를 폄하하면, 치료사는 참자기와의 관계에 초점을 두고, 부정적인 자아—비판을 자연스럽게 와해시킨다.]

소냐: 전 그 아이를 사랑해요. 그 앤 못나지 않았어요.

치료사: 그 부분이 당신의 사랑을 느낄 수 있나요?

[유배자가 참자기와의 관계를 느낄 수 있음을 확실하게 하고 싶다.]

소냐: 내가 너무 멀리 있는 것 같아요.

치료사: 더 가까워져도 될까요?

소냐: 아! 이젠 그 부분이 내 무릎으로 다가와요. 그런데도 날 보지는 않아요.

치료사: 어떻게 해야 할까요?

[치료사가 소냐의 참자기의 뜻을 따른다.]

소냐: 그녀가 나한테 이렇게 하래요. 아무도 그 부분을 사랑하지 않아. 그 앤 아무것도 아냐.

치료사: 누구에 대해서 말하는 거죠?

소냐: 그녀는 자기 무릎에 이 아기 인형을 두었어요. 인형을 거꾸로 엎어서 불평하면 때려야 한대요.

치료사: 어떻게 해야 할까요?

소냐: 아기를 버릴 수는 없는데, 아무도 그녀를 사랑하지 않는 게 아기 잘못이라고 생각해요.

[세 살짜리가 그녀의 딜레마를 드러내 보인다. 그녀는 아기를 보호하면서 어머니의 방임을 비난하기도 한다.]

치료사: 그게 이해가 되나요?

소냐: 그럼요. 그 부분에게 내가 둘을 모두 도울 수 있게 해달라고 했어요. 그런데 내가 그만큼 크지 않아서 안 된다고 걱정이 된대요.

치료사: 그녀 눈에는 당신이 얼마나 커 보이나요?

소냐: 그녀가 내 무릎에 있어요. 난 그녀를 내려놓고 일어섰어요. 그러니까 내가 커서 그들을 보호할 수 있을 것처럼 보인다고 하네요.

치료사: 그 둘이 준비가 되면 과거에서 벗어날 수 있게 해 준다고 그 부분에게 말해 주세요.

[치료사가 이렇게 덧붙이면서 유배자가 최종 단계를 이해할 수 있도록 한다. 과거에 갇혀 있는 부분들은 떠날 수 있다는 가능성을 완벽하게 인지하지 못할 수도 있다.]

소냐: 좋대요. 그녀가 나에게 몇 가지를 보여 주고 싶어 해요.

치료사: 좋습니다. 알게 되면 나한테도 얘기해 줘요.

[소냐가 눈을 감고 작은 아기와 큰 아기의 경험을 바라봐 주는 동안 치료사는 잠시 조용히 기다린다.]

소냐: 됐어요.

치료사: 그 부분이 당신 도움을 필요로 하나요?

소냐: 지금은 엄마와 이모 소냐에 대해서 걱정해요.

치료사: 누가 그분들을 돌봐야 하나요?

소냐: 그 부분은 내가 하기를 원해요. …… 저도 그렇게 생각하고요.

[이제 소냐의 참자기가 다시-하기 혹은 과거 고쳐 쓰기에 발을 들인다.]

치료사: 어떻게 되어 가나요?

소냐: 이제 그녀랑 아기가 저와 함께할 준비가 되었어요.

치료사: 그래요. 여기에 그들을 데려와 보지요. …… 어때요?

[이것이 회복이다.]

소냐: 좋아요.

치료사: 그 부분들이 짐을 내려놓을 준비가 되었나요?

소냐: 네.

치료사: 함께하나요? 아니면 따로?

소냐: 같이요.

치료사: 그 둘에게 빛, 흙, 공기, 물, 불을 줄 수 있어요. 다른 식으로 해도 좋아요.

[이것이 짐 내려놓기가 된다.]

소냐: 그녀가 고약한 냄새가 나는 아기는 아무도 사랑하지 않는다고 말해요. 그래서 아기 배꼽에 바늘을 꽂아서 냄새를 빼내려 하고 있어요.

치료사: 아기는 괜찮아요?

소냐: 네. 그리고 나서 그 고약한 냄새에 불을 붙여서 다른 짐들도 같이 다 태워 버리려고 하고 있어요.

치료사: 다 되고 나면 알려 주세요.

소냐: 그럴게요.

치료사: 이제는 그 부분들의 기분이 어떨까요?

소냐: 아기 배가 다 꺼졌어요. 아주 행복해 보여요. 내가 안아 줘요. 그리고 세 살짜리는 막 돌아다녀요.

치료사: 무거운 짐은 모두 사라졌는데 이제는 뭘 하면 좋을까요?

소냐: 놀아요. 세 살 아기가 놀고 싶어 해요. 아이가 안기고 싶어 해요. 그냥 그렇게 해 줄게요.

치료사: 지금은 다른 부분들이 어떤지 볼까요? 괜찮은가요?

[유배자가 나머지 체계들과 통합을 이루는 시점이다.]

소냐: 네. 여덟 살 아이가 "좋았어! 네가 또 뭘 할 수 있는지 보자."라고 해요.

치료사: 당신이 모두를 돌봐 줄 수 있다면, 여덟 살짜리가 어떻게 할 것 같아요?

소냐: 그 부분이 아직은 하던 일을 그만둘 준비가 되어 있진 않지만, 내가 뭘 할 수 있을지는 지켜봐 줄 거예요.

치료사: 그 부분이 자기 일에서 손을 뗄 준비가 된다면요?

[치료사는 포기하지 않고 다시 이 중요한 질문을 한다.]

소냐: 그 부분이 자전거를 타고 싶대요.

치료사: 원한다면 그 일을 그만두지 않아도 지금 바로 한 번 타 볼 수 있어요.

소냐: 좋은 생각이라고 해요.

치료사: 좋습니다. 이제 이렇게 저렇게 당신의 관심을 다른 데로 돌리기 위해서 애쓴 다른 부분들을 모두 살펴보지요.

소냐: 눈 깜빡이 마전장이³⁾가 보여요. 그 부분도 내가 뭘 할 수 있는지 보려고 해요.

치료사: 그 부분에게 뭐라고 말할래요?

소냐: 날 지켜봐 달라고요.

치료사: 오늘 마치기 전에 더 살필 게 남았나요?

소냐: 내가 다시 화가 치밀어 오르면 어쩌죠?

[시간이 다 되어, 치료사는 통찰을 사용하기보다는 정공법을 써서 관련 부분에게 직접 말을 거는 걸로 회기를 마친다.]

치료사: 어떻게 할래요?

소냐: 내가 나쁜 건가요?

치료사: 당신이 그런가요?

소냐: 아뇨. 화가 나도 괜찮아요.

[소냐의 참자기가 돌아온다.]

치료사: 그렇죠.

---

3) 천을 볕에 쬐여 희게 만드는 표백작업을 하는 일을 직업으로 하는 사람을 뜻한다.

참자기처럼 보이는 소녀의 여덟 살 관리자는 학교와 직장에서 소녀가 성공하도록 도왔다. 그리고 소녀가 일을 하지 않으면, 한 무리의 소방관들이 대타로 나서서 소녀를 정서적 고통에서 멀어지도록 하였다. 소녀가 미움받는 아기(유배자)에게 책임감을 느끼던 세 살짜리 추방된 보호자를 찾은 후, 치료사가 그 아기를 보고 싶어 하지 않았던 일부 막대기와 함께, 소녀의 참자기는 과거로 돌아가 개입을 했고 큰 아이와 작은 아기를 현재로 데리고 왔다. 그리고 그들의 짐을 덜어 주도록 도와주었다. 그 결과 여덟 살짜리의 압력은 줄어들었다.

맺음말

앞서 언급한 바와 같이, 대물림된 무거운 짐은 몇 가지 점에서 개인적 무거운 짐과 다르다. 개인적 경험과 직접적인 관련이 없고, 유배자가 아니라 보호자들이 그 짐을 지고 있는 게 일반적이며, 내담자의 체계는 바라봐 주기를 하지 않아도 대물림된 짐에서 얼마든지 해방될 수 있다. 보호자가 대물림된 짐을 버리지 않으려고 하면, 대개 고집을 부리는 지점이 다른 가족구성원들에 대한 충성심인 경우가 많다. 이런 문제가 발생하면, 내담자의 참자기는 수년에 걸쳐 변화된 것들을 설명하고 싶어 할 수도 있다. 일단 보호자들이 대물림된 짐을 체계 밖으로 던져 버리고 나면, 참자기는 관련된 보호자들을 모두 불러 모아서 그들이 하고 싶어 하는 역할을 고르게 하고 나서 변화를 시도할 수 있다.

반대로, 개인적 무거운 짐은 유배자가 지고 있는데, 이들은 참자기가 자신들의 외상적 경험을 바라봐 주고 그걸 고쳐 쓰도록 도와주기를 바란다. 이런 과정 동안 내담자의 참자기는 인정을 해 주고 유배자에게 사랑을 준다. 사랑 받는다고 느끼고 나면 그 부분은 짐을 내려놓고 스스로 변화의 길로 들어선다. 짐을 내려놓은 유배자들은 그 짐이 참자기의 것도 아니고 자기네가 과거에 묶인 것도 아니라는 걸 알게 되어, 현재에 머물면서 만족감에 흠뻑 젖는다.

제13장

안전하게 내면 작업 수행하기

모든 내면가족체계치료사는 고비를 맞게 된다. (1) 어떤 치료사라도 곤경에 처하는 경우는 생기고 (2) 기존의 틀을 바꾸려 할 때는 불가피하게 고비를 맞는다. 내면가족체계를 배우는 치료사들은 가끔—혹은 아주 자주—수월하게 느껴지는 접근법이나 기법으로 물러서게 되는데, 잘못된 건 아니다. 배움은 과정이다. 우리는 개별 치료에서 내면가족체계를 시도해 보기도 하고, 지속적인 동료 슈퍼비전 집단에 참여할 계획을 세우고, 자기리더십센터(Center for Self Leadership)에서 이 모델에 대한 정규 교육과정(주로 경험적인)을 밟도록 강력히 권장한다. 나(슈와르츠)는 내면가족체계를 개발하는 내내 고비를 맞았다. 갈피를 잡지 못해 절망적인 상태에서 내담자에게 다음에 어떻게 하면 좋을지를 물어보았는데, 그 내담자의 부분들은 완벽하게 다음 단계를 나에게 제시했다. 내담자의 체계들은 치유의 지혜를 갖고 있으며, 나에게 이 모델을 가르쳐 준다. 그래서 내담자들과 다음 단계에 대해 묻는 것이 나는 두렵지 않다.

안전하게 유배자에게 다가가기

참자기가 추방된 부분들에게 더 다가갈 수 있도록 관리자들이 승인을 하고 나면, 소방관들의 행동이 심화되기도 한다. 소방관들이 위험할 수는 있지만, 그 위험은 상황에서 비롯된다. 소방관들이 활동을 시작하면, 심각한 상해 위험이 고개를 드는데, 외부 혹은 내면 관리자들이 소방관들을 부인하고 부끄러워하고 그들에게 위협을 가한다. 그러므로 우리는 소방관들이 반응을 보이면 호기심을 가진다. 따뜻한 마음으로 포기하지 않고 끝까지 하면, 대개 소방관들은 자신들의 고민과 자신들이 보호하고 있는 부분의 아픔을 드러내 보일 것이다. 부끄러워하는 관리자들이 마음을 가라앉히고 참자기를 만나고 나면, 협상하기 쉬워지는 게 일반적이다. 무엇보다도 소방관들은 희망을 두려워하지만 희망적인 느낌을 가져야 한다. 치료사나 내담자의 참자기가 소방관에게 믿을 만한 희망을 보여 주면, 보통 유배자를 치유하는 것뿐만 아니라 소방관은 지금껏 해 오던 역할에서 벗어나 차분해진다. 관리자들과 마찬가지로, 소방관들도 대개는 자신들이 하는 일에 대한 실행 가능한 대안을 치료사들이 제시한다는 것을 믿을 수 있어야 한다. 하지만 소방관들이 폭발하도록 만든 유배자의 고통이 완화될 때까지 대부분의 소방관은 역할을 바꾸지 않을 것이다. 그러므로 유배자에게 다가가면서 그와 동시에 소방관들에게 다음과 같은 약속을 한다. 그 고통도 덜어주고 편안해질 수 있는 시간도 더 앞당길 수 있어요. 그래도 당신이 마음을 좀 누그러뜨리고 다른 부분들(예를 들어, 유배자들과 관리자들)을 부추기는 것도 좀 덜해 주면 더 빨리 그렇게 될 거예요.

충동적 경향이 있는 소방관이나 비판적이고 숨도 못 쉬게 억누르려고 하는 관리자와 참자기 간의 상호작용은, 더 안전감을 느끼면서 더 관계를 갖고 싶어 하는 유배자와 참자기 간의 상호작용과는 차이가 있다. 우리는 보호자들이 안전하면서 연결되어 있다고 느끼기를 바라면서도, 내면체계 안에서 새롭고 가치 있는 역할로 마음껏 옮겨 가기를 원한다. 다음은 주요 관리자가 자리를 옮기도록 내담자의 참자기가 협의를 하는 예시다.

치료사: 백인 할머니는 그녀가 보호하고 있는 그 부분을 당신이 도울 수 있도록 허락을 할까요?

스테파니: 네, 그 부분은 어린 소녀예요.

치료사: 그 어린 소녀한테 어떤 느낌이 드나요?

[치료사가 어떤 부분들이 스테파니의 참자기와 뒤섞여 있는지를 보도록 살핀다.]

스테파니: 외로워 보여요. 기운 내라고 해 주고 싶어요!

[치료사는 그게 부분이 맞는지를 속단하지는 않더라도 스테파니가 계속할 수 있는 참자기-에너지를 충분히 갖고 있음을 목소리와 표정으로 감지한다.]

치료사: 당신이 더 다가가도 될지 물어보세요. 그래도 된다고 하면, 얼마만큼 다가가는 게 감정에 휩쓸리지 않을 정도인지 보세요.

[상당히 긴 시간이 지나도, 치료사는 잘 기다린다.]

스테파니: 처음엔 나한테 겁을 먹어서 대답도 안 해요. 그래서 "널 돌보려고 여기 온 거야." 라는 말만 하고 옆에 앉았어요. 그러고 나니까 내 무릎으로 파고 들어와요.

이 지점에서, 스테파니의 참자기는 명확하게 지도적 입장이 되어 어떻게 해야 할지를 알고 있다. 스테파니가 어린 소녀한테 다가가기 전에 치료사가 할머니한테 허락을 구하도록 했던 것을 기억하라. 내면가족체계에서는 부분들이 고립되면 변화할 수 없기 때문에 관계망 안에서 모든 부분의 요구를 고민한다. 할머니는 어린 소녀가 더 나아지고 상처를 덜 받게 하려고 그 아이에게 수년간 비난을 일삼아 왔다. 당연히 그런 질책은 어린 소녀의 마음을 더 상하게 만들고 더 나약하게 만드는 역효과를 낳았다. 어린 소녀의 마음이 상할수록 할머니는 그 아이를 보호하려고 애쓰면서 더 심하게 꾸짖었다. 내담자의 참자기는 유배자에게 돌봄과 사랑을 주어 관리자와 유배자 사이에서 아주 흔히 일어나게 되는 이 악순환에 개입하였다.

너무 빠른 진행

상담실을 떠나기 전에 극단적 부분들과 내담자가 구별되었다는 것을 분명히 하기 위해서, 치료사는 내담자의 참자기에게 말을 건네 보도록 요청하여 직접 접근 혹은 통찰의 시간을 가진 뒤 마무리해야 한다. 극도로 양극화된 체계에서는 어떤 부분이 지배권을 놓지 않고 참자기(혹은 적어도 유능한 관리자)가 돌아오도록 내버려 두지 않으려 할 수도 있다. 회기를 마칠 지점에서 떨어지기를 싫어하는 부분은 버럭 화를 낼지도 모르고, 서둘러 상담실을 빠져나가려고만 할 수도 있다. 뿐만 아니라, 그런 부분이 다시 쫓겨날까 봐 겁에 질린 예전에 추방된 부분일 수도 있다. 그렇지만 치료사는 그 부분에게 왜 장악하려 하는지, 그러는 이유가 타당한지에 대해서 가능한 한 의견을 나누어야 한다. 어떤 경우에는 싸움에 말려드는 것보다는 내담자가 그런 부분을 데리고 같이 떠나는 것이 더 좋을 때도 있다. 얽히고설킨 부분에게 억지로 손을 놓으라고 떠미는 것은 거의 효과가 없다.

보호자가 더 커져서 빠져나오려 하지 않을 때, 치료사는 (적절하다면) 불편을 끼친 것에 대해 사과하고 앞으로 어떻게 할지에 대해 같이 의논하겠다고 약속을 한다. 유배자가 벗어나지 못하면, 가능한 빨리 추방된 상황에서 벗어날 수 있도록 치료가 마련될 것임을 보증하고, 내담자한테서 조금이라도 떨어져 줄 수 있으면 그만큼 더 빨리 해결되어 참자기가 힘을 얻을 수 있을 것이라고 약속한다. 치료사는 그 부분의 두려움이나 고통을 잘 알고 뭘 원하는지도 잘 알고 있다는 뜻을 전해서, 참자기-주도성을 입증해 보인다. 그 부분이 안심을 시켜 주는 말들에 귀를 기울이면, 극단적인 상태에 권력을 쥔 채로 있다 해도, 치료사에게 또 한 번의 기회를 줄 수 있다. 어떤 부분들은 자신들이 완전히 장악했다는 것을 확인한 후에야 자신들의 진짜 감정을 드러낼 수도 있다는 것을 명심하라. 또한 많은 유배자는 보호자가 자신들을 다시 가둘 여지가 있다고 생각하기 때문에 약간이라 해도 따로 분리되는 것을 두려워한다는 것도 기억하라.

치료사와 내담자 체계와의 관계가 쉽게 깨질 것 같거나 치료사가 내담자의 극단적인 부분들을 도발하는 자신들의 극단적인 부분들과 섞여 버리면, 내담자는 절망감과 배신감을 느낄 위험이 있는데, 이는 심각한 결과를 초래할 수 있다. 자기 파괴적인 이력을 가진 내담자의 부분들은 위기에 처했을 때 위협을 가하거나 그런 행동을 암시하기도 한다. 소방관들은 소모적인 행위(예를 들어, 폭식증, 자해, 약물이나 알코올 중독, 성행위에 몰입, 도벽, 자살)들을 사용해서 고통에서 시선을 돌려 회피하게 한다. 치료사가 이런 행위를 놓치지 않고 지켜보면서 소방관의 의도를 파악하고 있으면, 내담자도 이런 부분들에 대해서 두려움을 덜 느낄 것이다. 회기 중에 반항적인 부분이 섞인다는 생각이 들면, 치료사는 (자신의 참자기의 인도를 따라) 가능한 신속히 내담자와 접촉하여 사과해야 한다.

내면가족체계의 관점에서 볼 때, 극단적인 행동들은 자기-파괴가 아니라 참자기를 보호하려는 시도다. 그와 동시에, 부정적인 신체적 영향, 내담자에 대해서 지배권을 상실했다는 관리자의 겸연쩍음, 극단적인 행동으로 정신을 더 산만하게 만드는 소방관들 등과 같은 결과를 내기도 한다. 그게 무엇이든 내적 긴장을 심화시키는 데에 일조를 할 것이다. 우리는 위험한 행동들을 무시하거나 경시하지 않는다. 대신 그런 점들을 뭔가 실마리가 되는 시작점으로 보고 양극화와 유배자의 위치를 찾아냄으로써 억압에서 풀려날 수 있는 기회로 삼는다. 그게 내담자의 안전을 지키기 위해서 입원할 필요를 배제하는 것은 아니다. 시간을 벌어 내담자의 참자기가 정서적 고통을 다스릴 더 나은 방법을 입증할 수 있다는 걸 소방관들에게 보여 주기 위해서는 잠시 유예를 가지면서 입원을 하는 게 더 좋기도 하다.

내면가족체계치료사들이 흔히 만나는 사면초가

치료사의 확신이 없을 때

확신이 없다는 것은 초보자들이 만나는 가장 큰 문제다. 정신에 대한 반문화적 관점을 보여 주기 때문에, 내면가족체계치료를 보거나 경험하지 못했을 때 확신을 가지기는 어렵다. 내담자의 보호자들은 치료사가 확신을 가질 때 마음을 놓고, 반대로 치료사가 확신이 없으면 경계심을 가진다. 자신들이 하는 일에 확신이 없는 누구에게라도 내담자들은 자기 내면세계의 문을 열지 않을(혹은 못할) 것이다. 앞에서도 말했지만, 회의가 들 때, 최상의 선택은 따로 시험을 해 보는 것이다. www.selfleadership.org 사이트의 자료실에서 내면가족체계치료사를 찾을 수 있고, 치료사들을 위한 기술 훈련 안내서를 만날 수도 있다(Anderson et al., 2017).

내면세계는 예측불허하고 경이로움으로 가득 차 있기 때문에 숙련된 내면가족체계치료사들도 위험에 처하는 경우가 자주 있다. 눈이 번쩍 뜨일 창의성들이 터지고, 다른 많은 영감을 주는 순간들이 함께하기 때문에 내면가족체계치료는 한번 발을 들인 모든 이에게 아주 매력적이다. 동시에 그 과정에서의 예측이 힘들다는 특성으로 인해서 숙련되지 않은, 특히 지도 관리하에 있거나 전문가 수련 중인 치료사들의 경우에는 더 위험한 순간들이 생길 수 있다. 위기에 봉착하더라도 참자기-에너지만 잘 유지하고 있으면, 더 마음 놓고 내담자의 참자기에게 도움을 요청할 수 있고, 그러다 보면 대개는 떨쳐진다. 참자기-에너지에 대한 신뢰는 내면가족체계 교사와 수련감독자들이 초보자들을 이끌 수 있는 가장 중요한 단일 자질이다. 내담자는 자신들에게 부족한 것을 치료사가 주기 바란다는 신념으로 시작을 한다면 이는 가장 배우기 힘든 수업이 될 수 있다.

경험이 신뢰를 키우는 것처럼, 경험은 유연성도 자라게 한다. 이 저서에서 그리는 단계들은 규칙이 아니라 지침이다. 내면가족체계에서는 선입견이나 정해진 목록 없이, 필요에 따라서는 앞장을 서기도 하지만 대부분 뒤따라가면서, 내담자의 내면체계로 들어가는 것을 목표로 삼는다. 우리는 생태학적으로 매우 민감하고자 한다. 경험상 내담자의 보호자들은 치료사들이 융통성을 보여 주고 지배권을 넘겨주어야 마음을 누그러뜨리고 치료사들이 그들의 존중(오로지 권위에 대한 자기강화 형태로)을 얻을 수 있다. 일단 내담자의 내면체계에 환영을 받고 나면, 치료사는 그들과 함께 매혹적인 탐색을 할 특권을 얻는다. 융통성 있는 상태를 유지하는 데에 딱 한 가지 유의점은 내담자들의 무시무시한 보호자들이 우리를 끌고 다니면서 헛수고를 하게 만들 수 있다는 것이다. 회기가 불안정해진다 싶으면, 내담자의 참자기를 살펴보고, 치료사의 직관이 맞을 때면, 보호자에게 집중하여 질문을 하면서 허락 없이 진행하지 않을 거라고 안심을 시키고 보호자의 염려에 대해서 더 직접적으로 다루도록 초대를 한다.

심각하게 상처 입고 양극화된 내담자들과의 치료가 자칫 잘못될 수 있지만, 내담자의 참자기와 치료사의 참자기 관계가 잘 형성되어 있으면 그런 실수들도, 극심한 반항을 초래한 실수라 해도, 얼마든지 만회할 수 있다. 일반적으로 실수는 치료사 안에 있는 겁먹은 보호자로 인해서 위험한 것이 된다. 예를 들어, 유배자를 너무 빨리 움직이도록 만든 참자기-주도적 치료사라면 내담자의 부분들에게 귀를 기울여 주고 사과함으로써 그들을 달랠 수 있다. 하지만 치료사한테서 겁먹거나 방어적인 부분이 고개를 들게 되면, 내담자는 버려졌다는 기분이 들어서 내담자의 보호자들이 일어날 것이다.

요점은 내면가족체계는 생태학적인 민감성을 가지고 충분히 훈련을 받으면 아주 안전하지만, 치료사의 부분들이 얽혀 들게 되면 내담자가 위험을 만들어 낼 수 있다는 것이다. 종합해서 말하자면, 많고 많은 실수를 하게 되니까 실수를 두려워하는 당신의 부분들과 함께 작업을 해 보라고 권한다. 치료사가 폭풍 속에서도 '나'를 유지하고 있으면, 내적으로는 증상이 더 심해지도록 기름을 붓고 외적으로 갑자기 치료를 중단할 것 같은 두려움과 실수도 사과와 개선의 기회가 되어, 대부분의 내담자는 고마움과 안도감을 느끼게 된다. 많은 내담자가 그때 처음 사과를 받는 경험을 하게 될 것이다.

내면가족체계에서 치료사의 책임감

많은 내면가족체계 초보자들, 특히 치료사가 변화에 대한 책임이 있다고 배운 치료사들은 내담자의 참자기를 신뢰하는 것을 두려워한다. 게다가 그게 통찰력인지 제대로 된 해석인지, 혹은 충분히 좋은 애착이 되는지를 제대로 알지 못한 채, 내담자에게 결핍된 것이라고 여겨지는 것이 무엇이든 그걸 만들어 내려고 많은 치료사들은 있는 힘을 다한다. 애를 쓴다는 것은 부분들이 실권을 쥐고 있다는 징조다. 치료사들이 온갖 행동 지침들을 가지고 고군분투를 하다 보면 부지불식간에 내담자의 보호하는 부분들과의 힘 겨루기를 하게 된다. 이를 두고, 부정적 전이 혹은 저항이라는 이름을 붙일 수 있다. 내면가족체계의 언어로 하면, 부정적 전이를 일으키는 치료사는 전문가라는 것을 내세우고, 치료사 부분들을 돌보고, 내담자의 유배자들을 너무 성급하게 드러내고, 내담자의 관리자들(특히 어떻게 생각하고, 느끼고, 행동하는지에 대한 이야기를 듣고 싶어 하지 않는 관리자들)이 주는 의견을 무시한다.

그 결과 전문가라는 치료사의 부분들은 내담자의 참자기를 신뢰하는 치료사들보다 더 많은 저항을 만난다. 알고 싶어 하고, 신뢰하고, 너무 애쓰지 않으려고(좀 덜하는) 매일 연습하면 내담자 건강의 원천에 닿을 수도 있고 아주 보람도 있을 것이다. 나(슈와르츠)는 회기 시작 전에 가장 먼저 '강력한 행동계획이나 긴급 사안이 있는가?'라는 것을 확인하고, 회기를 진행하면서, '너무 열심히 하려고 하는 건가?'를 확인하는데, 그러면 나의 참자기가 내담자의 치유를 돕고자 하는 의도가 있어도 그 결과에 집착하지는 않게 된다.

너무 열심히 하고자 하는 치료사들의 일반적인 경향성에 대응하기 위해, 초보자들이 의식적이면서도 신속하게 권위적인 말이 아니라 탐구적인 말로 바꿀 수 있도록 돕는다. 내면가족체계치료에서는 치료사가 전문가처럼 행동을 하면, 내담자의 부분들이 내담자의 참자기를 믿고 기대하도록 하기 위한 주된 치료적 목표의 기반을 약화시킨다고 생각한다. 내담자의 참자기가 움직일 수 있게 되는 순간, 치료사의 역할은 부분들이 섞여 있을 때를 감지하고 모든 부분이 분화하도록 돕는 것뿐이다. 내담자에게 어떻게 되고 있냐고 물어보면, 내담자들은 경이로울 정도로 많은 것을 알고 있다.

부분들 찾아내기

　내담자가 혼란스러워 보일 때 다음과 같은 행동을 보이면, 보호자가 섞여 있다는 것을 보여 주는 것이다. 아무 관심도 가질 수 없다거나 부분과 어떻게 관계를 맺어야 할지 모르겠다고 말할 때, 더 이상 자신의 부분들을 볼 수 없다고 얘기할 때, 자신의 문제나 내적 경험들에 대해서 주지화를 시작할 때, 지난 회기에 대해서 이것저것 따져 가며 장황설을 늘어놓기 시작할 때. 어떤 때는 당장 주의를 기울여야 하는 문제들이 실제로 드러나기도 하지만, 보호하는 부분들은 자꾸 미묘한 방식으로 간섭을 계속하려 한다. 보호자들의 말이 합리적으로 들리기도 하고 극단적이거나 방만한 주제들에 대해서 어떤 경우 설득적이기도 하다. 이는 보호자들의 행동에 대해서 비난을 하려는 것이 아니다. 이들은 자신들의 일에 충실할 뿐이다.

　초보 내면가족체계치료사는 미끼를 덥석 물고 산만한 부분을 믿어 버리거나 양극화의 한쪽을 두둔하면서 끌고 와 부분의 행동에 대해서 다른 부분과 논쟁을 벌이게 될 위험이 있다. 편을 들면 반드시 문제가 생긴다. 반면, 숙련된 내면가족체계치료사는 고도로 발달된 **부분들 탐지기**(part detector)를 갖고 있다. 숙련된 내면가족체계치료사는 어조, 자세, 그 안에 담긴 극단성 등과 같은 실마리들에 주의를 기울여, 보호자들이 섞여서 참자기가 주도권을 잡지 못할 때를 감지한다. 보호자의 교묘한 간섭 때문에 진전이 별로 없으면, 내담자의 참자기에게 내면을 확인해 보라고 요청한다. 보호자가 발견되고 나면, 치료사는 내담자의 참자기가 내면-들여다보기(in-sight)를 하거나, 혹은 치료사가 직접 대화를 해서 그 부분과 상호작용할 수 있도록 요청할 수 있다.

　초보 내면가족체계치료사들은 경험을 쌓아 가면서 내면가족체계를 지속적으로 사용함으로써, 보호하는 부분들과 논쟁하지 않는 법을 배운다. 보호자의 활동수준은 최악의 상황에서도, 현재 상황을 전복시킬 위험과 두려움에 대한 평가가 비례한다. 무서운 보호자와 논쟁을 하는 것은 극단적인 상황에 처한 사람과 논쟁을 하는 것과 마찬가지로, 그들을 더 극단적으로 몰고 갈 뿐이다. 보호자가 주의를 분산시키거나 다른 부분들을 대신하려고 하면, 그의 요구에 대한 요청을 지지하는 극단적이거나 불필요한 말들은 그냥 흘려버린다. 그 부분이 왜 꼭 지금 끼어드는 걸까? 그 부분이 이유를 밝히지 못하면, 보호자가 가장 두려워하는 두 가지—유배자 때문에 감정이 엉망진창이 되는 것과 보호자의 일을 잃게 되는 것—라고 생각하는 것을 소리

내어 또박또박 말해 준다. 대개는 둘 중 하나가 적중한다. 그렇지 않다 해도 대화 자체가 그 부분이 진짜 염려하는 것에 대해 열린 자세를 가질 수 있는 밑거름이 될 수 있다.

초보자들을 좌절시키는 가장 일반적인 현상은 참자기로 위장할 수 있는 관리자(치료사의 동년배처럼 보이는 경우가 많다)다. 이들은 아무리 돌봐 주는 것 같고 친절하게 보여도 유배자에게 시선을 주지 못하도록 하고 있는, '참자기-같은(Self-like)' 부분이다. 참자기-같은 부분들은 스스로 참자기라고 믿고 유배자와의 회기를 통해 내담자를 발견하지 못하도록 하기 위해 치료사가 원하는 모든 것을 준수함으로써 치료사인 당신뿐만 아니라 일반적인 사람들을 기쁘게 해 주려는 경향이 많다.

참자기처럼 보이는 부분이 내면 보여 주기를 하고 있다는 실마리는 (1) 내담자에게서 참자기-에너지가 분명히 보이는데도 불구하고 치료가 진행이 되지 않을 때, (2) 참자기(실제로는 참자기처럼 보이는 부분)가 참석을 했는데도 유배자가 상호작용을 거절하거나 마음을 놓지 못할 때 등이 있다. 내담자가 식별이 가능하다면, 내담자에게 "당신의 부분들과 직접 대면 중인가요? 혹은 그 부분들과 같이 있는 당신이 보이나요?" 라는 물음만으로도 참자기처럼 보이는 부분을 참자기한테서 떼어 놓을 수 있다. 참자기는 의식의 자리이기 때문에 참자기가 내면세계의 주도권을 잡고 나면 우리 자신은 우리 눈에 띄지 않는다. 부분들과 그 자리에서 직접 대면을 하고 있다는 것은 가족이나 친구들과 식탁에 함께 앉아 있는 것과 같다. 반면, 참자기처럼 보이는 부분이 주도권을 쥐고 있으면, 우리는 우리의 유사 부분이 다른 부분들과 상호작용하고 있는 것을 보게 된다.

부분의 걸림돌을 제대로 살피지 못했을 때

많은 초보자가 부분과 부분의 역할을 혼동한다. 부분들은 자신들과 서로에 대한 극단적인 말들을 믿고 있기 때문에, 치료사들이 특정 부분들에 대해서 결함이 있거나, 고질적이거나, 고의로 파괴를 일삼는다는 시각을 가질 수 있다. 숙련된 내면가족체계치료사들도 부분들이 많은 문제를 만든다는 판단을 하기 쉽다. 하지만 치료사의 부분들이 내담자의 보호자들을 판단할 때, 소모전에 빠져들어 싸울 힘을 잃게 된다. 사실, 보호하는 부분들은 자신들의 극단적인 역할을 좋아하지 않으며, 여러 걸림돌만 없으면 얼마든지 변화할 것이다.

걸림돌을 가지고 있으면서 극단적인 상태에 있는 부분을 도우려고 하면, 치료사는 좌절하고 관리자 같은 행동에 빠져 들 위험이 있기 때문에, '참는 자가 이긴다.' 라는 말을 강조한다. 걸림돌을 제거하고 나면 진전이 일어난다는 사실을 유념하라. 양극화를 해소하고, 회복시키고, 유배자의 무거운 짐을 벗겨내고 나면 다른 유배자를 노리는 또 다른 보호자가 드러날 때도 있다. 혹은 내담자의 외부 생활에서 어떤 사람이나 사건이 내담자의 보호자들을 다시 움직이게도 한다. 하지만 진행을 지연시키는 장본인이 앞에서 놓쳤던 치료사 자신의 부분일 수도 있다. 치료 중에 만나게 되는 어려움에 대한 내면가족체계 접근법에 대해서 더 알아보려면 크라우즈(P. Krause)와 로젠버그(L. Rosenberg)의 저서 『내면가족체계치료의 혁신과 완성(Innovations and Elaborations in Internal Family Systems Therapy)』(2016) 1장을 참조하라.

경험이 많지 않은 대다수 내면가족체계치료사가 내담자들의 관리자들과 소방관들이 유배자에게 다가가지 못하도록 끊임없이 꾸역꾸역 토해 내는 장애물을 만나면 참기 힘들어진다. 유배자가 모습을 드러낸다는 것은 많은 내담자의 체계에 끔찍한 문제가 생겼다는 뜻임을 명심하자. 내담자의 관리자들은 어느 정도 안전하다고 느낄 때까지 문을 열지 않을 것이다. 모든 관리자적인 두려움이 다뤄졌다고 생각되는 순간에도 미처 열리지 못한 두려움이 남아 있음을 우리는 목도한다. 가장 일반적인 숨겨진 두려움은 (1) 무서운 소방관(성적 행위, 격분, 자살)이 움직일 것 같은 두려움, (2) 격분한 소방관이나 양극화된 관리자가 외적 가족구성원들과의 관계를 끊어 버리게 할 것이라는 두려움, (3) 유배자에 의해서 비밀이 드러날 것 같은 두려움 등과 관련이 있다. 게다가 관리자들은 자신들이 추방된 기분을 갖고 있어서 치료사들과 견고한 관계를 맺으려 할 때가 많은데, 이는 유배자가 무거운 짐을 벗어 버리게 되는 순간에 생길 것이다.

조바심은 늘 치료 과정이 늘어지도록 만든다. 치료사의 조급함은 내담자의 보호자들에게 영향을 미치는 가장 묵인된(그래서 숨겨진) 걸림돌이 될 수도 있다는 것이 사실이다. 마크 트웨인(M. Twain)은 "습관은 습관일 뿐, 계단을 무너뜨릴 게 아니라, 한 번에 한 발씩 조심조심 내려오면 된다."라고 말했다. 관리자들은 걱정이 많고 신중에 신중을 더하는 습관이 있다. 그 부분들을 잘 달래서 저 먼 꼭대기에서 한번에 한 발씩 내려오도록 해야 한다.

내담자의 외부 환경과 작업을 하지 않을 때

내면가족체계는 많은 초보자가 내담자의 외부 제약들과 자원들을 놓치는 그 지점에 관심을 가지고 경이로운 내면세계를 향한 문을 연다. 외부체계와 작업을 하도록 훈련을 받은 적이 없었던 치료사들의 경우에 특히 그러하다. 가족치료사들도 내담자의 내면으로 들어가고 싶어 해도 태풍이 휘몰아치는 외부 환경 때문에 문을 굳게 닫아 걸기도 한다.

강력히 권고하건대, 자신의 환경, 가족, 그 외의 걸림돌을 넘어설 수 있는 내담자의 능력을 놓치지 말고 따라가야 한다. 누가 치료와 관련되었느냐에 대해서 브레인스토밍을 실행할 때, 치료사는 외부 제약을 부인하고자 하는 부분들—내담자들 혹은 치료사들—과 한통속이 되지 않도록 유의해야 한다. 누군가를 치료실에 발을 들이지 못하게 하거나 외적 관계에 대해서 말하고 싶지 않은 부분을 내담자가 갖고 있다면, 그 부분의 걱정을 살펴보기 위해서 우선 그 부분과 먼저 이야기를 나눈다. 여기서 넓은 시선으로 보아야 할 것은 외부 제약들이 그 대가가 클 수 있다는 점을 무시한다는 점이다. 내면가족체계치료는 모든 수준에서 걸림돌들과 자원들을 고려해야 더 짧은 기간 안에 더 안전하고 더 효과적일 수 있다. 외부 사람들과 작업을 하는 훈련 및 특성이 내키지 않는 치료사들은 (1) 부부 그리고/혹은 가족치료 훈련을 이어 가야 하고, (2) 쌍 혹은 집단들과의 치료 중 일어날 수 있는 걱정을 두려워하는 자신의 부분들 모두를 도와주어야 하고, (3) 외부체계와 작업을 하는 숙련된 임상가들을 참여시켜야 한다.

치료사의 부분들

치료사가 꼼짝 못하게 된다고 설명하는 모든 것들은 치료사 부분들의 간섭과 연관이 있다. 내면가족체계에서 너 자신을 알라는 말은 너의 **부분들**을 알라는 뜻이다. 내면가족체계 수련생들은 자신의 부분들과 끊임없이 작업을 하라는 권유를 받는다. 이는 내면가족체계 기술 훈련 안내서로 내면가족체계치료사나 수련감독을 발굴하고, 내면가족체계 훈련을 실행하고, 동료 슈퍼비전 집단에 참여하고, 참자기-탐색에 몰두하라는 의미다(Anderson et al., 2017). 여기에는 명상이나 회화, 조각, 무용, 글쓰기 등과 같은 표현 예술 형태로 참자기-탐색을 해 보는 것도 포함된다. 내면가족체계의 많은 학생치료사가 절망적인 상태가 될 때까지 이르고서야 경우에 따라서는 자문을 위해서 혹은 더 집중적인 치료를 배울 수 있는 곳에서 치료사를 찾게 된다.

당신이 내면가족체계치료사이면서 인생 난관에 봉착했거나 그런 기분이 든다면, 치료 회기 이전, 회기 중, 회기를 마친 후에 당신의 부분들과의 관계를 유지해야 한다. 내담자에게 부분들을 찾아내는 기술을 사용해 보라고 용기를 주고 있는 중이라고 하더라도 당신도 당신 자신의 부분들을 찾아내는 사람이 되어야 한다. 한 주 동안 부분들을 발견해 내는 내담자의 힘은 당신에게도 도움이 될 것이고 내담자에게도 힘이 될 것이다. 뿐만 아니라 상담실 내에서 기법을 연습해 보는 것(내담자가 안전한 상담실 안에서 목표가 되는 부분을 시각화시키는 것)은 내담자를 위한 것인 그만큼 우리 내면체계를 위해서도 도움이 된다. 우리 부분들 중 하나가 활성화되는 순간 참자기에 대한 접근성을 높이기 위해, 상담실 안에서 우리 부분들 중 하나를 정하고, 왜 마음이 상하는 건지 묻고 나면, 간섭을 그만두게 하기 위해 참자기에게 요청하는 것을 배울 수 있다. 마지막으로, 모든 사례는 훌륭한 스승이 된다는 것을 기억하라. 예로부터 동양에서는 배우는 사람이 준비가 되면 스승은 거기 있다는 말이 있다. 치료사들은 매일 스승들과 함께 앉아 있으니, 준비만 하면 된다.

내담자 입원치료

내담자와 외부 환경과의 갈등이 고조되고 내담자나 치료사가 손쓸 수 없는 상황이 되거나, 소방관이 그 사람을 심각한 위험에 처하도록 하면서도 물러설 기미가 보이지 않을 때, 치료사와 내담자는 단기간 병원에 머무는 것을 고려해 볼 수 있다(Krause et al., 2016). 입원치료의 목표 중 하나는 외부의 양극화에서 잠시 떨어져 다른 이들의 자극으로 모습을 드러낸 위험한 소방관이라는 괴물의 손아귀에서 벗어나 유배자가 고민을 다룰 수 있게 하는 것이다. 소방관들이 일어나고 나면 병원시설이 방어막이 된다.

또 하나의 목표는 내면 작업을 할 수 있도록 접근이 가능하면, 안전하고 양육적인 입원 환경을 조성하는 것이다. 안타깝게도 많은 정신과 병원 시설들이 과잉진찰, 강압, 병리화 등으로 두려움을 심화시키고, 자율적인 힘을 잃게 만들어서 소방관의 증상에 반작용을 일으키고, 내담자와 내담자의 외적 가족들 모두 양극화시키는 경향이 있어서 안전하지 못하다. 게다가 병원은 관계자에게 모든 권한을 부여하기 때문에 강압적으로 학대를 받은 병력이 있는 내담자들에게 위협적이다. 이런 이유로 인해서 입원치료는 사전에 충분히 고려되어야 하고 내면가족체계접근법과 호환될 수 있는 프로그램을 찾는 노력을 기울여야 한다. 입원이 필요하다는 결정이 내려지고 나면, 그 문제를 만든 무서운 보호자에게 직접 다가가 처벌하는 것이 아니라고 말해 주어야 한다. 더 정확히 말하자면, 그 부분이 제 나름대로 도움을 주고 있었다는 것을 이해하고 있지만, 내담자를 살리고 안전하게 해야 한다는 것, 그게 죽는 것보다 낫다는 것을 이해시킨다.

부분들의 본성 인정해 주기

내면가족체계 실습 중 마지막 장애물은 우리가 부분들과 어떻게 관계를 맺고 있느냐는 데에 연관이 있다. 공동−창조, 일시적 정신 상태, 외부 타인들을 내사한 재현 정도로 부분들을 바라보면 부분들과 사람들과는 다른 관계를 맺도록 해서, 결국 어떻게 변화가 일어날지에 대한 치료사들의 이해에 영향을 미친다. 사랑받지 못한다고 느낄 때는, 정서적으로든 시간적으로든, 그 부분들도 어찌할 바를 모르게 된다. 그 부분들은 왜 변할까? 그 답—적어도 내면가족체계 실습에서의—은 분명하다. 그 부분들은 누군가가 자신의 이야기를 들어 주고 자신이 이해받고 인정받고 있다고 느끼면 변화한다. 외롭고 분노에 찬 십대의 부분은 관리되고, 통제되고, 버려지는 것에 대해서 더 나은 기분을 갖거나 더 나은 행동을 하지 못할 것이다. 십중팔구는 상처받은 기분에 대해서 이야기를 하고 싶을 것이다. 세상 돌아가는 방식에 대한 이야기를 들어야 할지도 모른다. 분명 참자기와 다른 내면체계와 연결되어 있다고 느낄 필요가 있다. 부분의 인정에의 요구, 소속감, 안전감 등과 마주하는 것은 그 부분이 내면의 청소년 혹은 어린아이, 혹은 외로운 25세 등이라고 봐 주면 어렵지 않다. 부분을 정신 상태나 내적 대상 같은 추상적 개념으로 보면 훨씬 더 어려워진다.

내면 사람들이 모인 전체라는 생각은 서구의 과학 전통과는 잘 맞지 않아서, 복수의 마음이라는 명제를 받아들이기는 쉽지 않지만, 혼자가 아니라는 건 알아야 한다 (Schwartz & Falconer, 2017). 부분들을 추상적 개념으로 바라보면서, 그 부분들을 이해하는 데에 머물러 있으면서 그들의 요구에는 반응을 하지 않는 것은 위험하다. 부분들은-사람-이다라는 개념이 너무 비약이 심하다는 생각이 든다면, 부분들을 사람처럼 다룰 수 있을 때가 되어야 내면가족체계로 성공을 맛볼 것이다. 사람에게 보여주는 인간다움과 동일한 존중을 내담자의 부분들에게 제공하는 것이 우리의 핵심이다.

맺음말

우리 치료사들은 치료 회기 중 매번 내면의 곤경에 처하기도 하고 두려운 순간으로 뛰어들기도 한다. 자신 없고 불안하다고 느낄 때, 이 모델을 버리고 가장 안전하고 쓸모 있었던 방법으로 돌아가라고 유혹하는 부분들의 이야기를 듣게 될 것이다. 내면가족체계와 함께하기 위해서 내면가족체계 제1수준 훈련[모든 내면가족체계 훈련에 대한 정보—내면가족체계 동아리와 내면가족체계 콘티라는 온라인 프로그램을 포함하는—는 자기리더십센터(Center for Self-Leadership) 웹사이트 www.selfleadership을 보라]을 추천한다. 내면가족체계와 관련된 모든 것을 알고 싶으면 쟁점이 되는 문제에 숙련된 치료사들뿐만 아니라 내면가족체계를 연구하고 있는 치료사들까지 참여하는 공동체에 당신의 부분들을 참석시키면서 그 관계를 계속 이어 갈 것을 권유한다. 극단적인 부분들(내적으로나 내담자에게서)과 만나거나 막다른 골목에 갇힐 때, 우리의 시금석은 늘 참자기—내담자와 우리의—다. 치료사가 자신의 참자기 안에 머무는 한 내담자의 지혜는 언젠가 나타날 것이다. 내면가족체계치료는 참자기와의 진정한 공동 작업이다.

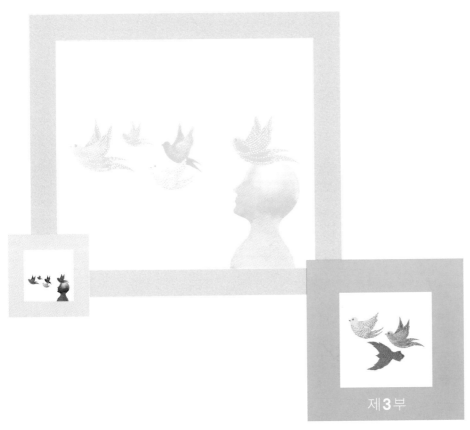

제3부

내면가족체계치료의 확장:
가족, 부부, 사회 및 문화 체계

가족에 대한 내면가족체계 모델의 관점

이제 개인의 내면체계에서 가족, 부부, 더 큰 사회로 초점을 옮긴다. 모든 수준의 체계들은 몇 가지 제약점을 가지고 시작한다. 우리의 내면체계는 가족이란 짐으로 인해서 형성되는 경우가 자주 있는데, 이 또한 결국 문화와 나라가 지니고 있는 짐으로 형성된 것이다. 무거운 짐은 인간체계를 극한 상황으로 몰고 간다. 나약해서 추방된 구성원들이 있는 반면에 앞서서 끌고 가거나(관리자) 반항하는(소방관) 보호자적 역할을 떠맡는 무리도 있다. 이들은 정신 내에서 아주 분명하게 볼 수 있을 만큼 서로 극단성의 악화일로로 치닫는다.

예를 들자면, 예전에는 미국의 중산층이었던 가정의 상당수가 오늘날에는 거의 빈곤층으로 내려앉게 되었는데 이는 수십 년간 미국 정치를 움직여 온 개인주의와 물질주의로 인한 극단적인 무거운 짐의 산물이다. 편부모가 빚을 지지 않기 위해 두 가지 일을 해야 하는데 아이가 그 부모의 빈자리에 부정적인 반응을 보인다면, 참자기-에너지에 접근하기는 너무 어려울 것이다. 게다가 직장에서 종교적, 성적 차별을 받고 있기까지 하면, 분노하거나 무시무시한 보호자들이 자신의 아이들에게 더

255

큰 짐을 지게 할 수도 있다. 이런 식으로 체계의 무거운 짐은 구조적 불균형을 만들고 그 구조적 불균형은 무거운 짐을 만든다. 이는 체계를 제한하고 체계에 무거운 짐을 지운다.

사회의 짐은 대물림된 짐으로, 가족 구조에 침투하여 가족구조를 조직하는데, 가족 수준에서 제약을 가하고 불균형을 만든다. 개인과 마찬가지로, 가족도 직접 경험으로 인해서 무거운 짐을 쌓는다. 가족구성원들도 유배자, 관리자, 소방관 등의 동일한 역할로 나뉘고, 부분들이 점하던 역할들과 동일한 종류의 걸림돌과 무거운 짐으로 자신들의 역할을 고정한다. 모든 참가자를 극단적인 역할에서 해방시켜 바람직하고, 가치 있는 역할을 선택해서 다른 부분과 조화를 이룰 수 있도록 하는 것이 목표이므로, 개인에게 사용했던 것과 같은 개념적 지도를 이용해서 가족을 파악한다.

내면가족체계의 목표는 참자기에게 접근하여 극단적인 역할에 갇혀 있는 부분(개인)과 사람들(가족)을 풀어 주는 것이다. 2장에서 서로 영향을 미치는 개인의 체계와 관련된 네 가지 차원의 기능—발달, 지도부, 균형, 조화—을 탐색했다. 여기서는 이 네 가지 차원을 외부 가족체계에서 생각해 본다. 우리 목적에 비추어 볼 때, 가족 내 발달은 역사적 맥락 내에서의 가족의 성장과 발전이라고 말할 수 있다. 지도부는 체계와 구성원들을 위해 책임을 지는 역할을 말하는데, 책임을 가장 잘 감당할 수 있는 누군가에게 그 역할을 맡긴다. 가족이나 다른 체계에 있어서 균형은 상호 간의 경계선 긋기와 체계 내 자원, 책임, 영향 등의 공정한 분배를 말한다. **조화**는 체계의 관계적 특성을 말하는데, 순기능을 하는 가족을 설명할 때 주로 사용되는 것—응집력, 융통성, 효과적인 의사소통, 돌봄, 지지, 협동, 약간의 갈등—들이 포함된다. 균형은 조화를 이끌고, 조화는 균형을 촉진시킨다.

발달

아동의 발달은 역사적 사건의 맥락 안에서 일어나는데, 대규모 자연재해 혹은 인재(지진, 전쟁, 학살)와 개인적 재난(길을 건너다 교통사고로 인해서 부모가 사망하거나 부모가 정신적 질환을 앓고 있는 것과 같은)도 여기에 포함된다. 이런 사건들은 개인과 가족에게 극단적인 감정과 왜곡된 신념이라는 무거운 짐을 지게 만든다.

정신역동치료는 초기 아동기의 발달을 항상 강조하고 일부 확장된 가족치료는 이런 강조에 대한 반작용으로 개발되기도 했다. 결과적으로, 대부분의 가족치료 접근법은 가족력을 탐색하는 것에 대해서 양가적으로 될 수밖에 없었다. 가족치료 전성기에 이르러 일부 치료사들은 가족의 생활주기에 대해서 생각하게 되었지만[예를 들어, 카터와 맥골드릭(B. Carter & M. McGoldrick, 1989)의 작업을 보라], 대체로 가족치료 중 체계지향 학파들은 현재에 집중하여 생물학적이고 기계적인 은유의 측면을 고려해 왔다. 그들은 추론하기를 기계가 고장이 나면 어디가 고장인지를 파악하여 고치는 것이지, 어떻게 고장이 난 것인지를 파악하는 것이 아니라고 했다. 동일한 접근으로, 가족의 현재 일상의 역동에 집중하여 체계가 어떻게 발달된 것인지가 아니라 어떻게 작동을 하는지에 초점을 둔다. 이런 관점에서는, 개인력이 별로 연관성이 없다. 반면, 내면가족체계 관점에서는 짐을 지고 있는 체계들이 현재와 과거를 계속 뒤섞기 때문에, 지나온 시간이 치료와 관련성이 크다. 역사를 바라보는 것은, 특히 내면가족체계 과정 후반에서, 대부분 내담자의 치유에 중요하다.

환경에서의 지지와 제약이 발달에 미치는 영향

발달에 선천적 자원을 사용하려면 인간의 체계는 초기 환경에서의 지지가 필요하다. 유아기와 아동기는 개인, 가족, 조직 등에서 똑같이 취약하다. 지도자가 신뢰성을 구축하고, 믿음을 얻고, 공유된 시각을 발달시키기 위해서는 시간이 필요하다. 한편, 구성원들은 자신들의 바람직한 역할을 발견해야 한다. 그렇게 되려면, 가족구성원들은 분명한 경계선을 긋고 영향력, 책임감, 자원 등에 균형 잡힌 접근이 가능한 체계를 필요로 한다. 양육적이고, 안전하고, 구속적이지 않은 환경 속에서, 체계의 방향과 속도는 근본적으로 지혜롭다. 반면, 제약적이고 안전하지 못한 환경 안에서 발달한 체계는 어쩔 수 없이 균형을 잃는다. 위험은 보호를 불러들이고, 보호자들은 시간이 흐르면서 극단성으로 기울어지는 미숙한 지도자가 된다. 이 저서 전반에서 설명하고 있듯이, 보호자의 손아귀에 있는 체계는 본질적으로 불균형적이라 조화를 이루지 못한다.

그렇다 해도 우리는 제약적인 환경 안에서 특정 기간 동안 체계 내에 잠재된 건강을 파괴하거나 심각하게 축소시킬 것이라는 생각에는 동의하지 않는다. 학대, 무시, 질병, 박탈 등과 같은 발달 초기의 제약이 개인에게 어떤 영향을 미쳤든지, 비록 그런 심각한 제약을 겪지 않은 사람들이 가진 것보다 보호자에 의해서 더 많이 가려져 흐릿해 보이더라도, 그 사람은 여전히 상처받지 않은 완전한 능력을 갖춘 참자기를 갖고 있다. 뿐만 아니라 사람의 체계는 참자기-주도성을 얻기 위한 일련의 단계들을 거치지 않아도, 건강과 성숙을 이루기 위해 단계를 좀 놓치더라도 남은 단계들을 모두 거치기 전에 그걸 채우겠다고 다시 돌아갈 필요는 없다.

덧붙여, 건강한 발달이 꼭 많은 시간과 외부의 개입을 요하는 것은 아니다. 참자기-주도성으로, 모든 인간의 체계는 그 자체로 어떤 지점에서 건강한 쪽으로 재편성되고 방향을 잡을 수 있다. 경험상, 실패한 주기를 효과적인 지도부가 일련의 균형 있고 조화로운 장면으로 대치시켜 선순환을 진작시키기 시작하는 순간, 체계는 순식간에 치유된다. 하지만 효과적인 지도력이 발휘되려면, 극단적인 신념과 당혹스러움, 얼어붙은 것 같은 상태와 같은 누적된 무거운 짐에 대해서 내담자들이 주의를 기울여야만 한다. 이런 것들로 역사는 계속 장악력을 가지고 건강한 발달을 저해하고 조직의 균형을 흔들어 버린다. 가족도 개인과 마찬가지로 외상적 경험으로 무거운 짐이 생기고 대물림된 무거운 짐을 짊어지게 된다.

트라우마와 개인의 발달

내면가족체계치료사들은 아동기에 온갖 학대를 받아 온 어른들과도 작업을 하고 인간의 체계에, 특히 아동기에 트라우마가 좋지 않은 영향을 미친다는 것을 우리에게 가르쳐 준 내담자들과도 작업을 한다. 트라우마는 체계 발달에 두 가지 매우 중요한 걸림돌을 만든다. 첫 번째, 두려움이나 창피함 속에, 주로 트라우마 사건 당시의 상태 그대로 굳어 버린 체계 내 여린 부분들이 여기에 관련된다. 두 번째는 지도력 문제다. 부모는 자신들의 역할을 하지 못하고, 이끌어 줄 수 있는 능력도 믿을 수 없고, 충동적이고(예를 들어, 폭력적인 상황), 통제가 되지 않고(예를 들어, 약물의존), 편애하거나(예를 들어, 한 아이를 다른 아이보다 더 좋아하는 상황), 너무 수동적인(예를 들어, 우울) 상태가 되어 자신들의 영향력을 상실한 상태일 수 있다.

관찰 결과, 역경에 대처하는 강인함을 구축하는 개인의 능력은 참자기-주도성에 대한 접근성과 비례한다. 보호하는 부분들이 참자기에 대한 신뢰를 잃고 참자기의 자리를 찬탈하면, 참자기-주도성은 상실되고, 균형을 잃어, 조화에 이를 길은 멀어진다. 그러나 트라우마를 겪는 동안 참자기가 체계 내 가장 취약한 구성원들에게 보호와 위로를 줄 수 있는 상태를 유지할 수 있으면, 참자기-주도성에 대한 신뢰와 존경이 신장되어 내적 균형과 조화를 도모할 수 있다. 내면가족체계치료의 한 가지 주된 목표는 이러한 지도력을 개발하여 삶에서 피치 못할 위기나 위험에 처할 때 자신감을 훼손시키기보다 강점을 구축하도록 하는 것이다.

개인의 발달부터 가족의 발달까지

트라우마의 부정적인 영향과 참자기-주도성의 긍정적인 영향은 개인으로부터 가족에게까지 추론될 수 있다. 개인에서처럼 가족에게서도 지도력은 부분적일 수는 있다 하더라도, 외상적 사건의 영향을 결정한다. 트라우마가 물리적 위험이나 상해를 수반한 상황에서 부모가 참자기-주도성을 유지하여 가족을 보호하고 상해에 효과적으로 대처할 수 있으면, 가족구성원들의 존경과 신뢰를 얻게 된다. 마찬가지로 트라우마가 고통스러운 상실을 일으켰을 때 부모가 위로를 할 수 있고 힘든 상황의 가족구성원들을 잘 돌볼 수 있으면, 부모의 위엄을 얻게 된다.

하지만 부모가 비탄, 두려움, 고통에 사로잡혀 아이의 감정을 외면하거나 별것 아닌 걸로 치부하고 그 책무를 다하지 않으면, 신뢰와 존경을 잃는다. 부모가 지도력을 다하지 못하면, 아이(늘 그렇지는 않지만, 대개는 맏이)는 어려움에 처한 형제들과, 아이 같은 혹은 마구잡이로 화를 내는 부모들까지 보호하고, 마음을 달래 주고 돌봐주려는 가족으로서의 책임감을 발휘하려고 한다. 자신의 버려진 내면 아이에 대처하면서 형제의 소방관이 걷잡을 수 없이 튀어나오는 것을 감시하려고 하는 동안, 이 '부모화된' 어린아이는 육체적 성장 발달에도 제약을 받고, 감당하기 벅찬 힘을 손에 쥐고 견딜 수 없는 비난을 모두 받아 가며 웃자라게 된다. 약간이라도 참자기-주도성에 접근이 가능한 힘이 있는 어른 부모가 없는 가족은 심각한 위험에 봉착하는 가족이 될 수 있다.

지도부

균형을 유지하고 조화를 이루기 위해서, 가족은 효과적인 지도부를 필요로 한다. 능력 있는 지도자의 자질은 다양하고 복합적이다. 가족치료에 관한 많은 저서가 부모의 훈육적 역할과 부모가 중심을 잡고 자녀들이 성장할 수 있도록 하는 것에 초점을 둔다. 하지만 효과적인 지도부는 다음과 같이 그 외의 다른 측면들도 많이 갖고 있다.

- 자원, 책임감, 영향력 고르게 분배하기
- 모든 가족구성원이 배우고, 발전하고, 소중하면서도 혼자가 아니라고 느낄 수 있도록 사랑 담긴 관심, 정보, 사생활 등을 확보할 수 있다고 보장해 주기
- 요구와 차이를 표현할 수 있고, 실수할 수 있고, 문제가 뭔지 알고, 꿈을 서로 나눌 수 있어서 추방되었다는 염려나 기분을 가지지 않아도 되는 분위기 만들기
- 모두에게 존경과 신뢰를 줌으로써 양극화된 가족구성원들이 공평하고 지혜롭다고 느끼는 중재를 경험하도록 하기
- 기본적인 물질적 요구를 충족시키고 가족 환경의 안전 보장을 포함하여, 가족구성원들의 발전 꾀하기. 덧붙여 가족구성원들은 돌봄을 받고 있다고 느끼고, 상처를 입거나 가족의 결정이 자신들의 생각과 다를 때도 위로를 받을 수 있고, 구성원들이 원하는 개인적 역할과 미래상을 찾고 추구하도록 격려받을 수 있어야 한다.
- 다른 체계와의 관계를 지지하여 조화롭게 구축할 뿐만 아니라 가족의 미래상과 요구를 확고히 하도록 체계 바깥의 가족과 관계 맺기. 이는 왜곡이나 지연 없이 다른 체계로부터의 반응을 해석하고 그 반응이 가족의 구조나 가치에 대한 문제점 혹은 특성을 어떻게 반영하고 있는지를 계속 지켜보는 것을 말한다.
- 개인 모델링. 이는 균형 잡히고 조화로운 삶을 사는 동시에 더 큰 체계의 요구도 해결할 수 있다는 모범을 보인다는 뜻이다. 개인 모델링은 지도자가 고군분투하여 얻은 성취를 어느 정도는 보여 줄 수 있어야 가능하다.
- 가족의 공유된 미래상 유지하기. 효과적인 지도부의 마지막 측면은 특히 복합적이다. 조화로운 가족은 대개 어느 정도까지는 공유된 정체성을 가지고 있다. 서로에게서 비롯되고 각 구성원들에게 소속감과 방향성을 주는 합일된 가치관과 목표. 유능한 가족의 지도자는 자신의 삶에 대한 개인적 미래상을 가지고 있고, 가족구성원들이 자신들의 미래상을 찾을 수 있게 도와주고, 가족이 의견을 나누면서 공통점을 찾고 개인의 미래상을 통합할 수 있도록 이끌 것이다.

함께하는 미래상

부모들은 자신들의 짐에서 비롯된 개인적 미래상을 자녀들에게 부여할 때가 너무 많다. 예를 들면, 많은 부모가 자신들의 부모들을 실망시켰다고 생각하는 것을 어떻게든 만회하려는 데 연관된 꿈이나 그 문화권 내 극단적인 가치관에서 비롯된 어마어마한 형태의 꿈들을 대물림된 짐으로 물려준다. 대물림된 짐은 견고하고 억압적인 기대를 강요하고 차이와 성장의 여지를 거의 두지 않는다. 그 범위의 반대편 끝에서 가족 지도자들은 함께하는 경험 속에서 개인적 미래상이나 관심을 가지지 못하고, 가족구성원들은 고립감과 상실감을 느끼곤 한다. 부의 축적에 최우선의 관심을 둔 사람들처럼, 순수한 자기-관심을 미국의 개인주의와 물질주의라는 짐으로 지게 될 확률이 높다.

견고하고 강요된 기대 혹은 기대가 전혀 없는 데서 나오는 문제에 반해, 함께하는 가족의 미래상은 자신들의 관심과 재능뿐만 아니라 구성원들에 대해서도 유연성 있고, 이타적이고 적응 가능하다. 개인적 성취를 넘어서는 목표와 이유를 가지면 통상적으로 공동체감을 갖게 된다. 하지만 자기-희생의 윤리만을 고집하는 경우 고집이 세고, 사리를 먼저 챙기는 부분을 추방시킬 수 있으니, 균형이 중요하다. 가족의 미래상은 이타주의와 개인적 보상의 균형을 잘 맞춰야 한다.

지도부에서 흔히 볼 수 있는 문제들

대부분의 가족은 비전 있고, 균형적이고, 조화로운 지도부를 위한 필수 자원을 갖고 있다. 가족 지도자의 참자기는 좋은 애착 대상이 되는 법을 알고 있다. 참자기에 대한 제약들은 아래 설명하는 문제 있는 지도부에서 생긴다.

지도력 포기

가족 지도자들은 과부하가 심해져서 가족의 외적 혹은 내적 요구를 처리할 수 없게 되어, 책임을 떠넘길 수도, 대신해 줄 이도 없는 상황이 되기도 한다. 지난 수십 년 동안 미국 내 빈부 간 격차가 어마어마하게 벌어져서, 많은 부모는 본업 외에 부업까지 해야 하는 지경에 이르렀다. 가족들을 위해 일을 해야 하는 스트레스를 이겨내야 하는 부모들은 우울에 빠지거나 다양한 소방관 행위에 굴복하게 되는 고도의 위험에 처한다.

그 외 발생 가능한 지도자에 대한 제약들에는 상해, 질병, 극단적인 내면의(혹은 외부) 양극화 등으로 인해 무능력해진 상황 등이 있는데, 이는 정상적인 역할이 불가능한 우울 혹은 비탄으로 이어질 수 있다. 과부하되거나 능력을 잃어버린 지도자는 지도부 역할을 하는 일정 부분을 포기하기 쉽다. 지도력을 포기한다는 것은 가족구성원들을 두렵게 만들어, 이런저런 방식으로 반응을 일으키게 되는데, 이는 지도자가 다시 활동할 수 있게 하려고 행동을 개시하거나 신체화로 보여 주는 것을 포함한다. 결국 포기된 지도력은 공백을 만들고, 부족하고 부적절한 다른 이들이 어쩔 수 없이 나서게 만든다.

양극화된 지도부

어떤 가족들의 경우, 지도자가 그다지 과부하가 되어 있지 않은데 양극화되기도 한다. 예를 들어, 한쪽 부모가 아이에게 엄격하니까 다른 쪽 부모는 관대하게 되면 어쩔 수 없이 더 심하게 극단적으로 빠져들게 된다는 느낌은 들지만 그렇게까지 극심해지는 것을 원치 않을 수 있다. 일반적으로 지도부에 양극화가 생기면 전체 체계에도 타격이 가해져서 중구난방식의 활동이 일어나고 다양한 연합을 형성하여 체계 전반에 양극화를 심화시킨다.

신뢰를 잃은 지도부

어떤 가족은 지도자가 구성원들의 신뢰와 존경을 잃기도 한다. 예를 들어, 지도자가 위기의 순간에 가족을 보호하지 못하거나 이기적으로 행동을 할 수 있다. 이런 지도자는 자꾸 술에 기대게 되고, 불륜을 저지르거나, 학대를 일삼게 되거나, 가족 내 중요한 문제들에 관해서 다른 구성원들에게 거짓말을 하기도 한다. 그러고 나면, 그 지도자가 효과적인 기술을 선보여도, 가족구성원들은 갸웃거리게 되거나 대놓고 반대를 하게 된다. 불신 상태를 만회하려면, 지도자가 해가 되는 행동을 멈추고, 가족구성원들에게 그 사실을 알린 뒤, 사과하고 보상을 해야 한다. 그렇지만 상습적으로 신뢰를 저버리는 지도자는 다음과 같은 반대 전략을 취한다. 부인하고, 아무 일도 없었던 척하고, 가족구성원들도 똑같이 그러기를 기대한다.

자신, 가족구성원 중 한 사람, 다른 구성원들 위에 두는 하나의 소집단 등을 편애하는 지도자는 불균형뿐만 아니라 부조화를 부추긴다. 잠재적 반항을 미연에 방지하기 위해서, 마음이 한쪽으로 기운 지도자는 외부 반응과 가족 내 소통의 흐름에 대한 가족의 접근을 통제하고자 한다. 편견을 가진 지도자들은 자신들의 편향을 부인하고, 행동을 모호하게 하는 다른 이들의 편견을 비난하거나, 외적 위협 혹은 종교나 가장의 '대원칙'과 같은 더 큰 신조나 전통 때문에 어쩔 수 없다는 식으로 자신들의 편향을 합리화하려고 할 수도 있다.

효과적으로 이끌기

이는 지도력의 결정적 측면을 제공한다. 참자기-주도적 지도자는 주변의 다른 체계가 주는 호응에 민감한데, 그들은 미루거나 삐딱하지 않게 호응의 뜻을 해석하고 가족이 그 호응을 소화하는 대로 열린 소통의 과정을 촉진한다. 미국 배심제도에서는 의사 결정 임무를 식견이 풍부한 시민들에게 맡긴다. 이와 같이 참자기-주도적 지도자들은 체계 내 각 구성원들 중에서 정보를 제공받는 참자기를 신뢰하고 자유롭게 의사소통할 수 있는 능력을 믿는다. 참자기-주도적인 지도자들은 체계에 대해 생각하는 사람이기도 하다. 이들은 가족의 관계적 맥락과 내적 작업에 대한 근거를 가지고 반응을 해석한다. 예를 들어, 한 아이가 학교생활을 제대로 못하면, 부모들은 대개 아이를 채근하거나 숙제를 도와주기 마련이다. 그러나 제대로 된 효과를 내기 위해서는, 부모가 어떤 반응을 할지 결정하기 전 강제적인 불균형, 양극화, 지도력에 걸리는 문제 등을 가족체계뿐만 아니라 아동의 또래 및 교사와의 관계 안에서 살펴보면서, 전 수준에서 우선 아동의 체계에 접근해야 한다. 부모가 앞뒤를 고려해서 생각하도록 돕는 것이 가족치료사의 최우선적 임무 중 하나다.

포기하거나, 양극화되어 있거나, 신뢰를 잃었거나, 편향된 지도부는 체계가 건강한 호응을 받지 못하게 막는다. 자신의 임무를 포기한 지도자는 너무 과부하되어 호응을 인식하는 것도 힘들다(우울이나 조증 상태의 부모들을 떠올려 보라). 스스로에 대해 신뢰를 갖지 못하는 지도자는 자신들의 실패를 지적하는 반응을 외면하거나 무시하기 일쑤다. 편견을 가진 지도자는 자신들의 자리를 지지하는 호응은 과장하고 그 밖의 모든 반응은 왜곡하거나 외면하기 쉽다. 체계의 성과에 관한 호응과 환경의 반응이 무시되거나 지연되거나 왜곡되거나, 외면당하거나, 극단적으로 단순화시켜 해석되면, 체계는 생산적이면서도 참자기를 개선하는 방향으로 반응할 수 없다.

가족 내 소통도 마찬가지다. 제 임무를 저버린 지도자는 충분히 효과적으로 양극화를 완화시키는 데 힘을 실을 수 없다. 편견을 가진 지도자는 자신의 시각에 도전하거나 불편한 주제—비밀도 포함된다—를 불러일으키는 취지는 눌러 버린다. 신뢰를 잃은 지도자는 자신의 실패를 부각시킬 수 있는 논의는 금한다. 이런 식으로 소통이 막히면, 가족구성원들은 자신들의 행동이 서로에게 어떤 영향을 미치는지에 대해서 알지 못한 상태가 이어진다. 체계 구성원들이 자신들의 행위에 대한 실제 값어치를 인식하지 못하면, 양극화와 극단성이 무성해진다. 자신들이 정말 필요한 것과 자신들의 취지에 대해서 서로 이야기를 나눌 기회를 참자기로부터 얻기만 하면 서로 적이었던 이들의 만성적이고 어찌할 수 없던 갈등들이 놀랍게도 순식간에 줄어들거나 사라지는 것을 볼 수 있다.

이와 같은 지도력의 네 가지 문제점(포기, 양극화, 불신, 편견)은 모든 체계에서 문제를 일으킬 수 있다. 문제를 복잡하게 만들기 위해서, 이들은—전염성이 있기 때문에— 거의 별개로 나타나지 않는다. 하나가 다음을 부추긴다. 예를 들어, 체계의 지도자가 참자기 임무를 저버리고 그 힘이 한 사람 이상에게로 넘어가면, 최선의 방향에 대한 그들의 의견은 양극화될 것이다. 그리고 모든 책임이 제대로 갖춰지지 않은 한 사람에게로 돌아가면, 체계 내 다른 이들은 불가피하게 그 사람과 또 양극화를 이룰 것이다.

균형

건강을 유지하기 위해, 인간체계는 균형을 필요로 한다. 균형을 이루기 위한 결정적 변인은 영향력, 자원, 책임감, 경계 등인데, 모두 무거운 짐으로부터 영향을 받는다.

균형을 필요로 하는 변인들

가족의 경우, **영향권자**란 주요 재정적, 교육적, 지리학적, 그리고 그 외 생활양식 결정 요인들을 형성하고 자원과 책임 분배를 결정하는 인물을 말한다. 가족의 **자원**

은 물질적 상황(음식, 주거지, 의복, 돈), 여가 시간, 양육, 관심, 지도 등을 포함한다. 또한 자원은 부모로부터 받는 칭찬과 친구들과의 교류를 포함한다. 가족 내 책임은 핵가족 외 관계와 관심사를 만들고 유지하는 것뿐만 아니라 아이들을 기르고 돌보는 일, 수입을 만드는 일, 그리고 가정을 조직하고 잘 지켜 나가는 것까지 포함한다.

경계는 체계에서 무엇이 혹은 누가 포함되고 배제될지를 구분하는 것이다. 어떤 체계에서는 경계를 짓고 서로 그에 대해 수긍하기가 비교적 쉽다. 자동차의 경우, 모든 부분이 차와 함께 움직인다. 경적을 차에서 떼어 내면 그것은 더 이상 차라는 체계의 부분이 되지 못한다. 다시 경적을 제자리에 두면, 차의 경계 내에 다시 들어오게 된다. 인간의 체계에서는 경계가 늘 그만큼 선명하지 않아서, 경계를 정하는 것(복합가정의 경우를 생각해 보자)이 양극화를 조장할 수도 있다.

40년 전, 구조적 가족치료사들이 건강한 가족은 주변과 하위체계의 경계가 분명하다고 설명했다(Minuchin, 1974). '분명한 경계'(우리가 균형 잡힌 경계라고 부르는 것)는 다른 하위 체계에 적합한 접근을 수용할 뿐만 아니라 가족체계 발전을 가로막는 침범으로부터 가족체계를 보호하도록 정해진 것이다. 문제 있는 경계는 너무 느슨해서 다른 체계에 다가가는 것이 너무 쉽거나, 경계가 너무 엄격해서 아예 접근이 어렵다. 따라서 인간체계에서, 경계는 누구에게 어떻게 접근을 하는가에 대한 규칙이 된다. 각각의 구성원들이 발전을 위해 필요한 하위 체계의 부분이 될 때 가족은 최고의 기능을 발휘하고, 각 하위체계 주변의 경계가 교류와 사생활 간의 균형을 이룬다.

조화

균형이 위에서 요약한 네 가지(자원, 책임감, 영향력, 경계)에 대한 설명이라면, 조화는 이제 체계 내 관계에 대한 다른 속성들을 설명하는 데에 사용된다. 순기능 가족 관계를 설명하기 위해서 많은 용어가 사용되어 왔다. 몇 가지 예로, 화합, 융통성, 효과적인 소통, 돌봄, 지지, 협동, 낮은 갈등 수준 등. 이는 모두 조화의 차원으로 묶을 수 있다.

조화로운 가족 내에서는 구성원들이 기꺼이 참자기 역할을 하거나, 적어도 자신들의 역할이 이바지하는 바를 이해하고 인정받고 있음을 느낀다. 이런 가족은 모두가 이해받고 대접받는다는 공통된 시각으로 관리감독을 받는다. 그런 시각으로 가족구성원 간의 개인적 차이와 방식이 존중되고, 각 개인의 시각과 가족 전체의 시각을 맞추고자 애쓰기도 한다. 구성원들 간의 경쟁은 있을 수 있지만 전반적으로 가족의 근본적인 돌봄과 우려 앞에서, 또 자신들의 마음에 담긴 체계의 안녕과 좀 더 넓은 범위의 체계에 대한 헌신을 우선시하여 한 발 물러서기도 한다.

게다가 패자는 지위나 역할 상실에 대해 염려를 하지 않아도 되니 두려움으로 인한 경쟁에 내몰리지도 않는다. 모든 가족구성원은 다른 가족구성원들을 살펴보면서 어느 정도의 개인적 자원과 목표를 기꺼이 희생하고, 가족의 더 큰 그림을 이해하고 지지한다. 소통이 직접적이고, 자발적이며, 정직하기 때문에, 갈등은 해소되고 불균형은 개선된다. 조화로운 가족은 끝까지 버틸 수 있다. 이렇게 함께하는 조화를 한번 느끼고 나면, 사람들은 그것을 다시 얻기 위해, 또 잃을까 봐 애를 쓰게 된다.

양극화와 밀착

내면가족체계에서는 뒤섞인 보호자들과 숨죽인 채 모습을 드러내기를 기다리고 있는 양극화된 보호자들을 같은 것이라고 볼 수 있도록 개인 내담자들을 도와주고, 보호받고 있는 추방된 부분들을 구별해 내도록 돕는다. 가족에 있어서도 마찬가지다. 가족치료 이론가들은 문제 있는 가족의 특성으로 양극화, 밀착, 차단, 부모화된 아이 등을 오랫동안 관찰해 왔다. 이어지는 내용은 두 사람을 중심으로 만들어지는 가족 내 흔히 보이는 갈등과 애착 양식을 설명하는데, 가족 내 다른 구성원들끼리의 다양한 연대도 포함시켜 설명할 것이다.

양극화

가족치료 첫 단계에서 가장 흔히 일어나는 문제는 관리자 역할을 하는 두 구성원 간의 양극화, 혹은 관리자와 소방관 간의 양극화다. 이러한 양극화는 수년간 혹은 여러 세대를 걸쳐 가면서까지 가족 내 핵심감정과 중심문제를 잘 파악하지 못하게 할 수 있다. 다음 장에서 설명하겠지만, 내면가족체계치료사는 부분들을 도우면서

사용했던 대로 가족들에게도 동일한 방법으로 자신들의 경직된 역할에서 벗어날 수 있도록 돕는다.

밀착

체계 내 원칙에 따르면, 서로 동떨어진 채 갈등에 시달리는(양극화된) 관계는 끈끈하게 얽혀서 지나치게 가까운 관계로 보완되는 경우가 많다. 대표적으로 부모가 만성적 갈등 관계에 처해 있으면, 두 사람 중 한쪽이 자녀 중 한 사람과 너무 친밀하거나 의존적 상태가 되어 있다. 반대로, 양쪽 부모 모두 안전한 회피를 위해서 아이들에게만 마음을 쏟을 수도 있다. 보호자들 간의 갈등과 양극화는 누구의 눈길도 받지 못한 채 유배자에게 상처 입히면서, 그를 그대로 방치하게 만든다. 이런 부모들은 참자기-주도성도 없고 자신들의 유배자의 제1돌보미도 되지 못하기 때문에, 그들의 보호자들이 돌봄을 위해 타인을 부르거나 일이나 술 같은 도피처를 만들기도 한다. 세대 간(부모-자녀) 밀착을 깨기 위한 유일한 방법은 부모가 자신들의 유배자에 대한 제1돌보미가 되어 자신들의 자녀가 더 이상 그 역할을 대신하지 않아도 되게 만드는 길뿐이다.

대개 부모-자녀 밀착은 부모의 내면체계에서 시작되어 가족 전체 체계로 확장된다. 데이먼은 오래전 자신의 취약한 어린 부분들을 추방시켜 버리도록 학습된 아버지로, 유배자들이 외적 자원의 관심을 받지 못해 안달이 나 있는 상황을 바꿔보려고 아내와 함께 어떻게든 해 보고 싶었다. 하지만 아내의 보호자들 역시 자신의 취약한 부분들을 추방시킨 상황이어서 그의 결핍된 상황을 건더 줄 여유가 없었다. 데이먼이 몇 번이나 거절당하고 있다는 것을 인식하자, 그의 보호자들은 아내에게서 시선을 거두었고, 그의 유배자들은 관계와 안녕에 대해서 더 심하게 절망적인 상태가 되었다. 이러다 보니, 유배자들은 데이먼의 딸을 향해서 움직이면서, 데이먼의 관심을 끌려고 몸부림쳤다.

이 사례에서 아버지가 딸의 관리자들을 불러들여 자신의 유배자들을 돌보도록 하는 것을 보게 되는데, 이는 딸에게 데이먼이 책임과 돌봄의 짐을 지게 한다는 의미다. 한 발 더 나아가 데이먼과 딸에게서 아내를 소외시키고, 결과적으로 그 방법은 다를지언정, 딸의 어린 부분들이 양쪽 부모 모두에게서 버려졌다는 느낌을 갖게 만든다. 후에 딸의 어린 부분들은 자신의 자녀들을 보살필 때 그 양식을 답습했다.

사면초가에 몰린 자녀의 어린 관리자들에게 어른의 유배자가 애걸복걸하는 식으로, 부모-자녀 역할이 뒤바뀌게 되고, 이는 염색체와 마찬가지로 유전될 수 있다.

쓸모없음이나 두려움이라는 감정과 함께 버림 또한 밀착의 최소 세 가지 형태를 유발하곤 한다. 첫 번째는 한 개인의 상처받은 어린 부분들이 다른 사람에게 잠입하여 그 사람이 되고자 하는 것과 연관되어 있다. 이런 어린 부분들은 다른 사람의 힘, 활력, 자신감, 그 외에 그 사람이 움직이고, 보고, 행동하는 방식대로 움직이고, 보고, 행동해 보면서 자신에게 부족하다고 느끼는 다른 특성이 무엇이든 거기에 접근하는 것을 목표로 삼는다. 본질적으로 이들은 존경받는 사람의 정체성을 집어삼키려 한다. 이런 식민화의 노력이 단기적으로는 위안이 될지 모르지만, 경계를 허물어 버려 짐을 떠넘기고 '나'는 어디서 멈추고 다른 이들은 어디서 시작해야 하는지에 대해서 내적 혼란을 야기한다.

밀착의 두 번째 형태는 버려졌다는 느낌에서 비롯되어 어른들에게서 학대와 거절을 당한 아동기에 무가치함의 무거운 짐을 지고 비슷한 누군가로부터 필사적으로 인정이나 보호를 갈구하게 되는 것과 연관이 있다. 이들은 구세주가 될 것 같은 사람을 포착하고 나면, 집요하게 들러붙어 그 사람으로부터 인정, 애정, 보호 등을 받기 위해 어떤 일이든 기꺼이 하게 된다(Schwartz, 2008).

밀착의 세 번째 형태는 외상적 공포에서 생긴다. 부모를 잃거나 반대로 아이를 잃는 것과 같은 충격적인 사건은 상실의 시기에 갇힌 유배자를 만들어 낼 수 있다. 그런 상실이 또 일어나지 않게 하려고, 이런 사람의 관리자들은 다른 가족구성원들에 대한 과잉보호와 과잉간섭을 하게 된다. 이러한 밀착은 완전히 현실적인 공포의 원인이 될 수도 있다. 주변에 위험한 이웃이 있을 때 아이들은 등교 외에 집 밖으로 못 나가게 되고, 부모들의 안전에 대해서도 걱정을 해야 하는 짐을 지게 된다. 폭력적인 아버지와 같이 사는 자녀들은 엄마와 상호보호적인 연대를 맺을 수도 있다. 보호적인 밀착은 생존을 위해 어쩔 수 없을 때도 있지만, 값비싼 대가를 요구하기도 한다.

가족 내 양극화와 밀착

일반적으로, 전체 가족 내에서 양극화를 바라볼 때, 보호적인 연합은 갈등 중인 두 사람 주변에서 일어나는 경우가 많다. 비밀이 가족 갈등 및 연대를 더 강화하기도 한다. 엄마가 동성애 연인을 가지고, 아버지는 학생에게 추파를 던지는 교수이고, 할아버지는 손녀를 성추행하고, 엄마는 종일 술에 찌들어 있고, 세 번이나 자살을 시도했다. 17세 알베르토는 밤에 창문을 타고 나가 권총을 몸에 지니고 친구들과 자동차를 질주하는 데에 푹 빠져 있고, 15세 크리시는 작년에 임신을 해서 아기를 입양 보내고, 레이 삼촌은 성전환수술을 받아 레이첼 고모가 되고, 조현병을 앓고 있는 페트라 이모는 어디에선가 노숙자 생활을 하고 있고, 증조부 에드는 아내를 죽이고 여생을 감옥에서 살았다. 이와 같은 가족 내의 비밀은 울화가 치미는 감정을 일으키게 하고, 예전에 물러난 유배자나 호시탐탐 때를 기다리는 소방관을 풀어놓을 수도 있는 위협이 되어 최악의 결과를 가져오기도 한다. 그래서 가족의 관리자들은 그 얘깃거리를 불식시키고, 보호 연대를 형성하여 관리자들과 힘을 모아 억누르거나 정신을 딴 데로 돌리게 하려고 소방관들과 행동을 같이한다.

* * *

미들턴 가족: 양극화된 국가에서의 양극화된 가족

백인 미국인 가정 내 대물림된 무거운 짐의 영향을 살펴보자. 앨라나 미들턴과 피터 미들턴은 부부로, 인종차별주의, 가부장주의, 개인주의, 물질주의 등의 짐을 지고 내원했다. 이들은 불평불만을 하지 않고 어떻게든 좋은 쪽으로 가도록 애를 쓰면서 결혼생활을 잘 유지하고 있었다. 이들은 딸 브리젯을 등록금이 비싼 사립학교로 보내 '올바른' 아이들—백인 아이들—과 사귀게 할 생각이었다. 피터는 직업상 백인 앵글로-색슨족 개신교 집안의 입맛에 맞는 컨트리클럽에 가입할 수 있었기 때문에 브리젯은 그 무리에서 여름을 보낼 수 있었고 '자기네들끼리 어울리는 그런 부류'의 사람들과 함께 외식을 하러 갈 수도 있었다. 정치적으로, 그들은 환경이 미치는 영향이 너무 지나치게 과장되어 있었고, 복지 지원 대상자들과 저소득층 의료 보장 제도의 수혜자들에 대한 정부의 지출이 자신들 같은 납세자들을 착취하고 있다는 생각이 팽배해 있었다. 피터는 뼛속까지 영업사원이었다. 물건을 아주 좋게 보이도록 만드는 것이 옳다고 생각을 했고, 판매부터 생활까지 철저히 계산을 하면서, 잠재적인 고객들이 열심히 하는 사람들을 거부할 수는 없는 일이라고 믿었다. 실패는 개인의 탓이라는 신조를 갖고 있었기 때문에 어려운 시기에 스스로 느끼는 수치심에 상처를 입었다.

피터가 영업을 더 못하고 실직을 당해, 가족들이 간호사인 앨라나의 월급으로 여태까지와 같이 살려고 전전긍긍하다가 결혼생활이 위기에 봉착했다. 앨라나는 종일 직장에서 일을 하고 집안일도 해야 하는 것에 화가 치밀었지만, 피터가 여태 자기보다 두 배나 돈을 벌었으니, 그녀의 관리자들은 이런 분노를 전혀 드러내지 않았다. 말로 표현은 못하고, 항우울제를 계속 복용했다. 피터는 얼마든지 장을 봐다 주기는 했지만, 집안일은 손도 대지 않았다. 결국, 앨라나의 화난 부분은 그녀가 부부 잠자리에 흥미를 떨어뜨리도록 만들었고, 피터는 자신들의 부부생활에 아주 실망하게 되는 부분을 갖게 되었다. 두 사람 모두 이런 부분들을 추방시켜 놓고는 자신들의 성생활과 성역할 책임감 사이의 연관성이 자신들의 부부관계에 불균형을 일으켰다는 것을 알지 못했다. 게다가 여력이 없어서 컨트리클럽에 나가지 못하고 딸이 사립고등학교에도 가지 못하게 되고, 겉으로 아무 문제없는 것처럼 보이는 것을 스스로 더는 자랑스러워할 수 없게 되니까, 자신들의 나약함과 수치스러움이 자신들의 소방관들을 건드려 갑자기 긴장이 급속도로 높아지는 지경에 이르게 되었다.

겉치레가 현실에 무릎을 꿇게 되면, 소방관들이 전 세대의 가족들에게서 불쑥불쑥 고개를 내밀고, 이때에 불륜, 알코올이나 약물 남용, 섭식 장애 등과 같은 행동이 나타나는 것을 볼 수 있다. 브리젯은 부모의 관계가 좋지 않다는 것을 늘 느끼고 있었다. 지금은 그 둘이 서로 비난하고, 싸우고, 서로 한마디도 안 하는 것을 지켜보면서, 두 사람이 이혼을 하게 될까 봐 겁도 났지만 그렇게 되기를 바라기도 했다. 집에서도 학교에서도 브리젯은 모범생이었지만 공립학교에 전학을 오고 나서는 주말이면 불량스러운 아이들과 어울리기 시작했고 고주망태가 될 때까지 술을 마시곤 했다. 앨라나와 피터는 딸이 술을 마신다는 것을 모르고 있었는데, 브리젯을 걱정해 주는 친구가 학교상담사에게 전해, 미들턴에 있는 내면가족체계 가족치료사에게 의뢰되었다.

이 가족은 불만에 가득 차 치료실에 들어섰다. 피터는 패배자 같은 기분이었고, 앨라나는 억압당하고 제대로 평가를 못 받는 기분이었고, 브리젯은 부모들이 행복한 상태를 유지할 수 있게 온갖 것을 다하는 부분들과 실망, 분노, 슬픔 같은 게 근처에 못 오게 하려고 긍정적인 생각에만 매달리는 걸 경멸하는 반항적인 부분들의 행동 사이에서 너덜너덜해진 기분이었다. 갑자기 서로의 이야기를 듣게 되자, 이 가족은 피터가 직장을 잃고 패배자가 되었다고 스스로에게 그가 경멸해도 된다고 여겼던 게으른 사람—소위 가난하거나 백인이 아닌 사람들—보다 이젠 나을 바가 없다고 날선 비난을 가하고 있다는 것을 알게 되었다. 앨라나는 마구 먹어대서 살이 찌고, 초췌해 보이고, 성관계에 관심도 없는 자신을 향해 비난을 퍼부었다. 그리고 브리젯은 부모가 보기에 턱없이 모자란 상태로 학업을 마치고, 집에 데리고 오면 싫어할 아이들 주변이나 얼쩡대고 있다고 자신을 미워하는 완벽주의자 부분의 비난을 받았다. 이런 선의의 관리자들은 미들턴 가족의 각자가 부적절하고, 우울하고, 절망적—미국의 대물림된 짐이 나타나는 일반적인 방식—이라고 느끼도록 하기 때문에 도움이 필요하다.

맺음말

체계는 동심원처럼 착착 포개지기 때문에, 내면가족체계 가족치료에서는 개인의 정신에서 본 것과 마찬가지로 셋이 한 조가 되는 구조가 나타난다. 위험에 처하면, 가족도 개인의 정신과 마찬가지로 관리자, 소방관, 유배자를 움직인다. 가족구성원들은 이런 역할을 양극화시키고 부분들과 정당들이 하는 것과 똑같이 연대를 형성한다. 무거운 짐에 짓눌리고 양극화된 가족에게서 발달 정지, 불균형, 부조화, 편향되고 양극화되고 신임을 잃어버리고 포기된 지도력 등을 발견한다. 그렇다 해도 각각의 가족구성원들은 참자기를 가지고 있고, 가족은 각자 참자기의 영향력하에 힘을 모아 조화를 이룰 수 있다. 치료사는 개인과 작업을 할 때와 마찬가지로 가족에게도 똑같이 한다. 각 구성원의 부분들에 주의를 기울이고, 참자기가 이끌어 가도록 가만히 지켜봐 주고, 가족구성원들이 자신들의 참자기에게 다가가도록 이끌어 준다. 다음 장에서는 내면가족체계 가족치료를 보여 줄 것이다.

제15장

내면가족체계 가족치료에서 걸림돌 제거하기

가족들은 조심스럽게 치료를 시작하는 경향이 있다. 어떤 가족구성원들은 문제에 대해 비난을 하는 것에 죄의식과 두려움을 느끼고, 또 다른 가족들은 문제와 치료의 필요성에 대해서 화를 내기도 하고, 치료사를 믿어야 한다는 사실에 온몸이 떨리는 기분을 모두 느끼기도 한다. 감춰 둔 감정과 주제가 드러나면 심판을 받게 될까? 내면가족과 마찬가지로, 외부 가족에 대한 첫 번째 접근법은 체계의 관리자들을 참여시키는 것과 연관이 있다. 뜻밖의 폭로를 막기 위해, 가족 관리자들은 가족의 문제를 최대한 절제하는 방식으로 정의하곤 해서, 의견 나누는 것을 통제하는 전략들을 쓰고 추방된 주제들에 눈길이 가지 않도록 숨기려 할 것이다.

가족구성원들의 관리자들은, 예로 들자면 아버지가 집에 있는 날이 거의 없다는 것을 알아채기보다는 아이들을 단련시키는 것 같은 덜 위협적인 쪽으로 양극화를 하거나, 만성적인 힘의 불균형에 대한 논의를 피하기 위해서 신체적 겉모습에 집중할 수도 있다. 그러나 어떤 전략을 사용하든, 말다툼이 심해지거나 십대가 싫다고 말하고 금지된 것을 누설하게 되면 관리자의 제재는 깨어질 것이다. 제재가 깨어지면 소방관들이 시선을 분산시키고, 관리자들은 그에 대해 부정적으로 반응을 하는 단계로 들어서면서, 다른 순환 고리가 돌기 시작한다. 힘겨루기 증상 전반에 대해 가족구성원들은 자신들의 기본 동기와 역할의 기능에 대해 잘 모르고 있다.

희망팔이가 되자

극단적인 감정과 신념이 일단 탐색되고 나면, 치료사가 희망팔이가 되어 그 힘을 잃는다. 그 후에는 무거운 짐을 쉽게 벗어 버릴 수 있다고 약속한다. 우리는 변화가 위험하더라도 해 볼 만한 것이라는 생각을 팔긴 하지만, 소통 지침서를 마련해 두고 안전에도 유의한다. 어느 가족구성원이 파괴적인 소방관이나 가부장제 같은 치명적인 짐을 지고 있는 관리자와 심하게 동일시되어 있다면, 그에게 도전도 한다. 이런 도전이 효과적이고 유익하려면 참자기-주도적이어야 하는데, 그렇게 되기 위해서는 치료사의 판단하는 부분들을 잠재우고 열린 마음으로 이끌 수 있어야 한다. 참자기-주도적 도전은 부끄러움 없이 부분들의 언어를 사용하여 문제행동을 일으킨 근본적인 원인—낙담하거나 가치 없다는 느낌—을 변화시키는 분명한 단계를 제시한다.

부분들의 언어 소개

다음 사례에서 설명하듯, 내면가족체계치료사는 가족회기 도입부에서 부분들의 언어를 소개한다. 각 가족구성원들에게 부분들의 언어로 가족의 문제를 보여 주는 자신들의 반응에 대해서 말하는 것을 반복하면서 자연스러우면서도 거의 인식하지 못하는 방식으로 간단하게 부분들의 언어를 소개한다. 대개 사람들은 가끔 부분들에 대해서 이야기를 하기 때문에(예를 들어, "나의 부분은 점심 먹으러 나가고 싶어 하는데, 또 다른 나의 부분은 그냥 집에 있고 싶어 해요."), 자신들이 한 말을 다시 말하는 것에 별 이의가 없다. 부분들의 생각을 소개해 주면서 치료사는 당면문제와 서로에 관해 가족구성원들이 차지한 역할을 알아볼 수도 있다. 이로부터 한 체계 수준에 개입하는 것이 다른 수준에 영향을 미칠 것임을 염두에 두고, 가정환경문제, 가족 내 양극화, 자원과 책임의 불균형, 개인 혹은 대물림된 무거운 짐 등과 같은 다른 체계 내 걸림돌들을 탐색해 나갈 수 있다. 가족 상호작용을 탐색하는 동안 부분들의 언어를 소개하는 사례가 있다. 이 가족은 19세 딸, 메릴린이 폭식을 했다가 다 토해 내는 행동을 해서 내원했다. 해리는 메릴린의 아버지다.

> 해리: 메릴린이 마구 먹어 대는 걸 보면, 별의별 생각이 다 듭니다. 스스로에게 그렇게 할 수밖에 없는 걸 보면 미안하기도 한데, 한 대 때려 주고 싶기도 합니다.
>
> 치료사: 당신의 한 부분은 딸에게 미안한데 다른 부분은 화가 나는군요. 그런가요?

부분들의 언어를 소개하고 나면, 많은 가족구성원이 자신들의 감정과 생각에 대해서 이런 식으로 대화하는 걸 바로 받아들인다. 이런 언어가 받아들여지기 쉬운 데는 여러 이유가 있을 것이다. 우선, 문제가 되는 행동을 가족구성원의 부분이라고 함으로써 그 가족이 심판이 아니라 관심을 가지도록 할 수 있다(왜 그럴까 궁금해). 둘째, 한 사람의 부분의 행동을 바꾸는 것은 그 사람 전체를 바꾸는 것보다 직관적으로 더 현실적인 소리로 들린다. 셋째, 극단적인 부분은 불가능한 임무를 지닌 부분일 뿐이다. 내담자들이 누구나 많은 부분을 가지고 있다는 생각을 수용하고 나면, 싫어하는 부분들보다 더 많은 부분을 갖고 있을 수밖에 없다는 것을 직관적으로 알게 된다. 마틴 루터 킹(M. L. King)이 "용서는 했던 것을 없는 것으로 하거나 악행에 대해 왜곡된 꼬리표를 붙여 주는 것이 아닙니다. 그게 아니라, 용서는 악행이 관계를 막는 장애물인 채로 두지 않는 것입니다.", "가까운 적의 악행과 상처를 정확하게 알고 있어야 하지만, 그게 전부라고 표현할 수는 없습니다. 치떨리는 적이라 해도 선한 부분을 찾을 수 있을 테니까요."라고 말한 것이 바로 그것이다.

부분들의 언어는 누구에게 어떤 상처를 입혔든 무시하거나 다시 만들라는 요구를 가족구성원들에게 하지 않아서, 상처를 최소화하거나 섣부른 용서를 조장할 수 있다. 부연하자면, 이렇게 하면 그 가족은 상처를 입히는 행위는 보호하는 (주로 어린) 부분의 행위로 보고, 가족의 모든 구성원이 하나보다 훨씬 많은 부분으로 되어 있다는 것을 믿을 수 있게 된다. 부분들의 언어를 사용함으로써, 치료사들은 손쉽게 모든 구성원이 서로 다른 이들—자신들—을 다르게 볼 수 있게 해 준다. 부분들에 대해서 대화를 하는 것은 개인에게서와 마찬가지로 가족에게서도 강력한 힘을 발휘한다.

부분들 찾아내기와 참자기-주도성 키우기

치료사는 가족들의 부분 탐색기 기능을 해야 한다. 치료사가 이런 기능을 제공하여, 지배권을 쥔 부분을 찾아내고 그 행위를 멈추게 해야(미리 이렇게 하겠다는 허가를 요청함) 가족구성원들이 내면으로 들어가 자신들의 부분들에게 귀를 기울이게 할 수 있다. 부분들에게 귀를 기울인다는 것은 그 부분들을 분화시키는(구별) 첫 단계 중 하나다. 한 부분이 부분적으로라도 구별이 되고 나면, 내담자의 참자기가 그 부분을 대신해서 말할 수 있다. 내담자가 부분들을 대신해서 말하고 참자기로부터 나오는 말을 하도록 돕는 것은, 내면가족체계가 가족, 부부, 집단과 작업을 할 때, 서로 귀를 기울이고 논란이 되는 쟁점들에 대해 의견을 나누는 동안 가족구성원들은 그냥 참자기-에너지를 유지하게 된다는 큰 그림이다. 그렇게만 하면, 가족관계는 저절로 재구성되기 시작하는 경우가 많다. 가족들을 위해서 치료사의 부분 탐색기 역할에서 중요한 점은 정확하고 공정해야 한다는 것이다. 이는 내면가족체계 가족치료사들은 자신들의 부분들에게서 계속 분리되어 있으면서 자신들의 부분들에게도 도움을 주어야 한다는 뜻이다.

사전에 효과적인 소통 조율하기

가족 내에서 구별을 진작시키고 참자기-주도성을 확장시키려면, 가족구성원들이 자신들의 부분에서 비롯되는 것이 아니라 그들을 대신해서 말할 수 있도록 도와야 한다. 쉬운 일이 아니기 때문에, 치료사는 도와줘도 될지에 대한 허락을 미리 구해 둔다("당신이 부분을 대신해서 도움을 구하는 말을 할 때 제가 개입을 해도 될까요?"). 덧붙여, 가족구성원들 간의 비난과 부끄러움을 중재할 것이라고 약속을 하고, 자신들의 두려움(자신들의 보호하는 부분들에 대한 두려움)을 말하는 가족구성원들을 개입 시작부터 너무 성급하게 불러들이지는 않아야 한다. 〈표 15-1〉에 효과적인 소통을 조성하기 위한 방법을 요약해 둔다.

표 15-1 의사소통을 촉진하는 방법

가족구성원들에게 다음과 같이 요청한다.

1. 구성원들이 자신들의 부분들을 감지하고 그 이야기에 귀 기울인다.
2. 구성원들이 자신들의 부분들로서가 아니라 대신해서 말한다.
3. 개입에 앞서 구성원들의 부분들이 가진 두려움을 살펴본다.
4. 구성원들이 자신들의 참자기가 토의를 이끌어 가게 한다.

가족 관리자 안심시키기

내면가족체계치료 대화법에 대해 논의를 한 후, 치료사들은 가족 관리자들과 접촉하는데, 이들은 치료 과정을 신뢰하는 데에 도움을 요구하기도 한다. 지도적 입장에 있는 치료사의 참자기들과 함께 진지한 관심을 갖고, 공감을 하고, 수용해 주고, 돌봐 주고, 확신을 가지고, 바로 닿을 수 있으면, 치료사가 자신들을 좋아할지 또 돌봐 줄지에 대해 염려를 하는 가족의 관리자들과 치료사는 조심스럽게 관계를 맺는다. 그러려면, 가족구성원들이 치료 중에 자신들의 감정을 서로 이야기하도록 격려해 주고, 낯선 사람한테 곤란한 문제를 드러내는 것이 껄끄러운 것은 자연스러운 것임을 공감해 준다. 자신들을 판단하지 않을 것이라고 마음을 달래 준다. 어떻게 진행을 해야 하는지 알고 있다는 것을 강조한다. 문제를 함께 해결할 수 있다는 자신감을 보여 준다. 〈표 15-2〉에 가족 관리자들을 안심시키는 법에 대해서 요약해 둔다.

표 15-2 가족 관리자를 안심시키는 방법

- 가족구성원들이 치료 중에 자신들의 감정에 대해서 서로 이야기를 나눌 수 있게 격려한다.
- 낯선 사람과 곤란한 문제를 살펴보는 것이 내키지 않는 것은 당연하다는 것에 공감한다.
- 심판하지 않는다고 안심시킨다.
- 앞으로 어떻게 해야 할지 알고 있음을 강조한다.
- 당신과 가족들이 함께 문제를 해결할 수 있을 것이라는 자신감을 보여 준다.

끝으로, 내면가족체계접근과 가족을 위한 놀이계획에 대해서 관리자가 요구하는 아주 작은 수준까지 그게 무엇이든 관리자가 염려하는 것을 다룬다. 가족 관리자들을 안심시키기 위한 작전으로, 드러난 문제에 초점을 둔 가족의 소망—주로 맨 처음에 얼마든지 얘기하겠다는 그것—을 받아들인다. 이 문제에 대한 설명을 자세히 듣고, 그 밖에 가족들을 얽매는 것들에 다가갈 수 있는 기회를 얻기 시작하는데, 외상적 가족력 사건이나 다양한 갈등을 일으키는 지도부의 불균형을 포함하는 경우가 많다. 〈표 15-3〉은 걸림돌들을 감출 수 있는 영역들에 대한 목록이다.

표 15-3 **발달, 지도부, 균형, 조화의 걸림돌 찾기**

1. **발달**: 가족이 극단적인 감정과 왜곡된 신념 때문에 큰 무거운 짐을 질 수밖에 없었던 천재지변 혹은 인재(예를 들어, 지진, 학살)에서 개인적인 불행(예를 들어, 부모가 길을 건너다 교통사고로 목숨을 잃거나, 십대의 정신적 질환)에 이르는 광범위한 가족력 사건들이 있습니까?
2. **지도부**: 충동성(예를 들어, 폭력), 강박성(예를 들어, 약물의존), 편견을 지닌 행동(예를 들어, 한 자녀를 다른 자녀보다 편애하는 행동), 실패(예를 들어, 우울) 등의 이유로, 부모님이 스스로에 대한 신뢰를 저버리고 자신들의 지도력을 포기한 적이 있습니까?
3. **균형**: 극단적인 신념(짐)으로 인해서 가족들이 어떤 구성원들을 추방하거나[예를 들어, 짐 삼촌이 제인 고모가 된 경우(성전환수술)] 자원이 불공평하게 나뉜(예를 들어, 남아선호) 적이 있나요?
4. **조화**: 체계가 자연스럽게 조화를 이루려는 경향을 애초에 막아 버려 이권을 취하려는 불균형이 갈등을 일으키나요?

집중 수준 선택하기

외부 가족치료가 시작될 때, 선별할 많은 체계 수준이 있다(내면, 핵가족, 확장가족, 일, 학교, 지역사회, 문화). 개인치료에서와 같이, 가족구성원들이 우선 주의가 필요한 수준을 고르도록 한다. 어디서부터 시작해야 할 것인지 힘을 모아 결정하기까지 도움이 필요하다면, 다음 사례에서처럼 선택지를 줄 수 있다.

치료사: 지금까지 여기 들고 오신 문제, 그러니까 메릴린의 섭식상태와 관련된 여러분 각자의 부분들에 대해서 들어 보았습니다. 이미 여러분 내면에서 부분들이 어떻게 움직이는지에 대해서는 이야기를 좀 나눴지요. 하지만 가족 내에서 여러분의 관계와 가족 바깥에서의 여러분의 삶도 중요합니다. 무엇이 가장 큰 걸림돌일까요? 출발점을 여러분이 고르는 게 가장 좋습니다.

그레이스: 예를 들어 주실 수 있나요?

치료사: 그럼요. 예를 들어, 해리는 메릴린의 폭식하는 부분 때문에 일어난 절망적인 부분을 갖고 있습니다. 직장에서도 마음을 놓을 수 없다는 말도 했지요. 그래서 해리의 직장생활이 그의 좌절하는 부분에 어떤 영향을 미치는 지에 대해서 이야기를 나눌 수 있었어요. 그런가 하면, 가정에서의 균형 잡힌 책임이 모두의 부분에게 어떤 영향을 미치는지에 대해서도 이야기할 수 있었지요. 아니면 메릴린이 친구들이나 또래들과 어울리는 게 자신의 내적 비난에 어떤 영향을 미치는지에 대해서도 말할 수 있습니다. 그것도 아니면 전반적으로 가족이 아무 문제없는 것처럼 보이는 것에 대해서 얼마나 관심이 있는지에 대해서도 이야기를 나눌 수 있을 겁니다.

그레이스: 그렇군요. 해리는 잔뜩 신경이 곤두서서 집으로 오는 때가 자주 있어요. 뭐랄까, 얼마나 시달리는지 알기 때문에 비난을 하는 건 아니에요. 그런 식으로 행동을 하면 그냥 방해하지 않으려고만 하죠.

치료사: 모두 여기서부터 시작하면 될까요?

이런 식으로, 가족은 집중해야 할 첫 번째 수준을 고른다. 가족 내 양극화된 관계, 가족 지도력 문제, 외적 충동 등을 고를 수도 있다. 어떤 것을 고르든, 한 번에 한 수준 이상 이야기를 나눌 수 있고 필요하다면 수준을 옮길 수도 있다.

수준 간 옮겨 가기

내면가족체계치료는 매우 협력적이고 유동적이다. 체계는 가족들의 하위체계와 나란히 움직이고 기능하는데, 이는 A라는 사람이 B와 닮은 자신의 어느 부분과 내적으로 관계를 맺는 방식으로 B라는 사람과 관계를 맺는다는 뜻이다. 예를 들자면, 그레이스가 슬플 때, 해리는 자신의 슬픈 부분들에게 행동하는 방식 그대로 그레이스를 향한 행동을 하는 부분을 가진다. 그 부분은 참을성 없고 비판적인 목소리로 그레이스의 마음을 흔들면서 충고를 했다. 체계는 동시에 움직이면서 서로에게 영향을 미치기 때문에, 해리가 자신의 유배자를 보호할 수 있으면, 설사 그레이스의 슬픈 부분에 대해서 참을성과 친절함이 부족해서 치료 중에는 직접 다룰 수 없다 해도, 아내의 유배자에게 좀 더 참을성 있고 친절할 수 있을 것이다. 마찬가지로, 아내의 슬픔에 대해 참자기-주도성을 유지할 수 있다면, 자신의 슬픈 부분들도 더 잘 돌볼 수 있을 것이다.

내면가족체계는 세계를 하위체계를 품은 큰 체계로 보기 때문에 내면과 외면을 오갈 수 있고 아무렇지 않게 돌아갈 수 있다. 외부 수준에서의 가족관계 내 변화는 가족구성원들에게 내면적으로 영향을 미치기 때문에, 역으로 하나의 수준에 집중해서 다른 수준들에서 어떤 일이 일어나는지를 지켜볼 수 있다. 한 체계 수준에서의 이동이 늘 다른 체계 수준에서의 이동을 야기한다는 뜻은 아니다. 그러니까 체계 수준은 상호적이면서도 예측불허의 영향력을 지니고 있어서, 가장 효과적이고 생태학적으로 그 순간에 가장 민감하게 보이는 수준에 집중해서 이 변화가 다른 수준들에게 어떤 영향을 미치는지 잘 지켜봐야 한다. 외적 수준에서 문제를 해결하든 각 가족구성원들의 내면체계를 중심으로 집중을 하든, 양쪽 수준 어디서든 극적으로 관계가 바뀔 수 있다.

한 가족구성원의 결과가 다른 이에게 이어지기

치료사는 가족이 치료를 하려고 들고 온 문제에 귀를 기울이면서, 가족구성원이 문제와 관련된 어떤 역할을 하고 있는지 파악하고, 가족의 지배적 부분들이 서로에게 어떤 영향을 미치는지 살펴본다. 예를 들어, 메릴린의 아버지 해리는 메릴린의 섭식장애에 대해서 비난을 퍼붓곤 하는 부분을 갖고 있다. 이런 행동은 메릴린의 허둥대고 어쩔 줄 모르는 부분을 건드린다. 이렇게 이어지면 다음과 같이 진행된다. 해리는 화를 내고, 메릴린은 상처를 받아 수치스러워하고, 메릴린의 관리자는 내적으로 자신에게 비난을 차곡차곡 쌓고, 메릴린의 상처받은 부분은 기분이 더 안 좋아져서, 수치스럽고 기분 나쁜 걸 잊어버리도록 폭식을 일삼는 소방관이 움직이게 된다. 이런 일련의 일들은 당연히 해리를 더 깊이 좌절하도록 만들었다. 치료사는 해리와 메릴린의 이런 연쇄를 풀어 보기 시작한다.

> 치료사: 당신이 화를 내고 나서 메릴린이 허둥대는 것 같을 때 기분이 어떠세요?
>
> 해리: 어떻게 될지 아니까 걱정되고 절망스럽죠. 먹어 대겠죠.
>
> 메릴린: 아버지가 입을 다물면 나한테 화를 낼 거라는 걸 알아요.
>
> 치료사: 아버지가 아무 말이 없으면, 당신 내면에서는 어떤 일이 일어나죠, 메릴린?
>
> 메릴린: 아버지가 비난을 퍼붓는 게 너무 무서워요. 그래 봐야 막을 방법이 아무것도 없어요.
>
> 치료사: 그러고 나면요?
>
> 메릴린: 결국 폭식을 하게 되는 게 사실이에요. 그런데 아버진 그렇게 꾸중을 하고 나서 내 마음이 어떤지는 신경도 쓰지 않아요. 난 나를 향해서 지금까지 본 중에 최악이라고 혼잣말을 하죠. 나약하기 짝이 없고, 누구보다 이기적이고, 혐오스럽다고요.

메릴린과 아버지 사이 이런 사슬을 끌어내고 나서, 치료사는 남편이 낙담을 하고 메릴린이 불안해 보일 때 그레이스는 어떻게 반응을 하는지 물었다. 그레이스는 이들의 상호작용으로 활성화되는 세 부분을 발견해 낼 수 있었다. 하나는 메릴린의 섭식장애에 낙담해서 해리와 마찬가지로 분노했고, 또 하나는 해리의 불같은 성미에 희생양이 되는 메릴린과 동일시했고, 세 번째로는 주제를 바꿔서 가족끼리의 갈등 같은 걸 잠재워 보려고 애썼다.

대물림된 짐을 만드는 순환 고리

가족의 관리자들은 강력한 힘을 가지고 수년간 가족구성원들의 여러 부분을 지배하고 추방시킬 수 있다. 게다가 가족에게 영향을 미치게 되는 개인 간 상호작용은 관리자들이 내적으로 나약하고 상처 입은 부분들을 추방시키는 내적 순환으로 빠지기 쉽다. 이러한 상호작용은 부모와 자녀 간에 주로 일어나지만, 형제간이나 아이와 교사, 그 외 달리 관계를 맺고 있는 개인들 사이에서도 일어날 수 있다. 추방된 아픔이 의식을 뚫고 나오면, 소방관이 주의를 분산시키기 위해서 활동을 하기 시작한다. 이런 순환은 강도를 높여 가며 반복되어, 가족들이 치료실을 찾게 되는 많은 증상 행동을 낳게 한다. 가족 안에서 흔히 나타나는 현상 중 하나가 극단적 감정과 신념의 세대 간 전승인데, 이를 대물림된 짐이라 한다. 대물림된 짐을 설명하기 위해서 다음의 두 가지 시나리오를 제시한다.

첫 번째 시나리오는 메릴린 엄마의 관리자가 내면에서 자신의 슬프고 애정에 굶주리고 화난 부분들을 추방시키는 동시에, 메릴린의 슬프고 애정에 굶주리고 화난 부분들을 거절하는 것과 관련되어 있다. 메릴린의 추방된 어린 부분들이 더욱더 필사적으로 구조와 구원을 찾을수록, 그녀의 섭식장애를 일으키는 소방관이 더 활성화되고, 이는 메릴린 엄마의 비난하는 관리자를 부추겨 고함을 치게 만든다. 이런 시나리오는 뻔하다. 추방된 부분들이 의식 위로 드러나면, 텔레비전만 보고 앉아 있는 것부터 단 것을 먹고 해리시키고 별 이유도 없이 벌컥 화를 내는 것까지 어떤 행동을 하든, 아픔에 몰두하지 못하게 딴 짓을 하도록 소방관들을 활성화시킨다. 그러면 부모의 관리자들이 소방관의 행동 때문에 자녀를 부끄럽게 생각하고, 자녀의 관리자는 내적으로 그들을 답습하여 자신의 소방관을 부끄러워한다. 이 모든 부끄러움은 아이의 유배자들이 더욱 심하게 부끄럽다고 생각하게 만들고 아이의 소방관들은 점점 더 박차를 가해서 딴 짓을 하고, 안으로도 밖으로도 관리자들은 더 부끄러워하게 되는 등등의 상황이 된다.

이렇게 부모의 자기-거절과 못마땅하게 여김은 자녀 마음속에 자기-거절의 폭포가 쏟아지게 만들어, 다른 관심사로 눈을 돌리게 하는 소방관을 더 많이 움직이게 한다. 예를 들어, 메릴린의 대학 기숙사에서 한방을 쓰는 친구가 메릴린의 부모님께 폭식증을 알리고 메릴린이 집으로 돌아갔을 때, 공황상태에 빠진 메릴린의 관리자들은 폭식을 일삼는 소방관을 통제하려는 시도를 곧바로 증폭시켰다. 그와 동시에, 메릴린의 엄마는 메릴린의 섭식장애가 부모를 괴롭힌다고 한탄을 했고, 아버지는 폭식증으로 몸을 망가뜨릴까 봐 막아 보기도 하고 꾸짖기도 했다. 이런 모든 내외적 강압하에, 메릴린은 학교에서는 주당 3회, 집에서는 하루에 3회 폭식을 하는 데까지 이르렀다.

메릴린네 가족력을 살펴보면, 겉으로는 잘 지내는 것처럼 보였다. 함께 식사를 했고, 휴일이 되면 함께 즐거운 시간을 보냈고, 메릴린의 물질적 요구는 모두 들어주었다. 그럼에도 메릴린은 어린 시절 내내 슬프고 외로웠다고 한다. 한번도 부모님이 바라는 아이인 적이 없었다. 메릴린이 슬픔, 외로움, 부족함 같은 부정적인 감정을 드러냈을 때, 아버지는 명랑한 일로 화제를 돌리면서 겨우 참고 있다는 신호를 보냈고, 엄마는 자신의 어려웠던 어린 시절 이야기만 했다. 두 사람은 메릴린의 불안에 어쩔 줄 몰라 했고 고등학교 농구부인 남동생, 마틴이 보여 주는 성과에는 기쁨을 감추지 않았다.

메릴린의 관리자들은 이 모든 것을 콕콕 집어서 부모의 불신을 내면에서 그대로 답습했다. 그러면 메릴린의 주의를 분산시키고 마음을 편하게 하기 위해서, 다른 보호자들은 마구 먹고 토하기 시작했다. 고등학교 시절, 말을 하면 부모는 자신의 내적 갈등을 더 심하게 만들 거라는 걸 알기에 메릴린은 이 모든 부분의 행동을 비밀로 꽁꽁 싸매 두었다. 하지만 폭식증 때문에 학업을 중단하게 되었을 때, 비밀이 들통나고 말았다. 부모는 메릴린을 비난하고 서로 싸우고, 메릴린의 폭식하는 소방관들은 폭주했다. 가족의 이러한 부정적인 반응성의 회오리 속에 있을 때는, 모든 보호자가 진정하도록 설득시키는 것이 치료사의 최우선 임무다.

무거운 짐이 세대 전승되는 두 번째 일반적인 방식은 부모의 유배자가 가족 내 자녀에게 돌봄을 받는 것과 관련이 있다. 이 가족의 경우, 아이의 관리자들(부모화된 어린 부분들)은 아이 자신의 취약한 어린 부분들—부모의 역할이 필요하고 여전히 그것을 갈구하는 부분들—을 추방시켜 부모를 보호한다. 이런 부분들이 필요에 의해서 추방되고 나면, 수치스럽고, 화가 나고, 외롭고, 슬픈 느낌이 드는데, 이런 기분은 소방관들이 딴 데로 관심을 돌리는 활동을 하도록 하고, 통제하고 못 하게 하려는 노력을 두 배나 더 기울여야 하는 관리자들을 허둥대게 만들고, 한 발 더 나아가 아이의 불행한 유배자를 고립시키기까지 한다.

이런 연쇄 사슬을 설명하기 위해, 메릴린의 사례를 이어 가 보자. 메릴린은 부모의 결혼생활을 지켜 내는 게 자신의 업이라는 생각을 오랫동안 가지고 있었다. 메릴린이 다섯 살 때 부모가 별거 중이었는데 메릴린이 중개자 역할을 하게 했다. 집 안에 있는 두 방을 오가면서 한쪽 부모에게서 다른 쪽으로 서로가 할 말을 오락가락하면서 메릴린이 전달해 주었다고 했다. 자신의 편을 들어 달라고 부르는 느낌이 들면, 부모 둘 다 나약하고 애정에 굶주린 것처럼 보였다. 어떻게든 함께 행복하게 해 보려고 메릴린의 관리자들은 말을 순화시켜 전달했고, 진정시키기 위해 갈등이 심해지는 것을 막기 위해 다른 어떤 일도 마다하지 않았다. 이 모든 것은, 그녀의 필요가 그녀의 부모에게는 너무 많다는 메릴린의 어린 관리자의 신념을 강화시키는 데에 그야말로 한몫을 했다. 메릴린의 관리자들이 부모를 돌보는 데서 좀 벗어나야 한다고 보고, 치료사는 그레이스와 해리가 메릴린을 위한 공동의 목표를 찾고 부모 역할이라는 임무에 힘을 모을 수 있게 안내하는 것을 최우선으로 삼았다.

치료사: (해리에게) 당신의 낙담하는 부분은 메릴린이 힘들어하는 것을 견딜 수 없다는 반응을 하는 것처럼 들리는데요. 기분이 어떠세요?

해리: 속수무책입니다.

치료사: 그 부분이 뭔가 새로운 것을 해 보려고 한다면, 그 부분을 도와줄 방법을 보여 드릴 수 있습니다.

가족구성원들이 타인을 변화시킬 힘이 없는데 원칙적으로 뭔가 새로운 것을 시도하는 데에 동의한다고 하고 나면, "그러고 싶다면, 도와드릴 수 있습니다."라고 치료사가 말할 기회가 생긴다. 이 지점에서 한 사람 이상의 가족 관리자들이 걱정스러운 목소리를 내기 쉽다. 어떤 걱정이든 치료사는 그저 진심을 다해 직접적으로 다뤄 주면 된다.

해리: **도움으로**라는 게 무슨 뜻인가요?

치료사: 그 부분이 당신을 신뢰할 수 있도록 도와준다는 거죠. 어떠세요?

해리: 전 메릴린을 위해서 뭐든 할 겁니다. 그런데 제가 제일 문제라는 생각은 하지 않아요.

치료사: 압니다. 하지만 가족은 서로에게 영향을 미치죠. 그래서 제 생각에는 이 문제가 아버님의 부분들 각각과 관련이 있다고 말하는 건 괜찮습니다. 이미 메릴린과 그레이스의 부분들에 대해서도 이야기를 나눴지요. 그리고 우리는 그 부분들을 도울 겁니다. 지금은 그냥 아버님께 여쭤보는 거예요.

해리: 그래도 선생님은 내 부분들이 메릴린을 아프게 했다고 말하고 있는 거잖아요?

치료사: 아닙니다. 다만, 아버님의 낙담한 부분이 터지면, 메릴린의 폭식하는 부분이 뭔가 새로운 걸 시도해 보는 게 안전하다고 느끼도록 도와주기가 더 어려워진다는 말씀이죠.

해리: 좋습니다. 도움이 되고 싶어요. 그런데 제가 무엇에 동의를 해야 하지요?

이런 방식으로 치료사는 각각의 가족구성원들이 서로를 변화시키는 데서 모두 자신들 체계로 초점을 옮겨 작업을 할 수 있도록 돕는 소위 유턴(U-turn)이라고 하는 것을 성취하고 있다.

관리자 활동 정지시키기와 가족의 참자기 찾기

내면가족체계 가족치료 중 이 시점에서, 각 가족구성원의 관리자들은 다음과 같은 질문을 가질 수 있다. 서로 마주 보고 무엇을 해야 하는가? 안전할 것인가? 치료사는 이런 두려움을 진정시킬 수 있도록 자신의 말을 잘 준비해야 한다.

> 치료사: 여러분의 부분들을 알게 되는 방법은 많습니다. 각자 편안한 방법을 찾을 수 있어요. 예를 들어, 해리, 지금 바로 당신의 낙담한 부분과 어떻게 닿을 수 있는지 보여 드릴게요. 아니면 제가 역할극으로 할 수도 있고 그 부분과 직접 이야기를 나눌 수도 있어요. 딱 한 가지 방법이 있는 게 아니거든요. 그저 당신과 그 부분이 서로 알고 믿게 되기를 바랄 뿐입니다.
>
> 해리: 가끔 그 부분을 너무 잘 아는 것처럼 느껴질 때가 있어요.
>
> 치료사: 그런 것처럼 상상할 수 있겠네요. 그런데 그 부분이 당신에게 자리를 넘겨주는 것과 여기서 그 부분과 또 그 부분에 대해서 이야기를 하는 것과는 차이가 있어요.
>
> 해리: 좋습니다. 그런데 선생님 말씀은 모두가 보는 데서 내가 그 부분과 이야기를 하란 뜻인가요?
>
> 치료사: 아버님 부분들이 메릴린과 그레이스가 보고 있는 데서 괜찮다고 한다면, 그럴 수 있습니다. 원치 않으면, 대기실에서 기다릴 수도 있어요.
>
> 해리: 지금 당장은, 이대로 있는 게 그 부분들이 괜찮겠다는 생각이 듭니다. 그런데 제 마음이 바뀌면 어쩌죠?
>
> 치료사: 좋은 질문이세요. 이 방에서 그 부분들과 같이 시작하고 나면, 제가 그 부분들에게 언제든 밖에서 기다려도 된다고 말할 수 있어요. 언제든지 당신에게 서로의 부분들에 대해서 나중에 소개해도 됩니다. 누구든 혼자서 이야기하고 싶은 게 있기 마련이죠. 스스로 결정하셔야 해요. 그리고 다른 사람들도 똑같이 할 겁니다.

치료사가 이 협상에서 자신감을 가지고, 비난하지 않고, 낙관적이면서, 마음을 달래 주고, 편안하게 해 주고 있다는(즉, 통제하려 하지 않는) 것을 기억하자. 치료사의 목적은 일제히 모습을 드러낸 각 가족구성원들의 관리자들의 활동을 정지시키는 것이다. 그의 임무는 이 가족체계에게로 결핍된 참자기-주도성을 가지고 오는 것이다. 해리가 자신의 낙담한 부분을 알고자 했기 때문에, 아내와 딸이 지켜보는 상황에서, 치료사는 그 부분과 이어 나갈 것이다. 해리가 자신의 낙담된 부분과 만날 준비가 되지 않았다면, 치료사는 그레이스나 메릴린과 자신들의 걸림돌과 변화하고자 하는 마음에 대해서 이야기를 나눌 수 있다. 각각의 가족구성원들이 다른 이들에게 귀를 기울이면서 문제점에 어느 정도 역할을 했고 적어도 자신들의 보호자들의 변화, 관리자들이 더 안전하다고 느끼도록 돕겠다는 표현을 했음을 인정할수록 참자기-주도성은 구성원들 각자의 전면에 더 가까이 갈 수 있게 된다.

변화라는 목표에 동의하기

회기 초기에 참여한 각각의 가족구성원들(메릴린의 남동생 마틴은 여행 중이어서 한참 지날 때까지 참석하지 않았다)이 메릴린의 폭식증에 반응을 보였던 하나 이상의 부분들을 찾아내고 나서, 치료사는 그 부분들 간의 상호작용을 추적한다. 관리자들은 장기적으로 보면 결국 성공을 할 수 없기 때문에, "잘못되어서, 비난하는 부분에게 넘어가면, 어떻게 되는 거지?"라는 의문으로 관리자의 노력이 제대로 효과를 발휘하지 못하거나, 실제로 문제를 악화시킬 수 있는 방법으로 이야기를 몰아 가는 경향이 있다. 이런 입장에 있어서, 치료사는 모두에게 그와는 다른 결과에 관심이 있는지를 물어볼 수 있다.

치료사: (해리에게) 메릴린이 폭식하는 것을 알게 되었을 때 당신의 낙담한 부분이 뭐라고 하나요?

해리: 막아야 한다고 말해요.

치료사: 메릴린의 자기비판적인 부분이 폭식을 일삼게 한다는 말을 들었을 때, 아버님의 낙담한 부분이 하는 말과 너무 똑같이 들려서 놀라지 않았나요?

해리: 그 말을 들으니 마음이 안 좋네요. 내가 좌절하는 게 메릴린을 더 안 좋게 한다는 거 압니다. 하지만 안 그럴 수가 없어요. 난 무력감이 너무 싫어요. 그리고 메릴린이 스스로에게 그렇게 하는 걸 보고만 있을 수가 없습니다.

치료사: 비난하지 말고 메릴린에게 마음을 쓰고 있다는 것을 알려 줄 수 있을까요?

해리: 그럼요! 내가 참을성이 조금만 더 있었어도…….

치료사: 아버님의 낙담하는 부분을 좀 진정시키고 싶은데, 어떻게 해야 될지를 모르시는 거

죠, 그런가요?

해리: 네.

치료사: 그 부분을 좀 도와줘 볼까요?

함께하는 미래상 만들기

이런 식의 질문은 가족구성원들이 어느 쪽으로 나아갈지를 설명할 수 있도록 이끌고 우선적으로 바라는 미래를 그려 볼 수 있게 만들어, 양극화된 보호자들을 달래어 양극화를 없앨 수 있게 한다. 인간체계 내 노련한 지도부는 함께 희망에 다가가고 협력을 구축하도록 하는 미래상을 만들어 낸다.

치료사: (해리에게) 당신의 낙담하는 부분이 끼어들지 않는다면, 메릴린과의 관계가 어떨 것 같습니까?

해리: 딸의 인생에 대해서 같이 이야기를 할 수 있을 것 같습니다. 모든 걸 다 말하거나 종일 나와 이야기를 해야 할 필요야 없지만, 다시 그 아이를 알고 싶어요. 가끔씩은 어느 정도라도 아버지답게 제 역할을 하고 충고도 할 수 있는 기회가 있었으면 좋겠습니다.

이 회기에서 보다시피, 해리는 자신의 부분들이 문제와 연관이 되어 있다고 거리낌 없이 이야기하고 있다. 하지만 한 가족구성원이 다른 사람들의 부분들이 변해야만 한다고 고집을 피우고 있어서 그렇지 못한 때도 있다. 그러면 논쟁을 하지 말고, 이 가족구성원의 우기는 부분에게 그냥 다른 부분들을 변화시키려는 그 부분의 노력들이 성공할 수 있을지 물어본다. 그런 전략이 비생산적—심지어 역효과를 낼 수도 있는—이라는 걸 그 부분이 인정을 하면, 그 부분에게 뭔가 새로운 걸 한 번 해볼 수 있을지 물어본다. '진짜 문제'(다른 사람의 부분들)를 우리가 유념하고 있다는 것을 그 부분이 믿고 있는 한, 다른 이들을 바꾸려는 시도를 일시적으로 멈추는 데 대개는 동의를 한다. 이렇게 의견이 모이고 나면, 가족구성원들이 자신들의 고통받는 부분들에게 집중을 하도록 이끌어 갈 수 있다. 〈표 15-4〉는 함께하는 가족 미래상을 만드는 핵심 단계 목록이다.

표 15-4 함께하는 변화의 상 만들기

1. 모든 가족구성원에게 자신들의 이상적인 미래를 그려 보라고 한다.
2. 그런 미래를 만드는 데에 각자 어떤 것이 방해가 되는지를 물어본다(즉, 자신들의 보호하는 혹은 추방된 부분들을 알아보라고 한다).
3. 한 가족구성원이 다른 구성원의 변화를 원하면, 그런 전략이 얼마나 효과적일지 물어본다.
4. 서로를 바꾸려고 하는 노력이 별 효과가 없다는 것을 감안해 볼 때, 그보다는 자신들의 부분들에게 도움을 주는 게 좋지 않을지를 가족구성원들에게 물어본다.

변화의 효과 관찰하기

아버지와 메릴린의 관계가 시간이 흐르면서 좋아질수록, 엄마의 부분들이 반응을 보였다. 엄마–딸 관계가 밀착된 때도 있었고 거리가 좀 있었던 때도 있었지만, 서로를 잃게 될까 봐 두려워했고 두 사람 모두 가족 역동 안에서 변화가 일어나는 것에 겁을 먹고 있는 부분들을 가지고 있었다. 이는 이상한 게 아니니까 가족 회기에서 이동이 일어날수록 자신들의 부분들이 어떻게 반응을 하는지 감지하라고 한다.

> 치료사: 그레이스, 당신에게는 어떤가요? 메릴린과 해리가 계속 더 가까워진다면 말이에요.
>
> 그레이스: 안심이 되죠. 중개자는 그만두고 싶어요. 그게 두 사람에게 더 나을 것 같아요.
>
> 치료사: 두 사람 가운데서 벗어나고 싶은 부분들이 있군요. 두 사람을 위해서 최선이 되는 걸 원하기도 하구요. 충분히 이해가 됩니다. 여러 상황에서 어머님이 메릴린과 가까웠기도 했죠. 어머님의 모든 부분의 말을 들어 준 적이 있었나요?
>
> 그레이스: 선생님은 제가 두 사람이 더 가까워지는 걸 마땅찮게 여긴다고 말씀하고 있으신 건가요?
>
> 치료사: 아닙니다. 그저 어떤 부분들은 변화에 대해서 뭔가 느낄 수 있다는 겁니다.
>
> 그레이스: (잠시 침묵) 글쎄요, 메릴린이 크고 있다는 걸 슬퍼하는 부분이 있기는 해요.
>
> 치료사: 너무나 당연한 거죠. 저도 제 아이에 대해 그런 부분이 있는 걸요. 아마 해리도 그런 부분이 있을 거예요. 메릴린의 부분들도 성장에 대한 감정을 느낄 겁니다.

변화를 기다리는 동안 다른 가족구성원들과 내적 반응에 대해서 확인을 해 가면서, 변화에 발을 들인 모든 구성원에게 자신들의 부분들이 하는 모든 말에 귀를 기울이라고 요청하기도 한다.

> 치료사: 메릴린, 아버지와 더 잘 지내게 되는 것에 대해서 너의 부분들은 어떻게 생각해?
> 메릴린: 얼마 안 갈까 봐 두려워하는 부분이 있어요. 계속 가까워지게 두면 또 막 대할지도 모른다고 그 부분이 말해요.
> 치료사: 엄마의 반응에 대해서 염려되는 건?
> 메릴린: 음, 있어요. 엄마를 계속 걱정하는 부분이 있어요. 엄마 마음이 상하면 견딜 수가 없어요. 그래서 정말 이래도 되는지 걱정이 돼요.

치료사는 부분들의 언어를 사용하고 질문을 더해 가면서 불균형과 무거운 짐들이 드러날 수 있게 한다. 또 가족회기 진행 중에 한 가족구성원의 내면체계에 모든 관심을 집중할 수 있는 유용한 기법들을 써서, 극단적인 부분들로부터 양극화된 가족구성원들이 구별되어 나올 수 있도록 해서 좀 더 참자기-주도적이 되도록 한다.

양극화된 가족구성원들 간의 휴전 협정

치료사가 부분들이 섞이지 않도록 해 줄 때마다, 가족구성원들이 참자기-주도성에 접근하도록 하는 것이 내면가족체계치료의 최우선 목표다. 가족이 갈등 관계를 해결하려고 애를 쓴다고 하자. 극단적으로 양극화된 가족의 부분들이 서로 구별될 수 있도록 하는 하나의 방법이 있다. 치료사는 의자를 서로 마주 보게 두고 양극화된 쌍이 이야기를 나눌 수 있도록 할 수 있다. 그들의 부분들이 툭툭 튀어나올 때마다 치료사는 대화를 멈추게 하고 잠시 뒤로 물러서서 움직이고 있는 부분들의 이야기에 귀를 기울여 달라고 한다. 그다음에 치료사가 다시 나와서 그 부분들을 대신해서—그 부분에게서가 아니라— 말해 보라고 한다. 움직이고 있는 부분들이 이런 소통 방식의 이점을 잘 알수록, 참자기와 참자기-주도성에 대한 관심이 더 커진다. 뿐만 아니라, 방식—특히 부분들의 완고함—이 내용보다 더욱 어려운 문제일 때가 자주 있기 때문에, 참여한 부분들이 참자기-주도성에 다가가는 정도만큼 쟁점들이 빨리 해결되는 경향이 있다. 각자의 부분들이 참자기 이야기를 들어주고 이해해 준다고 느낄 때, 해결책이 제시되는 경우가 많다.

해리: (메릴린에게) 네가 나한테 말을 거는 건 뭔가를 원할 때뿐이었어. 네가 방에서만 그러고 있는데 나는 뭘 하는지 알지도 못하고 그냥 그러려니 하고만 있어야 해!

메릴린: 아빠 나를 아빠 마음대로 하려고 하잖아요. 난 진짜 아빠가 싫어, 그래서 말하고 싶지 않아요.

치료사: (메릴린의 말을 중단시키고) 그래요, 잠시 멈추고 두 사람이 내면으로 들어가서 자신들의 부분들과 함께할 수 있도록 하겠습니다. 그 부분들이 자신들을 대신해서 여러분이 말을 할 수 있게 할 준비가 되고 여러분의 마음이 조금 더 열리고 나면 말해 주세요.

메릴린: (잠시 조용히 있다가) 네, 이제 됐어요.

해리: 저도 됐습니다.

치료사: 대화를 다시 시작하기 전에, 내면으로 들어가서 그 부분들이 정말로 원하거나 필요한 것이 무엇인지에 대해서 말해 보라고 해 보세요. 왜 그 부분들이 지배를 하고 있나요? 그 부분들이 누구를 보호하고 있나요?

메릴린: 그럴게요.

치료사: 여러분 부분을 대신해서 말할 준비가 되었나요?

메릴린: (아버지에게) 아빠가 내가 방에 있다고 뭐라고 할 때마다 내 화난 부분이 머리를 들어요. 나도 별로 좋지는 않아요. 그런데 내가 밖으로 나가면 어떻게 보일까 싶어서 너무 창피해요. 아빠가 그 부분만 건드리면 그냥 기분이 더 안 좋아져요. 하나 더 있어요. 더 어린 부분인데 아빠가 나를 실패작으로 본다고 생각하고 있어요. 내 문제에 대해서 아빠가 무슨 말을 할 때면, 그 부분이 끔찍하다고 느끼면서 화난 부분에 기름을 부어요.

해리: 미안하구나……. 그건 내 낙담한 부분이야. 내가 그 부분을 또 드러냈구나. 그 부분은 그저 널 걱정하는 거야. 어떻게든 네가 이겨 내게 하려고. 네가 방에서 버티고 있으면, 집이 텅 빈 것 같고 거기서 괴로워하고 있다는 걸 알아. 아빠 마음이 안 좋단다. 제대로 아버지 역할을 못하는 것 같아서 말이다.

메릴린과 그녀의 아버지는 이제 각자의 보호자들 간 휴전 협정을 맺고, 두 사람의 양극화를 풀고, 관리자 대 관리자의 갈등을 푼다. 아버지의 관리자는 지배적이었고, 메릴린의 관리자는 방문을 잠가 버렸다. 자신들의 참자기가 앞서서, 이들과 보호받고 있던 부분들을 포함한 다른 부분들을 대신해서 말해 주었고, 서로를 자신들의 보호 벽 뒤에서 살짝 고개를 내밀 수 있도록 해 주었다. 그 부분들은 안전하다고 느끼고 여린 부분들을 내놓아도 된다고 느낄수록, 서로 즐거운 시간을 더 많이 보낼 수 있었다. 가족구성원들이 자신들의 추방된 부분들을 대신해서 거리낌 없이 말을 하기만 하면, 회기 내 분위기가 바뀌고 새로운 가능성이 열린다.

다른 구성원들이 지켜보는 가운데 한 가족구성원의 부분들과 작업하기

가족이 어디서 시작하고 싶은지에 따라 치료사는 메릴린이 방문을 잠그는 관리자와 접촉을 하도록 요구하거나, 해리가 자신의 낙담하는 부분의 말에 귀를 기울이라고 할 수도 있고, 갈등을 두려워하는 자신의 부분이 하는 말을 그레이스에게 들어보라고 할 수도 있다. 가족구성원들은 적어도 자신들의 부분들에게 한 회기는 참석하라고 요구하는 경우가 많다. 어떤 때는 일시적으로 가족회기를 중단하고 한 가족구성원과 개인회기를 몇 번 갖기도 한다. 계속 가족과 함께하면서 모든 가족구성원이 돌아가면서 자신들의 부분에 집중해 보도록 하는 경우도 있다. 한 사람만 부분들을 내적으로 탐색하게 하고 그동안 다른 구성원들은 지켜보게 하기도 한다. 메릴린 가족의 경우, 보여 준 대로 치료사가 가족구성원들을 번갈아 가면서 나오게 했다.

가능한 많이 이런 관심이 필요하다고 결정하는 데에 가족이 참여를 했어도, 치료사는 균형을 잡기 위해 주의를 기울이고 한 가족구성원이 관심을 받고 있을 때 일어날 수 있는 감정의 종류들을 염두에 두어야 한다. 예를 들어, 한 개인에게 집중하고 있는 것이 다른 가족구성원들에게는 문제가 되는 것이거나 치료사의 편애라고 해석될 수 있다. 그 사람이 제일 힘든가? 치료사 취향인가? 이런 해석이 일어나지 않게 하려면, 자신들의 부분에게 도움을 주는 개인들은 용감하게 전체 가족을 돕고 있으며 때가 되면 모두에게 같은 기회가 주어진다고 치료사는 분명히 말해 주어야 한다.

개개인의 가족구성원들이 가장 안전하다고 느끼는 것에 따라서, 한 가족구성원의 내면체계에 집중할 수 있는 여러 선택지가 있다. 한 가족구성원이 나설 때, 다른 이들이 보는 앞에서 내면으로 들어가 새로운 관계 차원을 열게 된다. 한 부분의 배경이야기를 들으면서, 관찰자들은 다른 가족구성원을 싫어했던 부분과 공감대를 형성하여 그 가족구성원에 대한 자신들의 관점을 상당히 바꿀 수 있다. 예를 들면, 메릴린, 마틴, 그레이스가 해리의 절망하는 부분이 열두 살짜리 아이이고 해리 아버지가 암으로 사망한 그 당시에 갇혀 있다는 사실을 알게 되자, 다른 사람을 구해야 한다는 책임감에서 해리를 해방시키는 일의 중요성을 바로 알게 되었다. 가족이 베푼 수용과 친절함은 이 슬프고 절망적인 어린 소년의 부분이 마침내 과거에서 벗어나 짐을 내리고, 자신의 내면체계에서뿐만 아니라 가족 내 자신의 역할을 완전히 바꿔 놓을 수 있게 했다.

관찰자의 역할

우리는 가족들이 자신들의 반항하는 부분들과 분리되어 본인부터 스스로를 나약하게 만드는 가족구성원들까지 아울러 관찰하기를 바란다. 참자기-주도성의 수준이 높다는 것은 가족구성원들이 서로 따뜻한 눈길을 주고받으며 지켜봐 줄 수 있다는 의미지만, 부분들이 관찰자들에 의해서 활성화된다고 예단할 수는 없다. 예를 들어, 그레이스가 해리와 같이 화가 나는 자신의 부분과 섞였다면, 온 마음을 열어 해리의 낙담하는 부분의 이야기에 귀를 기울여 주는 게 너무 힘들어서 해리에게 비난을 퍼부었을지도 모른다. 그랬다면 당연히 해리는 다시 어떤 것을 드러내 보이는 게 힘들게 되었을 것이다. 이런 위험을 최소화하려면, 가족구성원들에게 미리 곧 움직일 것 같은 내면을 잘 살펴보라고 하고, 그 부분들이 섞이지 않도록 사전에 힘을 써야 한다. 나중에 그 부분들을 다시 확인하기도 한다. 시작할 때 반항하는 부분들을 발견했는데 그 부분들이 분리가 안 되면, 일어날 문제와 피해 없이 문제를 해결할 수 있는 방안을 미리 살펴 둔다.

가족구성원들은 모두가 하나의 규칙을 따르는 데에 동의를 하면, 자신들의 부분들이 다른 구성원 앞에서 드러나는 것을 더 안전하게 느끼게 된다. 회기 중이든 아니든 모두가 자신들의 부분에 대해서 말할 수는 있지만 다른 가족구성원들의 부분들에 대해서 가타부타해서는 안 된다. 이 규칙은 함께 가지고 있는 민감한 정보를 가족구성원들이 함부로 다루지 못하게 하는 데 도움이 된다. 우리는 "거기 너한테 상냥하고 어린 소년이 있다는 거 알아, 그러니까 그렇게 화난 부분이 내 앞에 오지 못하게 하고 그 소년과 이야기 하자."와 같은 말을 금하고, "나한테는 네가 화를 내면 겁을 먹는 부분이 있으니까, 잠시만 그 부분을 도와줄 수 있게 해 줘."와 같은 말을 권장한다. 가족이 가정에서 참자기-주도성을 지키기 위해 애쓰고 있을 때 이 규칙이 특히 중요하다. A라는 개인의 부분이 B라는 개인의 부분을 변화시키려 한다면, B의 부분은 더 극단으로 가게 될 것이다. 적절한 참자기-주도성을 가지고 있으면, A의 참자기가 A의 반항적인 부분들을 도울 수 있고 B의 참자기는 B의 여린 부분들을 도울 수 있기 때문에, 이 규칙의 중요성이 덜해지고 A의 참자기가 B의 여린 부분들에게 유용할 수도 있다.

후유증 예측하기

가족구성원들을 지켜보면서 그 취약성을 예측해 본다. 내담자는 과거 자신을 아프게 했던 사람들 앞에서 내밀하면서도 아주 개인적인 정보들을 노출해서 다시 상처 입을 수도 있다. 회기가 잘 진행되는 것 같아도, 그 사람의 관리자들은 경계심을 늦추지 않은 채 아주 조금이라도 비난을 할 것 같은 기미가 보이면 그게 누구든 맹렬히 비난할 것이다. 가족들과 이런 것들을 짚어 보면서 미리 분명한 합의를 해 두도록 한다. 가족구성원들의 이러한 용기와 자발성을 공유하고 나면, 가족들은 자신의 영역을 열어 주고 회기 중이나 회기를 끝낸 뒤 어떤 일이 일어나더라도 판단을 하지 않고 다정하게 대해 줄 것이다. 〈표 15-5〉는 가족구성원들의 관찰에 대한 사전 동의 목록이다.

표 15-5 **한 가족구성원이 다른 가족구성원들이 지켜보는 것을 동의할 때, 가족들에게 미리 준비시킬 사항들**

- 그 사람이 말하는 모든 것에 비밀을 보장한다.
- 공개된 내용은 본격적으로 다루기 전에 다른 가족구성원들이 미리 허락을 구해야 한다.
- 그 사람의 용기와 상처받을 수 있음에도 기꺼이 나서 준 것에 경의를 표하면서, 나머지 가족구성원들은 다음에 동의한다.
  - 비판적이거나 반항적일 수 있는 부분들의 내면에 귀를 기울여 준다.
  - 치료 후반에 그런 부분들을 대변해 주면서, 상처받기 쉬운 그 사람이 필요한 영역과 회기 중에도 회기를 마친 뒤에도 비판단적 다정함을 최우선으로 한다.
  - 그렇게 하기 힘들다는 느낌이 든다면 치료사에게 도움을 구한다.

선택의 자유

내면으로 들어간다는 것은 깊이 있고 섬세한 활동이라서 모든 가족구성원에게 다른 가족구성원들이 지켜봐도 될지 말지에 대해서 최대한 선택의 자유를 준다. 사생활을 필요로 하는 가족구성원에게는 요구하지 않을 수도 있고, 다른 가족구성원이 반항하는 부분들과 구별이 잘 안 될 것 같으면, 그냥 사적으로 내면 탐색을 시작하는 것으로 결정할 수도 있다. 이를 위해, 다른 가족구성원들이 앉아서 기다릴 수 있는 공간을 마련하거나 개별 약속 시간을 따로 마련한다.

한 가족구성원이 자신의 내면체계에 대해서 사적으로 더 많은 것을 찾아내겠다고 선택을 한다면, 공감을 해 주고 그 구성원이 그대로 진행을 한다면 나중에 어떻게 될지에 대해서 다른 구성원들에게 전달하여 가족들의 이해를 구한다. 하지만 드러난 사실의 수준이 아주 위험하다 해도, 완전한 비밀보장을 선택할 자유는 있어야 한다. 밝히겠다고 결심을 하고 나중에 후회하지 않기 위해 가족 회기에서 무엇을 어떻게 공개해야 안전할지를 당사자와 치료사가 미리 의논할 수 있다.

맺음말

내면가족체계치료사들은 걸림돌들을 걷어 내어 가족들의 구성을 조정하도록 돕는다. 우리는 어떤 체계에서든 참자기의 임계질량[1]이 치유를 일으킨다고 믿는다. 그래서 우리의 목표는 참자기-에너지를 찾고 걸림돌들을 치우는 것이다. 모든 체계는 균형을 구가하고 자기-권리를 추구한다. 보호자들의 미숙한 자기-복원 노력에서도 이를 확인할 수 있는데, 이들의 전략은 상처를 숨기고 양극화를 심화시키는 대가로 체계를 안정시킨다. 반면, 부분들이 참자기와 관계를 형성하면, 부분들의 갈등은 약화되고 체계의 균형은 되살아난다.

----

1) 핵분열 연쇄반응을 유지할 수 있는 한계의 최소 질량, 혹은 연쇄반응을 일으키는 데 필요한 핵물질의 최소 질량을 말한다(출처: 두산백과). 저자는 참자기의 치유력이 핵물질의 연쇄반응 촉발점에 해당한다는 점을 상기하여 은유적 표현을 하고 있다.

내면가족체계 가족치료에서 짐 내려놓기

한 가족구성원의 내면체계 수준에서 작업할 때는, 가족 관리자들의 염려뿐만 아니라 개별 작업을 하고 있는 가족구성원 내면에 있는 관리자들의 염려도 같이 다루어야 한다. 이런 부분들은 상처받기 쉬운 유배자나 당황한 소방관들이 모습을 드러낼까 봐 걱정을 하기 마련이다. 개인치료에서는 관리자들의 두려움에 대해서 늘 물어본다. 그러나 가족치료 회기 중에는 한 사람의 가족구성원으로서 다른 구성원들이 지켜보고 있을 때 가족 안에 별로 인기가 없을 듯한 부분을 드러내는 것에 대해서 그 사람의 관리자들은 특별히 취약하고 민감하게 느끼기 쉽다.

대물림 털어 버리기

평이 별로 좋지 않은 부분들은 쉽게 극단적인 보호자가 되기도 하고 대물림되는 짐을 지기도 한다. 예를 들어, 15장에서 소개한 메릴린의 엄마, 그레이스는 늘 자신을 비난하는 엄마에게서 끊임없이 상처를 입었다고 느꼈다. 그레이스의 엄마는 메릴린의 섭식장애를 그레이스의 탓으로 돌렸다. 그레이스가 내면으로 들어갔을 때, 자신의 엄마가 어쩌다 쉬는 날 한 번씩 들르는 정도가 아니라 매주 전화로 목소리를 들어야 했다는 것을 알게 되었다. 그레이스의 엄마는 그레이스의 내면체계 안에 고스란히 한 자리를 차지하고 있기도 했다. 가족들이 지켜보는 가운데, 치료사는 그레이스의 경계하는 부분들이 그녀의 참자기를 믿을 수 있게 도와주어 자신의 엄마와 똑같이 바라보고 이야기를 듣고 있는 부분에 대해서 더 많이 알게 되었다.

치료사: 그레이스, 마음 안에서 당신의 어머니처럼 보고 듣는 누군가가 한 부분인지 물어보세요.

그레이스: 그런 종류라네요.

치료사: 좋습니다. 그 부분의 에너지가 당신에게는 몇 퍼센트이고 당신 어머니에게는 몇 퍼센트일까요?

그레이스: 80%가 엄마 거예요.

치료사: 당신에게 속하지 않은 80%를 털어내 버리는 데에 반대하는 부분들 있나요?

그레이스: 그 엄마 부분은 생각하는 것만으로도 화를 내요. 그 부분이 엄마에게 의무를 다하라고 말해요, 그게 도리니까요.

치료사: 알겠습니다. 어떻게 답하실래요?

그레이스: 어떤 부분도 그 모든 것을 엄마에게 맡기고 싶어 하지 않는 것 같아요.

치료사: 그 부분들에게 뭐라고 하실래요?

그레이스: 자신의 부정적인 에너지를 지고 있으면 엄마는 도움을 구할 것 같은데, 난 엄마를 절대로 도울 수가 없어요.

치료사: 그럼 어떻게 해야 하지요?

그레이스: 엄마도 더 나은 참자기를 갖고 있으니까 이 부분에게 말할래요. 이 부정적인 에너지를 내내 지고서 엄마를 그대로 따라 하는 건 엄마한테도 좋을 게 없을 것 같아요.

치료사: 그 부분은 어떻게 답하나요?

그레이스: 수긍해요.

치료사: 이제 어떻게 할까요?

그레이스: 그 부분이 그 에너지를 버리고 싶어 하는데, 불효가 아닌가 걱정해요. 그걸 엄마한테 되돌려 보낼 필요는 없다고 내가 안심시키고 있어요. 그냥 버릴 수 있다고

요……. 이제 준비됐어요.

치료사: 좋아요. 그 부분이 그걸 어떻게 버리고 싶어 하나요?

그레이스: 우리가 함께 바다에 던져 버릴 거예요.

치료사: 그렇게 하고 나면 말해 줘요.

[그레이스는 평온하게 눈을 감고 잠시 앉아 있다.]

그레이스: 됐어요.

치료사: 그 부분이 이제 어때 보여요?

그레이스: 아! 바뀌었어요. 여섯 살짜리 나예요.

치료사: 그 부분을 보니 어떤 느낌이 드세요?

그레이스: 그 아이는 내 품에 있어요.

치료사: 아직도 짐을 지고 있나요?

그레이스: 네. 20%는 그 아이가 갖고 있어요.

치료사: 그 아이는 당신이 뭘 알기 바라나요?

그레이스: 그냥 외로운 일이래요. 그 아이가 자신이 그 일을 그만둬도 되는지 묻고 있어요.

치료사: 당신은 뭐라고 말합니까?

그레이스: 아, 그럼! 더 이상 아무것도 필요 없다고요.

치료사: 그럼 그 아이는 다른 뭘 하고 싶어 하지요?

그레이스: 그냥 나하고 같이 있으면서 놀고 싶대요.

회기 마칠 무렵, 그레이스는 직접 엄마와 이야기를 나눠 보는 것에 반대하는 부분이 있는지 내면에게 물었다. 아무도 반대하지 않아서, 그 주에 엄마와 점심을 함께 먹으면서 어린 시절에 대해서 물었다. 그레이스의 격려로, 그레이스의 어머니가 그레이스의 아버지—기분이 좋으면 매력적이고 쾌활한 사람이지만, 안 그럴 때는 걸핏하면 냉소적이고 비판적이 되는—와의 결혼생활에 대해서 말해 주었다. 어머니가 자신의 양육태도가 너무 비판적이었는지를 물어봐서 그레이스는 깜짝 놀랐다. 그레이스는 너무 비판적이었고 고통스러웠다고 말했고, 어머니는 자신의 어머니가 엄했다는 말을 했다. 두려움에 떠는 부분들에게서 늘 이런 사려 깊은 반응이 나온다고 할 수는 없다. 그러나 그레이스는 어머니와 만나 점심식사를 하면서 어머니를 더 알고 싶다는 마음도 들었고 무슨 일이 닥쳐도 대처할 준비가 되었다는 확신도 생겼다. 어머니와 점심식사를 하고 난 뒤, 그레이스의 부분들은 참자기-주도성에 대해서 더 많은 신뢰를 가지게 되었다.

무거운 짐의 새로운 국면

과거 무거운 짐을 지게 된 사건이 가족의 현재 문제에 중요한 역할을 한다는 생각
이 들면, 치료사는 그 문제의 단초와 그것의 이력에 대해서 물어볼 수 있다. 또 가족
회기 중에 극단적인 부분들이 고개를 들 때마다, 자신들의 감정과 신념으로 어떻게
될 것같은지를 그 부분들에게 물어볼 수도 있다.

> 치료사: (그레이스에게) 메릴린이 폭식증 때문에 죽을지도 모른다는 두려움에 빠진 부분이
> 있다고 했는데요, 그런 두려움이 생기게 된 일이 일어난 적 있습니까?
> 해리: 이게 관련이 있는지는 모르겠는데요, 저희가 예전에 유산도 한 번 있었고 사산도 한
> 번 있었어요. 저희 둘 다 너무 힘들었어요. 그래도 메릴린이 태어나고 나서는 다 옛
> 이야기가 됐죠.

해리에게서 이 말을 듣는 동안, 그레이스는 잠자코 있었다. 치료사는 이 주제를
계속 얘기해도 될지 허락을 구했다. 두 사람이 동의해서, 해리가 임신 실패로 인해
서 충격을 받은 부분들을 불러내서 살펴보았다. 그 부분들이 자신들의 경험을 다시
검토하는 동안, 해리는 상실을 망각으로 처리하려고 했던 보호하는 부분을 찾아냈
다. 이 부분은 여러 번 위기에 처한 그레이스를 해리가 그냥 내버려 두게 만들었다.
그레이스는 버려진다는 건 나쁜 것이고 사랑받지 못하는 것임을 확신하는 것 같은
부분과 해리에게 버려졌다는 것에 분노하는 다른 부분들을 찾아냈다.

특히 유산에 관해서, 그레이스는 자신은 해롭고 자신의 아이는 불행해질 거라고
말하는 내면의 비난하는 부분을 갖고 있었다. 이 부분의 질식할 듯한 경고는 메릴
린이 어린 시절 별로 심하지도 않은 천식을 앓았을 때 완전히 겁에 질리도록 만들었
다. 유감스럽게도, 그레이스는 자신의 튼튼하고 건강한 둘째, 마틴에게 관심을 돌려
메릴린과의 관계를 끊어 버림으로써 이런 두려움에 대처하는 부분도 찾아냈다. 이
모든 것을 찾아낸 뒤, 그레이스와 해리는 부부가 같이 자신들의 유배자를 지켜봐 주
고, 애도하고, 짐을 내려놓기 위해서 따로 치료를 몇 회기 받고자 했다. 다시 가족치
료 회기로 돌아왔을 때, 두 사람은 자신들의 금지된 비통함과 부부의 별거가 메릴린

과 마틴에게 어떤 영향을 미쳤는지에 대해서 더 알고 싶은 마음이 생겼다.

이 가족의 경험은 무거운 짐이 어떻게 불균형을 일으키고 가족 발달에 어떤 부정적인 영향을 끼치는지를 잘 보여 주는 예시다. 중요한 아동기의 무거운 짐을 진 채로 결혼생활을 시작한 두 사람은 서로에게서 멀어지는 것으로 같이 맞게 된 위기에 대응했다. 자신들의 어린 시절 슬픔을 밀어내 버림으로써 당연히 지도력은 더 많이 포기하게 되었고, 서로가 대면해서 소통하는 것도 어려워지고, 아이의 건강에 대해서 분별없이 화를 내고, 긍정적인 관심과 사랑의 자원을 공평하게 나눠 주지도 않게 되었다.

균형과 불균형

치료에서 추방된 사건과 감정을 다루는 데에 충분히 안전감을 느끼고 나면, 치료사는 균형에 대해서 내담자들에게 질문을 던질 수 있다. 〈표 16-1〉은 가족이 균형과 불균형의 영향을 어떻게 관리하는지를 살펴보는 질문들의 견본들이다. 질문을 한다는 것은, 그 자체로, 유익한 개입이다. 왜냐하면 내담자들이 한걸음 물러나 자신들의 지적인 이야기하는 부분들에 이를 수 있게 할 때, 치료사가 던지는 질문이 참자기의 메타-관점(예전에는 모호했던 해결책들을 발견하면서 좀 더 따뜻한 마음으로 내담자들이 무거운 짐과 불균형을 바라볼 수 있도록 하는)을 이끌어 내기 때문이다. 그와 동시에, 질문은 추방된 쟁점으로 이끌어 가서 가족 관리자들에게 위협을 가해 쫓아 버릴 수도 있다. 한 가족구성원이 불균형에 관해 같이 이야기하는 것에 대해서 (드러내든 숨기든) 두려움을 표현하면, 속도를 좀 늦추고 우선 그 두려움에 먼저 주목한다. 가족구성원들이 자신들의 참자기 주도하에 두려움을 터놓고 살펴보기만 하면, 그 두려움은 와해되는 경우가 많다.

표 16-1 **균형 평가하기**

가족 내 균형 평가 질문

- 가족이 결정은 어떻게 내립니까? 구체적으로, 누가 먼저 의견을 제시합니까? 최종결정권은 누가 갖고 있습니까?
- 여가, 돈, 관심, 친구 등을 가장 많이 지닌 사람은 누굽니까? 가장 적게 가진 사람은 누군가요? 그 비율은 어떻게 만들어졌나요?
- 가족 중 가장 책임을 많이 지고 있는 사람은 누군가요? 가장 적게 진 사람은 누군가요? 그 비율은 어떻게 만들어졌나요?
- 누가 누구와 가장 가깝습니까?
- 누가 누구와 가장 소원합니까?
- 누가 누구를 가장 보호합니까?
- 두 사람의 가족구성원들이 제3자의 개입 없이 반목하고 있을 수 있나요?

가족 불균형이 미치는 영향 평가 질문

- 각자의 부분들에게 불균형이 어떤 영향을 미칩니까?
- 여러분이 이런 영역에서 좀 더 균형을 이룰 수 있다면 어떻게 될까요?
- 이런 불균형에 대해서 같이 이야기하는 것을 거려하는 것 같은 부분들이 있습니까? 그 부분들은 무엇을 가장 염려하나요?
- 좀 더 나아질 것 같은 조정안이 있나요?
- 더 나은 방법을 실행하는 것에 반대하는 부분들이 있습니까?
- 더 나은 방법을 실행하는 것에 또 다른 방해가 있습니까?

무거운 짐이 불균형을 만든다

가족에 대한 불균형, 대물림된 가부장제를 예로 들어 보면, 아버지와 아들이 어머니와 딸에 비해서 큰 영향력과 자원들을 차지하고, 집안일에 대해서는 비교적 책임을 덜 지는 형태로 가족과 문화 속에서 전승된다. 가족 내 개인의 특별한 범주(남성, 가장 머리가 좋은 사람, 가장 병약한 사람, 가장 키가 큰 사람, 가장 근력이 좋은 사람 등과 같은)가 본질적으로 자원을 더 많이 받을 만한 자격이 있다는 개념은 사실이 아니라 신념이다. 이와 같은 신념은 가족에게 불균형이라는 값의 짐을 지운다. 불균형을 감지하고 나면, 바로 그렇게 된 무거운 짐에 대한 질문을 할 수 있다.

치료사: (해리에게) 남자는 집에서 자유 시간을 더 많이 가질 권리가 있다는 그런 신념은 어디서 온 걸까요?

해리: 제 가족이 그랬던 거죠. 전 그냥 그걸 답습한 것 같아요.

선택적으로, 치료사들은 부모들에게 각자 자신들의 가족과 지역공동체 문화를 설명해 달라고 하면서 시작할 수도 있다. 혹은 가족 내에 여전히 드러나 있는 대물림된 짐들을 발견하고 목록을 만들어 보라고 할 수도 있다.

해리: 제 아버지는 제가 노는 꼴을 못 보셨어요. 학교에서 성적을 아무리 잘 받아 와도, 칭찬하는 법이 없으셨어요. 늘 부족하다는 걸 깨우쳐 주셨죠.

치료사: 그러니까 아버지께서 완벽주의라는 짐을 지우셨네요. 메릴린, 아빠가 이런 짐을 물려받았다고 생각하나요?

메릴린: 제가 말할게요! 아빠는 가끔씩 칭찬을 해 주니까 완전히 똑같은 건 아니에요. 그렇지만 아빠가 좋은 말을 해 줘도 내가 실망을 시키기도 하니까, 다 좋은 건 절대 아니죠.

치료사: 그런 완벽주의를 당신이 물려받았나요?

메릴린: 글쎄요, 부모님이나 나 자신을 비난하기만 하죠. 그래도 전 사람들을 머릿속으로만 판단해요. 그렇지만 다른 사람들보다 나 자신에게 더 심하게 대해요.

치료사: 비난하는 부분들은 그래요. 큰 소리로, 당신의 완벽주의자가 부모님들께 심하게도 하지만, 당신과 당신 머릿속 다른 부분들에게도 함부로 대하죠. (**그레이스와 마틴 쪽으로 돌아앉으면서**) 해리 가족의 완벽주의가 두 분께는 어떤 영향을 미치나요?

그레이스: 시어머님이 "현실에 안주하지 마라."라고 말하는 걸 몇 번이나 들었어요. 저야 당연히 부모님 수준을 끌어내리는 사람이 되고 싶지 않지요.

마틴: 이런, 전 죄책감이 드네요. 최고가 되고 싶은데. 코치가 아빠 같은 분이에요. 막 대하기도 하지만, 제가 참고 견디면 대견해하시는 것도 알아요.

처음에는 마틴이 대물림된 완벽주의 때문에 득만 보는 것처럼 보였지만, 메릴린이 자극을 하니까, 코치—그리고 아빠—한테 부정적인 반응보다는 긍정적인 반응을 얻는 게 좋다고 수긍을 했다. 그레이스가 좋은 말로 사랑받으려고 애쓰지 않아도 된다는 말을 해 주었을 때, 마틴은 바닥만 내려다보았다.

해리: 아들, 슬퍼 보이네.

마틴: 그래요. 왜 그런지는 모르겠지만요.

치료사: 찾아볼까요?

마틴: 그러죠.

치료사: 모두 같이 있을까요, 아니면 나가게 할까요?

마틴: 있어도 됩니다.

치료사: 좋아요. 마틴, 내면으로 들어가서 슬픔을 감지해 봅시다. 어떤 느낌이 들어요?

마틴: 얼떨떨합니다.

치료사: 슬픔은 당신이 뭘 알기를 바라나요?

마틴: 최고가 되려고 하지 않는다면, 난 누구지?

치료사: 알 것 같아요?

마틴: 네.

치료사: 당신이 누군지 찾아볼까요?

마틴: 난 야구하는 걸 정말 좋아해요.

치료사: 야구선수 부분을 포함한 당신의 모든 부분을 위한 공간이 있어요. 또 부분이 아닌 마틴을 위한 공간도 있습니다.

마틴: (가족들을 둘러보면서) 알겠습니다.

마틴이 완벽주의 야구선수와 구별이 되자, 최고가 아니어도 사랑받을 수 있다고 믿는 어린 부분이 나타났다. 그러고 나서, 이 가족은 완벽주의가 각자에게 어떤 영향을 미쳤는지를 칠판에 하나씩 써나갔다. 이야기를 나누면서, 가족력에서 언제 어떻게 완벽주의가 형성되어 왔는지를 가늠해 보고, 세기말에 조부모님들이 이주 유태인으로 견뎌 내야 했던 고충과 거부감에 주목했다. 마침내, 집 앞마당에서 별이 빛나는 여름밤에 모두 같이 지고 있는 이 무거운 짐을 내려놓고 조상을 기리는 의식을 치르기로 했다.

비밀스러운 짐

가족과 작업을 하는데 퍼즐 한 조각이 없어진 것 같은 느낌이 든다면, 가족 관리자들이 긴장을 풀 때까지 기다렸다가 비밀을 만들게 된 사건에 대해 질문을 던져 보

라. 설명한 바와 같이, 비밀은 체계에 짐을 지우고, 가족의 비밀은 회기 내내 유령처럼 도사리고 있을 수 있다. 메릴린 가족의 애도하지 못한 죽음처럼, 전쟁, 자연재해, 언어 및 신체적 학대, 별거, 심각한 약물 혹은 알코올 남용, 무시, 유기, 질병으로 인한 신체손상, 정신장애, 자살 등, 치료사에게는 별 일 아닌 것처럼 보여도 가족구성원들에게는 중요한 가족들끼리만 아는 비밀 이야기들을 더 해 볼 수도 있다. 짐이 되었던 사건이 드러나고 가족들이 그에 대해 이야기를 나누겠다고 승낙을 하고 나면, 트라우마 당시 꼼짝도 하지 못했던 부분들처럼 과거 힘들었던 일에 가족 전체가 옴짝달싹할 수 없었던 일을 찾아볼 수 있다.

이민

대부분의 가족은 문화적으로 비슷한 가치관이나 관점을 이어 가기 때문에 현재 처한 환경이 바뀌게 되면 상당한 부담을 느낄 수 있다. 이는 자녀가 새로운 문화권에서 자라야 하는 이주가족들의 공통된 큰 문제다. 게다가 이주 가족들은 지역사회와 관계를 잃고, 심한 편견과 마주할 때도 있다. 고향을 떠나 새로운 문화권에 정착하게 되어 생기는 문제들을 찾기 위해서, 내면가족체계에서는 가족들의 가치관 변화와 그에 대한 대처에 대해서 탐색을 한다.

물질적인 짐

고된 일, 위험한 이웃, 가난, 차별, 장애 혹은 노년 가족구성원들의 특수한 요구 등과 같은 물질적 짐은 지도부를 위협하고 가족의 자원을 고갈시킨다. 이런 것들은 극단적인 생각이나 감정으로 이어지고, 가족들의 권리에도 제약을 가한다. 내면가족체계는 가족의 물질적 짐에 대한 조사를 하면서, 가족구성원들이 서로 최선을 다해 지지하고 지역사회 자원을 활용할 수 있는 방법에 대해서 의논을 한다.

로라의 이야기

앞에서 언급하고 있는 여러 요점을 보여 주는 또 하나의 사례를 들면서 이 장을 마무리하고자 한다. 로라는 대학 때 치료실을 찾아오자마자 엄마인 다르시와 여동생 몰리에게 치료에 함께 참여해 달라고 했다. 로라가 열한 살이었을 때 아버지가 교통사고로 돌아가시고 예전에 없었던 가족 역동이 나타나기 시작했다. 엄마 다르시가 계속 일을 했지만 지속적인 우울에 빠져 있었다. 가족을 이끄는 역할을 저버리는 것에 죄책감이 들었지만, 다르시는 집에서는 거의 아무것도 하지 않았고 로라가 집안의 기둥이 되어, 부모화된 아이가 되었다. 어그러져 버린 책무를 어떻게든 해 보려고, 로라가 여덟 살짜리 동생 몰리를 야무지게 먹이고 학교 갈 준비도 시켜 주었다. 집안 청소뿐만 아니라 엄마를 도와 장 볼 것들을 확인하고 밥도 했다. 이 모든 것이 로라의 정상적인 발달을 저해했고, 다르시를 향해 날선 비난을 퍼붓는 분노에 들끓는 소방관들을 만들었다. 몰리의 경우에는, 엄마가 점점 더 우울해져서 완전히 무너져 버릴까 봐 겁에 질린 채, 로라의 분노를 막아내고 있었다. 서로 절망적인 상태에서, 빌(로라의 아버지)이 사망한 당시에 그대로 굳어 버린 나약한 부분들은 저마다 표현하지 못한 비통함, 외로움, 절망감 같은 짐을 안고 있었다. 부모의 죽음은 가족체계를 긴 불균형 속으로 밀어 넣곤 해서, 가족치료에서 가장 기본적인 문제를 만드는 일종의 만성적인 양극화, 동맹, 얽힘, 전반적인 부조화 등을 만들어 낸다.

로라는 대학 재학 중에 펜타닐 중독이었는데, 불법적으로 펜타닐을 구하곤 했다. 엄마와 여동생은 집에서 같이 살 때도 로라가 밖으로 나도는 일이 잦아서, 약물을 사용하는 줄 몰랐다. 몇몇 친구들이 약물과다복용으로 죽음에 이르는 것을 본 후에야, 로라는 전문 중독치료를 받아들여, 스스로 약물을 이길 힘이 없음을 인정하고, 약물을 계속했을 때의 장단점을 찬찬히 따져 가는 치료프로그램을 시작했다. 로라가 완전히 약을 끊으려고 온 힘을 다해 프로그램을 모두 마친 뒤에도, 중독을 일으켰던 정서적 고통에 대한 두려움은 여전했다. 내면가족체계치료에 참여했던 한 대학 친구가 로라에게 내면가족체계치료를 한번 해 보라고 권했다.

처음 2회기 동안 로라는 가족과의 삶을 이야기했다. 저축을 하려고 한다고 말했다. 엄마와 자주 다투었는데, 엄마는 대부분의 시간을 방에 혼자 있으려고만 한다고 이야기했다. 그럴 때면 몰리는 다르시를 걱정했고, 배가 아프다고 칭얼거리면서 학교도 여러 날 가지 않았기 때문에 성적도 좋지 않았다. 이런 일이 있을 때 다르시의 수동적인 반응은 로라의 화를 더 부추겼고, 그로 인해 몰리는 더 다르시를 보호하고자 했다. 로라의 이야기를 듣고, 치료사는 전체 가족을 치료하는 것이 로라에게 가장 효과적인 도움이 될 수 있다는 결론을 내려, 가족치료를 권했다. 로라의 중독 사실은 알리지 않는다는 조건하에 동의를 했다. 그래서 로라는 개인치료를 계속하고 가족치료는 가족관계에 초점을 맞추기로 했다.

로라의 개인치료

개인치료를 받으면서 로라는 자신의 중독된 부분이 자신에게 화가 나서 대화를 하려 하지 않는다는 것을 알게 되어, 로라는 그냥 듣도록 하고 치료사가 중독된 부분에게 직접 접근을 했다.

치료사: 당신의 펜타닐 중독에 대해서 이야기를 해 볼까요?

로라: 말할 것 같지 않아요. 그 부분은 우리에 갇혀서 정말 화가 많이 나 있어요. 뛰쳐나가 또 약물을 쓰려고 해요.

치료사: 제가 직접 말을 건네 볼까요?

로라: 네.

치료사: 그럼 당신은 펜타닐을 사용하는 부분이 되어서 그 부분이 이야기하도록 두세요. 계세요?

로라: 아니요! 라고 말하네요.

치료사: 로라를 또 취하게 만들지 않으면 어떤 일이 일어날 것 같아서 두려운가요?

로라: 아무것도 겁나지 않아. 난 취하는 게 너무 좋아—정말 멋진 기분이지. 하고 싶어 미치겠어.

치료사: 좋습니다. 우리에게 알려 줘서 고마워요. 로라에게 다시 말해 볼게요. 계세요, 로라?

로라: 네.

치료사: 어떻게 해야 할까요?

로라: 그 부분은 우리 안에 있어야 해요.

치료사: 그래요. 그 부분은 거기 두고 가족치료를 하러 가도록 하죠. 그렇지만 그에게 돌아올 거예요. 그가 더 좋아하는 것을 할 수 있고 그런 식으로 당신을 도울 필요가 없다는 것을 믿을 수만 있으면 당신은 얼마든지 그를 감옥 밖으로 풀어줄 수 있어요.

로라: 그가 당신을 비웃어요.

치료사: 그는 당신이 취하지 않아도 된다는 걸 믿지 않는군요.

로라: 네.

치료사: 좋습니다. 상황이 달라지면 다시 오지요.

로라: 네.

로라 가족과의 회기

로라 가족 내 구조적 문제를 치료사가 재빨리 알아채더라도, 그 부분들에 대해서 더 많은 걸 알고 나서 시작하고자 했다. 그래서 로라와 로라의 어머니에게 자신들의 관계에 대해 서로 이야기를 해 보라고 요청했다. 몇 분 동안 로라는 다르시에게 비난을 퍼부었다. 치료사가 잠시 중단시키고, 가족구성원 세 사람 모두에게 내면에 집중해서 자신들의 감정을 느껴 보라고 했다. 다르시는 로라의 분노 앞에서 무력하고 죄의식이 들어 문밖으로 뛰쳐나가고 싶다고 말했다.

치료사: 도망가고 싶은 한 부분, 무력감을 느끼는 한 부분, 그러면서도 당신은 나쁜 엄마라고 말하고 있는 또 한 부분, 이렇게 있는 거지요?

다르시: 네.

치료사: 로라와 대화를 할 때 주로 누가 주도를 하지요?

다르시: 아마 무력감일 거예요. 그냥 앉아서 당하기만 해요. 집에 있을 때도 어떤 때는 자리를 피해 버리기도 합니다.

치료사: (로라에게) 어머니가 저렇게 입을 꾹 다물고 있으면 당신 내면에서는 어떤 일이 일어나나요?

로라: 화가 치밀어요. 완전히 될 대로 되라는 식이지! 엄마를 마구 흔들고 싶어요. 엄만 얼이 빠져 있는 것 같아요.

몰리: 엄마한테 왜 그래?

치료사: 그래요, 다시 한 번 멈춥시다. 로라, 엄마의 우울을 몰아내고 싶다는 걸 알게 되었으니, 앞으로 그에 대해서 좀 더 이야기를 하지요. 하지만 우선, 당신의 내면에 집중해서 화내는 부분에게 무엇을 보호하고 있는지를 물어보세요. 몰리, 똑같이 해 봐요.

몇 번의 시도 끝에, 로라는 화난 보호자가 보호하고 있는 것이 누구/무엇인지에 대해서 충분히 알게 될 만큼 화난 부분의 말에 귀를 기울일 수 있게 되었다. 치료사에게 뭔가를 찾았다고 했다.

치료사: 아주 좋습니다. 더 진행하기에 앞서, 당신의 마음이 열려서 그 부분들이 아니라 그 부분들을 대신해서 당신이 말을 할 수 있는지 확인해 봐요.

로라: (누그러진 목소리로) 알겠습니다. 엄마, 엄마가 그렇게 멍하게 있으면, 나의 한 부분은 절망적이고 어찌할 바를 모르게 돼요. 그냥 우리가 다 죽어 버릴 것 같아요. 화난 부분이 "엄마는 부모가 되어야 해!" 같은 말을 쏟아내지만요. 그 부분은 내가 허덕이고 있으니까 엄마가 나를 돕기를 원할 뿐이에요.

다르시: 네가 왜 허둥대고 화를 내는지 알겠어. —몇 년 동안이나 네가 우릴 먹여 살려야 했잖니. 나도 달라질 수 있었으면 좋겠다. 그것 때문에 네가 상처 입는다는 걸 뻔히 알고 있는데. 나 스스로 수렁에서 벗어날 수가 없네. 이런 죄의식이 나를 더 헤어 나오지 못하게 해. 내가 얼마나 미안해하는지 알아주면 좋겠구나.

로라: (침울한 표정으로) 말로 넘어갈 일이 아니에요.

치료사: (다르시에게) 당신을 수렁에서 빠져나오지 못하게 하는 부분들과 작업을 한번 해 보시겠습니까? 그럴 마음이 있으시면, 제가 도울 수 있습니다. 어머님도 나아지실 테고, 로라와 몰리도 더 이상 어머님을 돌보지 않아도 될 겁니다.

다르시: 얼마든지요. 어찌해야 할지를 모를 뿐이에요. 빌이 떠난 때부터 이것저것 다 해 봤어요.

치료사: 이해해요. 제가 도움을 드릴 수 있을 겁니다.

이 회기는 내면가족체계 가족치료의 많은 특징을 보여 준다. 첫째, 가족구성원들에게 행동을 바꾸는 법에 대해서 지시를 하는 것이 아니라, 치료사가 구성원들을 초대하여, 내면에 집중해서 자신들의 역기능적인 양식을 몰아붙이는 부분들의 말을 듣게 한다. 그런 다음 그 부분들이 바로 말을 내뱉도록 하는 것이 아니라, 치료사는 구성원들의 참자기가 부분들을 대신해서 말을 하도록 한다. 둘째, 치료사는 각 가족구성원들이 자신들의 보호자들이 내적으로 누구(유배자)를 보호하고 있는지 발견하라고 요청한다. 유배자의 말을 듣고 나면, 가족구성원들의 참자기가 드러나기 시작하고 보호자들은 무기를 내려놓게 되어, 가족회기의 분위기가 부드러워진다. 그 시점에서 자신들의 부분들에 대해서 구성원들이 말을 하는 동안 참자기-에너지 속에 구성원들을 머물도록 하는 것이 치료사의 주된 역할이다.

이 과정과 여러 회기 전반에서, 치료사는 언급한 바와 같이 희망팔이 역할을 한다. 절망적인 상태에 굳어 버린 보호자들에게 희망을 팔면 모두 마음이 좀 느긋해지고 인내심을 기를 수 있다. 치료사는 내면가족체계가 각각의 가족구성원들을 모두 도울 수 있다고 믿고 있기 때문에 그렇게 할 수 있는 것이다. 다른 관점에서, 가족구성원들이 목격자 역할에서 참자기-에너지를 어느 정도 가지고 있을 수 있다는 것이 분명하다면, 한 가족구성원이 내면으로 들어가고 다른 구성원들이 지켜보는 중에 그 사람의 부분들을 곧장 깊숙이 탐색해 보도록 치료사가 요청할 수도 있다. 이는 말을 하는 사람에게만큼이나 목격자 역할을 하는 가족구성원들에게도 강력한 경험이 된다.

다르시의 돌파구

회기를 이어 가면서, 다르시는 로라와 몰리가 지켜보는 가운데 몇 회기 동안 개인으로 내면-들여다보기(in-sight)를 해 보기로 했다. 다르시가 내면 깊숙이 들어가 자신의 절망적인 부분을 만나자, 자신의 아버지가 엄마를 때리는 것을 보고 있는 겁먹은 어린 소녀를 발견했다. 두 딸은 눈물을 닦았다. 다르시의 다섯 살짜리 아이는 자신과 엄마가 아버지를 멈추게 할 힘이 없다는 것을 알고 있었다. 그 당시에, 다르시가 학습한 대로, 그녀의 보호자들은 삶이 달라질 수 있다는 희망 같은 건 뿌리째 뽑아 버려서 아예 실망조차 하지 않도록 만들었다. 로라의 분노가 왜 그렇게까지 자신을 위협했는지도 알게 되었다. 다섯 살짜리로 돌아가서 그 짐을 내려놓고 나니까, 다르시가 눈을 들어 딸들을 보게 되었고, 아무 말 없이 로라에게 다가가 안아 주었다. 마치 깊은 골을 메우듯, 둘은 서로를 꼭 안았다. 처음에 몰리는 가만히 자기 차례를 기다렸는데, 둘이 계속 안고 있으니까 몰리도 그냥 같이 안겼다. 드디어 세 사람이 떨어지고, 다르시는 자신이 빌을 만날 때까지 얼마나 마음의 문을 닫고 살았는지 딸들에게 이야기를 했다. 그 다섯 살짜리는 외부 보호자로서 빌의 신체적 강인함과 그의 자애로운 다정함에 완전히 의존하고 있었다. 빌은 다르시를 겁먹게 하지 않은 첫 번째 남자였다. 그가 세상을 떠나자 그 다섯 살짜리는 실의에 빠졌고, 많은 의구심이 들었지만 믿음을 가졌었던 다르시의 보호자들은 온 힘을 다해 다시는 희망을 갖지 못하게, 더 나은 삶을 위해 어떤 노력도 하지 않겠다고 맹세했다.

이런 점들이 드러나고 나자, 로라는 자신의 화난 부분이 이제는 슬픔을 느끼고 있다고 말했고, 몰리는 엄마를 보호하기 위해서 회기를 멈추고 싶었던 부분을 가지고 있었지만 그렇게 하지 않았던 게 지금은 다행이라고 털어놨다. 나중에 치료사가 다르시의 두 딸과 회기를 진행하는 동안, 다르시의 돌파구는 가족 내에서 중요한 구조적 변화 몇 가지를 이루었다. 다르시의 보호자들이 (완전히는 아니더라도) 상당히 뒤로 물러나고, 다르시가 더욱 활동적이 되도록 했다. 로라에게 새로운 관심을 보였고 몰리가 더는 엄마를 돌보지 않아도 된다는 것을 환기시킬 수 있었다.

내적 또는 외적 지도자로서 참자기가 그 모습을 드러내자, 가족구성원 내 극단적인 보호자들이 금방 긴장을 풀었다. 엄마의 수동성이 왜 생겼는지에 대한 극적인 이야기를 듣는 것만으로도 로라는 자신의 분노의 짐을 내려놓고 오랫동안 닫혀 있었던 엄마에게 마음의 문을 열 수 있었다. 다르시가 더 적극적이 되면서, 로라와 몰리는 자신과 가족에 대한 막중한 책임감에서 해방되었다. 마침내, 몰리는 로라에게서 더 이상 엄마를 보호할 필요가 없어졌고, 두 사람 모두와 마음 놓고 가까워질 수 있었다. 물론, 한 회기로 다르시의 유배자를 완전히 치유할 수는 없을 뿐만 아니라, 그녀의 보호자들을 전부 해방시킬 수도 없다. 여러 번 좋았다 나빴다 하는 일들이 생길 거라고 치료사가 미리 말해 주었다. 하지만 다르시의 보호자들이 다시 강해지더라도, 왜 그렇게 되는지를 알기 때문에 어찌할 바를 몰라 허둥댈 일은 없었다.

로라의 펜타닐 중독, 새로운 일을 준비하다

다르시의 돌파구 회기가 끝나고, 로라는 자신의 중독 부분에 대한 개인치료로 돌아왔다. 그 부분은 아직 갇혀 있었지만, 훨씬 편안해진 듯했다.

> 로라: 내가 기분이 좋아진 걸 그 부분이 보고, 할 수 있다면 자신도 뭔가 다른 걸 하고 싶어 해요.
> 치료사: 아버지를 잃은 소녀를 우리가 도와준다면, 그 부분은 어떤 다른 걸 할 수 있을까요?
> 로라: "우리는 볼 거예요."라고 말해요.
> 치료사: 펜타닐 복용에서 다른 무언가를 하는 것으로 바꿀 수 있다면, 어떤 게 더 좋은가요?
> 로라: 친절하게도 제가 직업을 찾는 일을 돕는 데 관심이 있네요.

로라의 유배자가 짐을 벗은 후, 로라는 펜타닐 중독을 감옥에서 풀어 주었고 그 부분은 그때가 잊히지 않아서 로라가 취하고 싶어 하면 가끔씩 로라를 유혹하기도 하지만, 로라의 진로를 도와주는 쪽으로 방향을 바꾸었다. 우리는 여러 가지 중독―(제한을 두지는 않지만) 약물, 알코올, 음식, 운동 등의 다양한 극단적인 사용까지 포함해서―에 사로잡힌 로라 같은 내담자들과 작업을 하는 일이 많다. 본 바에 따르면 이런 충동적인 행위는 고통, 외로움, 수치, 위협 등으로부터 내담자에게 위로를 준다. 유배자가 짐을 내려놓고 내담자의 참자기와 관계를 맺어 계속 유지할 수 있게 되어 안정적이면서 장기간 동안 안심을 할 수 있게 되면, 소방관들은 자신들의 임무가 더 이상 쓸모가 없고 강박적인 욕구가 엄청나게 줄어든다는 것을 알게 된다. 이 시점에서 중독적 행위를 멈추고 싶은 내담자들 중 일부는 혼자 힘으로 그렇게 할 수 있는 반면, 어떤 내담자들은 지지 집단과 의학적 치료의 도움이 필요할 수도 있다.

맺음말

로라 가족의 핵심 걸림돌이었던 짐을 진 부분들은 각각의 가족구성원들 모두의 내면에 있었다. 하지만 많은 가족이 근처에 위험한 사람이 산다거나, 과로를 하거나, 인종차별, 여성혐오, 동성애혐오, 성전환자혐오 등과 맞서야 하는 등의 외부 제약도 갖고 있다. 내면의 변화가 이어질 수 있도록 하기 전에 치료에서 이런 제약조건들에 주의를 기울여야 할 때도 있다.

이 저서 전반에서 설명하는 바와 같이, 인간의 체계―부분, 개인, 가족, 공동체, 문화―는 보금자리를 만들고, 반영하고, 상호작용한다. 모든 체계는 상처 입을 때가 있기 때문에, 세대를 이어 가며 대물림될 수 있는 무거운 짐을 키워 나갈 위험을 모두 안고 있다. 동시에, 모든 체계는 균형을 찾고 자기―권리를 구가한다. 양극화된 부분들이 참자기와의 관계를 형성하면, 양극화를 둔화시키면서 체계의 균형을 되찾는다. 참자기는 우리 모두에게 자동적으로 복원되는 기제다.

제17장

내면가족체계 부부치료

부부치료는 한 방에 두 내담자를 둔다는 의미에서만 둘일 뿐이다. 정신의 다양성과 모든 개인이 부분이라는 내면체계를 가진다는 점에서 생각해 보면, 몇몇의 부분이 어떤 갈등의 양상으로 얽혀 들기 쉽다는 것을 알게 된다. 따라서 부부치료는 개인 및 가족치료와 근본적으로 똑같은 정신적 구조로 나아가 동일한 내면가족체계 개념과 기법을 적용한다. 내면가족체계 부부치료는 따로 실행하는 양식일 수도 있고 부모들을 위해 준비한 회기에서 생기는 가족치료의 부분집합이 될 수도 있다. 이 장의 목표는 간단한 기법의 개요를 제공하고 가족치료 과정 중 부부로서의 부모와 어떻게 마주하게 되는지를 설명하는 것이다.

부부의 상호작용 추적하기

내면가족체계 부부치료에서는 배우자 간의 수평적 상호작용을 추적하는 것으로 시작하여 부부 갈등의 고리를 보여 주고자 한다. 다음은 그 예시다.

> 치료사: (배우자 A에게) 화가 날 때, 당신의 화난 부분이 어떻게 합니까?
>
> 배우자 A: 고함을 칩니다.
>
> 치료사: (배우자 B에게) 아내가 고함치는 부분을 자주 봅니까?
>
> 배우자 B: 그럼요.
>
> 치료사: (배우자 B에게) 아내가 당신에게 고함을 지르면 당신의 내면에서는 어떤 것이 느껴지나요?
>
> 배우자 B: 나도 화가 치밀지요.
>
> 치료사: (배우자 B에게) 그럼 당신의 화난 부분은 어떻게 하나요?
>
> 배우자 B: 그 부분도 고함으로 맞서죠.
>
> 치료사: (배우자 A에게) 남편의 화난 부분이 다시 고함을 치면, 당신 내면에서는 어떤 일이 일어나지요?
>
> 배우자 A: 그냥 멍해진 채 입을 다물어요.
>
> 치료사: (배우자 B에게) 아내가 입을 다물면, 당신은 어떻게 합니까?
>
> 배우자 B: 영 기분이 안 좋아지는 것 같아요.

이런 식으로 부부의 반복적 대화를 보면서, 치료사는 몇 가지 중요한 일을 실행할 기회를 갖는다. (1) 어느 쪽 배우자도 자신들의 요구를 충족시킬 수 없음을 분명히 알려 준다, (2) 치료사의 관점을 들을 수 있도록 초대하여 보호하는 부분들에 대한 개념을 소개한다, (3) 자신들의 보호하는 부분들이 온 노력을 기울이도록 하는 그 근간에 놓인 나약함과 부족한 인정과 사랑에 대한 욕구에 대해서 알고 싶어 하도록 이끈다(Herbine-Blank et al., 2016).

부부가 보호하는 부분이 아니라 참자기와 관계를 맺고 있으면, 왜 처음 거기에 연관이 되었는지를 기억하고, 열린 마음으로 이야기를 나눠 개선과 해결로 나아갈 수 있다. 따라서 부부 문제를 해결할 목적으로 조언이나 해석을 내어놓는 것이 아니라 부부가 자신들의 참자기를 구체적으로 드러낼 수 있도록 돕는 것이 치료사의 임무다. 보호자들이 마음이 풀리고 자신들의 유배자들이 치유되어야 참자기가 선명하게 드러나기 때문에, 내면가족체계치료 그대로 내면 작업을 하여 다양한 방법으로 부부가 자신들의 유배자들에게 다가가 짐을 내려놓을 수 있도록 돕는다. 특히 시작할 때, "부부의 초점을 내면으로 옮겨 자신들의 배우자에게서 시선을 떼게 하는 것을 목표로 삼는다"(Herbine-Blank et al., 2016, p. 40).

부분들이 직접 말하지 않고 대신해서 말해 주기

다음은 학령기 자녀 둘을 둔 부부와의 치료 중 긴 대화를 발췌한 것이다. 여기서는 (1) 가족구성원들이 자신의 내면을 탐색하는 것처럼 서로를 바라보는 법과 (2) 자신들의 부분이 아니라 가족구성원들이 대신해서 말해 주는 힘을 잘 보여 준다. 필은 화자의 역할을 하고 있었고 티모는 청자의 역할이었다. 치료사는 이런 두 사람의 역할에 그들의 부분들이 섞이지 않도록 자신들의 부분들을 대신해서 말하게 하고 그들의 참자기에게 들어 보도록 부부를 이끌었다(Herbine-Blank et al., 2016; Schwartz, 2008).

> 필: 2주 전에 복직에 대한 마음이 바뀌었다고 티모가 말하더군요. 남편이 집에 있으면 계속 우울하고 화가 나 있을 테니까 전 그것 때문에 힘들 거라는 걸 알아요. 그러니까 당연히 일주일 내내 서로 고함을 질러댔고 어느 날 밤에 정말 식탁을 박차고 나갈 수밖에 없었어요. 집을 나와 걷기만 했는데 다들 잠들 때까지 돌아갈 수가 없었어요. 정말 힘든 일이에요. 이렇게 계속 살아야 할지 모르겠어요.
>
> 티모: 그럼 원하는 대로 그냥 떠나.
>
> 치료사: 알겠습니다. 두 분이 말씀하시는 동안 감독을 하겠습니다. 그러니까 두 분 중 한 분이 부분한테서 나오는 말을 그냥 하시면 제가 타임아웃을 부르고, 두 분 모두 내면으로 들어가시는 겁니다. 그리고 말하고 있던 분이 다시 나와서 그 부분을 대신해서 말을 하는 겁니다. 아시겠죠? 저는 두 분 모두 지금부터 그렇게 해 주셨으면 합니다.
>
> [치료사는 내용을 건드리는 것이 아니라, 부분들에게서 떨어져 나와서 그 부분들을 대신해서 말할 수 있도록 하는 것이 목표라는 것을 필과 티모에게 상기시킨다.]
>
> 티모: 알겠습니다.
>
> 필: 네, 해 볼게요.
>
> 치료사: 좋습니다. 필, 막 이야기하던 부분을 느껴 보세요. 그 부분이 당신이 자신을 대신해서 이야기하게 할까요? 그리고, 티모, 대응하면서 방어적인 부분을 느껴 봐요. 두 분

의 부분들이 섞이지 않도록 하는 데에 도움이 필요하면 저에게 알려 주세요.

[두 사람 모두 눈을 감고 내면에 주의를 기울이면서 눈에 띌 만큼 누그러졌다.]

필: 내 가슴속에서 극도로 흥분해서 당신이 일을 하게 만들려고 몰아대는 부분을 찾았어요. 그 아래에 당신이 화가 나면 너무 겁이 나는 여린 부분이 있어요.

티모: 훨씬 들을 만하네. 나의 화가 당신을 힘들게 하는 거 알고 나도 애쓰고 있어. 내가 화 내는 게 애들과 집에 있는 것과는 아무런 관계가 없다는 걸 좀 믿어 주면 좋겠어. 당 신이 내 말을 듣는 것 같지 않을 때가 있다는 거야. 또 당신이 떠나 버리겠다고 위협 을 할 때는 날 버린 아버지 생각으로 이어진다고. 처음 내면에 귀를 기울였을 때, 반 격을 가하는 부분을 알아챘었어. 그런데 가만히 있어 보니까 당신이 협박을 할 때 너무 겁에 질리는 더 어린 부분이 있는 거야.

[두 사람은 자신들의 참자기가 부분들을 대신해서 말을 하도록 하고 있지만, 지금 필의 분 노가 다시 튀어나왔다.]

필: 내가 협박을 해서 당신이 겁을 먹는다고 하는데, 당신이 집에 있는 게 얼마나 나쁜 건지 제대로 알고 있다는 생각이 안 들어. 당신이 집에 있으면, 계속 내 행동을 살피는데 정말 참을 수가 없어. 화낼 거리를 찾는 것 같다고. 어떻게 될지 뻔히 아니까, 그냥 나가버리는 거야. 내가 계속 당신처럼 그랬다면 날 떠나더라도 난 당신한테 뭐라고 하지 않을 거야. 이런 식으로 계속하려면, 그럼, 야, 그만 살자는 거지.

치료사: 잠시만요 필, 화난 부분이 다시 말하니까 멈출게요. 잠시 쉬면서 내면으로 들어가서 당신의 몸속 혹은 그 주변에서 그 부분을 찾아보세요.

[필의 화난 부분이 자꾸 끼어들기 때문에 치료사는 그 부분과 잠시 작업을 해 보기로 한다.]

필: 저는 분노입니다. 이 부분은 제 가슴속에 있어요.

치료사: 그럼 화난 부분에 대해서 당신은 어떤 느낌이 드나요?

[이는 내면가족체계의 주요 부분 탐색 질문이다.]

필: 고맙지요! 내가 걸핏하면 화를 내는 건 아니에요. 그래서 그 부분이 나타나도 안심했던 거예요.

치료사: 좋습니다. 변화를 보인 것에 당신이 감사하고 있다는 것을 화난 부분에게 알려 주 세요.

[여기서 치료사는 필의 화난 보호자를 인정하고 있다는 것을 밝히고 있다. 내면가족체계에 서는 보호자들을 통제하거나 제거하려 하지 않고 반겨 준다. 필은 이제 자신의 권리를 응 시하고 잠시 가만히 있는다.]

제3부 내면가족체계치료의 확장: 가족, 부부, 사회 및 문화 체계

필: 나의 독선적인 부분도 여기 있네요.

[그의 화난 보호자가 긴장을 풀고 인정에 대한 반응을 보이니까 필이 다른 중요한 부분을 인식하게 된다는 것에 주목하라.]

치료사: 당신의 몸 어디에서 독선적인 부분이 보이나요?

필: (자신의 가슴을 가리키며) 나요, 모든 게 여기서 시작이에요. 내 심장이 펄떡거리고 있어요.

치료사: 당신이 그 부분들 이야기를 듣고 싶다고 화난 부분과 독선적인 부분에게 알려 주세요. 그러고 나서 당신이 그 부분들을 대신해서 말해도 될지 물어보세요. 그럼 티모와 어려운 일에 대해서 이야기를 나눌 때도 마음을 열어 둘 수 있어요.

[치료사는 필과 자신의 부분들 간의 관계에 초점을 맞추고 부분들이 섞이지 않도록 필이 도와주어야 한다는 것을 상기시킨다.]

필: 도움이 됐어요. 마음을 열어 둘게요. 됐습니다.

치료사: 좋습니다. 다시 해 보죠. 이번에는 당신의 부분들을 대신해서 말씀해 보세요.

필 떨어져 나오기

필: (티모를 보면서) 내 부분들을 대신해서 말할게요. 이야기를 하는 동안은 망신을 주진 않을게요. 당신이 사리분별도 없고 아무 생각도 없다고 비난하지도 않을게요. 내가 상처를 입고 두려워하고 슬프다는 것을 나는 알아요.

치료사: 잘하고 있어요, 필. 상처받고, 두렵고, 슬픈 부분들을 대신해서 말해 보세요.

필: 난 우리가 그리워요. 우리가 비난을 일삼을 때면 너무 슬픈 한 부분이 있고, 당신에게 비난의 화살을 돌리고 싶은 또 한 부분이 있어요. 하지만 다 옳다고는 생각하지 않아요. 당신이 복직을 하고 나면 아이들은 내가 훨씬 더 많이 돌봐야 하니까 사실은 나도 이런저런 생각이 들어요. 그러니까 일이 큰 문제가 되는 게 아니라는 말이에요. 당신이 화내는 게 나를 질리게 하는 것만도 아니에요. 싸우고 나서 사무실에 처박혀 있으면 나도 당신이 보고 싶기도 해요.

치료사: 감사합니다, 필. 기분이 어땠어요, 티모?

[치료사는 지금 티모의 부분들을 확인하기 위해 다시 추적한다.]

티모: 뭉클하네요. 받아치려고 하는 부분이 나약해졌어요. 저러니까 화가 난 게 가라앉고 다시 사랑하는 마음이 드네요.

가족구성원들이 치료에 참여해 부분들이 강압적인 위치를 고수하는 경직되고 독선적인 상태에서 서로에게 이야기를 하게 되면 바로 상대의 보호자들이 튀어오를 준비를 갖추게 된다. 필이 결혼생활을 끝내 버리겠다고 치료를 시작했지만, 보호자가 긴장을 풀고 나약함과 상냥함을 보여 주니까, 티모가 경멸하는 태도를 바꾸었다. 이 과정은 의사소통 기술을 배우는 것보다 참자기가 대화를 이끌어 가는 것을 신뢰하는 부분을 갖게 되는 것이 더 낫다는 것을 보여 준다. 관계와 안전감을 다시 구축하고 나서, 티모는 이어서 근본적인 문제를 꺼낸다.

티모: 사실은, 당신이 사무실로 가 버리지 않으면, 내 기분이 훨씬 나아질 것 같아. 또 지금처럼만 내 말을 들어 주기만 해도…….

필: 무슨 말인지 알아요. 하지만 아니야. 내가 물러서도 당신이 죽어라고 쫓아오잖아. 그런 소란 없이 당신이 내게 다가올 방법을 찾고 싶어요.

티모: 나도 그래! 나도 그런 소란 떨고 싶지 않은데, 그렇게 난리를 치지 않으면 당신이 도망가 버릴까 봐.

필: 혼자 남겨졌다 싶을 때 그런 난리법석을 떨어야 내가 당신과 함께 있을 거라고 생각하는 거군요.

치료사: 도망갈 거예요, 필?

[치료사가 대화를 중단시키고 필을 불러 자신의 행위에 대해서 알고 싶도록 한다. 필이 한숨을 쉬면서 치료사를 바라본다.]

필: 글쎄요, 그러네요, 이걸 얘기해야겠어요, 제 성향에서 보면, 티모는 좀 달라붙는 편이에요. 우린 스타일이 다릅니다. 뭔가 해결책이 있을까요? 우리 공간에 대해서 서로 협의를 할 수 있어야겠다 싶은데요. 당신한테는 충분히 가까운 거지만, 나한테는 너무 가깝게 느껴지지는 않는 정도가 어느 정도의 가까움일까? 당신은 알아요? 마찬가지로, 내 일에 많은 시간과 힘을 쏟는 데다 우린 아이도 둘이니까, 제게 휴식시간은 반드시 필요해요. 아무 방해도 받지 않고 책을 읽고 기타도 쳐야 한다고요. 그런데 책 읽고 기타 치고 일하는, 나한테는 당연한 이 세 가지 일이 티모에게는 내가 딴 데로 가고 자기 옆에 없는 것으로 느껴지고 있어요.

치료사: 이 말이 맞는 것 같습니까, 티모?

[치료사는 티모가 자신의 관점을 가지도록 역추적한다. 한 내담자와 수직적으로 작업을 하

지 않고, 수평적으로 움직이면서 배우자 사이를 오가며 그들의 참자기–에너지를 확인하고 그들의 보호자들의 양식화된 상호작용을 보여 주고자 한다.]

티모: 그건 필의 이야기고요.

치료사: 무시하는 부분이 다시 나왔네요. 잠시 물러서서, 지금 기분이 어떤 것 같아요?

[티모의 보호자를 다시 감지하고, 치료사는 보호자가 왜 움직였는지를 티모가 알고 싶어 하게 이끈다.]

티모: 그 부분은 기분이……. 음……. 필이 저런 식으로 몰아가는 말을 하면 기분이 나빠져요.

치료사: 맞는 말이 아니어서 그런가요?

티모: 맞는 것 같긴 한데 그게 다는 아니에요. 물론 독서, 중요하죠, 기타 치는 것도 좋아요– 나도 남편이 기타 치는 소리 듣고 싶어요. 그리고 가족을 위해서라도 일은 꼭 해야 죠. (필 쪽으로 돌아앉으며) 난 당신이 하는 일에 상당히 지지적이라고 생각해. 그런데 너무 많은 시간을 당신 일에만 쓰니까, 화가 나는 거야. 난 당신과 더 같이 있고 싶어. 나도 함께하고 싶어. 또 내가 어떻게 당신을 완전히 이해해? 당신은 모든 걸 너무 간단하게만 봐.

치료사: 그러니까 당신은 필이 뒤로 물러나거나 떨어져 있다는 생각이 들면, 상처받은 기분이 들고 그러면 화난 부분이 필을 쫓아가는 건가요?

[다시, 치료사는 배우자들이 내용 언저리에서 상호작용하도록 하는 것이 아니라, 자신들의 부분들 행위를 감지할 수 있는 쪽으로 끌고 가는 개입을 한다.]

티모: 그래요. 화를 내는 게 편해요. 어쩔 수 없다 싶으면 그냥 그렇게 돼요.

치료사: 그러니까, 필, 티모의 화난 부분이 주도권을 쥐면, 정확하게 당신 내면에서 어떤 일이 생기죠?

필: 말했듯이, 난 무서워요. 억울한 느낌이 들기도 합니다. 내 독선적인 부분이 고개를 들어요. 당신은 나한테 화낼 권리 없어! 난 아무 잘못도 하지 않았어! 티모의 화난 부분이 뭔가 해 보려고 하는 거 아는데요. 그거 내 입장에서 보면, 그 부분이 원하는 것과는 정반대로 되고 있는 거예요.

[이는 대개 사실이다. 극단적인 보호자들은 자신들이 원하는 것과 거의 매번 정반대가 되게 한다.]

치료사: (티모에게 말을 건네며) 당신이 화가 나면 당신이 원하던 것과 정반대가 되어 버린다는 말이 맞는 것 같습니까?

티모: 거의 그래요. 나의 화가 아이들을 겁에 질리게 하는 것도 알고, 우리가 여기 있는 이유

중 하나이기도 하죠.

치료사: 또 당신이 당신의 화난 부분에게 애착이 있다는 말도 들었는데요. 당신은 그 부분의
　　　　강인함을 좋아합니다. 그 부분이 당신을 도와주면 좋아하죠.

[치료사가 티모의 화난 보호자의 중요성을 인정하기 위해 잠시 멈춘다.]

티모: 그래요, 그 부분이 없으면 난 아주 겁쟁이가 될 거예요.

치료사: 우리 잠시 거기에 집중해 볼까요?

[치료사가 티모가 자신의 화난 부분에게 주의를 기울일 수 있도록 허락을 구한다.]

티모: 네.

치료사: (필에게) 그래도 되겠습니까?

[치료사가 필에게도 허락을 구한다.]

필: 그럼요.

티모의 유배자

치료사: (필에게) 청지가 되어서 마음을 열고 있어 주시겠습니까?

**[치료사가 필에게 청자의 역할이 되어 달라고 하면서, 자신의 부분들이 섞이지 않도록 해
달라고 상기시킨다.]**

필: 다시 한번 알려 주셔서 고맙습니다. 그럴게요.

치료사: 문제가 생기면 말해 주세요. 좋습니다. 티모? 당신의 화난 부분에게 누굴 보호하고
　　　　있는지 물어보세요.

티모: 아기가 울고 있는 게 보여요. 그 아기가 위험해요.

**[티모는 눈을 감고 오랫동안 뭔가 보이는 것처럼 조용히 있다. 자신이 본 장면에 대해서 별
말 없이 가만히 내면에 집중하고 있지만, 그의 얼굴에 그의 감정이 드러나고 있다.]**

치료사: 어떠세요?

[치료사가 조심스럽게 확인한다.]

티모: 제가 그 아기를 거기서 꺼내려고요.

치료사: 잘하고 계십니다. 아기가 어디 있죠?

티모: 저와 함께요.

치료사: 아기를 지금 당신과 함께 있게 데려오세요. 아기가 짐을 내려놓을 준비가 되었나요?

티모: 아직은 아니에요. 뭔가 더 있는데……. 오늘은 그게 다네요. (**눈을 뜬다.**)

치료사: 어떠세요?

티모: 이제 알겠어요. 전 필이 저를 구해 주는 사람이 되기를 기대할 때가 있어요. 그러니까, 아기를 도와주는 거죠. 필이 저를 실망시키면……. 그건 엄청난 충격이 돼요. 내 안에서 필을 찾아야 한다는 걸 알겠어요.

티모와 필은 대부분의 부부처럼, 각자의 유배자를 돌보고 보호하면서 부부 관계를 만들었기—문제 만들 준비(Schwartz, 2008)— 때문에, 티모의 깨달음이 그에게는 아주 중요하다. 하지만 추방된 부분들이 참자기로부터 사랑받는다는 느낌이 들고 내면에서 재통합되고 나면, 보호자들이 물러나고, 부부가 자신들의 참자기에 계속 접근하여 반복되는 갈등은 점점 줄어들게 된다. 이 사례에서, 티모는 모든 사람이 내적 자원(참자기)을 가지고 있고, 부분들을 위해 언제든 사용할 수 있는 사랑, 인정, 평온으로 가득 차 있다는 내면 물리학의 법칙(20장을 보라)에 다가갔다. 이 법칙을 발견하고, 내면가족체계는 애착이론을 들여온다. 치료사나 가까운 배우자가 유배자에게 좋은 애착 인물이 되기를 기대하는 것이 아니라, 그 사람의 참자기가 제1 돌보미가 된다. 이 접근법은 상대 배우자가 차선의 돌보미가 될 수 있게 하여 좀 더 자유롭고 덜 의존적인 자리를 갖게 한다. 이 회기에서 치료사는 티모가 마음의 눈으로 자신의 화난 보호자—필의 뻔한 도발 중 하나이지만—에게서 떨어져 나와(머물면서) 있는 연습을 하도록 이끈다.

치료사: 자, 작은 생각 실험을 한 번 해 보도록 해요, 티모. 필이 하는 것들 중에서 하나를 하고 있다는 상상을 해 보면 당신 마음에 자극이 옵니다. 그럼 화난 부분에게 **당신이 알아서 하겠다**고 말해 보세요. 어때 보여요?

티모: 필이 나가고 나와 같이 있지 않으면 그 부분은 부아가 치밀걸요. 그래도 내가 화를 내지 않고, 더 넓게 보면, 내가 슬프다는 걸 알 수 있어요. 우리가 떨어져 있는 게 슬퍼요. 그래요, 전 필과 같이 있고 싶어요.

치료사: 눈을 뜨고 그 슬픈 부분을 대신해서 필과 말해 볼래요?

티모: **(눈을 뜨고 필을 바라보면서)** 당신이 그리워.

치료사: 필?

[치료사가 다시 필을 살펴보는데, 필의 눈에 눈물이 고였다.]

필: 정말 어마어마하네요. 너무 감동적이에요. 나…… 나도…… 당신이 무슨 말하는지 알아. 당신이 버려진 기분이라는 것도 알아. 당신 인생의 그 부분과 내가 함께하지는 못했

지만, 그 얘기도 들었고 그렇다고 믿어. 사실이야. 알겠어. 그러니까, 적어도 내가 볼 때, 그 안타까운 아기를 돌보는 게 당신이 더 힘들다는 거야. 그렇게 말하니까 내가 당신 마음을 바로 알게 되잖아. 그러니까, 당신이 나한테 보고 싶다고 말하면, 난 그냥 당신한테 가고 싶은 마음만 들 거야.

치료사: 이런 말을 들으니 어떠세요?

티모: (눈물을 훔치며) 좋네요! 당신도 알겠지만, 내내 아니 툭하면 이러고 있을 수는 없지. 그럴 수 없을 거야. 다 알아. 당신은 정직하고 여기 있어.

본 바와 같이, 티모는 취약한 상황에서 필의 연민을 얻을 기회를 얻었다. 그리고 결국 티모가 자신의 화난 부분을 자극하는 상처받은 배경에 대해서 이야기를 해서 필에게 큰 감동을 안겼다. 부분들의 언어와 함께, 이 열림의 순간은 필이 얼마든지 마음을 털어놓게 해 준다.

필의 유배자

필: 그래, 정말 정직하게 말할게요. 이런 게 나를 좋은 사람이 되게 할 줄은 몰랐지만, 당신이 **"보고 싶어."**라고 말하니까 내가 어딘가에는 있어야겠다 싶은데, 당신한테로 가게 되지는 않아. 그리고 가끔, **'봐! 넌 여기서 스스로를 돌볼 수 있어야 해. 항상 나를 필요로 하지는 않잖아!'** 이런 생각도 들어요. 뭐 꼭 그런 인간이 되고 싶지는 않지만, 가끔은 그런 기분이 들어요.

치료사: 당신의 한 부분이, **'어른이 되어야지!'** 라고 생각하는군요.

필: 네, 뻐길 일도 아니고, 그런 말이 기분 좋은 것도 아니지만, 사실이에요.

치료사: (티모 쪽으로 돌아앉으며) 저 말이 당신의 화난 부분을 움직이나요?

티모: 예, 꼭 뭐, **"우리 오늘 아침 커피 한 잔 했잖아. 나한테서 뭘 더 원해?"**라는 것 같아요. 여기서 **"이런, 또 시작이군!"** 하는 생각만 드네요.

필: 나도 그 부분이 소리치는 걸 들었고, 나도 정말 그렇게 하고 싶지 않아요. 난 혼자 있을 때 너무 편해. 그래서 그 부분을 갖고 있는 거예요.

[자신과 티모가 친밀함에 관한 서로 다른 방식을 그냥 받아들여야 한다고 주장하는 필의 보호자가 긴장을 풀고 필에게 새로운 관점을 주고 있다.]

치료사: 잠시 시간을 갖지요. 당신을 단절시켜 놓는 부분에 대해서 살펴볼까요?

필: 얼마든지요.

치료사: 그래도 될까요, 티모? 기억하세요, 마음을 여는 거요.

[**치료사가 티모에게 청자의 역할을 상기시킨다.**]

티모: 그러죠.

치료사: 그럼 이제, 필, 티모가 당신이 필요하다고 말할 때 너무나 짜증을 내는 부분의 자리를 찾고 이야기를 들어 보세요. 그 부분에 대해서 어떤 기분이 드나요?

필: 이 부분은 나랑 정말 가까워요—마치, 그 부분은 나 같아요—그리고 모든 사람이 조금씩 나를 원할 때 그 부분이 선을 그어 주는 게 난 너무 고마워요.

치료사: 그 선을 긋는 부분이 약간 떨어질 의향이 있을까요? (**필이 끄덕인다.**) 그 부분은 누굴 보호하죠?

필: (**눈을 감고**) 그래, 그래, 당신도 알잖아요. 그 부분은 혼자서 아무것도 못하는 어린아이를 보호하고 있어요—당신 알지, 원래, 내가 어땠는지, 나 동성애자였잖아. 아무도 인정해 주지 않은 애였지. 오롯이 혼자일 때 안전하다는 걸 알게 되었어요. 잔뜩 예민해져서 들킬까 봐 뚝 떨어져 있는 공간을 마련했지.

치료사: 알겠습니다. 필. 당신이 그 모든 공간을 필요로 하는 어린아이를 도와주도록 할지 그 선 긋는 부분에게 물어보세요.

필: 얼마든지요. 좋습니다. 그럼요. (**자신의 관자놀이에 손을 얹고**) 머리가 부글부글해요.

치료사: 어떠시죠?

필: 너무 부끄러워요.

치료사: 그 어린아이인가요? (**필이 고개를 끄덕인다.**) 그 아이에게 어떤 기분이 드세요?

필: 그 아이 머리도 부글거려요. 너무 미안해요. 돌봐 주고 싶어요.

치료사: 그 아이 반응은 어때요?

필: 봐 줘서 고마워해요.

치료사: 좋습니다. 그럼 그 부분이 지고 있는 모든 부끄러움과 함께 그를 똑바로 보세요.

필: 잠깐 안 보이는데요.

치료사: 부끄럽고 숨어 버리고 싶었던 그 모든 시간을 당신이 이해하고 있다는 것을 그에게 알려 주세요. 오늘은 그 부분을 완전히 치유해 줄 시간이 없으니까, 다음 주에 다시 오겠다는 말도 해 주세요. 괜찮다고 하나요?

[**시간을 보고, 치료사가 이 지점에서 필의 유배자를 살펴보고 짐을 내려놓게 하는 진행을 더 하지 않기로 결정한다. 대신, 필이 그 부분을 인정하고 다음 회기에서 그 부분을 다시 부르기로 한다.**]

필: 네.

치료사: 좋습니다. 이제 선을 긋는 부분에게로 가죠. 그 부분은 당신과 부끄러워하는 아이를 지켜보면서 어땠나요?

[유배자의 짐을 내려놓을 만한 시간은 없었지만, 치료사는 중요한 보호자인 선을 긋는 부분과 필의 관계를 확실히 하려 한다.]

필: 그게 핵심이에요. 내가 존재할 수 있고 눈에 띌 수 있다면, 티모가 요구하는 것들을 무시하지는 않을 겁니다. 그러니까, 음, 그 선을 긋는 부분은 그 아이를 잊지 않는 한 마음을 놓을 거예요. 사실 나는 많은 사람을 돌볼 능력을 가지고 있거든요.

치료사: 그럼 이제 당신과 머릿속으로 상상을 해 보지요. 필. 당신이 문을 막 열려고 할 때 티모가 당신에게 온다고 상상해 보세요. 이제 선을 긋는 부분이 나서지 않는다면 어떤 일이 생길지 한 번 보세요.

[티모와 했던 사유 실험을 똑같이 하면서, 치료사는 이 부분을 불러내는 것이 뻔한 도발이 됨에도 불구하고, 선을 긋는 부분과 떨어지는(그리고 머무르는) 마음의 눈 연습을 해 보라고 한다.]

필: (눈을 감고 잠시 가만히 있으면서) 네, 정말 기분이 좋아집니다. 필요하다는 건 좋은 거네요. 내가 없는 것처럼 보일 때까지 천 갈래 만 갈래로 당겨지는 것과는 영 딴판이군요.

치료사: 잘하셨습니다. 그럼 티모가 원하는 대로 당장 티모와 함께할 수는 없다고 말해 주세요. 선 긋는 부분의 도움 없이 당신이 어떻게 할 수 있을까요?

필: (눈을 감고 조금 더 오래 가만히 있으면서) 가장 큰 차이는 말투예요. 전 여전히 딱딱하게 말해요. "여보, 난 이거, 이거를 해야 해".라는 식으로 말이에요. 하지만 지금은 머리가 아니라 가슴으로 답하고 있어요.

치료사: 그럼 선을 긋는 부분은 당신이 이번 주에 티모와 함께하도록 해 줄까요?

[필의 보호자가 실제 시간에서도 필의 참자기가 이끌고 가도록 할지를 확인한다.]

필: 네, 그 부분이 내가 나서라고 해요.

치료사: (돌아앉으며) 지켜보니까 어떠세요?

[치료사가 티모를 살펴본다.]

티모: (필의 손을 잡으며) 너무 좋아요. 서로 이럴 수 있어서 감사할 뿐이에요……. 당신이 "난 당신과 함께야. 내가 저기 있어야 해서 여기 있을 수 없는 거야. 그래도 당신과 함께 있어."라고 말하니까 좋네요. (필이 미소 짓는다.)

치료사: 그리고 필이 자신의 부끄러워하는 어린아이를 돕는 걸 지켜보는 건 어땠나요?

티모: 너무 감동적이었어요. 그 아이가 사라지면 전 화가 치밀어 오르고 그 아이의 이야기는 잊어버리죠. 기억하는 것이 제가 열린 마음이 되도록 했어요—저한테만 그런 마음이 드는 게 아니라, 그 아이에게도 연민이 느껴져요.

치료사: 좋습니다. 오늘 두 분은 내면으로 들어가는 기회를 가지면서 멋진 균형을 이룰 수 있었습니다. 마치기 전에 뭐 다른 할 말 있으신가요? (**티모가 필을 바라보며 웃는다.**)

티모: 우리 함께 침실로 가서 사랑을 나눠요!

나약한 부분들을 지키는 보호자들은 대부분의 부부에게 갈등을 일으킨다. 그들이 보호하는 유배자들이 치유가 되면 곧 그들은 자신들의 임무를 뒤로 할 것임을 안다. 그렇긴 하지만, 이 사례에서 보여 주듯, 보호자들이 참자기—대—참자기의 대화를 허락하고 충분히 마음을 놓는 순간에, 저 깊은 곳에 감춰진 중요한 지점에 이를 수 있다.

맺음말

다원적인 마음은 모든 단일한 외부 관계에 대해 우리가 내면과 외부에서 많은 관계를 맺게 해 준다. 배우자의 일정 부분과 결혼을 하지만 나머지는 그렇지 못하다. 우리 자신의 일정 부분을 알지만 알지 못하는 부분도 있다. 내면가족체계 부부치료는 판단 없이 이런 관계망에 정중하게 들어갈 수 있도록 돕는다. 그래서 모든 불평 속에 내재된 진짜 욕구와 통제를 하려는 노력이 단순하고, 기본적이며, 공유된 것임을 알게 만든다. 듣고, 이해하고, 사랑해야 한다. 모든 배우자의 참자기가 이런 욕구를 내적으로 채울 수 있을 때 외부에서도 많은 것을 합의할 수 있게 된다.

제**18**장
사회 및 문화 체계에 내면가족체계 모델 적용하기

내면가족체계 개발 초기, 나(슈와르츠)는 내담자의 내면 체계와 가족보다 더 큰 체계를 포함하는 그들이 속한 외부체계 간의 큰 유사성을 발견했다. 외상 후 생존자처럼, 침략을 당했던 국가들은 위험에 대한 특정 신념이 있고 과거에 묶인 채 극단적으로 보호적인 부분들에 의존하는 위험을 안고 있으며 잠재적 위협에 과잉 대처한다. 예를 들어, 9/11 이후, 딕 체니(D. Cheney) 부통령은 "알-카에다가 핵무기를 구축하거나 개발하는 것을 파키스탄 과학자들이 돕고 있다는 가능성이 단 1%라도 있다면, 우리는 그에 대한 반격을 반드시 해야 합니다."(Suskind, 2006, p. 62)라고 말했다. 많은 외상 후 생존자들과 마찬가지로, 이런 국가 지도자들은 경직되고 권위주의적인 접근법을 택한다. 이들은 체계의 힘없고 취약한 요소들을 거부하고, 체계 안팎으로 다른 요소들을 진작시켜, 자신들의 패권을 더욱 정당화시키기 위해서 만든 갈등을 이용한다.

이 장에서는 국가가 곧 개인인 것처럼, 내면가족체계의 시각으로 미국이 지고 있는 짐/부담과 불균형을 간략하게 살펴보고자 한다. 정치적 견해가 서로 다르더라도, 모든 인간체계 수준에서 아주 흥미롭고 유용한 평행 양식에 대한 탐색을 할 수 있기를 바란다. 분명히 미국이라는 '사람'은 지금 우려될 만큼의 자살률, 마약류로 인한 사망—전쟁으로 인한 사상자 통계에 육박하는—의 폭발적 증가, 탄수화물과 지방 과다섭취로 인한 극심한 건강 문제, 세계 최고 수준의 수감자 비율 등과 같은 많은 증상을 품고 있다. 이와 관련하여, 미국은 현재 역사상 가장 큰 빈부 간의 경제적 격차를 보이고 있다. 유태인, 회교도, 여성, 동성애자, 많은 소수 민족을 반대하고 권리를 박탈하는 역사와 토착민 집단 학살과 아프리카인들과 그 자손들을 노예화하는 역사로 인해, 미국에는 수많은 유배자가 있다. 어마어마한 수의 유배자를 가진 인간체계는 지휘력을 행사할 수 있는 위치에서 극적으로 양극화된 지도자들과 이기적인 보호하는 요소들을 품게 되어, 상해의 위험은 더 커지고, 취약하고, 불안 요소가 많아진다. 이런 것이 오늘날의 미국 상황이다. 이 장에서는 우리에게 부가된 대물림된 짐에 대해 살펴보고자 한다.

미국의 대물림된 짐

미국은 여러 가지 대물림된 짐을 지고 있는데, 일부는 초기 유럽에서 들어온 것이고 일부는 국가가 개발되는 과정에서 쌓이게 된 것이다. 다음에 나오는 대물림된 짐들은 서로 연관되어 있고 이 국가에서의 추방의 속성을 형성하는 데에 특히 주요했던 것이라고 여겨진다.

- 인종차별: 아메리카 원주민 집단 학살과 억지로 고향을 떠나오게 된 아프리카인들의 노예화를 정당화하기 위해서 사용됨
- 가부장제: 유럽적이고 종교적인 근간에서 싹이 틈
- 개인주의: 개척자들의 생존 투쟁으로 인해 양산됨. 개인주의는 나약함에 대한 멸시와 실패는 개인의 과오라는 신념을 키운다.
- 물질주의: 미대륙으로 이민 온 사람들이 겪고 있는 경제적 및 물리적 곤란으로 생긴 부분. 의심의 여지없이 자본주의 경제를 대표하는 금융 호황과 불황의 위협적인 순환으로 인해 더욱 악화되고 있다.

이런 가공할 만한 대물림된 짐들은 특정 종교 집단(이전에는 가톨릭과 유대교, 현재

는 회교)을 축출하기 위한 국내 투쟁과 오랜 국내외 전쟁의 역사와 연관된 다른 요소들과 나란히 존재한다. 이런 짐들에 더하여, 미국 시민들은 자신들의 특정 민족 집단의 역사에서 비롯된 신념과 정서를 함께 갖고 있다. 계속 침략을 당하고, 기아에 허덕이고, 천재지변에 시달리고, 희생양이 되고, 차별을 받고, 집단 학살과 유태인 대학살을 당하면서 몇 세대를 억압받는 이민자 집단들이 많다. 이들의 자손은 수줍음, 두려움, 절망감, 비탄, 충성심, 분노, 이런 외상으로 인해 생긴 권력에 대한 불신 등을 물려받는다. 이런 짐들의 뿌리와 이들의 감정과 신념을 이어 줄 만한 별다른 이야기가 없는 경우도 있다.

인종차별

정치적 독립체로서의 미국 건국신화는 이주, 대량 학살, 절도, 노예제도 중 하나이고, 이는 더 큰 대량 학살로 이어졌다. 미대륙으로 건너온 유럽인들은 1452년(콜럼버스 항해 시작 40년 전) 교황 니콜라스 5세가 발의한 법령에 명시된, 인종차별과 탐욕이라는 어마어마한 대물림된 짐을 지고 있었다. 그는 비기독교도가 가톨릭교도들에게는 인간 이하의 적이라고 밝혔다. 이 교황은 기독교 국가들이 이교도의 재산과 부동산을 탈취하고 종신노예제도로 묶어서 모든 이교도를 소탕하도록 부추겼다(Newcomb, 2008). 그 법령은 유럽 식민지 개척자들이 아메리카 원주민들을 노예로 만들고 대량 학살을 용인하는 데 이용된 '발견의 원칙(doctrine of discovery)'[1]의 도화선이 되었다.

유럽의 침략자들은 인종 기반 권한(race-based entitlement)에 대한 급진적인 생각을 가지고 자신들의 약탈 의도를 정당화했다. 공격적이고, 탐욕적이며, 개인주의적이고, 호전적이고, 독선적인 부분들이 팽배해져, 그들은 누구든 자신들이 하고자 하는 것을 가로막으면 동정이나 연민 따위를 베풀지 않는다는 것을 여실히 드러내었다. 아메리카 원주민들을 대량학살하고, 나중에는 노예제—자신들이 인간 이하라고 낙인을 찍은 다른 지역의 사람들을 납치하고 사들여서—를 제도화시켜 300년 동안

---

1) '새로 발견되는 땅의 소유권은 발견한 국가에 귀속된다.'라는 언명이 핵심이다. 이 원칙의 정당성을 교황 알렉산더 6세가 마련했다. 이 원칙은 이후 수백 년간 서구의 비서구지역 점령과 약탈에 대한 법적 근거가 된다(News M. 2016. 5. 17. 기사에서).

이어 갔다. 이렇게 쌓이고 쌓인 사고방식은 오늘날 미국을 결정짓는 데까지 이어지는 자본주의와 물질주의의 아주 공격적인 형태를 만드는 것에 일조했다.

이 나라의 다양한 민족 집단이 수많은 짐을 지고 있지만, 아메리카 원주민과 아프리카계 미국인들은 그들만의 색을 지니고 있다. 그들 선조들이 겪은 일들은 종교적 자유와 경제적 안녕에 대한 위험과 역경에 시달리며 희망을 품고 유럽을 탈출했던 사람들의 것과는 비교할 수 없다. 집단 학살에서 살아남은 일부 아메리카 원주민들은 자신들의 땅, 물, 채굴권 등에 눈독을 들이는 오늘날 기업의 이권과 맞서야 했다. 아프리카계 미국인들의 경우, 선조들이 고향에서 끌려와 짐승 같은 취급을 당하고, 노예가 되었다. 그들은 미국이라는 나라로 끌려와 전리품이 되었고, 시민전쟁이 끝나고 노예제도에서 해방될 때까지 유럽계 미국인 전체와 정부의 법적 전리품인 채로 남아 있었다. 그 후, 짐 크로우법(Jim Crow laws)이 제정되고 유럽계 미국인 자경단들이 아프리카계 미국인 사회로 쳐들어가, 위협과 테러로 자신들의 힘을 과시하였고, 십자가와 집에 불을 지르고, 폭력을 행사하였다. 무장을 더 강화한 경찰을 대동하고 '백인 우월주의자'들이 백악관에 입성하면서, 아프리카계 미국인들은 미국 내에서 매일 위협에 시달리고 있다.

이 정도의 잔인함은 무엇이 인간 존재가 다른 집단을 비인간(non human)으로 여기고 그들을 짐승 같이 대하도록 만드는지에 대한 의문이 들게 만든다. 다시 한번, 외상의 대물림을 떠올릴 수 있다. 메나킴(R. Menakem)은 『할머니의 손(*My Grandmother's Hands*)』이라는 훌륭한 저서에서 이렇게 말하고 있다. "영국의 1500년 대와 1600년대는 절대 좋은 시절이 아니었습니다. 사람들은 이교도라는 이유로 화형을 당했습니다. 고문은 1640년까지 영국 정부의 공공연한 수단이었지요. 저 유명한 런던타워에는 거대한 고문실이 있었습니다. 거기 있던 수많은 고문 장치 중에 하나인 고문대는 사람의 몸을 찢어 죽이는 데 쓰였습니다. 영국의 중세 시대에 고문은 큰 인기는 끌지 못했으나, 관중들의 스포츠였습니다."(Menakem, 2017, p. 59)

역사학자 터치만(B. Tuchman)은 그 시대의 일상을 다음과 같이 보여 준다. "사법제도에서의 고문과 처벌은 상습적으로 손과 귀를 자르고, 형틀에 묶고, 불태우고, 가죽을 벗기고, 사지를 찢는 것이었습니다."(Menakem, 2017, p. 60) 아메리카 식민지로 피난 온 사람들의 다수가 이런 야만성을 경험했고, 목격했고, 그렇게 당하게 될까 봐 떨어야 했다. "새 예루살렘에 대한 모든 이야기를 들어 보면, 순례자와 청교도들은 탐험가들이 아니었습니다. 그들은 수감, 고문, 상해를 당할까 봐 도망쳐 온 난

민들이었습니다……. 10세기가 넘도록 행해진 중세의 잔혹함이 백인의 몸에서 백인의 몸으로 쌓여 오면서, 문화처럼 보이기 시작합니까?"(Menakem, 2017, pp. 60-61) 이런 배경을 생각해 볼 때 마음을 닫고 다른 사람들을 물건 취급할 수 있는 힘이 오랜 역사를 가지면서 전 세계로 번져 호주와 미국 같은 신세계와 유럽 식민지들까지 퍼져 갔음을 알 수 있다. 범죄 행위와 이교도에 대한 것 이외에 인종 및 민족적 차이도 백인 우월주의의 기반이 되는 잔인성과 탄압을 정당화하는 데 이용되었다.

대물림된 짐, 특히 문화의 필수불가결한 부분이 되어 버린 짐은 웬만해선 사라지지 않는다. 미국에서 인종차별이라는 대물림된 짐은 피부색과는 무관하게 다들 조금씩 쌓인 부분이 없다고 할 수 없다. "우리 모습이 어떠하든, 미국에서 나고 자랐다면, 백인 우월주의와 거기에 대한 적응은 우리 핏속에 들어 있다고 봐야 합니다." (Menakem, 2017, p. 10) 유럽계 미국인으로서 우리는 정당화하고 방어하려고 하는 인종차별주의 부분과 우리가 받는 혜택에 대해서는 눈감아 버리는 부분이 있다는 것을 잘 알고 있다. 그러나 일단 이런 부분들을 알고 나면, 그에 대해서 우리는 어떻게 하는가? 많은 이가 부끄러워하고 자신들의 인종차별주의자 부분을 추방시키려 하지만, 이는 무의식적으로 더 보호를 하면서 행동에도 영향을 미치게 만들어 드러나지 않는 인종차별을 더 심화시키게 된다. 그래서 이런 부분들로 내면가족체계―그들의 이야기를 들어주고, 그들이 얼마나 우리를 보호하고자 하는지를 이해해 주고, 궁극적으로는 우리가 안전하게 대물림된 짐에서 벗어날 수 있다고 그들에게 확신을 심어 주면서―를 실행하기를 주장한다. [내면가족체계 관점으로 보는 인종차별에 대해 더 알고 싶으면,『내면가족체계치료의 혁신과 완성(Innovatons and Elaborations on Internal Family Systems Therapy)』(2016)에서 내(슈와르츠)가 쓴 '인종차별 다루기: 우리 내면의 편견을 몰아낼 것인가 품을 것인가?'라는 장을 보라.]

민족성

사람들은 수많은 이유로 이민을 간다. 그 이유들 중에는 결혼 같은 긍정적인 것도 있지만, 우리는 그중 가장 끝에 있는 더 크고 더 심한 외상적인 이유들에 관심을 둔다. 민족 집단의 발생은 침략, 축출, 전염병 같은 재앙, 기근, 천재지변, 그 외 짐이 될 만한 사건들 등으로 얼룩질 수 있다. 오늘날의 이민자들이 미국이나 유럽으로 눈길을 주는 것은, 접근성(아프리카에서 유럽을 가로지르는 지중해, 중앙아메리카와 멕

시코에서 미국까지), 공포, 직장 등 우리의 선조들이 그쪽으로 발걸음을 재촉했던 이유들 중 하나 혹은 모두 때문일 것이다. 침략군, 내전, 미국 주도의 마약 전쟁 등으로 인해서 고향을 억지로 떠나야 했던 이들도 있을 것이다. 그리고 기후 변화나 환경 재난에서부터 도저히 벗어날 수 없는 가난과 실업까지 떠나야 할 여러 이유를 가진 이들도 있었을 것이다. 원해서 이주를 했더라도, 고국의 가족과 직장에서 멀어지는 과정은 쓰라림을 남기게 되고, 다른 언어를 쓰는 낯설고 적대적일 수도 있는 문화 속으로 들어가서 정착하기까지 이민자가 들이는 노력은 또 하나의 오래 이어질 길고 긴 이야기가 될 것이다. 다음 세대에 대한 희망만을 생각하면서 자신들의 두려움, 고독, 정치적 탄압, 드러내지 못한 비통함을 꾹꾹 누르는 이민자들도 있을 것이고, 희망을 갖기조차 힘들도록 짓밟히는 경우도 있을 것이다(Erpenbeck, 2017).

당연히 자신들이 맞서야 할 역경과 등에 져야 할 짐들도 있지만, 민족 이민자 집단은 선물, 가치관, 관습 등도 가지고 들어온다. 그들의 선물과 관습들이 살아남아 번창하도록 해 줄 수도 있는 반면, 그들의 뿌리였던 환경에 적응되었던 부분들은 조화를 이루기 쉽지 않을 테고 미국 주류 문화의 가치관과 관습에 맞추기도 어렵다. 사려 깊고 마음이 따뜻한 아이가 힘이 넘치고 경쟁적인 가족 내에서는 이상하게 보이는 것과 마찬가지로, 이민자 집단들의 문화적 가치관으로 보면 미국의 개인주의, 경쟁, 경제적 신분상승에 아웅다웅하는 것이 이상하게 여겨지는 경우도 있다.

생물학적 성별과 사회적 성별

뿌리 깊은 인종차별뿐만 아니라, 미국은 가부장제와 여성혐오의 대물림된 짐도 깊숙이 잠식되어 있는데, 이는 동성애혐오와 성전환혐오로도 이어진다. 지배적인 관리 집단은 이른바 '정상성 설명(narrative of normality)'이란 것으로 통제를 하려 한다. 거기서 벗어나는 모든 일탈 행위에는 수치를 주고 사회적 통제를 가하는 데에 이를 이용한다. 대물림된 짐이라는 맥락에서 보면, 사회화는 가혹할 정도로 무겁고 영향력이 크다. 인종, 성별, 성정체성, 성의 구분 등, 여기 열거된 모든 짐은 아주 어릴 때부터 강압적으로 가해져서, 사회적 정체성을 형성하고 가족과 더 큰 문화권에서 받아들여지지 않거나 다르다고 여겨지는 부분들(유배자)을 깎아 나간다.

부모와 또래들에게서 망신을 당하는 것은 아이에게 특정 부분을 추방시키라는 신호가 되고, 거부당한 부분들을 바꾸거나 감추기 위한 내면 관리자들의 노력으로 그 부분들을 과장하여 비난한다(넌 너무 예민하고, 너무 시끄럽고, 너무 어둡고, 너무 화만 내고, 애정 결핍이 너무 심하고, 너무 나약하고, 피부는 너무 검고, 너무 여자 같고 등등). 정신의 안전 체계는 끼리끼리 서로 뭉치는게 일반적이다. 면담을 해 보면, 수치스러워하는 관리자들은 아이가 다시 창피를 당하지 않게 하는 것이 자신들의 목표라고 말한다. 그들은 우리가 적응할 수 있게 자라 온 주변 환경의 에너지와 신념을 취한다. 극단적인 경우에는 생존의 보장을 위해서도. 앞뒤가 맞지 않는다고는 전혀 생각하지 않은 채, 관리자들은 창피를 당하지 않으려고 망신을 주고, 자기 목소리만 되돌아오는 괴물 같은 반향실 효과(echo chamber)[2]를 만들어 내고 아무 상관 없는 망신을 계속 사실이라고 생각한다.

백인 노동자 계급의 추방

지난 40여 년간 미국 내 경제적 불평등이 극심해졌다. 1980년 이래 "미국 경제에서 국가 수입 8%가 하위 50%에서 상위 1%로 옮겨 갔다"(Ingraham, 2017). 이에 반해, 서유럽은 "하위 50%가 수입의 22%에 육박하는 돈을 벌어들였는데, 상위 1%는 겨우 12%를 넘기는 데 그쳤다"(Ingraham, 2017). 이는 40년 전 미국의 상황과 같다. 현재 미국의 부의 재분배를 살짝만 다른 시각으로 보면, 최근 하위 20%에 해당하는 근로자들의 수입이 4% 성장하는 데 그치고 있는 반면, 상위 10%는 100%를 훌쩍 넘는 수입 증가를 보이고 있다. 이런 변화로 인해, 미국 내 수많은 사람이 신-유배자(neo-exile)가 되고 있다.

2013년, 프린스턴 대학교 케이스와 디톤(A. Case & A. Deaton)은 1999년 이래 45세부터 54세까지의 유럽계 미국인들의 사망률이 급격하게 늘어났다는 사실을 발견했는데, 대학 교육을 받지 못한 유럽계 미국인들의 사망률 증가가 그 대부분을 차지했다(Pew Research Center, 2015). 반면, 세계화 및 자동화로 동일한 스트레스에 시달리고 있는 독일, 프랑스, 영국의 대학 교육을 받지 못한 노동자 인구는 미국 내 아프리카계 미국인들과 라틴계와 마찬가지로, 같은 기간 동안 사망률이 감소했다.

면밀히 살펴보면서, 케이스와 디톤(Pew Research Center, 2015)은 미국 내 대학 교

---

2) 이는 메아리를 만드는 효과를 말한다. 갇힌 방 안에서 생성되는 잔향을 시뮬레이션하는 전자 장비를 일컫기도 한다.

육을 받지 못한 백인들이 만성 통증, 산더미처럼 쌓이는 의료비 청구서, 채무 증가, 실업, 경제적 스트레스, 우울, 절망, 약물과 알코올 소비 증가 등의 패턴을 보이고 있다는 것을 발견했다. 결과적으로 몇 가지 원인으로 사망률이 증가했는데, 그 순위는 다음과 같다. 1위부터 4위까지가 약물과 알코올에 의한 광범위한 중독, 폐암, 자살, 만성 간 질환이고, 4위와 큰 격차로 5위는 당뇨병이다. 요약하면, 미국 중산층 생활을 영위했던 백인 노동자들의 수가 갑자기 확 줄어들었다는 말이다(Pew Research Center, 2015). 이는 백인 미국인들이 꿈에도 몰랐던 일이고, 그들의 부모들도 경험하지 못한 일이었으며, 다른 많은 미국인이 동시대에 겪지 못한 일이다. 케이스와 디톤의 관점에서 볼 때, 이러한 사망률 증가는 희망과 기대가 송두리째 사라졌을 때 사람들에게 일어나는 이야기라는 뜻이 된다. 우리의 관점으로 보면, 이는 소방관들이 전격 배치될 때다.

개인주의와 능력주의

미국 개인주의의 가장 치명적인 국면은 실패가 개인의 과오라는 신념이다. 1958년 신랄한 풍자에서 보면, 영국의 사회학자 마이클 영(M. Young)은 영국 교육 시스템에서 능력 기반 진급(merit-based advancement)이 모두에게 공평한 경쟁 기회를 준다는 신화를 비꼬기 위해 능력주의(meritocracy)라는 말을 사용했다. 경기장은 가차 없이 기울어진 그대로라고 지적한 영은 능력주의는 유럽 계급 체제라는 늙은 늑대에게 양가죽을 입혀 놓은 꼴이라고 간주했다. 그리고 이것이 곧 오늘날의 미국에서 우리가 보고 있는 것이다. 권력을 쥔 자들은 교육으로 자신들에게 유리하도록 경기장을 기울이고, 자원에 접근하고, 매스컴과 정치인들을 주무르고, 여론의 경계를 마음대로 그리려 한다. 그러고 나서 성공하지 못한 사람들을 자신들 마음대로 주물러 생각을 바꾸려 하거나 자원을 놓고 경쟁을 하는 것처럼 보이는 다른 집단들을 비난하도록 만든다.

영이 던진 이 충격으로, 미디어는 재빨리 '공정성의 기표'가 될 수 없다는 의미로 그의 용어를 받아들였다. 자본주의의 쟁탈전에서 성공한 사람들에게 능력주의라는 용어는 계속 큰 호소력을 갖고 있다. 미국에서 '승자'는 자신들의 우월에 대해 정당성과 자부심을 느끼면서, '패자'를 게으름과 탐욕의 결과로 인식하고 자신들에게 짐이 된다고 믿었다. 자신이 대통령에 출마하면 인구의 47%가 민주당에 표를 던지리라 예측했던 중도 공화당원 미트 롬니(M. Romney)의 악명 높은 말을 떠올려 보자. 그는 이렇게 말했다. 민주당 유권자들은,

정부에 의존적입니다……. 피해자라고 생각하지요……. 정부가 자신들을 보호할 의무가 있다고 믿고 있습니다……. 그들은 보건, 식량, 주거, 그 밖에 뭐든지 가질 자격이 있다고 여깁니다. 그건 권한입니다. 그리고 정부는 그들에게 그것을 주어야 합니다. 또 그들은 무조건 이런 대통령에게 투표하지요……. 이들은 소득세를 내지 않는 사람들입니다……. 나의 사명은 이런 사람들을 걱정해 주는 것이 아닙니다. 나는 그들에게 스스로 책임감을 가지고 자신의 삶을 돌봐야 한다는 설득 같은 건 절대 하지 않을 것입니다(Corn, 2013).

인종차별, 가부장제, 개인주의, 물질주의 등과 같은 미국의 대물림된 짐들은 이런 류의 멸시들로 보호자들을 고취시킨다. 그 결과 미국은 여타의 서구 국가들보다 유배자들의 인구 비율이 아주 클 뿐만 아니라 그 유배자들에게 대해서 연민도 적고 멸시는 더 심하다. 그래서 자기비하가 고위험 수준이다. 이는 학대 생존자들의 내면체계와 완전히 일치한다. 이들의 관리자들은 나약함을 증오하고 나약한 부분들은 학대받아 마땅하다고 믿는다.

능력주의의 신화 이외에도, 도시 거리의 유령 같은 노숙자들과 점점 균열이 일어나는 사회 안전망을 보면서, 우리도 역시 언제 추방될지 모른다는 것을 알기 때문에 더 많은 것을 모아야 한다고 몸부림치면서 한시도 마음 편할 날이 없다고 느낀다. 이런 위협으로 인해 동정은 위험한 것이고, 생존이 곧 부를 축적하는 것이라는 쪽으로 내몰린다. 유배자들이 우리를 익사시키게 될까 봐 두려워도 하고, 관리자들은 고통은 그들이 자초한 것이라고 말한다. 관리자들은 우리는 다르고 그들과 같지 않다고 속삭이면서, 우리가 계속 주도권을 잡고 있도록 아등바등한다. 2000년에 태어난 미국 대학교 1학년생들에 대한 최근 조사에서, 74.4%가 인생의 주된 목표로 부의 획득을 꼽았다는 것은 이런 여타의 상황을 반증하는 것이다.

의지력의 신화에서 개인주의의 또 다른 부정적인 국면을 볼 수 있다. 이 신화에 따르면 의지력으로 '아메리칸 드림'을 성취할 수 있어야 할 뿐만 아니라, '파괴적인' 충동도 제어할 수 있어야 한다. 그럴 수 없으면, 나약하거나 나쁜 것이고 창피나 처벌을 당해도 마땅하다. 내면체계에서 볼 때, 통제 불능의 약물중독자나 알코올중독

자들은 의지를 가지고 끊지 못하는 자신들을 질타하는 가혹한 내면의 비평가와 같은 자리에서 함께 살고 있다. 이런 내면 관리자들은 극단적인 수단으로 소방관들을 술이나 약물에 취하게 해서 그들의 임무를 잊게 만드는 악순환 속으로 빠뜨린다. 이 나라에서 약물 중독이 이런 순환 고리에 어떤 역할을 하는지 살펴보자.

마약과의 전쟁

1998년 국제연합총회는 10년 내 전 세계에 불법 약물이 사라질 것이라고 야심찬 약속을 했다. 예전에도 그랬다. 미국에서 1920년부터 1933년까지의 기간 동안, 남편과 아버지의 알코올 섭취로부터 여성과 아이들을 보호하겠다고 선언했던 금주법은 별 효과가 없는 데서 그쳤던 것이 아니라 오히려 더 나빠지는 결과를 보였다. 국제연합의 선언이 있은 지 20년이 더 지난 현재, 전 세계적인 약물금지운동은 계속 처참한 결과를 거두고 있고, 세계 통산 세금으로 최소한 112조 원 넘게 들어갔다. 알코올을 금지한 이전의 금주법 시대와 마찬가지로, 이 약물금지법의 주요 수혜자들은 타락한 정부와 민간인들을 두려움에 떨게 하고 추방시키는 범죄조직들이었다(Shultz & Aspe, 2018).

미국 인구가 전 세계 인구의 5%밖에 되지 않는데, 수감된 인구는 25%나 된다. 최소한 미국에서는, 약물과의 전쟁으로 가장 많이 수감된 사람들은 백인이 아닌 약물 사용자와 저급 마약상과 그 가족과 자녀들이었다. 2014년에만 미국 내에서 1,400,000만 명이 비폭력 마약 사범으로 체포되었고, 그들 중 대부분은 유색인종이었다. 교도소는 터져 나가고, 엄격한 약물 관련 법안은 폭력 범죄를 가열시켰고 주삿바늘을 같이 쓰는 행위 때문에 에이즈와 C형 간염이 퍼져나갔다(Droward, 2016).

현재 미국에서는 연방 판결지침을 개혁하기 위해서 미국 양당이 계속해서 노력하고 있다[여기에 대해서 더 알고 싶으면, 센텐싱 프로젝트(The Sentencing Project)[3]웹사이트를 보라]. 국가가 소방관과 화해를 하면 어떻게 될까? 포르투갈은 심각한 약물 문제를 갖고 있었는데, 2001년 모든 약물을 처벌 대상에서 제외시켰다. 약물 사용자들은 법적 판결이 아니라, 공중 보건 서비스를 받았다. 그 결과, 포르투갈에서

---

3) 워싱턴에 지역적 기반을 두고 미국 내 구속 및 구감자들의 수를 줄이고 인종차별 및 불평등을 해소하기 위해서 운영되고 있는 연구 및 지원 단체에서 실행하는 정책을 말한다(출처: 위키피디아).

약물 과다복용으로 인한 사망률은 85% 감소하며, '가장 최근 미국의 1/50'에 해당하는, 서유럽 약물 관련 최저 사망률을 기록했다(Kristof, 2017). 같은 기간 16년 동안, 약 64,000명의 미국인들이 약물 과다 복용으로 사망했다(베트남, 아프가니스탄, 이라크 전쟁에서의 사망자 수를 모두 합한 것과 같은 수다). 동시에, 포르투갈의 경제는 발전을 이뤘고, "보건부는 이 정책이 시행될 때 100,000명이었던 포르투갈 헤로인 사용자가 약 25,000명으로 줄었다고 추산하고 있다"(Kristof, 2017). 이로써 포르투갈 약물 정책은 시행 초 잡음이 많았지만, 이는 교도소보다 불법 약물 사용 조절에 있어서 '비할 데 없이 적은 비용'에 훨씬 효과적인 모델이라는 인정을 받고 있다. 포르투갈 보건부는 연간 시민 1인당 10달러가 채 안 되는 비용을 쓰고 있는 반면, 미국은 한 가정 당 10,000달러를 쓰고 있는데, 이는 미국의 약물 정책이 수천 명을 죽음에 이르게 했을 뿐만 아니라, 112조 원 이상의 세금—분명 다른 곳에 필요했을—을 낭비하고 있다는 것을 말해 준다(Kristof, 2017).

소방관 부분에 대한 포르투갈의 대안적 접근의 극적인 결과는 외상 후 생존자들의 극단적인 소방관들에게서 볼 수 있는 내면가족체계의 결과와 유사하다. 관리자들이 소방관들에 대한 공격을 멈추고 참자기가 유배자들에 대한 근본적인 고통을 치유할 수 있도록 할 수 있으면, 전쟁은 끝나고 내담자는 자기-통제를 하지 못하는 한심한 패배자 같은 기분을 더 이상 느끼지 않는다. 경험상, 처벌, 수치, 그 외의 소방관을 억누르고 통제하려는 노력들은 체계를 보호하기 위한 소방관들의 침투를 배가시키는 원인이 된다. 호주의 심리학자 카바나흐(David J. Kavanagh)와 동료들의 연구는 이런 결과를 뒷받침한다(Kavanach, May, & Andrade, 2009). 알코올 남용 및 중독 치료 중인 사람들에게, 먼저 24시간 동안 알코올과 관련된 생각을 억제하라고 한 뒤, 음주 관련 욕구 및 갈망을 평가하는 질문지를 작성해 달라고 요청하였다. 불쑥불쑥 떠오르는 알코올 관련 생각들과 힘겨운 싸움을 했던 참여자들은 가장 높은 수치의 침습적 사고를 보여 주기도 했다(Kavanagh et al., 2009).

소방관—우리는 모두 소방관을 갖고 있다—들은 비상대원 역할에 충실하다. 소방관들이 자신들의 임무에 신념을 가지고 있으면, 그들을 통제하려는 노력은 곧 소방관들을 더욱 영웅적인 자기-희생에 몸을 던지게 만든다. 인간체계 수준에서의 소방관과의 전쟁은 비참함으로 이어진다. 소방관들이 기승을 떨치면 증상은 심화되거나 관리자들이 엄격한 경찰국가 체제로 들어가 소방관의 행위를(일시적으로) 진압하는 데에 성공할 뿐이다. 이는 우리 모두에게 있어서 내부적으로 그렇듯, 국가에 있어서도 그렇다. 파괴적인 충동성과 통제 불능 상황에 대한 유일한 실제 해결책은 그 행위의 원인이 된 고통을 치유하는 것이다.

물질주의

두려움, 외로움, 쓸모없다는 생각 등은 죽을힘을 다해 애를 쓰게 만든다. 오늘날 우리는 개인주의가 우리를 고립시키고 그로 인해 다시 미래에 대한 두려움을 일으키도록 만드는 악순환에 처해 있다. 그 결과로 더 높은 지위와 더 많은 재산을 획득하고, 보유하고, 회복하는 데에 점점 더 몰입하게 된다. 자녀들의 행복과 자신들이 중산층이라는 분홍빛 꿈을 품었던 미국 백인들(직업의 귀천과는 상관없이)은 최근 이 나라에서 유배자가 되고 말았다. 이들은 경이롭게도 트럼프(D. Trump)의 유권자들이다. 노조 해체, 레이건(R. Reagan) 시절 시작된 세제 개편, 세계화, 자동화 등이 이들의 물질적 열망—2차 세계대전 이후 미국이 번창하면서 자연스럽게 일어난 결과인—을 좌절시키면서, 이 집단의 두려움과 분노는 커져갔다. 그래서 이들의 화난 소방관들은 희생양과 돌파구를 찾는 것으로 되받아쳤다. 과거 미국 내 경제 불균형이 극심해졌을 때, 고통에 시달렸던 대다수의 사람은 부자들에게 화살을 돌렸다. 이제 도널드 트럼프는 유색 인종 이주자들과 그 정부를 희생양으로 삼아 부자들에게 향했던 분노의 화살끝을 돌렸다.

현재 상황의 재개편과 자신의 유권자들이 아메리칸 드림을 되찾도록 하겠다는 트럼프의 약속은 그들의 노기 어린 소방관들의 마음을 사로잡았다. 과감하게 내던지는 트럼프의 번지르르한 말들과 뻔뻔스러운 규칙파괴는 그들의 소방관들이 이제나저제나 노리고 있는 것들이다. 미국을 외상 후 생존자라는 개념으로 보면, 도널드 트럼프 같은 선동적인 지도자는 많은 유배자를 만들어 내서 고도의 불균형을 일삼는 인간체계의 증상—고 비율의 자살 및 약물 중독과 마찬가지로—과 같다. 트럼프는 자신들의 유배자들이 무력하고 무시당했다고(트럼프가 추방한 사람들도 아마 그럴 것이다) 여기는 내담자들에게서 발견되는 거드름 피우고 나약함을 증오하는 보호자 유형이 외부적 형태로 드러난 것이다. 인간체계가 수많은 유배자를 만들어 내고 나면, 극단적인 보호자들이 곧 그 뒤를 이어 나타나고, 트럼프처럼, 불균형과 양극화를 더 심화시키게 될 것이라는 교훈을 여기서 얻을 수 있다.

이 지점에서 다시 개인과 국가 수준의 유사점이 드러난다. 참자기는 자연과 연관성이 있어서 균형과 조화에 초점을 맞추기 때문에, 참자기-주도적 지도자들은 생태학적 지각이 잘 발달되어 있고 한정된 자원을 가진 지구 안에서 무한정 성장이 지속될 수 없다는 것을 알고 있다. 탐욕스러운 부분들은 미국 지도자들이 한정 없는 경제적 성장만이 길이라는 생각에 빠지게 만들어 이런 지혜를 가려 버렸다. 카프라와 루이지(Capra & Luisi, 2014)가 말하듯, "암도 자라듯이, 성장은 유해하거나 병리적일 수도 있다."는 문제는 등한시하고 있다. 유한한 행성 위에서 천정부지의 물질적 성장은 재앙으로 이어질 수밖에 없는 딜레마다(Capra & Luisi, 2014, p. 367).

극단적인 물질주의라는 대물림된 짐을 지고 있는 미국은 그 시작부터 무한 성장이라는 신조를 품고—점점 파멸을 초래하는 결과로 나아가고— 있었다. 개척자들이 유럽에서부터 같이 지고 온 만행과 외상이라는 대물림된 짐들은 안전망과 '패배자'에 대한 경멸과 함께 개인주의라는 짐들을 물려주면서 점점 더 커져 갔다. 오늘날 미국에서 '승리'하는 과정은 오랜 시간 동안 가족을 안팎으로 무너뜨리고 있다. 우리 두 사람(슈와르츠와 스위지)은 자신들의 유배자들을 치유하고 나서, 그 에너지를 가족, 친구를 향해, 그리고 인류를 돕는 데에 쓰기 시작한, 돈에 매달리던 최고경영자들의 치료사였다. 전 국민이 유배자들을 치유하고 나면, 미국 소비자 경제는 전복될 것이고 정서적 공허감을 채우기 위해 안간힘을 쓰는 아귀 같은 소방관들은 모두 물러날 수도 있다. 그리고 이런 과정 중에 용기를 갖고 삶을 지속할 수 있는 긴급 대책에 대한 창조성을 발휘할 기회가 생길 수도 있다.

수십 년 전, 마하트마 간디(M. Gandhi)는 1925년 어느 기사에서 "서구는 어떤가?(What of the West?)"라는 제목의 기사를 썼는데, "착취와 타락으로부터의 자유를 요구하는 것은 아무리 해도 부족하다"는 내용이었다. 사회주의자들이 그러하듯…… "자본의 악을 멀리"하고자 하는 사람들은 완전히 "자본에 대한 관점을 바꾸어"야만 "여러 모습의 물질적 욕망이 인생의 목표가 되지 않을 것"이라고 소리 높여 말했다(Mishra, 2018, p. 84).

간디는 인간의 내면세계를 잘 구축해야만 학정으로 몰아넣거나 지구를 파괴하는 걸 민주주의가 막을 수 있다는 것을 인식했다. 그가 사람들이 비폭력 정치 시위의 역경을 버틸 수 있도록 하는 데만 관심이 있었던 것은 아니다. 그는 사람들이 더 적게 가지기를 원했다. 돈, 지위, 권력 등에서 자신의 부분들과 다른 사람들을 사랑하고 돕는 것으로 목표를 전환시키면, 함께라는 생각이 더 커질 뿐만 아니라 만족감도 더 커진다. 유배자들의 짐을 내려놓게 하여 내면의 통에 뚫린 구멍을 막아 주면 계속 새어 나가지도 않고 업적, 명예, 숭배, 권력, 소유를 더 많이 채우라고 소리 지르지 않아도 된다. 참자기가 참자기를 접촉하고 나면, 유대감과 소속감은 더 커지고, 물질적인 것들과는 비교도 안 되게 더 값진 신성한 사랑의 느낌도 커진다. 모두가 참자기(대부분 비교적 신속하게 다가갈 수 있는)를 갖고 있고 부분들은 겉으로 보이는 것과는 달리 사랑받을 수 있게 변모할 수 있다는 말을 널리 전해 간디가 주창한 새로운 사고방식에 기여할 수 있기를 바란다.

나(슈와르츠)는 시겔(D. Siegel, 2018), 켈리(L. Kelly, 2015)와 협업을 하면서 의견을 나누었는데, 이 두 동료는 참자기에게 곧바로 다가가는 자신들만의 방법을 개발시켰다. 시겔은 **바퀴의 주축**(the hub of the wheel)이라고 하는 자신의 방식을 실습한 뒤 이렇게 말했다. "따로 독립된 참자기가 이렇게 느슨해지면 서서히 드러난다. …… 이는 참자기가 사라지는 게 아니다. 바퀴 실습을 해 본 사람들의 말을 들어 보면 자기감은 더욱 결속력 있고, 확장되어 있고, 확대되어 있는, 피부 속에 싸인 내면의 마음이라는 내재성을 넘어서는 어떤 부분이 되는 것 이상이다."(D. Siegel, 2018, p. 149) 참자기에게 다가가는 켈리의 접근법은 티벳 불교에서 나왔다. 그는 "마음을 아는 것(heart-knowing, 다른 말로 참자기)은 우리가 유한하고, 개별적이고, 물리적인 사람이기도 하지만, 우리의 개별 자기보다 공동체 및 사랑으로 맺어진 관계망과 같은 더 큰 무언가와 불가분의 관계에 있는 누군가이기도 하다는 것을 경험하게 한다는 것이 여기서의 핵심이다."(L. Kelly, 2015, p. 194)라고 말했다. 얼마 전 마크란스키(L. J. Makransky, 2007)와 밀러(L. W. Miller, 2009)와도 공동 작업을 하면서 의견을 나눴는데, 이들은 티벳 불교와 내면가족체계를 통합하였다. 우리가 비슷한 것을 경험했다는 사실에 놀라움을 금치 못하면서, 함께 알게 된 것들을 우리 분야뿐만 아니라 대중들에게도 알리기 위해 애쓰고 있다.

참자기-주도적 국가

대물림된 짐을 벗고 참자기-주도성을 더 많이 가질 수 있다면, 미국은 어떨까? 지구상에서 고통을 받고 있는 유배자들과 그 파멸에 대해 우리의 눈과 마음이 열릴 것이다. 이런 깨달음은 기후 변화, 경제적 불평등, 차별 등을 역전시키기 위한 우리의 노력에 더욱 박차를 가하게 될 것이다. 포르투갈 약물 남용자들에게 그랬던 것처럼 파괴적인 소방관들에게 우리는 처벌보다는 치료를 제공할 것이다. 국가적으로 나 세계적으로 수많은 사람이 추방되도록 만들었던, 소방관들의 행위에 대한 공격을 멈추고, 우리는 그들의 목소리에 귀를 기울일 것이다. 물질적 재산이나 권력을 넘어서는 관계를 귀하게 여길 것이다. 탐욕을 줄이고 참자기-주도적인 외교관계를 맺을 때 전세계적으로 적의 숫자는 감소하게 될 것이다. 겉으로는 강해 보여도 잔인하고 공허한 약속들만 일삼는 선동적인 정치가에게 끌리는 일도 덜 할 것이다.

이러한 변화는 타국의 유배자와 소방관들을 통제하기 위해 쓰인 군사예산과 내면의 유배자와 소방관 통제를 위한 국내 수감제도 및 민간 경찰 무장 강화에 들어간 돈들을 풀리게 만들 것이다. 이런 자원들이 이 나라에서 기초 수급을 제공하고 외국에 원조를 제공하기 위해 쓰이도록 할 수 있다. 치료에서와 마찬가지로, 시민 담론에서, 보호자들은 보호수준을 낮추는 것이 어리석은 일이라고 항의하기도 한다. 그러나 지난 전쟁과 테러리스트의 공격에서 비롯된 짐을 더 이상 지지 않는다면, 위협에 과잉대응하기보다는 양극화를 줄여 나가는 것에 집중할 수 있다. 인류가 살아남기 위해서라면, 더 이상 큰 전쟁이 현실적인 선택지는 아니다. 이런 모든 것을 이루려면 우리 경제 제도를 재편성해야 한다. 오늘날 미국 정치를 지배하고 미국의 참자기-주도성을 흐리게 만드는 기업의 탐욕에서 비롯된 악영향을 줄이기 위한 법률을 통과시키는 것으로 그 포문을 열 수 있다. 참자기-주도적 정부는 위협을 명확하게 보고 적절히 대응할 것이며, 참자기-주도적 지도자들은 가치 있는 변화를 만드는 데 비인도적이고 비효율적인 강압을 피할 것이다. 오히려 짐이 벗어지고 내면으로나 관계 안에서나 참자기가 더 유용해지면 변화가 자연스럽게 일어난다는 것을 참자기-주도적 지도자는 알고 있다.

참자기-주도적 국가도 하나의 정신에서 복수의 정신으로 사고를 변화시킬 수 있다(Schwartz & Falconer, 2017). 하나의 정신에서 비롯된 생각은 가장 극단적인 부분들이 우리를 규정해 버리는 것과 똑같이 서로를 악마로 만들게 한다. 다양성이라는 안경을 쓰고 보면, 이슬람 광신도도 없고, 중독자도 없고, 백인 우월주의자도 없고, 이기주의자도 없고, 경계선 성격장애자 등도 없다. 고통과 수치와 공포를 다루려고 애쓰는 보호적인 부분들이 극단적인 역할에 함몰되어 버리는 것뿐이다. 우리는 내면가족체계라는 안경을 쓰고, 우리의 무섭고 파괴적인 보호자 뒤에 숨은 유배자를 만나고, 가장 끔찍한 적의 보호자들 뒤에 숨은 유배자들을 만난다. 모든 사람은, 그 행위는 사악한 사람들이라도, 참자기를 갖고 있다. 인종차별, 가부장제, 개인주의,

물질주의 등 네 가지의 대물림된 짐들이 미국을 현재의 역기능적 상태로 만들어 극단적이고 고도로 양극화된 보호자들에 의해 통제된 대규모 유배자들을 만들어 버렸다. 해결책은 이 나라에 더 많은 참자기를 데려오는 것이다.

맺음말

시민 차원에서 우리가 제안하는 것도 무력감을 느끼고 절망적으로 보이는 외상 후 생존자들이 참자기를 다시 형성해서 선순환으로 들어서는 데서 매번 확인하는 것과 다르지 않다. 자신들의 소방관들에 대한 공격을 멈추고 유배자들을 치유하고 나면, 외상 후 생존자들의 반항은 줄어들고 관계는 증진된다. 다른 이들에 대한 극단적인 보호자들의 전염성에서 분리될 수 있기 때문에, 걸핏하면 터질 것 같은 사람들에게 그들은 측은지심을 느끼게 된다. 적정선을 긋고 상처받는 느낌이 들면 자신들의 부분들을 돌볼 수도 있다. 애쓰고, 억지로 하고, 몸부림치는 의지에서 비롯되는 것이 아니다. 우리의 부분들과 시간을 함께하면 우리 모두 그렇게 된다.

우리는 모든 수준에서의 인간체계 내에서 무거운 짐, 불균형, 양극화, 지도력 문제라는 순환을 제시하여 서로를 반영하고 강화하는 병렬과정을 만든다. 어떤 주어진 체계 수준에서든 참자기-주도성이 부재하면, 유배자, 관리자, 소방관이라는 3인조 구조가 일어난다. 관리자가 나서면, 소방관은 반항한다. 소방관이 나서면, 관리자는 허둥지둥하게 된다. 관리자와 소방관이 서로 주도권을 잡으려고 다투게 되면, 우리가 논의한 네 영역—발달, 균형, 조화, 지도부—에서 양극화가 팽배해지고 외상이 스스로 재생된다. 참자기는 우리 문화에서 대물림된 짐을 해결하는 방책이다. 참자기의 측은지심, 명료성, 친밀감 등은 인종차별, 가부장제, 개인주의, 물질주의에 대해 도전장을 내민다. 인간체계수준은 상호 연결되어 있기 때문에, 모든 수준에서의 참자기-주도성은 모든 수준에서의 치유를 돕는다. 짐을 벗은 모든 내담자가 세계에 적재된 짐을 줄이는 데에 힘을 보태어 우리 모두 참자기에게 조금 더 다가갈 수 있도록 만들어 준다고 우리는 믿는다.

제**4**부

연구 및 결언

제**19**장

내면가족체계에 대한 연구

내면가족체계에 대한 연구가 조금씩 성장을 하면서 그 효과를 증명하고 있는 중이다. 이 장에서는 관련 연구들에 대한 개략을 소개한다.

내면가족체계와 류마티스성 관절염

2010년 완결된 쉐딕(N. Shadick), 소웰(N. Sowell)과 그 동료들의 연구가 2013년 출판되었는데, 류마티스성 관절염 치료에 내면가족체계치료를 적용한 것이었다. 보스턴에 있는 브리검 여성 병원에서 만성 류마티스성 관절염 환자 37명의 실험집단이 9개월간 집단 및 개인으로 내면가족체계치료를 받았다. 통제집단은 교육적 개입만 받은 류마티스성 관절염 환자 40명이었고, 두 집단 모두 치료 후 9개월 동안 추수과정을 거쳤다.

내면가족체계치료 집단은 통증 전반 및 신체적 기능뿐만 아니라 자가평가 관절

통증, 자기-자비(self-compassion), 우울증 등에 있어서도 유의미한 향상을 보여 주었고, 추수과정에서도 이 모든 것이 지속되었다. 이 연구에 근거하여, 내면가족체계는 미 정부 물질남용 및 정신보건관리부(Substance Abuse and Mental Health Services Administration, SAMHSA) 산하, 실증기반 프로그램 및 훈련 국립공문서관(National Registry for Evidence-Based Programs and Practices, NREPP)에 이름을 올렸다. 내면가족체계는 일반적인 기능 및 안녕을 향상시키는 데에도 효과적인 것으로 평가되고, 공포증, 공황, 범불안 장애 및 증상, 신체 건강 조건 및 증상, 성격의 회복력/자아 개념, 우울 및 우울증 개선에 대한 기대치도 높은 것으로 평가되었다.

이 연구는 부분들이 신체에 영향을 미친다는 것과, 내면가족체계치료가 심리적 증상뿐만 아니라 의학적 증상 완화에도 도움이 될 수 있다는 것을 보여 준다. 이런 고무적인 결과를 감안하여, 자기리더십재단(Foundation for Self Leadership)은 미래 연구를 위한 기금 마련을 위한 우선 과제들을 개발했다. 최우선 과제는 내면가족체계를 외상 후 스트레스장애(PTSD), 우울, 불안 등의 치료에 실시하는 것이다. 두 번째로는 아편중독과 섭식장애를 포함하는 중독 치료에 내면가족체계를 실시하는 것이다. 세 번째는 부부치료, 코칭, 갈등 해결 등과 같은 여타의 공동 관심 영역에서 내면가족체계치료를 적용하는 것이다.

내면가족체계로 외상후스트레스장애 치료하기

이 소규모 예비연구[(허지든(Hodgdon), 앤더슨(Anderson), 사우스웰(Southwell), 루벡(Hrubec), 슈와르츠(schwartz), 2018]는 앞으로가 기대되는 결과를 냈다. PTSD 진단을 받고 내면가족체계치료 16회기를 끝낸 참여자들 13명 중 한 사람만이 치료 종료 및 1개월 후까지의 추수과정에서 그 진단이 유효했다. 다시 말해, 연구참여자의 92%가 16회기를 마치고 난 뒤에는 PTSD 기준에 충족되지 않았는데, 이를 효과크기로 환산하면 4.46이 된다. 또한 우울, 정동조절장애, 해리, 자아인식 혼란, 대인관계, 의미 체계 등에 있어서도 유의미한 증상 감소가 있었다.

내면가족체계로 여대생 우울증 치료

해덕(Haddock), 와일러(Weiler), 헨리(Henry) 등이 우울증이 있는 여대생 대체 치료법으로 내면가족체계 실험 연구를 실행했다. 이 저자들이 지적한 바와 같이, '상당수'의 대학생들이 '항우울제, 인지-행동치료(CBT), 대인관계치료(IPT)' 등과 같은 기존의 경험적 지지치료에서는 효과를 보지 못했다(Haddock et al., 2016, p. 1).

이 연구 참여자들은 무작위로 내면가족체계치료와 원래 CBT나 IPT를 받고 있었던 통제집단(TAU; n=15)으로 나뉘었다. 이 연구에는 문제점이 있었다. 두 집단에서 많은 참여자가 11회기에서 15회기까지만 마쳤다. 각 집단은 16회기를 받기로 되어 있었다. 뿐만 아니라, 내면가족체계 환경에서 다섯 명의 치료사 중 네 명이 내면가족체계 훈련을 받은 지 1년이 채 되지 않았고, 내면가족체계 실험집단 참여자들 중에서 약물을 사용했던 사람은 한 사람도 없었는데, 통제집단은 항우울제를 복용하는 사람들이 참여자들 중 절반 이상이었다. 그 결과 내면가족체계 집단과 통제집단 모두 우울 증상이 감소했고, 두 집단 간 변화의 크기나 비율에서 유의미한 차이는 없었다. 이 결과를 보고, 저자들은 "우울증 치료에서의 내면가족체계의 효능에 대한 예비증거를 보여 준다."(Haddock et al., 2016, p. 1)는 결론을 내렸다. 다른 두 연구에서 우울에 관련된 결과를 종합해 보면, 이 연구는 우울증 치료에 있어서 내면가족체계가 전도유망하다는 것을 보여 주는 지표가 된다.

엑스터시로 외상후스트레스장애 치료하기

2008년부터 미토퍼(M. Mithoefer)와 동료들이 PTSD에 대한 치료법으로 메틸렌디옥시 메스암페타민(methylenedioxymethamphetamine, MDMA, 속칭 엑스터시)과 심리치료를 조합한 것을 연구해 왔다. 1,100명 이상이 1단계와 2단계 임상실험에서 MDMA 처방을 받았으나 예기치 못한 약물 관련 심각한 부작용은 없었다(Mithoefer, Grob, & Brewerton, 2016). 처음 두 연구에서 성공하면서, 현재 여러 각도에서 수백만 달러를 들여서 3단계 임상 연구를 진행 중이다. 이 연구 계획은 참여자들이 MDMA 복용 경험을 위해 준비 단계와 8시간 2회기로 MDMA 회기, 그리고 추수회기 등을 포함하여 치료 기간 동안 일어나는 모든 일을 통합하고, 2개월 뒤 추후 회기를 가지는 것으로 되어 있었다.

이 연구가 내면가족체계치료와 왜 연관이 있을까? 첫 임상 실험 연구 전에 미토퍼 박사와 그의 부인인 애니 미토퍼(A. Mithoefer)는 내면가족체계치료 훈련을 받았고, 동료들과 함께 참여치료사들을 위한 설명서를 만들었다. 이 설명서는 치료사는 참가자들이 이끄는 대로 따르고 8시간의 MDMA 회기들이 진행되는 동안 가능한 비지시적 자세를 유지하여 모든 참여자들의 치유 지능이 어떤 일이 생길지 결정할 수 있게 두라고 말한다. MDMA 복용 이후 마음대로 하도록 두자, 연구 참가자들은 곧바로 호기심, 용기, 명료성, 친밀함, 연민 등을 특징으로 하는 상태, 즉 내면가족체계에서 참자기-에너지라고 하는 그 상태에 다가갔다. 왜 이런 일이 일어났는지에 대해서는 더 알아봐야겠지만, 편도체(활동성 감소)와 전전두엽 피질(활동성 증가)에 미친 MDMA의 영향이 하나의 요인이 될 수 있다.

대부분의 연구 참가자가 자신들의 부분들에 대해서 이야기하고 자신들의 부분들과 상호작용하면서 자발적으로 참자기-에너지에 접근하는 동안, 참여 치료사들은 정신의 다중성이라는 개념에 마음을 열고 스스로 내면가족체계에 대해 배우게 되었다. 이에 더하여, 치료사 훈련 기간에 참여자들이 자신들의 부분들에 대해서 이야기 나누는 영상을 한데 모으기 시작했다. 참여자들이 부분들을 확인하고 나면, 치료사들은 내면가족체계 방식으로 회기를 이어 갈 수 있었다.

PTSD 진단을 받은 퇴역군인, 소방관, 경찰관 등에 대한 한 MDMA연구에서 미토퍼(2013)는 연구 참가자들이 회기 진행 중에 부분들에 대해서 어느 정도 언급을 하는지 파악하는 수단으로 '부분들-작업'이란 것을 개발한 부가적인 내적 예비연구를 첨부했다. 이 척도에 의하면 MDMA 활성 용량 복용을 지원하는 치료회기 중 78% 정도가 부분들을 자각하고 있었다. 뿐만 아니라, MDMA 활성 용량 복용 치료 중 92%의 치료사들이 '이런 부분들에 대한 이해와 수용을 더 잘한다'는 사실과 더불어 참자기-에너지를 보여 주는 질적인 증가도 있었다는 것을 관찰했다. MDMA 복용량의 수준을 낮게 한 경우에는 29%의 보고가 있을 뿐이었다(Mithoefer, 2013, p. 14).

그러므로 MDMA연구는 내면가족체계와 두 가지 연관성이 있다. 첫째, 사람들은 참자기-에너지에 충분히 다가갈 때, 어떤 일이 있어도 자발적이면서 자연스럽게 치유과정에 발을 들인다는 것을 보여 준다. 사람들은 자신들의 부분을 알아차릴 뿐만 아니라, 두려워하거나 미워했던 부분들에게 마음에서 우러난 연민을 가질 수도 있다. 둘째, MDMA치료 중이든 그 이후에서든, MDMA와 내면가족체계치료의 조합에 대한 전망이 밝다는 점에 대해 보호자들이 바로 안심할 수 있게 했다.

이 저서를 집필하기 위해 면담을 했을 때, 미토퍼 박사는 MDMA가 분리를 촉진시켜 내담자가 간략하게 또는 광범위하게 내면가족체계의 첫 여섯 단계를 건너뛸 수 있도록 하여, 보호하는 부분들이 분리하는 작업에 들어갈 수 있도록 집중할 수 있게 한다고 말했다(사적인 대화, 2018. 3. 19.). 이렇게 단계를 건너뛰게 되면 내담자들이 유배자들을 대면하고 거기서 떨어져 나오는 것을 신속하게 할 수 있다. 하지만 그는 유배자들에게 가기 전 보호자들에게 확인과정을 거쳐 허락을 구하는 것이 중요하다고 강조했다. MDMA 지원치료에서 배운 것 중에서 다른 내면가족체계치료사들이 알면 도움이 될 만한 것이 있는지 물어보자, 그는 "부분들과 참자기를 포함해서, 참여자들이 자발적으로 관찰하고 경험하는 것들은 내면가족체계에 매우 잘 부합됩니다."라고 말했다. 이어서 그는 "제 경험상, 사람들은 이런 관점을 갈구하고 있습니다. 딕(슈와르츠)이 거기까지 미치진 못했지만, 내면가족체계는 상당 부분 아주 현실적인 현상에 이용할 수 있어요."라고 덧붙였다.

자원 재생 프로젝트에서의 발견

독일 라이프치히에 위치한 막스 플랑크 인간 인지 및 뇌과학 연구소(Max Planck Institute for Human Cognitive and Brain Sciences) 산하 사회신경과학부 책임자, 싱어 (T. Singer)는 공감과 명상 훈련에 대한 주제로는 세계에서 가장 저명한 연구자다. 주관적 행복, 건강, 뇌 가소성, 인지 및 정동 기능, 자율신경계, 행동 등에 대한 정신 훈련 효과를 평가하기 위해서, 싱어와 동료들(Böckler, Herrmann, Trautwein, Holmes, & Singer, 2017)은 최근 300여 명이 참여하고, 9개월간 각각 3개월씩, 세 가지 교육으로 구성된 정신훈련 프로그램이 포함된 **자원 재생 프로젝트**(ReSource Project)라는 연구를 마쳤다. 첫 번째 교육(존재라고 하는)에서 참여자들은 전통적인 마음챙김 명상 훈련을 받았다. 두 번째 교육(정동이라고 하는)에서는 사랑하기-친절하기 명상을 훈련하고 짝을 이루어 감사와 공감적 경청을 키우는 대화를 나누었다. 세 번째 교육 (관점이라고 하는)은 내면가족체계가 기반이 되었다. 관점 수업에서 뵈클러(Böckler) 와 동료들(2017)은 다음과 같은 보고를 하였다.

관점 교육을 시작하면서 3일간의 묵상 기간 동안 참여하고, 대개 내면가족체계 교육 소개를 하는, 초기 반영 단계에서, 참여자들에게 아이와 함께 놀거나 중요한 대화를 하는 것과 같은 예시 상황하에 있는 것처럼 내면의 부분들을 찾아보라고 한다. 모든 참여자는 여섯 부분의 이름을 쓰고, 주 1회 2인 1조 훈련에 참가했다. 그다음 3개월 훈련기간 동안, 참여자들은 주간교육 회기를 위해 13번 만나서 언제든 오래된 부분들과 새로운 부분들로 바꾸면서 여섯 개 내면의 부분들 조합을 수정해 나갈 수 있었다.

2인 1조 훈련 참여자들은 관점 교육 내내 매일 2인 1조 10분 명상 훈련을 실시했다. 이 2인 1조 훈련 기간 동안, 한 사람은 화자 역할을 하고 다른 사람은 청자가 되었다. 5분이 지나면 역할을 바꿨다. 먼저, 화자 내면의 여섯 부분 조합이 청자에게 제시된다. 그다음, 화자가 겪은 최근의 상황을 골라서 컴퓨터가 무작위로 고른 자신의 내면 부분들 중 하나의 관점으로 짧게 이야기한다. 청자는 주의 깊게 귀를 기울여 듣고 화자의 내면 부분들 중 어떤 부분의 목소리일지 가늠해 본다. 화자 입장에서는 이 훈련을 하면 그 상황 속에서 꼭 활성화되지는 않을 수도 있는 내면 부분의 관점에서 주어진 상황을 그려 보게 된다. 따라서 참여자는 주어진 상황에서 실제로 활성화되었던 내적 관점에서의 정보를 모두 없애고 조감도로 자신과 자신의 내면 상태를 보아야 했다. 청자 입장에서는 이 활동은 타인에 대해서 마음을 가다듬는 훈련이었다. 화자가 채택한 내면의 부분이 무엇인지를 정확하게 가늠하기 위해, 청자는 화자가 겉으로 드러낸 생각과 인지를 신중하게 고려해서 근본적인 정신 상태와 신념들을 더듬어 나가야 했다. 둘의 입장을 같이 고려해 보면, 2인 1조의 관점은 타인에 대한 관점뿐만 아니라 자신에 대한 관점까지도 훈련할 수 있었다(p. 5).

이와 같이, 참여자들은 우선 자신들의 부분들을 찾아 알게 되고, 참자기에게 접근하고, 자신들의 부분들을 대변하는 것도 배웠다. 부분들을 대변하면, 참자기는 근본적으로 부분과는 다른 관점을 가지고 있다는 것을 알게 되고, 모든 부분이 서로 다른 관점을 가지고 있다는 것도 알게 된다. 이런 경험의 또 다른 면에서는, 청자가 되어 다른 누군가의 부분이 말하는 부분이 무엇인지를 가늠해 봄으로써, 참여자들이 다른 사람의 부분들에 대해 유념하게 되는 연구까지 이어질 수 있었다. 끝으로, 참여자들은 자신들의 부분에 대해서 다른 사람과 알고 있는 것을 서로 나누면서 친해지게 되는 기회도 가졌다.

이렇게 세 교육의 서로 다른 영향을 평가하기 위해서 연구자들은 내적 관계의 질을 평가하기 위해 부분들에 대한 내면가족체계 개념을 사용한 척도뿐만 아니라 스트레스 호르몬 측정을 위한 혈액 검사, 자기공명영상(MRI)을 이용한 뇌 촬영 등을 포함한 90개 이상의 측정값에서 광범위한 주관적 및 생리학적 마커(markers)를 사용했다. 자원 재생 프로젝트의 크기와 엄격성도 인상적이지만 그 목표도 주목할 만하다. 싱어 팀은 다음과 같은 광범위한 사회적 문제를 파악하기 위해 이 연구를 실시했다. 뇌 속에서의 변화가 세계 평화와 민주주의에 기여할 수 있는가? 명상훈련으로 경제 및 환경적 위기에 대처할 수 있는가? 이타주의 능력을 키우면, 사회체제와 제도도 더 나은 변화가 가능한가? 요약하면, 그들은 명상훈련이 정신과 마음을 비옥하게 하는 데 사용될 수 있는지에 대한 의문을 제기한 것이다. 당연히, 자원 재생 프로젝트는 많은 학술적 논문을 낳고 있다. 여기서는 내면가족체계 기반 관점 교육의 효과와 관련된 것들만 말하고자 한다.

자기-개념의 정서적 내용

루마(Lumma), 뵈클러(Böckler), 브르티카(Vrticka), 싱어(Singer) 등은 자기-개념의 정서적 내용을 살펴보았는데, 이는 정신병리학에 있어 공통 기여요인으로서 중요하다. 예를 들어, 불안과 우울에 대해 가혹한 내면의 비판자가 미칠 영향에 대해서 생각해 보자. 혹은 반대로, 현실을 부정하면서 안간힘을 쓰는 내적 선동가의 자기애가 미칠 영향에 대해서도 좋다. 연구자들은 내면의 부분들과 함께 관점수업에서 2인 1조로 실시한 일상 속 명상 훈련이 참여자들의 자기-개념의 정서적 내용이 더 좋게 바뀌었고, 그들의 사회적 친밀도도 증진되었음을 알게 되었다. 이러한 결과는 아마도 자신들의 부끄러워하고, 불안하고, 우울한 부분들과 친해졌기 때문이고 훈련을 할수록 다른 사람들의 신념이나 의도를 바라볼 수 있는 능력이 향상되었기 때문이었을 것이다. 특히 이 연구에서 다음과 같은 것을 알게 되었다.

> 자기-개념의 정서적 내용에 대한 훈련으로 이끌어 낸 변화는 참여자들이 관점 교육을 받은 후에라야 눈에 띄었다. …… 이러한 결과는 모든 형태의 명상훈련이 자기-개념의 감성적인 면의 변화를 이끌어 내는 데에 적합하지는 않다는 것을 말해

준다. 먼저, 전형적인 마음챙김을 기반으로 한 개입 프로그램을 핵심으로 한 ······
훈련들은 자기-개념의 정서적 내용을 바꾸는 데에 충분하지 못했다. ······ 마찬가
지로, 돌봄, 연민, 감사 등을 키워 정서곤란에 대처하는 법뿐만 아니라 친사회적 동
기부여를 꾀하는 법까지 기르는 사회-정동 정신 훈련(곧, 정동교육)도 자기-개념
의 감성적 측면에서의 변화를 끌어내는 데는 효과적이지 못했다. ······ 우리의 결과
는 관점교육만이 ······ 자기-개념의 정서적 내용을 바꾸는 데에 효과가 있다는 것
을 보여 주었다(pp. 13-14).

이러한 결과는 특정 부분들, 특히 원래 두려워했거나 싫어했던 부분들에 대한 정
보를 파악하고, 알게 되고, 공유한다는 단순한 행위가 참여자들이 더욱 긍정적인 자
기-개념을 가지면서 타인과 더 가까워지도록 돕는다는 의미를 보여 준다. 덧붙여
심리적 다양성을 인식하고 자신들의 부분들에게 다정하게 대함으로써 더 좋아지기
위해 내면가족체계의 모든 것(바라봐 주기, 짐 내려놓기 등과 같은)을 거쳐야 할 필요
는 없다는 뜻도 된다. 자원 재생 프로젝트의 세 가지 명상 훈련에 대한 연구 결과에
서, 관점교육 기간 동안 내면가족체계와 관련된 바라보는 훈련은 중요 부분들에 대
한 참여자들의 신념을 변화시켜 유례없는 개선을 보여 주었다.

스트레스 감소

앵커트 등(Engert, Kok, Papassotirious, Chrousos, & singer, 2017)은 참여자들의 자
기-보고와 함께 심박수, 코르티솔 수치, 그 외 내분비지표 등을 측정하여 세 가지
교육 전반이 스트레스를 얼마나 줄일 수 있는지를 조사했다. 참여자들은 비판적인
것처럼 보이는 청중들 앞에서 어떤 과제를 수행하여 오해를 산다는 느낌이 들면서
스트레스가 유발되는 경험이 있기 전 사전 검사를 받고, 그 경험 이후 사후 검사를
받았다.

연구자들은 마음챙김 기반 존재교육이 자기-보고에서는 스트레스 감소에 효과
가 있었지만, 생리학적 척도에서는 그 효과가 나타나지 않았다는 것을 알 수 있었
다. 반면에 정동 및 관점 교육은 자기-보고와 혈중 코르티솔 수치 및 스트레스 관
련 주요 생리학적 척도에서 동일하게 스트레스 감소에 효과가 있었다. "정동 훈련

과 관점 훈련을 받은 후, 자기-보고 반응성은 각각 39%와 31%까지 낮아졌고 코르티솔 반응성은 48%와 51%까지 낮아졌다." 저자들은 다음과 같은 결론을 내렸다. "우리 자료에서는, 특히 공감 및 인지적 조망수용 기술에 집중한 상호주관적 정신 훈련(정동 및 관점 교육)을 받은 후에, 자기-보고 및 코르티솔 스트레스 반응에 있어서 51%에 달하는 실질적 감소를 보여 주었다."(p. 8) 내면가족체계 관점에서 보면, 이 놀라운 결과는 부분들에서 떨어지고, 부분들을 알게 되고, 부분들에 대한 정보를 나누는 훈련이 참자기에게 더 가까이 다가갈 수 있게 하여 생활 속 스트레스가 심한 일들로부터 사람들이 더 빨리 회복될 수 있게 만든다는 것을 의미한다.

부분 감별 및 정신적 요인 이해하기

뵈클러와 동료들(2017)은 참여자들이 타인에 대한 믿음, 의도, 생각 등에 대해 표현하고 추론하는 능력과 정신적 요인 이해하기(mentalizing), 인지적 바라보기(cognitive perspective taking) 또는 마음이론(theory of mind, ToM) 등 여러 이름으로 불릴 수 있는 능력에 관점교육이 어떤 영향을 미칠 수 있는지를 연구했다. 관점교육 전반에서, 참여자들은 원하는 만큼 부분들을 찾아냈고, 평균 열한 개 부분들이 발견되었다. 이 연구는 "참여자들이 스스로에 대한 이해도—참여자들이 찾아낼 수 있었던 (더 많은) 수의 다른 내면의 부분들이 반영된—개선의 정도가 고수준 마음이론 수행 능력 향상을 예기했다"는 결론을 산출했다(Böckler et al., 2017, p. 1).

흥미롭게도, 이 연구에서도 (처음에) 자신들이 싫어하거나 두려워했던 부분들을 더 많이 찾아낸 참여자들이 마음이론에서도 더 좋은 효과가 있었다는 결론이 나왔다. "스스로 불편했던 경험을 수용하고 받아들였던 참여자들이 부정적인 정신 상태들 속에서 자신들의 차이를 더 증대시킬 수 있었는데, 이는 타인의 정신 상태에 대한 이해도가 더 좋아지도록 만들기도 했다."(p. 10)라고 저자들은 말했다. 겉으로 보기에 부정적인 자신들의 부분이 지니고 있는 긍정적 의사에 대해서 참여자들이 알게 될수록 다른 사람들의 부분들을 더 잘 수용할 수 있게 된다는 것이다.

이런 연구 결과는 내면가족체계 기반 관점 교육과 같은 훈련이 갈등 및 양극화의 진통을 앓고 있는 비임상군의 사람들에 대해 관심과 공감을 증진시킬 수 있다는 것을 뜻한다. 저자들이 주목한 바와 같이, 내적 부분들에 대한 개념은 자기와 타인에 대한 더욱 복잡한 시각을 기를 수 있도록 하고, "타인에 대해서는 여러 상황들을 지나치게 하나로만 고정시켜 보려고 하는 습관적인 경향"을 감소시키고(p. 11), 정신의 복합성에 대해서 더 융통성 있고 정확한 이해를 증진시키는 데도 도움이 된다. 이 연구는 '자신의 특정 부분을 미워하거나 두려워하면, 그런 부분들처럼 행동하는 사람들을 미워하거나 두려워할 것이다.'라는 내면가족체계의 원리를 설명하기도 한다. 반면, 자신의 모든 부분을 수용하고 사랑하기까지 하면, 다른 사람들에게도 똑같이 할 수 있다. 저자들은 다음과 같이 결론을 내렸다.

> 본 연구는 내면의 부분들과 작업을 하면서 자기와 관련된 내적 정신 상태에 대해서 유동적인 관점을 갖는 훈련을 하는 것이 치료적 환경에서뿐만 아니라, 성격 및 사회심리학과 사회신경과학에 대한 근본적인 연구를 비롯하여, 심리적 건강과 사회지능을 증진시키고자 하는 비임상 환경에서도 전도유망함을 분명히 보여 주고 있다(p. 11).

공감과 연민의 차이

싱어 연구소에서 수행한 중요한 연구(Singer & Klimecki, 2014)가 내면가족치료에 직접적으로 연관되지는 않지만, 그 주제—공감(함께 느끼기)과 연민(위해서 느끼기)의 신경학 및 심리학적 구분—가 내면가족체계뿐만 아니라 모든 정신보건 분야에 필수적이기 때문에 몇 마디 언급하고자 한다. 기능적 자기공명영상(functional magnetic resonance imaging, fMRI) 기계로 싱어가 공감과 연민에 대해 살펴볼 기회가 생겼을 때, 뇌에서도 동일한 조직망을 공유할 것이라고 생각했다. 뜻밖에, 싱어는 그게 아니라 공감이 통증회로를 활성화시키는 반면, 연민은 보상회로를 활성화시킨다는 것을 발견했다(사적인 대화 중, 2017. 11.). 이 발견으로, 다음에 기록한 바와 같이, 연민과 공감이 행동에 미치는 효과가 상반된다는 것을 알 수 있다.

표 19-1 내면가족체계 언어로서 공감과 연민

- 참자기에게 참자기가: 연민 어리고 진심 어린(공감적인) 기분과 유대감
- 부분에게 참자기가: 연민(돌봄과 염려를 가지고 다른 이를 위해서 느끼는 것)
- 짐을 벗은 부분에게 짐을 벗은 부분이: 공감(정서적 반향과 다른 이와 함께 느끼는 것)
- 짐 진 부분이 짐 진 부분에게: 정서 전염, 무거운 짐 공감, 정서적 압도(타자가 되어 버리는 것)

정서 전염은 유아에게서 발견되는 공감의 전조로 자기와 타인 간의 경계를 제대로 인식하지 못하는 것과 연관된다. 하지만 치료사가 치료 중에 피하고 싶은 흥분한 비관계적 상태를 야기할 수 있다. 내면가족체계 관점에서 보면, 효과적인 외상 치료의 핵심은 타인과의 관계에서는 물론이고 내적으로도 자신-타자의 분별을 잘 유지하여 정서적 압도가 되지 않도록 하는 것이다. 부분들이 참자기와 분리되도록 하면 그렇게 된다.

내면가족체계 연구 도구 및 활동

2013년부터 비영리 독립 재단으로 운영되어 오고 있는 자기리더십재단(Foundation for Self Leadership)의 주요 당면 목표는 심리치료 분야뿐만 아니라 이 분야 외에서도 (1) 경험을 기반으로 하는 연구 지원, (2) 내면가족체계의 범위 확장과 영향의 깊이를 더하는 프로그램 후원 등이다. 이 재단은 현재 연구자들과 관심 있는 정신보건기관 회원들을 위한 많은 자원을 다음과 같은 방법으로 지원 및 모금하고 있다.

내면가족체계 준수 척도

심리치료 양식으로서의 내면가족체계 효능성에 대한 연구를 촉진하기 위해, 재단은 (1) 내면가족체계 트레이너의 자원봉사팀이 고안한 내면가족체계 준수 척도 달성, (2) 예비준수도구로서 내면가족체계 준수 척도를 비준할 수 있는 평가자 간 신뢰도 연구 달성 등을 지원했다.

참고문헌 검색 가능

2018년 재단 웹사이트가 온라인에 게시되면서, 내면가족치료관련 검색 가능한 출판물 데이터베이스가 구축되었고, 서로 다른 관점을 지닌 비평가들이 주석을 달았다. 자원봉사자들과 함께 데이터베이스 기록들을 계속 확장시키고 있다.

대학원 교육과정

대학기관에서 봉사하고 있는 내면가족체계 실무자들과의 작업을 통해서, 재단이 대학원과정과 훈련에 있어서 내면가족체계를 치료사들에게 소개하는 교육을 위한 온라인 교과목 교본을 수집하여 만들었다. 교수들과 내면가족체계 관련 연구를 하고 있을 대학원생 연구자들을 지원하기 위한 대학원 연구회(Graduate Research Fellowship) 프로그램을 출범시키기도 했다.

현재까지 지원된 연구

앞에서 언급한 PTSD연구에 더하여, 재단은 생리학 연구에도 지원을 했는데, 이는 현재 자료 분석 중에 있다. 이 연구는, 참여자들의 생리학적 상태와 심리사회적 상태 간의 연관성을 살펴보기 위해 고안되었고, 아직 마무리되지는 않았지만, 내면가족체계치료사 뿐만 아니라 외상후스트레스장애 진단을 받았던 내담자들의 생리적 과정에서 내면가족체계 접근법의 어떤 요소들을 확인할 수 있는지 노스이스턴 대학교 전산행동연구소에서 동정과 부교감 신경, 심혈관계, 호흡기관, 피부 전기 등에서의 반응을 측정하고 있는 중이다.

교내 사회 및 정서 학습 체제로서 내면가족체계

최근 미국 학교 안에서 일어난 대규모 살인 사건을 보면서, 우리 재단은 2017년 교사들에게 내면가족체계 제공을 위한 노력을 시작했다. 아동의 장기간 정서적 건강과 안녕을 다루기 위해 고안된 이 프로그램은 미니애폴리스의 교사 16명이 내면가족체계 모델을 배우고 직접 참여해 보고, 도시에 있는 2개교에서 고위험군 학생들을 위한 작업을 하도록 했다. 이후 이 교사들은 학생들에게 내면가족체계 개념과 언어를 소개해 가면서 직접적으로 또는 역할 모델을 하면서 협업을 해 나갔다. 마침내 이 프로그램은 교사의 태도 및 관점에 직접적인 영향을 미칠 뿐만 아니라 학생들의 태도, 행동, 학업 수행 등에도 간접적인 영향을 미친다는 평가를 받게 되었다. 이 프로그램의 결과에 따라, 재단은 정서적 안녕을 향상시킬 양식과 훈련으로서 내면가족체계에 대해 많은 관심을 가질 수 있도록 프로그램을 더 개선하여 전국에 있는 다른 학교들에 재적용하고자 한다. 재단과 재단의 연구 관련 활동에 대한 정보는 www.FoundationIFS.org에서 확인할 수 있다.

맺음말

약 40여 년 전, 이 저서에서 말한 바와 같이, 치료에 대한 가능성에 도전하고 양식을 바꾸어야 하는 두렵고 떨리는 여정에 발을 들이는 연구가 시작되었다. 그 과정 중에, 많은 유능한 치료사—그리고 최근 다른 분야의 전문가들과 함께—가 내면가족체계의 적용과 개발에 합류했다. MDMA, 케타민, 뉴로피드백, 마음챙김의 자기-자비, 그 외에도 참자기-에너지를 분명하게 드러내도록 참여자들을 이끄는 다른 접근법들이 내면가족체계와 결합되는 것에 가슴이 뛴다. 이 장에서 언급한 연구자들의 관심과 전문성에 감사하고 또한 자기리더십재단의 활동에도 감사한다. 이런 활동들을 기반으로 하는 연구 조직이 날로 발전할 수 있도록 내 모든 힘을 기울일 것이다.

내면 물리학의 법칙

19 80년대에 나(슈와르츠)는 내담자들이 자신들의 부분을 알아 나가면서 상호작용을 하도록 하던 실험 연구 중에, 놀라운 것을 발견했다. 관리자 부분들이 물러나는 것에 동의를 하고 내담자가 표적이 되는 부분에 집중을 하면, 그 부분에 대한 그들의 인식이 갑자기 변할 수 있다. 외부세계를 잡은 손을 놓지 않더라도, 마치 흐릿한 커튼을 통과해서 다른 데로 간 것처럼, 그들의 눈길이 분명히 다른 데로 옮겨졌다. 이 커튼을 통해서 마음대로 그들이 움직일 수 있기는 하지만, 양쪽에서의 경험이 똑같지는 않았다. 외부적으로는, 평범한 내담자가 자신의 인식 표면에 머물러 있으면서, 내면의 적극적인 집단이 굉장한 목적으로 어떤 일을 하고 있다는 것에는 별로 신경 쓰지 않는 듯 보였다. 하지만 커튼을 통과하고 나면, 마치 여기도 있고 저기도 있는 것 같이, 안에서도 밖에서도 동시에 느끼는 이중인식이라는 놀라운 상태로 접근했다.

동료들에게 이런 현상을 말하자, 그들은 내가 내담자들이 최면 상태로 들어가도록 했을 거라고 말했다. 확신이 서지는 않았다. 내담자를 불러 자신들의 내면경험에 집중하게 할 때, 나는 유도 기법이나 암시 같은 것을 사용하지는 않았다. 대학원

시절 잠시 최면을 접한 적은 있지만 그때 목격한 비지시적 자발성과는 맞지 않았다. 그보다는 이상한 나라의 앨리스를 연상시켰다. 내담자들이 외적 가족과 관계하는 방식 그대로 관계를 맺은 거주 존재들로 가득한 평행우주에 앨리스처럼 뚝 떨어진 것 같았다.

1980년대 후반까지도 나는 내담자들의 내면 여행의 시작점을 제대로 밝힐 수 없었다. 알고 보니, 그들은 토착 치료사들에게는 잘 알려진 곳으로 들어가고 있었다. 무속인들은 부분들에 대한 자신들의 언어는 갖고 있지만, 내가 알기로는 참자기라고 부르는 것에 대한 개념을 갖고 있지는 않다. 그럼에도 그들의 가르침은 내게는 아주 친숙한 영역에 포함된다. 1980년대 후반 당시 협업을 하고 있었던 미키 로즈(M. Rose)와 영적 전통과 전 세계 원주민들의 다양한 치유법에 대한 책을 읽기 시작하면서, 내담자들로부터 들었던 것에 대한 나의 시각이 바뀌었다. 나는 부분들을 정신 과정의 은유라는 생각을 접고 인류학과 내가 정신의 물리학이라고 부른 것에 대해서 혼자 공부하기 시작했다. 물리학은 우주에 대한 기초성질과 물질, 힘—자연법칙—에 관한 학문이기 때문에 이 용어를 사용한다. 마찬가지로 여러 동료와 함께 많은 내담자를 거치면서 수년간 표로 만들었던 목록들이 내면세계에서 기능하는 법칙과 거의 비슷하다는 사실에 놀라움을 금할 수 없었다. 외부세계를 지배하는 자연법칙과 비슷한 부분이 있어도, 많은 것이 다르다. 이 저서를 통해서 지금까지 내면 물리학의 법칙을 기술하고 사례를 들어 설명하였다. 이 법칙들을 요약하면서 마무리하고자 한다.

부분들의 본성

부분들은 우리의 내면세계에 거한다. 그것들은 은유나 환상도 아니고, 단순히 정서, 사고, 충동 같은 것도 아니다. 더 정확하게 말하자면, 완전한 인격을 가진 내적 존재이다. 그들만의 정서, 사고, 충동, 소통 방식 등을 갖고 있다. 연령, 신체, 감각, 기질 등도 가지고 있다. 처음에는 마음속에서 인간이 아닌 것—동물, 사물, 구름, 불, 기하학적 형태와 같은 것—처럼 나타날 수도 있다. 하지만 우리가 부분들에 대해서 이야기를 하면, 그들은 우리가 분명하게 이해할 수 있도록 반응하는 방법을 갖고 있다.

부분들은 그들의 짐이 아니다

대부분 사람들의 문제는 부분들이 지고 있는 짐이 곧 부분들이라고 착각하는 데서 비롯된다. 그래서 사람들이 그들과 싸우고 추방시키게 되도록 구성을 하게 되어, 결국 안팎으로 모든 게 엉망이 되고 만다. 많은 심리치료와 영적 훈련이 관리자들은 성가신 자아 혹은 제약된 정신의 발현이고, 유배자는 내면화된 수치심으로 여기고, 소방관들은 병리적 충동이라고 가정한다. 그렇기 때문에 빈대 한 마리 잡으려고 초가삼간을 다 태우게 된다. 내면가족체계 개발 초기에, 내담자들은 나에게 극단적인 신념과 감정들이 이물질이나 바이러스처럼 급속히 퍼져 몸 어딘가에 똬리를 틀고 앉아 있다는 것을 알려 주었다. 그러나 한 부분이 몸에서 짐을 내려놓고(혹은 벗어던지고) 나면 즉시 변화되었다.

부분은 어떻게 형성되고 어떻게 역할을 수행하는가

다른 접근법에서 우리가 **부분**이라고 부르는 것을 인식하는 것과 내면가족체계의 입장은 다를 수도 있다. 어떤 치료에서는 부분을 외상의 결과—'분열된 정신' 혹은 다른 누군가의 목소리, 이미지, 에너지가 내면에서 형성된 '내재화'의 산물—로 본다. 우리의 입장은 어떤 부분은 드러난 채, 다른 부분은 휴면인 채로 태어난다는 것이다. 보호하는 부분들이 양극화되면서 외상이 감각의 파편화를 환기시킬 수는 있고, 외부 사람들과 상호작용을 하면서 모든 형태의 신념과 행동방식들을 학습할 수(혹은 내면화할 수)도 있지만, 부분들은 파편화된 감각으로 만들어지는 것도 아니고 학습에 의해서 생기는 것도 아니다. 그게 아니라 부분들은 타고난 것이고, 부분들의 짐(극단적인 신념이나 기분 상태)이 외상에서 비롯된 것이다. 유아 연구가 브라젤튼 (T. B. Brazelton, 2011)은 네댓 개의 분리된 상태를 교대로 왔다 갔다 하는 유아를 관찰했는데, 이것이 곧 우리가 **부분들**이라고 하는 것이다. 성장하면서, 부분들은 발달상 적절한 간격—평생 지속되지만 어린 아동에게 특히 더 선명한 과정—을 두고 움직이기 시작한다. 예를 들어, 고분고분 잠자리에 드는 두 살배기 아이와 밤만 되면 싫어 소리만 연발하다 아침에 눈만 뜨면 다짜고짜 달려드는 아이를 비교해 보자.

어린 부분들을 내쫓아 버리면 우리의 생득권인 호기심, 자발성, 용기, 유대감 등을 갖다 버리게 된다. 우리는 타고난 재능을 스스로 단절시켰다. 강압적이고, 불안을 야기하는 관리자의 규칙하에 살았던 삶은 경직되고, 공허하고, 건조하게 느껴질 수 있다. 내면가족체계에서 모든 부분들은 귀중한 특성들을 갖고 있다. 이는 분명하다. 그렇다 해도, 유배자와 함께하는 여정에서 일단 자유로워지고 나면 특히 창조적이고 활기찬 어린 부분들을 그때마다 발견하곤 한다.

현미경 밑에 부분들을 놓을 수는 없지만, 우리는 경험을 통해서 부분들이 우리와 함께 세상에 나온다는 것을 알고 있다. 그들은 원래 마음에 들어 있는 요소들이고 모두 가치 있는 특성을 갖고 있다. 외상이 짐을 지우고 부분들에게 부적절한 역할을 하도록 강요하지만, 외상 사건이 부분들을 만들어 내거나 부분들을 파괴하지는 않는다. 사실, 부분들은 파괴될 수 없는 것처럼 보인다. 한 부분이 추방되거나, 휴면하기로 선택하거나, 무의식 속으로 물러나면, 영원히 사라진 것처럼 생각할 수 있지만, 소환되면 다시 모습을 드러낼 것이다. 뿐만 아니라 죽은 채로 나타난 상처 입은 어린 부분들이라 해도 실제로는 살아 있고 내담자의 참자기가 사랑을 베푸는 순간 생기 띤 상태로 돌아올 것이다.

부분들의 소통법

우리가 경험하는 대부분의 정서, 감각, 이미지, 꿈, 생각, 충동 등은 부분들에게서 나온다. 부분들은 그렇게 해서 우리와 또 부분들끼리 소통을 한다. 우리가 '뭔가 시작되는 곳'으로 정신적 소산에 집중을 하면, 그것이 우리를 부분에게로 이끈다. 그게 아니면, 물리적 감각이 부분의 의사전달이 되기도 하고, 한 부분이 의사소통의 한 형태로 확대되는 생물학적 사건도 있었다. 어떤 경우에는, 부분들이 다양한 방식으로 내면에서 상호작용하기도 하고, 개별 부분들이 스스로를 드러내는 더 좋은 방법을 갖기도 한다. 어떤 부분들은 주로 신체적이기도 하다. 부분들은 서로 또 우리와 신체를 자극하면서 소통하기도 하고 간섭하기도 한다. 어떤 부분은 주로 언어적이기도 하다. 우리가 생각하기라고 하는 것은 부분들 간의 대화나 논쟁을 우연히 듣게 되는 것일 수도 있다. 물론 가장 기본적인 의사소통 형식인 감정, 이미지, 기억 등을 사용하는 부분들도 있다.

약한 부분들이 어떻게 추방되는가

부분들을 없애거나 파괴할 수는 없지만, 부분들이 추방될 수는 있다. 내면세계에서 유배자들은 감옥, 동굴, 지하실, 깊은 수렁, 벽 뒤, 그 외 신체 내 특히 비좁거나 갇힌 공간에 격리된 채로 나타난다. 나약한 부분들이 상처 입고 겁에 질리거나 창피를 당하게 되면, 관리자들이 그들을 따로 가둬 버려, 버려지고, 외롭다는 기분이 들고 내면의 태양인 참자기에게 다가갈 길이 막히고 만다. 그렇다 해도, 그 추방된 곳에서 그들은 기분, 신체, 꿈, 선택 등에 어마어마한 영향(간접적이고 부지불식간이지만)을 미친다. 연약하고 외면당한 부분들은 플래시백, 꿈, 악몽, 신체증상을 통해, 또는 현재와 단절되어 있는 극도의 우울한 감정으로 어떤 수를 써서라도 갇힌 상태에서 빠져나오려고 한다. 유배자에 의해 제기된 위험을 보는 보호자들의 시각은 관리자의 엄격성과 소방관의 가혹함을 결정한다.

추방된 보호자

나약한 부분들을 추방하는 것 외에도 관리자들은 다른 보호자들, 특히 영향력 있는 가족구성원들을 위협하는 독단적이고 분노에 찬 보호자들을 추방하기도 한다. 이들은 명랑쾌활함이나 성적 취향 같은 것들이 해당되는, 특정 가족 문화에 받아들여질 수 없는 속성들을 축출해 버리기도 한다. 또한 관리자들은 중독, 자살 충동, 가해 충동 등과 같은 극단적인 소방관들을 가둬 버리기도 한다. 이런 부분들을 나약하고 상처 입은 부분들과 구분하기 위해서 **추방된 보호자들**이라고 부른다. 유배자들이나 추방된 보호자들의 경우 모두, 추방되었다는 것만으로 부분을 더 극단적으로 만드는 데에 일조한다.

부분들을 위한 새로운 역할

나약한 부분들이 짐을 내려놓을 기회를 얻고 나면, 활기, 장난기, 천진난만, 독창성 등과 같은 자질을 지닌 원래의 고귀한 상태로 돌아가기 시작한다. 이런 속성들이 풀려나고 나면, 보호자들은 그들이 해 왔던 것과는 전혀 다른 새로운 역할을 자유롭게 선택한다. 예를 들자면, 비판가는 내면의 응원단장이 되고, 내담자가 사회생활을 적극적으로 할 수 없도록 만든 부분은 오히려 더 사교적이 되도록 격려할 수도 있다. 우리는 종종 그들의 순진함, 에너지, 호기심, 자기주장 등으로 인해서 외상을 입었던 때에 짐을 지지는 않았지만 스스로를 보호하려고 철창 안에 갇혀 있는 유배자들을 만날 수도 있다. 그들을 회복시키는 것은 늘 우리가 기쁨을 만끽하는 순간이다.

건강과 편안하지 않음

부분들을 추방하면 소중한 자원들을 우리에게서 단절시키고 정신 및 신체적으로 '편안하지-않음(dis-ease)'[1]이라는 상황을 만들어 낸다. 유배자들의 가장 위급한 불길을 진압하거나 끝까지 억누르다 보면 내면가족의 에너지는 모두 소진된다. 또한 추방된 부분들은 신체에 보복을 가해서, 조금씩 천천히(어떤 경우에는 순식간에) 내면체계에 나쁜 영향을 물들여 갈 수도 있다. 어린 시절 상처가 된 사건과 일련의 의학적 증상들을 연결(5장 ACE 연구를 보라)시킨 획기적인 작품들이 트라우마에 정통한 치료사들에게는 낯선 일이 아닐 것이다. 건강(health)의 독일어원이 전체(whole)인 것처럼, 내면가족체계에서 건강이라는 낱말은 완전함이라는 뜻을 나타낸다. 우리의 관점으로 볼 때, 특정 부분들을 추방하면 자기-분열감(self-fragmentation)과 편안하지-않음(dis-ease)이 일어난다. 내면체계는 모든 부분이 수용된다고 느끼고, 자신들의 짐에서 해방되고, 부분과 부분이 또 부분과 참자기가 연결되어 있다고 느끼고, 자신들의 역량에 맞는 역할을 선택할 수 있으면 기본적으로 건강하고 온전하다.

해리성 정체감장애(dissociateive identity disorder, DID) 임상전문가들은 부분—그들이 이차인격(alters)이라고 부르는 것—들이 외상의 병리학적 산물이라는 관점에 기반하여 부분들을 통합하는 것에 대해서 자신들의 견해를 발전시켰다. 그들의 관점으로 보면 건강한 정신은 단일화되어 있다. 따라서 치료가 성공하면 부분들은(내

---

1) 슈와르츠는 '질병'이라고 해석되는 영어 낱말 disease를 dis-ease로 쓰면서 '병'이 아니라 '편안함'이 깨어진 상태로 인식하도록 만든다.

담자가 조각나 있었다는 느낌을 하나로 만들어) 사라진다. 내면가족체계는 그와 반대되는 견해를 갖고 있다. 극단적인 양극화와 추방으로 인해 먼 데로 떨어져 버린 부분들을 참자기가 다시 불러들이게 되면, 이들은 상호작용을 일으켜 균형을 더 잘 이루고 관계도 조화를 이루게 된다. 부분들이 더 이상 극단적으로 되지 않으면 통일감—우리니까—은 더 커지지만 여전히 우리는 부분들을 가지고 있다. 시겔(Sigel, 2018)은 앞서 내면가족체계와 관련된 방식으로 정신의 단절 요소들을 연결시키고 통합시키는 것에 대해서 말했다. 시겔과 함께 워크숍을 진행하는 동안, 시겔이 내(슈와르츠) 작업 영상에 주석을 달아, 내면가족체계 회기 동안 내담자의 뇌와 신경계가 통합되는 여러 방법을 명백히 보여 주었다.

관리자들은 소방관보다 더 소방관 같은 태도를 취하기도 한다

관리자들은 유배자들에게 선제공격을 가할 수 있다. 보다 관리자다운 관리 전략(예를 들어, 비난, 완벽주의, 고된 일 등)이 추방된 감정을 알지 못하게 만드는 데에 실패하게 되면, 관리자들은 해리, 물질 남용, 분노 등과 같은 전형적인 소방관의 전략으로 바꿀 수 있다. 이런 식으로 관리자들이 반항적인 소방관들이 늘 하던 활동들을 사용해서 선제공격을 할 수 있다. 상처받은 기분만 들면 술독에 빠지는 사람을 떠올려 보자. 술에 취해 있는 한 상처받은 느낌을 느끼지 않는다는 것을 알 수 있다.

소방관 선택의 계층 구조

소방관들은 활동에 계층 구조를 갖고 있다. 가장 낮은 것이 효과가 없으면 그다음 더 강력한 선택으로 나아간다. 그것도 효과가 없으면 그다음으로 간다. 대부분의 경우 그 계층 구조의 최상위는 자살이다. 자살은 완전한 탈출이며 구원을 약속하고, 어떤 부분들에게는 커다란 위안을 줄 수도 있다.

그라운딩 혹은 정동 조절 기술을 가르칠 필요는 없다

유배자들이 몸속에서 자신들의 감정을 누그러뜨릴 수 있다는 것을 알지 못하면 여타의 외상치료모델들이 그러하듯, 기초교육, 정동 조절, 행동 기술 등을 사용할 필요가 있을 수도 있다. 하지만 이런 훈련들은 문제점이 있다. 첫째, 노동집약적인 경향이 있고, 둘째, 어떤 부분이 떠나란 요청을 받은 느낌이 들게 되면 저항을 부추길 수 있다. 여기에는 보호자들(주의를 분산시키고, 따로 분리시키고, 우울해지는 부분)과 유배자들(내담자가 두려움이나 고통에 휩싸이는 부분)이 포함된다. 예를 들어, 분리를 시작하는 내담자에게 우리 눈을 바라보고 바닥에 있는 발을 느껴 보라고 지시하면, 내담자가 자신의 분리시키는 부분—그 부분의 목표는 보호하는 것이다—을 무시하도록 채근하는 것이다. 이에 대응하여 그 부분은 자신의 활동수준을 높이거나 주의 분산에서 그다음 높은 수준으로 나아가기 마련이다.

우리의 관점에서 보면, 보호자를 존중하고 참여하도록 초청하는 것이 아주 중요하다. 그 부분들을 무시하거나 내쫓아 버리는 것을 원치 않는다. 내담자가 갑자기 해리를 일으키면, 우리는 떨어진 부분에게 직접 말을 건네도 되냐고 허락을 구하고, 그 부분에게 왜 그랬는지를 묻는다. 경청을 하고 나서, 우리가 그 부분이 보호하고 있는 유배자에게 몸속에서 그 부분의 감정을 완화시키도록 요청하여 그 부분의 걱정을 처리해 줄 수 있다고 설명한다. 그러고 나면, 해리 부분에게 다시 긴장을 풀라고 요청한다. 그 부분이 치료사를 신뢰하면, 내담자가 갑자기 자리를 잡고 유배자에게 다시 초점을 맞출 수 있게 된다. 해리 부분이 여전히 경계태세에 있으면, 같이 머물면서 뭔가 새로운 것을 시도해 보는 데에 충분한 신뢰를 가질 수 있도록 한다.

겁에 질려 숨이 넘어갈 것처럼 우는 내담자에게도 동일한 그라운딩 절차를 따르면, 권력을 넘겨받은 유배자는 너무나 익숙한 메시지—저리 가—를 들을 수 있다. 그래서 우리는 모든 걸 쥐고 흔드는 유배자들에게 머물러 도움을 달라고 요청하고, 최선의 방법은 몸속에서 그들의 감정을 함께 나누어 긴장을 푸는 것이라고 설명하면서 함께 의견을 좁혀 나간다.

참자기는 커다란 관용의 창을 갖고 있다

내면세계의 또 다른 법칙은 참자기가 유배자의 강렬한 정서를 다룰 수 있다는 것이다. 하지만 보호자들은 이를 믿지 않아서 내담자가 유배자에게 다가가거나 함께 머무르려고 하면 끼어들 수도 있다. 참자기가 추방된 정서에 휩싸이지 않을 것이라고 보호자들에게 보여 줄 수 있는 여러 방법이 있다. 참자기가 유배자들에게 당혹하게 만들지 말라고 요청할 수 있다고 보호자들을 안심시키는 것도 그중 하나인데, 일단 수긍만 하고 나면 그 말을 믿을 수 있게 된다. 그렇게 동의를 하고 나면 보호자들은 유배자들이 따로 분리될 수 있다는 것을 알기 때문에 기꺼이 꽉 쥐었던 주먹을 푼다. 또 치료사가 이런 법칙에 대한 정보들을 펼쳐 보이고 나면, 그들의 신뢰는 더 커지기도 한다. 그렇긴 하지만, 꽉 쥔 주먹을 풀고 나면 다시 갇혀 버리게 될까 봐 두려워 유배자가 계속 감정을 이기지 못하고 휘청거릴 수도 있다. 경험상 분리가 실제로 도움이 될 거라는 설득이 되고 나면, 협력을 하게 된다.

참자기는 커다란 '관용의 창' 같은 것을 지니고 있기 때문에, 시겔(Sigel, 1999)이 말한 바와 같이, 우리는 내담자가 유배자의 감정을 언제 표현하는지 알고 있다. 그 두려움은 우리가 안심시켜야 하는 부분에서 나온다. 그 부분이 내담자의 참자기를 알게 하고, 내담자가 더 이상 아이가 아니라는 사실을 그 부분에게 알려 주기도 함으로써 그렇게 할 수 있다. 내담자의 참자기가 유배자와 함께 선명하게 드러나는 순간, 치료사는 유배자의 거대한 위협에 대해 마음을 놓을 수 있다. 요청이 있으면, 감정에 휩싸인 걸 보고 있는 참자기–주도적 내담자는, 특히 바라봐 주기 과정 동안 괜찮다고 하면서 그 감정의 강도와 관계없이, 아무 문제없이 그 부분과 함께 머물 것이다. 참자기가 나타나고 나면, 보호자와 유배자들은 똑같이 곧바로 내담자가 그 모든 것을 처리할 수 있다는 것을 알게 된다. 내면체계는 정서에 대한 새로운 전망을 필요로 하고, 그 전망은 참자기와 함께 만든다.

부분과 몸

부분들은 몸에 영향을 미칠 수 있다. 영화 인사이드 아웃(Inside Out, 2015)은 전략적 순간에 마음 속 제어판 위 단추를 눌러서 숨이 넘어가는 것 같거나 두통이 일어나게 만드는, 내면의 등장인물들로 정서를 그려 낸다. 이런 묘사는 적절하다. 생물학은 부분들이 우리의 행동에 영향을 미치도록 몰아붙이는 내면의 단추를 제공한다. 예를 들어, 특정 질병에 대한 유전적 소인이 있는 경우, 부분들은 자신들이 필요하다고 느낄 때 그 단추를 누를 수 있다. 반대로, 부분들은 몸의 생물학에 의해서도 영향을 받을 수 있다. 수면 부족, 특정 음식 섭취, 운동 부족 등이 되는 것은 부분들의 기분을 엉망으로 만들어, 극단적이 되어 정서적으로 휘둘릴 수 있는 위험에 처하도록 한다. 그렇긴 하지만, 부분들은 어떤 병이 생기거나 심해지는 것을 막을 수 있는 힘을 가지고 있어서, 우리가 경험해 보건대, 그들은 협력이 그들에게 발언권을 줄 것이라고 확신을 하게 되면 얼마든지 그렇게 한다.

체계의 포함관계

해리성 정체감장애 진단을 받은 많은 내담자까지 포함해서, 외상 생존자들과 작업을 하다 보면 몇 회기 동안 단일 부분에게 직접적으로 접근할 기회를 얻을 수 있다. 이런 부분들은 우리가 우리 부분들에 대해서 말하는 것처럼 자신들의 부분들에 대해서 말하기 때문에, 부분들이 자신들의 하위부분들과 이야기를 나눌 수 있도록 했다. 그렇게 하여 부분들과 하위부분들이 참자기를 갖고 있다는 것을 알게 되었다. 각각의 체계수준은 동형의 더 큰 체계 내에 포함되어 있는 것처럼 보인다. 따라서 각 수준에서의 변화는 그 수준의 아래위로 영향을 미치게 된다. 이런 결과로 나는 프랙탈[2]과 유사한 양식이 다른 차원에서 반복되는 형태에 대해서 생각을 해 보게 되었다. 자연은 프랙탈로 가득 차 있다. 멀리서 보면 강줄기들이 얼기설기 엮인 모양, 산악지대, 해안선, 번개, 나무 등에서 유사한 양식을 보이고, 가까이 보면 파인애플, 브로콜리, 나뭇잎, 눈꽃송이, 그 외에 많은 자연 현상 속에서 프랙탈이 보인다. 흥미롭게도, 마음도 참자기가 부분들을 포함하고 부분들이 하위 부분들을 포함하는 반복 패턴을 보인다. 이들 모두는 가족, 지역공동체, 국가 등과 인간이 하는 방

---

2) 작은 구조가 전체 구조와 비슷한 형태로 끝없이 되풀이 되는 구조. 언제나 부분이 전체를 닮는 자기유사성 (self-similarity)과 소수(小數) 차원을 특징으로 갖는 형상

식 그대로 상호작용한다. 자연은 프랙탈을 사랑하는 것 같다.

외상과 시간

외상은 부분들을 결국 굳어 버리게 만든다. 신경과학자들이 최근 수십 년간 인간의 정신은 시간 속에서 이리저리 움직이는 복잡하게 얽힌 경향이라고 멋지게 정의를 내렸다. 그러나 이런 과정의 흐름은 외상으로 차단되는 것처럼 보이고, 유배자들과 함께 외상을 입은 부분들과 그들의 보호자들은 과거 혼란스럽거나 위험했던 그때에 머물러 살고 있다. 이런 이상한 존재는 그들을 고립되고 극단적인 관점과 사상으로 짐을 지게 한다. 자신이 몇 살 쯤 된 것 같은지 보호자들에게 물어보면, 대개는 외상이 일어났던 당시의 나이를 말하는데, 이는 그들이 보호하는 역할로 옮겨 간 때다. 간단히 말해서, 보호자들은 우리가 어리고 나약하다고 여긴다. 그들은 자신들이 보호하는 부분들보다 더 이상 현재에 온전하게 살고 있지 않다. 지금은 우리가 나이도 더 들었고 할 수 있는 것도 더 많아졌다는 것을 그들이 알게 되면, 자신들의 생존에 대해서 두려워할 수도 있고 안심시킬 필요도 있기는 하지만, 눈에 띄게 긴장을 풀게 된다.

외상은 정신 속에서 시간이 자연스럽게 흐르는 것을 방해하여, 내면의 경험과 외부 경험이 서로 다른 길 위를 걷게 한다. 내면으로는 외상을 입은 부분이 갇힌다. 이들을 찾기 위해 수십 년을 건너뛰어 외상 사건으로 곧장 돌아갈 수도 있다. 그런 장면으로 들어가 상처를 입고 있는 부분을 도와주고 보호해 줄 수 있다. 뜻밖에도, 내면세계에서 과거를 바꿀 수도 있다. 어떤 일이 일어났던가에 대한 기억을 부인하거나 잊어버리거나 왜곡시키는 것과는 다르다. 하지만 부분들은 과거 외상에 대한 새로운 경험을 일어나게 할 수 있다. 과거를 부인하거나 별것 아닌 것으로 만들어 내담자가 그런 일이 일어난 적도 없는 것처럼 살게 만들려는 보호자들에게나 시간 따라 흐르지 못하고 그대로 굳어 버린 유배자들에게나 이는 아주 좋은 소식이다. 고쳐 쓰고 안심이 되고 나면, 외상 사건은 더 이상 동일한 무게로 느껴지지 않는다. 우리는 마음뿐만 아니라 두뇌도 이러한 과정으로 바뀔 수 있을 것이라고 믿는다 (Anderson, Sweezy, & Schwartz, 2017).

양극화

아동의 참자기는 내면체계를 보호할 만큼 힘이 없다. 아동의 참자기는 성숙한 뇌나 신체에 접근할 수도 없고 성인의 보살핌 없이 아동이 살아갈 수도 없다. 그래서 부분들이 아동기에 극단적인 역할을 할 수밖에 없게 되면 참자기에 대한 신뢰를 잃어버린다. 외적 가족 내에서 부모화된 아이와 마찬가지로, 정서적 혹은 인지적으로 아동의 삶을 주관할 준비가 되지 않은 어린 관리자들은 아동이 계속 부끄러움을 느끼게 나날이 몰아가서 자신들이 안전하다고 여기는 행동을 하도록 한다. ―당연히 이는 유배자를 활성화시킨다. 이에 응하여, 소방관들은 그런 지배적 관리자들을 더 날뛰도록 만드는 여러 가지 충동적인 비행으로 반항을 하고 정신을 차리지 못하게 만든다. 이런 식으로 악순환이 계속 된다. 너무 나약한 아동의 부모와 마찬가지로, 싸우려고 덤벼드는 보호자들은 그런 부모들이 유배자들의 고통을 억제하기 위한 방법으로 극단으로 치닫는 것과 같이 눈 깜짝할 사이에 양극화를 심화시킨다. 외부인들이 몰려들어 소방관의 행동을 하는 내담자를 부끄러워하고 유배자에게 다시 호된 처벌을 가하는 일들이 일어난다. 그때 우리는 보호자 한 사람의 채근이 어떻게 다른 사람들의 반항과 극단성을 내외적으로 일으키게 되는지를 알 수 있다.

치유를 위한 필수과정

내면가족체계에서는 한 보호자의 극단에 있는 양면의 보호자들이 두 가지 걱정이 없어질 때까지 자신들의 역할을 고수할 것이기 때문에 짐을 내려놓기 위한 특정의 과정을 따르는 것이 일반적이다. 첫째는 그들이 두려워하는 양극화된 보호자가 긴장을 푸는 것이고, 둘째는 그들이 보호하고 있는 나약한 부분이 치유되는 것이다. 이런 순서를 이행할 기회를 갖지 못한 국가나 정신은 갈등의 수렁에 빠질 위험이 아주 높다. 사람은 정신력으로 변하지 않는다. 억지로 떠밀면, 보호자들은 그렇게 억지로 시키는 자가 그 행동을 그만두게 되면 어떤 일이 벌어질지를 전혀 모르고 있다고 (가끔은 그런 생각이 맞을 때도 있다) 간주해 버린다. 따라서 보호자들에게 바뀌라고 하기보다는, 그들을 존중하고 나약한 부분들을 도울 수 있게 해 달라고 그들의 허락을 구한다. 수년간의 경험을 통해서 소방관들은 변화가 안전하다고 믿을 때 실제로 열의를 다해 변화에 힘쓴다는 것을 알고 있다. 체계는 요구를 갖고 있다는 것이 요점인 것이다. 어떤 부분들은 다른 부분들보다 먼저 주의가 필요하다. 알고 싶어 하고 유연한 태도를 유지하면서 이런 요구에 관한 지시에 귀를 기울이다 보면, 그들은 모습을 드러낼 것이고, 그리고 나면 우리는 그런 요구를 충족시킬 자원에 접근할 수 있는 방향과 지침을 제공할 수 있다.

무거운 짐을 진 보호자들

보호하는 부분들은 극단적으로 될 수 있다. 유배자들과 마찬가지로, 이들은 자신들의 경험을 구성하고 행위를 지배해온 대물림된 신념, 정서, 에너지로 인해서 짐을 지고 있기 때문이다. 문제에 연루된 모든 부분—유배자들뿐만 아니라 보호자들도—은 자신들의 짐에서 해방되어야 한다. 짐이 없는 부분들을 가지고 있지 않다고 말하는 것이 아니다. 그 부분들은 가치 있고, 조화로운 역할을 맡고 있기 때문에 우리는 쉽게 그런 부분들을 알아채지 못할 때가 많다. 그래서 쉽게 눈에 띄지 않고 되찾아오거나 짐을 덜어 줄 필요가 없다.

짐의 종류

앞서 언급한 바와 같이, 짐은 두 범주 중 하나가 된다. 직접 경험으로 쌓인 것—개인적인 짐이라고 한다—이거나 가족, 민족 집단, 문화 등에서 이어져 내려온 신념 및 정서의 형태에 빠져 있는 것—대물림된 짐—이다. 부분들은 자신들의 짐이 자신이라고 믿을 수도 있지만, 몸 안팎이나 주변 어딘가에 있는 것이라고 쉽게 구분할 수도 있고, 대물림된 짐과 개인적인 짐을 구별할 수도 있다.

뿐만 아니라, 부분들은 짐을 체계 밖으로 던져 버릴 마음을 먹을 수도 있다. 일반적으로 말하자면, 짐을 내려놓는 것에서의 결정적인 요소는 목표가 되는 부분이 자발적으로 짐을 내려놓겠다고 하는 것이다. 어떤 부분들은 자신들이 얼마나 그 짐을 던져 버리길 원하는지 알고 있다. 그렇지 않으면, 영적 전통에서 하는 대로 빛, 땅,

공기, 물, 불 등에게 짐을 건네주라고 할 수도 있다. 경우에 따라 부분이 준비가 되었어도 짐은 그대로 있을 수 있는데, 이는 다른 부분이 어떤 이유로 인해서 그 길을 막고 있을 수도 있다는 것을 암시한다. 심각한 이의 제기는 미해결된 일에 대한 중대한 정보를 주기 때문에, 길을 막고 있는 부분의 염려를 다루고 짐을 내려놓는 과정으로 진행하기에 앞서서 그 부분의 허락을 얻는다.

짐 내려놓기 과정

짐 내려놓기를 하고 난 뒤 모든 것은 협상이 가능해진다. 예를 들어, 한 부분이 체계 밖으로 짐을 내보는 게 마음에 걸린다면, 그냥 그 짐을 내면세계 안에 있는 뚜껑 달린 통에 넣어 두고, 언제든 몸속으로 다시 넣을 수 있다는 선택지를 두고 보관할 수 있다. 여러 회기에서 바라봐 주기(witnessing)를 하면, 부분들은 자신들의 짐을 보관하는 쪽의 선택을 하는 경우가 자주 있다. 이 부분들은 목격 과정을 거치는 동안 부분적으로 짐을 내려놓기도 하면서, 한번에 다가 아니라 몇 퍼센트씩 짐을 내보내기도 할 수 있다. 결국 대부분의 부분은 자신들의 짐에서 벗어나기를 원하고 일단 짐이 체계 밖으로 내보내지고 나면, 재순환을 위한 유독한 에너지가 방출되지만, 그 영향은 없어진다. 부분들이 복합적인 짐을 지고 무엇이 자신들의 것이고 무엇이 자신들의 것이 아닌지를 알고 있는 것 같으면, 그 부분에게 그것 말고 다른 짐은 없는지 물어보면서 회기를 마치기 전에 다시 한번 확인한다.

무거운 짐 내려놓기가 완전히 끝날 때

짐 내려놓기를 한 후 짐이 다시 돌아올 수 있다. 대개는 다음과 같은 이유 중 하나로 인해서 그렇게 된다. (1) 부분이 완전히 드러내지지 않았다. (2) 그 부분이 짐 내려놓기 이후에 참자기에게서 버림받았다고 느꼈다. (3) 보호자들이 짐을 내려놓기로 위협을 받아서 짐을 도로 졌다. (4) 다른 부분들이 똑같은 짐을 지고 있어서 지켜봐 주고 짐을 내려놓을 기회가 필요하다. (5) 짐을 내려놓은 후에 일시적으로 무서운 일이 일어나서 부분이 익숙한 데로 돌아가기를 원하거나 다른 부분들이 짐을 내려놓는 것에 경악을 하면서 탓을 하니까 다시 짐을 가지고 왔다. (6) 윗세대들에게서 흡수된 대물림된 짐이 그대로 남아 있다. 짐이 되돌아오면, 보호자들은 사기가 꺾이기 쉽고 다시 짐을 내려놓는 데에 용기를 잃게 된다. 이에 대응하여, 내면의 모든 이에게 이런 일이 특별한 것이 아니고 짐 내려놓기 과정에 중요한 부가적 사항을 만들 기회를 지금 갖게 된 것임을 확신시킨다.

짐 내려놓기 후

짐을 내려놓은 부분들은 거의 언제나 더 경쾌하고 더 마음이 넓어진 기분이 든다. 뿐만 아니라, 내담자들은 자신들의 참자기가 몸속에서 확장될 수 있는 더 많은 공간을 갖게 되었음을 감지한다. 무거운 짐들이 귀중한 자질들을 대체하고 선물을 차단하기 때문에, 짐을 내려놓고 나면 부분들이 몸속으로 들어갈 필요가 있는 모든 것을 불러들이도록 지도를 한다. 빠질 수 있는 것에 대해서 어떤 채근도 하지 않으면, 내담자들은 용기, 명랑함 같은 자질과 속성들을 연민과 사랑 같은 감정 상태와 함께 불러들인다. 이렇게 흘러가다 보면, 부분들은 뿌듯하고, 견고하고, 활기찬 기분이 들어서, 모두가 나중에 다시 짐을 지게 되더라도 약해지지 않게 된다.

대물림된 짐에서 해방

보호하는 부분들은 무거운 짐이 대물림된 것으로 내담자의 개인적 경험에서 비롯된 것이 아니라는 것을 알고 나면 곧바로 대물림된 짐에서 벗어나기를 원할 때가 있다. 반면, 개인적 경험으로 짐을 지게 된 부분들은 대개 참자기가 그 부분들의 경험을 지켜봐 주고 과거에서 그 부분들을 꺼내와 줄 필요가 있다. 내담자의 내면체계가 대물림된 짐에서 벗어날 준비를 갖추는 데에 주요한 장애물은 보통 가족구성원이나 민족 집단에 대한 충성심이다. 내담자의 참자기는 현재 실제로 문제가 되는 것이 무엇인지 명확하게 함으로써 왜곡되고 극단적으로 보이는 모든 두려움을 해결할 수 있다.

우리가 누구인가에 대한 급진적인 견해

참자기는 다치지도 않고 발전할 필요도 없다. 심리학에서 이런 관점은 급진적이지만, 내면가족체계를 사용—어린 아이들과 함께할 때도—하는 치료사들에 의해서 매일 입증되고 있다. 부분들이 충분히 분리되고 나면, 아이든 어른이든, 끔찍한 외상의 이력을 지닌 사람들까지도, 참자기의 자질을 충분히 개발시켜, 자신들의 부분들을 보살피는 방법에 대한 기지를 곧바로 펼쳐 보이는 것을 분명히 확인할 수 있을 것이다. 심각한 뇌손상을 입은 사람들의 경우에서만 예외가 된다. 참자기는 어느 정도 중심이 갖춰져야 충분히 드러날 수 있는 것 같다. 그래서 참자기는 보호자들이 인정하지 않을지라도, 늘 보호자들의 바로 밑이나 뒤에서 찾을 수 있다. 그러니까 개인 두뇌, 심장 그 외 위로가 되고 치유가 되는 존재가 되기 위한 핵심 기관에 접근할 수 있는 특정 수준이 참자기에게는 필요하다는 말이다.

보호자들이 참자기에게 다가가는 것을 어렵게 하거나 몸 밖으로 참자기를 떠밀려하면, 우리는 해리되고, 실체가 없는 것 같고, 공허한 느낌이 든다. 부분들이 참자기의 사기를 꺾어 버리는 힘이 특별히 적응적이라고 여겨지지는 않지만, 내면의 물리적 현상의 법칙인 것 같다. 보호자들은 자신들이 안전하다는 느낌이 들어야 참자기가 재편성하는 것을 허락한다. 내담자가 명상이나 그라운딩 기술 같은 걸로 허락도 구하지 않고 참자기-구현을 이루게 되면 보호자들은 처벌을 내릴 수도 있다. 딱 하나 예외가 있다면, 참자기를 몸으로 돌려보내는 최선의 방법은 보호자들에게 허락을 구해서 그들의 염려가 사전에 해결될 수 있도록 하는 것뿐이다.

나는 이런 내면의 법칙에 단 하나의 예외를 알고 있다. 퇴역군인들의 외상후스트레스장애와 그 외 외상을 입은 사람들에 대한 최근 연구들에서 사용된 MDMA와 관련된 것이다. MDMA는 속칭 엑스터시라고 알려져 있는데, 아무 데서나 구할 수 있는 불량품이나 엑스터시라고 잘못 불리는 약물과 이 연구에서 사용된 MDMA와는 전혀 다른 것일 수 있다(19장을 보라). 내면가족체계치료사인 마이클과 미토퍼가 실행한 몇 회기의 영상을 보니, 엄청난 속도로 주체들이 어마어마한 양의 참자기에게 다가가 부분들이 자발적으로 치유되는 것을 분명히 보여 주었다[그들의 작업에 대해서 더 많은 정보를 보고 싶다면, 학제 간 환각 연구 협회(Multidisciplinary Association for Psychedelic Studies, MAPS)의 웹사이트, https://maps.org/about를 보라]. 참자기에 대한 그들의 확장 접근은 보호자들을 신속하게 안심시켜 변화를 꾀하도록 하는 듯하다. MDMA가 반발에 대한 실질적 보호를 제공하는 것 같지만, MDMA 연구 참여 치료사들은 유배자들에게 나아가기 전 보호자들에게 조심스럽게 허락을 구하기도 한다.

참자기가 치유한다

참자기가 충분히 드러나고 나면 내면과 외부의 관계는 좋아진다. 8C로 표현하는 속성들[호기심(curiosity), 차분함(calm), 명료함(clarity), 유대감(connectedness), 자신감(confidence), 용기(courage), 창의성(creativity), 연민(compassion)] 이외에도, 참자기는 부분들과 사람들과 관련하여 지켜봐 주고, 안아 주고, 보살펴 주고, 보호해 주고, 필요할 때는 친절하게 제재를 가하거나 다른 의견도 제시해 주는 천부적인 기지를 갖고 있다. 서로 다른 연령과 기질을 지닌 아이들처럼 부분들도 서로 다른 요구를 갖고 있다. 적절히 대응할 줄 아는 훌륭한 부모들처럼, 참자기는 각각의 부분들이 무엇을 요구하는지 알고 있는 것 같다. 참자기가 머릿속으로 떠올리는 개입은 치료사가 만들어 내는 어떤 것보다 훨씬 더 나을 때가 많다. 유배자를 지켜봐 주면서 내담자가 "그런데 내가 어떻게 도와주어야 할지를 모르겠어요."라고 말을 할 때는, 그저 부분에게 한 발 뒤로 물러서서 참자기가 나설 수 있게 해 달라고 요청만 하면 된다.

보살펴 주는 어른이 망나니 같은 아이에게 훌륭한 애착 대상이 되는 것과 마찬가지로, 참자기는 내담자의 보호자들과 유배자들에게 훌륭한 애착 대상이 된다. 하지만 한 가지 중요한 차이점이 있다. 새로운 안전 애착은 외부세계에서보다 내면에서 훨씬 더 빨리 일어나는 것으로 보인다. 참자기가 사랑을 주고 나면, 아무리 불신이 깊은 부분들이라도 두 회기 정도 안에 마음을 돌리기도 한다. 덧붙여, 짐 내려놓기 이후 한 달간 매일 추수지도를 해 준다면 단단하고 안전한 신뢰를 발전시켜 나갈 것이다. 외부의 타인과 안전 애착을 발달시키는 데에 몇 년이 필요한 회피애착 아동과 비교해 보자. 내면의 애착 욕구를 다루어 주면 이런 과정은 더 빨라진다.

부분들이 내면의 공간을 열고 나면, 참자기는 에너지를 발산한다. 이 에너지를 자신의 몸을 통해서 움직이는 떨림이나 박동 같은 일종의 전기처럼 느끼는 사람들도 있다. 동양의 정신 수양에서 치유의 에너지라고 말하는 프라나(prana)[3] 혹은 기(氣)와 같은 현상일 수도 있다. 참자기−에너지를 경험하는 내담자들은 자신들의 부분들과 다른 사람들에게 그 에너지를 향하게 하도록 할 수 있다. 치료사도 내담자들과 함께 그렇게 할 수 있다. 일상에서도 참자기-에너지를 지휘하는 법을 모두 배울 수 있다. 참자기-에너지는 보호적이다. 몸속에 참자기-에너지가 충분하면, 무거운 짐이 그 영역을 뚫어 부분들에게 부과될 일이 없다. 매일 참자기-에너지에 접근하여 몸속에 잘 잡아 두는 연습을 해서 넣어 두면 스트레스가 심할 때에 보호책이 될 수 있다.

참자기를 구현하는 것은 대부분의 사람에게 다양한 양식으로 경험된다. 참자기에 대한 자신의 수준을 가늠하기 위해서, 일련의 인지 및 감각을 살펴볼 수 있다. 예를 들어, 참자기가 구현될 때 목소리의 울림은 더 깊어지고 말의 억양은 편안해진다. 물론 심장도 살펴본다. 가슴에 집중을 하면 심장이 열려 있는지 바로 알 수 있다. 또한 참자기가 몰아붙이지 않는다는 것을 알고 있기 때문에, 제대로 제자리에서 잘하고 있는지를 쉬이 알 수 있다. 마지막에는 얼마나 많은 참자기가 내게 흐르고 있는지 측정하는 식으로 몸속의 참자기-에너지의 떨림을 인식하는 것을 배울 수도 있다. 또는 호흡의 깊이, 근육 긴장, 시야의 선명도, 정신적 광대함 등으로 자기 구현을 가늠하는 다른 방법들도 연마할 수 있다. 하지만 내 견해로는 앞서 말한 네 가지가 신속하고 신뢰할 만하다.

요점은 참자기-구현의 경험이 자신의 참자기-에너지 수준을 잴 수 있는 실마리들을 제공한다는 것이다. 하루 종일 그리고 치료 회기 중에 우리가 확인할 수 있는 것이다. 역으로, 지배적 보호자들의 활성화 수준을 예의주시하기 위해 그들의 전형적인 물리적 징후를 감지할 수도 있다. 예를 들어, 나의 두 부분에 대해서 밝혀볼 텐데, 내 이마를 지그시 누르는 한 부분이 있고, 어깨 위에 천근만근으로 나타나는 부분이 있다. 내가 드러나지 않았다는 것을 감지하고, 섞여 버린 그 부분을 찾아서 좀 더 넓은 공간을 마련해 달라고 요청했다.

참자기가 내면에서 무엇을 할 수 있을까

감정전염은 양방향으로 퍼져 간다는 것을 유념하자. 참자기-에너지가 퍼져 가듯,

---

3) 힌두 철학 용어, 모든 생명체를 존재하게 하는 힘

부분들의 감정과 태도도 그렇다. 극단적인 부분과 섞인 사람과 함께 있으면, 우리도 극단적으로 될 수 있는 위험에 처한다. 우리의 부분들이 선봉에 서면, 마찬가지로 우리 안에 극단적인 부분들이 양극화된 부분들과 함께 활성화될 것이다. 극단적인 부분이 내면에서 권력을 쥐게 되면, 상대방과 동일시할 것이다. 그러나 양극화된 부분이 힘을 가지면, 다른 사람을 비난하거나 처벌할 것이다. 이와 관련된 핵심 원칙은 당신의 극단성은 나의 극단성을 활성화시키고, 그 반대도 마찬가지라는 것이다.

동시에, 참자기-에너지가 번져 갈 수도 있다. 참자기-주도 치료사들이 내담자에게 접근할 때, 내담자의 참자기-그리고 내담자 부분들의 참자기-가 활성화된다. 소리굽쇠처럼, 한 체계의 참자기가 진동을 일으키면 모든 곳의 참자기에게로 연결이 된다. 이는 집단이 왜 그렇게 막강한 치유 매체가 될 수 있는지를 설명한다. 각각의 구성원들이 전체로서의 집단 참자기-에너지를 증폭시키고, 치료실 내 참자기-에너지 수준을 높인다. 그래서 치료사에게 참자기에게 접근하는 것을 최우선으로 삼으라고 하는 것이다.

또한 참자기가 내면세계에서 모든 것을 다룰 수 있다는 것도 명심하자. 외상 생존자들이 정말 무서운 부분을 만날 때, 나는 "당신이 두려워하지 않으면 어떤 힘도 당신을 지배하지 못합니다. 그리고 당신의 참자기는 겁내지 않습니다."라는 말을 자주 해 준다. 이 중대한 법칙은 내가 내면가족체계를 실천해 오면서 못된 행동을 일삼는 수많은 무서운 부분을 만나 온 수십 년간 한 번도 어긋난 적이 없었다. 그러니까 무소불능의 위험한 것처럼 보이는 부분들이 접근 가능해지고, 준비가 되고 나면 자신들의 임무에서 짐을 내려놓을 수 있다. 이런 내면의 괴물들 중 하나가 허물어지고 참자기-에너지가 드러나면서 그 모습을 바꾸는 것을 볼 때마다 가슴이 벅차오르는 경험을 한다.

참자기는 의식의 자리이자 존재의 터전이다. 참자기는 내 모든 부분이 분리되어 공간을 열 때 존재하는 나다. 그러므로 나는 나의 참자기를 볼 수 없다. 많은 이가 내면세계에서 부분들의 이미지를 보지만, 우리가 참자기를 본다고 생각하는 것도 실제로는 참자기를 대신하고 있는 부분을 보는 것이다. 왜냐하면 참자기가 바로 자기를 보는 존재이기 때문이다. 여러 영적 전통은 부분들과 부분들이 진 무거운 짐을 같은 것으로 보지 않고 식별하도록 약간만 시선을 달리하여 자신의 본질(참자기)을 알고 참자기 주도하에 살아가는 것에 대한 단순한 전환을 통해 깨달음을 얻게 한다. 부분들이 여전히 권력을 쥐고 있을 수도 있지만, 참자기를 허락(적어도 인식)하는 것만으로도 그렇게 될 수 있다.

참자기-주도성에 관해서 강조하고자 하는 주안점은 자동적으로 섞여 버리는 것이 더 이상은 안 되는 때가 올 수 있다는 것이다. 그리고 그렇게 되더라도 섞임은 부분적일 뿐이다. 참자기가 여전히 거기 있고 언제든 권력을 다시 취할 수 있기 때문이다. 이 시점에서 보호자가 허락 없이 주권을 쥐게 되더라도, 참자기는 상처를 입었거나 공격을 당한(부분들이나 사람들) 이에게 사과를 하고 문제를 개선할 수 있다. 그러면 참자기는 자동적 반응을 실마리로 삼아서 아직도 치유되어야 할 유배자를 찾는 데 활용할 수 있다. 이런 관점으로 보면, 치료사는 도화선이 되는 사건을 반기게 된다. 그 사건들이 더 나은 치유로 이끌기 때문이다. 마찬가지로, 우리 부분들을 활성화시키는 사람들과의 관계도 우리의 유배자들을 찾아서 치유하는 데에 활용할 수 있다. 이런 사람들을 우리는 힘겨운-스승(tormentors)이라고 하는데, 우리의 부분들을 활성화시켜 더 깊이 있는 치유를 할 수 있도록 이끈다.

내면세계와 외부세계 모두에서, 참자기는 불균형과 부당함에 도전하여 치유하기 위해 움직인다. 명료성, 자신감, 참자기-지도부의 용기 등에 의거하여, 우리는 보호자들이 부인을 하더라도 분명히 그 부당함을 확인하는 데까지 나아가며, 변화를 위해 차분하게 행동할 수 있는 용기뿐만 아니라 말할 용기까지 가지게 된다. 지금까지 계속 불의를 저지르는 사람들에 대해 경멸하지 않고 연민을 가진다고 했다. 그들이 자신들의 무거운 짐 때문에 그렇게 한다 해도, 참자기의 수준에서 우리와 이어질 수 있다는 것을 우리가 알고 있기 때문이다. 시간이 지나면서 참자기는 이러저러해야 한다는 지침이 없는 지침을 갖고 있다는 것을 알게 되었다. 참자기는 균형, 조화, 유대감, 모든 체계 내 모든 수준의 치유 등을 바란다. 그렇지만 참자기는 그런 일들이 일어나도록 하는 데에 매달려 있지는 않다. 참자기는 큰 그림을 보면서 참을성과 지구력, 8C 등과 같은 것들 외에도 명랑쾌활함과 집착하지 않음을 실천한다.

내면의 영역과 외부 영역의 유사성

지난 35년간 무수히 많은 내면세계를 여행하고 난 후, 나는 우리의 내면 영역과 외부세계 간의 차이뿐만 아니라 유사성에도 강한 호기심이 생겼다. 지금까지는 주로 차이에 중점을 두었으니, 이제는 몇 가지 유사성에 대해서 말하고자 한다. 첫째는 부분들은 사람과 같다는 것이다. 부분들은 몸, 연령, 재능, 소망, 기질 등을 갖고 있다. 외상을 겪고 나면, 부분들은 외상을 입은 외부 가족들이 구성하는 방식과 거의 똑같은 방식으로 구성되는데, 희생양과 유배자들이 되는 부분들도 있고, 반면 다른 부분들은 부모화되고 보호적이 되기도 한다. 외상을 입은 인간체계의 모든 수준에서 유배자와 보호자들을 만날 수 있다. 외부 가족에게서 양극화가 심화되고 지도력이 위태롭게 되는 것과 똑같이 내면적으로도 그렇게 될 수 있다. 상처 입고 추방된 부분들은 바라봐 주고(이해받고 인정받기를) 지탄받은 상처 입은 사람들과 마찬가지로 귀한 내면의 시민의 자격을 되찾게 되기를 열망한다. 그렇게 되지 못하면, 내면의 영역과 외부 영역 모두에서 유배자들이 절망 속에 무너지거나 반란을 일으키려고 할 수도 있다.

그러는 동안, 두 수준 모두에서 과부하된 보호자들은 지도부에 대한 신뢰를 잃어 자신들 역할에 혐오를 느끼면서도 완고하고 극단적으로 되어 갈 수 있다. 보호자들은 내면과 외부에서 긴장을 풀고, 사랑받으면서, 수용되기를 바라기 때문에 자신들이 그렇게 여겨졌던 모습으로 돌아갈 수 있다. 그리고 다행히 모든 사람은 참자기를 품고 있어서 부분들도 사람들도 모두 이렇게 될 수 있고, 참자기는 그들을 치유하고 그들의 관계를 바로잡는 법을 알고 있다. 어떤 수준에서든 부분들이나 사람들은 안전하게 자신들이 공간을 열어 줄 수 있다는 것을 신뢰하면, 참자기가 바로 모습을 드러낸다. 그래서 우리는 내면가족체계에서는 내면세계와 외부세계에서 동일한 개념과 기법을 사용할 수 있게 되었다.

맺음말

많은 과학자가 생태적으로 민감한 방법으로 외부체계와 상호작용하는 법을 연구한다. 이는 내가 내면세계를 향해 취할 수 있었던 접근법이다. 그 법칙을 배워 생태적으로 민감한 방식으로 변모를 꾀하는 법을 직감적으로 알게 되었다. 이런 여정은 아주 매력적이면서 장엄하여 두렵기까지 한, 말 그대로 믿을 수 없는 것이었다. 내가 좋은 과학자로 남아 있다는 것이 자랑스러운 것은, 궁극적으로 내담자들의 부분들이 나에게 가르쳐 준 것을 신뢰하고 마음에 대한 서구의 선입견을 넘어서는 자료들을 믿어, 주관적 경험을 함부로 묵살하지 않았다는 것이다. 내면의 영역을 진지하게 받아들여, 거기 거하는 부분들과 그들의 법을 존중하고 나면, 정신은 우리가 외부에서 창조하는 관계적 세계뿐만 아니라 스스로 치유도 할 수 있는 지혜를 가지고 있다는 것을 알게 된다.

우리의 치유에 대한 지혜는 참자기 안에 담겨 있다. 이제 내면가족체계는 유대감과 연민에 중점을 두는 전 세계의 선각자들과 함께 힘을 모으고 있다. 내면가족체계는 연민을 향한 현실적이고 구체적인 길을 제시하고 교육, 영성, 명상 및 갈등 해결, 코칭, 의학 등 여러 분야에서 적용되고 있다. 심리치료학계에서 심각한 병리 증상으로 지금까지 보아 왔던 조건들을 이해하고 치료하는 데에 내면가족체계는 급진적인 패러다임을 제공한다. 우리가 모두 참자기를 갖고 있다는 사실은, 우리 부분들에 대한 공격을 멈추고 사랑을 주기 시작할 때, 모든 것을 바꿀 힘을 가진다. 부분들을 사랑할 수만 있으면, 부분들을 닮은 사람들과도 사랑으로 관계를 맺을 수 있다. 이 저서는 여러분이 전 세계에 더 많은 참자기를 데려올 수 있도록 하는 프로젝트에 참여하라는 초대장이다.

용어 해설

관리자(Managers): 유배자들의 활성화(무거운 짐)를 최소화시키는 것을 목적으로 하는 방식으로 체계를 운영하는 부분들

구별(Unblended): 참자기를 쥐고 흔드는(섞인) 부분(예를 들어, 감정, 사고, 감각, 신념) 없이 분명한 인지적 상태뿐만 아니라 내면에 넓은 도량을 갖춘 상태로 경험할 수 있는 상태

균형(Balance): 동일 인간체계 내 구성원들이 필요한 책임, 자원, 영향 등에 공평하게 접근할 수 있는 상태

내면-들여다보기(In-sight): 부분들을 이해하는 성인들에게 사용하는 주요 접근법. 내면-들여다보기는 내담자가 부분들에 대해서 인식을 하고 있고(시각, 촉각, 청각적 경험을 쓰기도 한다) 그 부분들과 직접적으로 소통할 만큼 충분한 참자기-에너지를 갖고 있어야 가능하다. 보호자들이 내면-들여다보기를 막고 있으면, 직접 접근을 사용할 수 있다.

무거운 짐(Burdens): 부분들은 무거운 짐을 지게 되는데, 부분들이 몸에 혹은 몸속에서 일어나는 상호작용이나 사건들로 인해 겁을 먹거나 부끄러워하게 되는 것들이 쌓여서 극단적인 사고와 감정 상태가 되는 것이 무거운 짐이다.

문제 있는 지도부(Problematic leadership): 보호하는 역할—관리자나 소방관들부터 부모 및 공적 인물들까지—을 맡고 있는 체계의 지도자가 한쪽으로 치우쳐 끌고 가거나 서로 양극화시키거나, 신뢰할 수 없는 행동에 빠지게 되는 상태

바라봐 주기/입회(Witnessing): 한 부분이 자신의 경험에 대해서 내담자의 참자기에게 이해받고, 수용되고, 자기-수용이 일어난다는 기분이 들 때까지 보여 주거나 말하는 과정

복합 양식(Multiplicity paradigm): 인간 마음을 다원적 혹은 있는 그대로 하위 인격을 여러 부분으로 세분화해서 보 는 개념적 관점

부분(Parts): 내면가족체계가 하위인격을 대신해서 쓰는 낱말. 부분들은 서로 다른 연령, 기질, 재능 등을 가진 내면의 사람들처럼 행동하고 그와 관련하여 최선을 다해 반응한다.

불균형(Imbalance): 한 구성원(혹은 한 집단)이 책임, 영향, 자원 등에 더 많이 혹은 더 적게 접근하는 상태

섞임(Blending): 한 부분이 개인의 의식 자리 혹은 참자기의 자리를 차지하는 행위. 섞임은 연속적으로 일어나기 때문에, 참자기가 약간 섞인 상태로 혹은 완전히 섞여서 전체가 가려지는 상태로 나타날 수 있다.

소방관(Firefighters): 추방된 감정과 신념이 부상한 뒤, 추방된 부분들을 진정시키거나 거기서 주의를 딴 데로 돌리는 것(예를 들어, 해리, 약물, 음식 등으로)을 목적으로 삼아서 신속하게 반응하는 부분들

양극화(Polarization): 동일 체계 내 두 구성원(혹은 두 집단)이 상반되는 견해를 가지고 갈등이나 다툼을 일으키는 상태. 둘은 상대가 권력을 쥐게 될까 두려워 점점 극단적으로 치닫게 되는데 그로 인해서 체계의 참자기를 가리게 될 수 있다.

얽힘 혹은 엮임(Enmeshment): 한 체계 내 두 구성원(혹은 두 집단)이 심각하게 상호의존적이면서 반응적인 상태로, 자신들의 참자기에 접근이 거의(전혀) 불가능하다.

유배자(Exiles): 의식 밖에 격리되어 있거나 자신들의 보호를 위해 혹은 나머지 체계들을 자신들의 감정으로부터 보호하기 위한 체계 내의 부분들

조화(Harmony): 인간체계 구성원들이 협력적으로 관계를 맺어 효과적인 소통을 하면서, 서로 보살펴 주고, 친밀감을 느끼는 상태

지지적 환경(Sustaining environment): 균형, 조화, 효과적인 지도력이 특징인 관계적 환경

직접 접근(Direct access): 내면─들여다보기(in-sight)에 대한 대체 접근법. 보호자가 섞이지 않을 때, 치료사는 내담자의 부분들에게 직접 말을 건다. 직접 접근에서는 부분에게 명시적으로(예를 들어, "제가 그 부분과 직접 이야기를 나눌 수 있을까요? 좋습니다. 당신은 왜 애비가 곤죽이 될 때까지 술을 마시게 하는 거죠?") 말을 걸 수 있다. 아니면, 내담자가 부분에 대한 생각을 거부하거나 "그건 부분이 아니라, 바로 나예요."라고 말할 때는, 부분이라는 낱말은 쓰지 않고, 은연중에 그 부분에게 말을 건다. 내면 들여다보기를 쓸 줄 아는 아동들도 있지만, 직접 접근은 주로 아동에게 쓰는 방법이다.

짐 내려놓기(Unburdening): 추방된 부분이 짐 지고 있던 고통스러운 정서나 신념에서 벗어나는 과정. 마음속에 그려진 한 요소를 의례적인 형식으로 풀어내는 것과 연관되기도 한다. 짐을 내려놓고 나면, 그 부분은 자신의 선택으로 짐을 버린 자리에 들여와 채울 자질들을 모은다. 대체로 참자기(용어 해설에서 참자기 항목을 보라)의 자질들이 선택된다.

참자기(Self): 의식의 자리, 균형감, 현존, 인내, 명랑, 지속, 호기심, 창조성, 차분함, 명료함,

보살핌, 친밀감, 자신감, 연민 등과 같은 자질을 갖고 있다. 참자기는 내면가족을 이끌기에 충분한 자격을 갖춘 단 하나의 내적 존재이다.

참자기-에너지(Self-energy): 참자기가 부분들과 관계를 맺을 때의 균형감과 감정

참자기-주도(Self-led): 참자기에 접근할 수 있는 개인을 설명하는 말로, 듣고, 이해하고, 부분들과 함께 있는 능력을 가진 사람을 말한다. 내면가족체계와 다른 사람들에게 있어서 자신들 역할의 중요성을 잘 알고 그 가치를 인식하고 있는 것을 뜻한다.

피드백(Feedback): 환경으로부터 체계가 받게 되는 정보

환경적 제약(Constraining environment): 하위체계에게 무거운 짐을 지게 하는 것과 관련된 환경으로, 불균형, 양극화, 얽임, 문제 있는 지도력 등으로 인해서 만들어진다.

회복(Retrieval): 추방된 부분이 요구하는 대로 눈길을 얻고 나면, 참자기가 과거에서 그 부분을 빼내 와 현재로 혹은 그 부분이 선택하는 어떤 다른 장소로 데리고 온다.

효과적인 지도력(Effective leadership): 연민, 공정성, 통찰력 등을 키워 가면서 보살필 줄 아는 지도력

참고문헌

Ainsworth, M. D. S. (1982). Attachment: Retrospect and prospect. In C. M. Parkes & J. Stevenson-Hinde (Eds.), *The place of attachment in human behavior* (pp. 3-30). New York: Basic Books.

American Psychiatric Association. (2013). *Diagnostic and statistical manual of mental disorders* (5th ed.). Arlington, VA: Author.

Anderson, F. G. (2013). "Who's taking what?": Connecting neuroscience, psychopharmacology and Internal Family Systems for trauma. In M. Sweezy & E. L. Ziskind (Eds.), *Internal Family Systems therapy: New dimensions* (pp. 107-126). New York: Routledge.

Anderson, F. G., Sweezy, M., & Schwartz, R. C. (2017). *Internal Family Systems skills training manual: Trauma-informed treatment for anxiety, depression, PTSD and substance abuse.* Unpublished manual.

Associated Press. (2010, May 13). After 40 years, $1 trillion, US War on Drugs has failed to meet any of its goals. Retrieved from *www.foxnews.com/world/2010/05/13/ap-impact-years-trillion-war-drugs-failed-meet-goals.html.*

Bateson, G. (1979). *Mind and nature: A necessary unity.* Boston: Dutton Books.

Böckler, A., Herrmann, L., Trautwein, F., Holmes, T., & Singer, T. (2017). Know thy selves: Learning to understand oneself increases the ability to understand others. *Journal of Cognitive Enhancement, 1*(2), 197-209.

Bowen, M. (1978). *Family therapy in clinical practice.* New York: Jason Aronson.

Bowlby, J. (1988). *A secure base: Parent-child attachment and healthy human development.* New York: Basic Books.

Brazelton, T. B., & Nugent, J. K. (2011). *The Neonatal Behavioral Assessment Scale, 4th Edition.* Cambridge, UK: MacKeith Press.

Brown, D. W., & Anda, R. F. (2009). Adverse childhood experiences: Origins of behaviors that sustain the HIV epidemic. *AIDS, 23*(16), 2231-2233.

Capra, F., & Luisi, P. L. (2014). *The systems view of life: A unifying vision.* Cambridge, UK: Cambridge University Press.

Carter, E., & McGoldrick, M. (Eds.). (1989). *The changing family life cycle: A framework for family therapy* (2nd ed.). Needham Heights, MA: Allyn &Bacon.

Catanzaro, J. (2016). IFS and eating disorders: Healing the parts who hide in plain sight. In M. Sweezy & E. L. Ziskind (Eds.), *Innovations and elaborations in Internal Family Systems therapy* (pp. 49-69). London: Routledge.

The compact edition of the Oxford English dictionary. (1971). London: Oxford University Press.

Cook, T. H. (1990). *Night secrets.* New York: Mysterious Press.

Corn, D. (2013, July 29). Mitt Romney's incredible 47-percent denial: "Actually, I didn't say that." *Mother Jones.* Retrieved from *www.motherjones.com/politics/2013/07/mitt-romney-47-percent-denial.*

Corso, P. S., Edwards, V. J., Fang, X., & Mercy, J. A. (2008). Health-related quality of life among adults who experienced maltreatment during childhood. *American Journal of Public Health, 98*(6), 1094-1100.

Csikszentmihalyi, M. (2008). *Finding flow: The psychology of engagement with everyday life.* New York: Basic Books.

Dawkins, R. (1976). *The selfish gene.* Oxford, UK: Oxford University Press.

Docter, P., & DelCarmen, R. (Directors). (2015). *Inside out* [Motion picture]. United States: Pixar Animation Studios.

Droward, J. (2016, April 2). The UN's war on drugs is a failure: Is it time for a different approach? *The Guardian.* Retrieved from *www.theguardian.com/world/2016/apr/02/un-war-on-drugs-failure-prohibition-united-nations.*

Ecker, B., Ticic, R., Hulley, L., & Neimeyer, R. A. (2012). *Unlocking the emotional brain: Eliminating symptoms at their roots using memory reconsolidation.* New York: Routledge.

Engert, V., Kok, B., Papassotiriou, I., Chrousos, G. P., & Singer, T. (2017). Specific reduction in cortisol stress reactivity after social but not attention-based mental training. *Science Advances, 3*(10). Retrieved from *https://advances.sciencemag.org/content/3/10/e1700495.*

Erpenbeck, J. (2017). *Go, went, gone*. New York: New Directions.

Foundation for Self Leadership. (n.d.). IFS Adherence Scale. Retrieved from *https://foundationifs.org/media/pdf/IFSAdherenceScaleAugust2014.pdf*.

Freud, S. (1961). The ego and the id. In J. Strachey (Ed., & Trans.), *The standard edition of the complete psychological works of Sigmund Freud* (Vol. 19). London: Hogarth Press. (Original work published 1923)

Geib, P. (2016). Expanded unburdenings: Relaxing managers and releasing creativity. In M. Sweezy & E. L. Ziskind (Eds.), *Innovations and elaborations in Internal Family Systems therapy* (pp. 148-163). New York: Routledge.

Greenblatt, S. (2017, June 12). How St. Augustine invented sex. *The New Yorker*. Retrieved from *www.newyorker.com/magazine/2017/06/19/how-st-augustine-invented-sex*.

Haddock, S. A., Weiler, L. M., Trump, L. J., & Henry, K. L. (2016). The efficacy of Internal Family Systems therapy in the treatment of depression among female college students: A pilot study. *Journal of Marital and Family Therapy, 43*(1), 131-144.

Haley, J. (1976). *Problem-solving therapy*. San Francisco: Jossey-Bass.

Haley, J. (1980). *Leaving home*. New York: McGraw-Hill.

Hannah, B. (1981). *Encounters with the soul: Active imagination as developed by C. G. Jung*. New York: Chiron.

Hawkin, P., Lovins, A., & Lovins, L. H. (1999). *Natural capitalism: Creating the next industrial revolution*. New York: Hachette.

Herbine-Blank, T., Kerpelman, D. M., & Sweezy, M. (2016). *Intimacy from the inside out: Courage and compassion in couple therapy*. New York: Routledge.

Herman, J. L. (2015). *Trauma and recovery: The aftermath of violence, from domestic abuse to political terror*. New York: Basic Books.

Hesse, H. (1975). *Steppenwolf*. Berlin: S. Fischer Verlag. (Original work published 1927)

Hodgdon, H. B., Gustella-Anderson, F., Southwell, E., Hrubec, W., & Schwartz, R. (2017, November). *Internal Family Systems (IFS) treatment for PTSD and comorbid conditions: A pilot study*. Poster presented at the annual meeting of International Society of Traumatic Stress Studies, Chicago, IL.

Ingraham, C. (2017, December 15). U.S. lawmakers redistributing income from poor to rich according to massive new study. *Washington Post*. Retrieved from *www.washingtonpost.com/news/wonk/wp/2017/12/15/u-s-lawmakers-are-redistributing-income-from-the-poor-to-the-rich-according-to-massive-new-*

study/?noredirect=on&utm_term=.a0e0640d7030.

Jung, C. G. (1968). *Analytical psychology: Its theory and practice-The Tavistock lectures.* London: Routledge & Kegan Paul. (Original work published 1935)

Jung, C. G. (1969). Archetypes and the collective unconscious. In G. Adler & R. F. C. Hull (Eds.), *The collected works of C. G. Jung* (Vol. 9, Pt. 1). Princeton, NJ: Princeton University Press.

Kavanagh, D. J., May, J., & Andrade, J. (2009). Tests of the elaborated intrusion theory of craving and desire: Features of alcohol craving during treatment for an alcohol disorder. *British Journal of Clinical Psychology, 48*(3), 241-254.

Kelly, L. (2015). *Shift into freedom.* Boulder, CO: Sounds True.

Khazan, O. (2018, October 16). Inherited trauma shapes your life. *The Atlantic.* Retrieved from *www.theatlantic.com/health/archive/2018/10/trauma-inherited-generations/57305.*

Krause, P. (2013). IFS with children and adolescents. In M. Sweezy & E. L. Ziskind (Eds.), *Internal Family Systems therapy: New dimensions* (pp. 35-54). New York: Routledge.

Krause, P., Rosenberg, L., & Sweezy, M. (2016). Getting unstuck. In M. Sweezy & E. L. Ziskind (Eds.), *Innovations and elaborations in Internal Family Systems therapy* (pp. 10-28). New York: Routledge.

Kristof, N. (2017, September 22). How to win a war on drugs. *New York Times.* Retrieved from *www.nytimes.com/2017/09/22/opinion/sunday/portugal-drug-decriminalization.html.*

Kurtz, R. (1990). *Body-centered psychotherapy: The Hakomi method.* Mendocino, CA: LifeRhythm.

Landes, L. (2018, June 20). Millennials want to be rich more than anything. Retrieved from *www.consumerismcommentary.com/millennials-want-tobe-rich-more-than-anything.*

Livingston, J. B., & Gaffney, J. (2013). IFS and health coaching: A new model of behavior change and medical decision making. In M. Sweezy & E. L. Ziskind (Eds.), *Internal Family Systems therapy: New dimensions* (pp. 143-158). New York: Routledge.

Lumma, A., Böckler, A., Vrticka, P., & Singer, T. (2017). Who am I?: Differential effects of three contemplative mental trainings on emotional word use in self-descriptions. *Self and Identity, 16*(5), 607-628.

Makransky, J. (2007). *Awakening through love.* Somerville, MA: Wisdom.

McConnell, S. (2013). Embodying the internal family. In M. Sweezy & E. L. Ziskind (Eds.), *Internal Family Systems therapy: New dimensions* (pp. 90-106). New York: Routledge.

Menakem, R. (2017). *My grandmother's hands.* Las Vegas, NV: Central Recovery Press.

Miller, A. (1981). *The drama of the gifted child.* New York: Basic Books.

Miller, W. (2009). *Everyday Dharma.* Wheaton, IL: Quest Books.

Minuchin, S. (1974). *Families and family therapy.* Cambridge, MA: Harvard University Press.

Minuchin, S., Rosman, B. L., & Baker, L. (1978). *Psychosomatic families: Anorexia nervosa in context.* Cambridge, MA: Harvard University Press.

Mishra, P. (2018, October 22). Gandhi for the post-truth age. *The New Yorker,* pp. 82-86. Retrieved from *www.newyorker.com/magazine/2018/10/22/gandhi-for-the-post-truth-age.*

Mithoefer, M. (2013). MDMA-assisted psychotherapy: How different is it from other psychotherapy? *MAPS Bulletin Special Edition, 23*(1), 10-14. Retrieved from *www.maps.org/news-letters/v23n1/v23n1_p10-14.pdf.*

Mithoefer, M. C., Grob, C. S., & Brewerton, T. D. (2016). Novel psychopharmacological therapies for psychiatric disorders: Psilocybin and MDMA. *Lancet Psychiatry, 3,* 481-488.

Mones, A. G. (2014). *Transforming troubled children, teens, and their families: An Internal Family Systems model for healing.* New York: Routledge.

Newcomb, S. T. (2008). *Pagans in the promised land.* Golden, CO: Fulcrum.

Palmer, P. J. (2004). *A hidden wholeness: The journey toward an undivided life.* San Francisco: Jossey-Bass.

Pastor, M., & Gauvain, J. (2019). *Internal Family Systems Level 1 training manual.* Unpublished manual.

Pew Research Center. (2015, December 9). The American middle class is losing ground. Retrieved from *www.pewsocialtrends.org/2015/12/09/the-american-middle-class-is-losing-ground.*

Rosenberg, L. G. (2013). Welcoming all erotic parts: Our reaction to the sexual and using polarities to enhance erotic excitement. In M. Sweezy & E. L. Ziskind (Eds.), *Internal Family Systems therapy: New dimensions* (pp. 166-185). New York: Routledge.

Rowan, J. (1990). *Subpersonalities: The people inside us.* London: Routledge.

Satir, V. (1970). *Self-esteem.* Berkeley, CA: Celestial Arts.

Satir, V. (1972). *Peoplemaking.* Palo Alto, CA: Science & Behavior Books.

Schultz, G. P., & Aspe, P. (2018, November 22). How we can help the migrant caravan.

The Spokesman Review. Retrieved from *www.spokesman.com/stories/2018/nov/24/george-p-shultz-and-pedro-aspe-how-we-can-help-the*.

Schwartz, H. (1986). Bulimia: Psychoanalytic perspectives. *Journal of the American Psychoanalytic Association, 34*, 439–467.

Schwartz, R. C. (2001). *Introduction to the Internal Family Systems model.* Oak Park, IL: Trailheads.

Schwartz, R. C. (2008). *You are the one you've been waiting for: Bringing courageous love to intimate relationships.* Oak Park, IL: Trailheads.

Schwartz, R. C. (2013). The therapist–client relationship and the transformative power of Self. In M. Sweezy & E. L. Ziskind (Eds.), *Internal Family Systems therapy: New dimensions* (pp. 1–23). New York: Routledge.

Schwartz, R. C. (2016). Dealing with racism: Should we exorcise or embrace our inner bigots? In M. Sweezy & E. L. Ziskind (Eds.), *Innovations and elaborations in Internal Family Systems therapy* (pp. 124–132). New York: Routledge.

Schwartz, R. C., & Falconer, R. R. (2017). *Many minds, one self.* Oak Park, IL: Trailheads.

Scott, D. (2016). Self-led grieving: Transitions, loss and death. In M. Sweezy & E. L. Ziskind (Eds.), *Innovations and elaborations in Internal Family Systems therapy* (pp. 90–108). London: Routledge.

Shadick, N. A., Sowell, N. F., Frits, M. L., Hoffman, S. M., Hartz, S. A., Booth, F. D., . . . Schwartz, R. C. (2013). A randomized controlled trial of an Internal Family Systems-based psychotherapeutic intervention on outcomes in rheumatoid arthritis: A proof-of-concept study. *Journal of Rheumatology, 40*(11), 1831–1841.

Shakespeare, W. (1974). Much ado about nothing. In G. B. Evans (Ed.), *The Riverside Shakespeare*. Boston: Houghton Mifflin. (Original work performed ca. 1598)

Shaw, J. (2019, May–June). Raw and red hot: Could inflammation be the cause of myriad chronic conditions? *Harvard Magazine*. Retrieved from *www.harvardmagazine.com/2019/05/inflammation-disease-diet*.

Siegel, D. J. (2012). *The developing mind: how relationships and the brain interact to shape who we are* (2nd ed.). New York: Guilford Press.

Siegel, D. J. (2018). *Aware: The science and practice of presence.* New York: Penguin Random House.

Singer, T., & Klimecki, O. M. (2014). Empathy and compassion. *Current Biology, 24*(18), R875–R878.

Sinko, A. L. (2016). Legacy burdens. In M. Sweezy & E. L. Ziskind (Eds.), *Innovations and elaborations in Internal Family Systems therapy* (pp. 164-178). New York: Routledge.

Sowell, N. (2013). The internal family system and adult health: Changing the course of chronic illness. In M. Sweezy & E. L. Ziskind (Eds.), *Internal Family Systems therapy: New dimensions* (pp. 127-142). New York: Routledge.

Spiegel, L. (2017). *Internal Family Systems therapy with children.* New York: Routledge.

Stone, H., & Stone, S. (1993). *Embracing your inner critic.* San Francisco: HarperCollins.

Suskind, R. (2006). *The one percent doctrine: Deep inside America's pursuit of its enemies since 9/11.* New York: Simon & Schuster.

Sweezy, M., & Ziskind, E. L. (2013). *Internal Family Systems therapy: New dimensions.* New York: Routledge.

Sweezy, M., & Ziskind, E. L. (2016). *Innovations and elaborations in Internal Family Systems therapy.* New York: Routledge.

Sykes, C. (2016). An IFS lens on addiction: Compassion for extreme parts. In M. Sweezy & E. L. Ziskind (Eds.), *Innovations and elaborations in Internal Family Systems therapy* (pp. 29-48). New York: Routledge.

Watkins, J. G., & Watkins, H. H. (1979). Ego states and hidden observers. *Journal of Altered States of Consciousness, 5,* 3-18.

Watkins, J. G., & Watkins, H. H. (1997). *Ego states: Theory and therapy.* New York: Norton.

Watzlawick, P., Weakland, J., & Fisch, R. (1974). *Change: Principles of problem formation and problem resolution.* New York: Jason Aronson.

Wonder, N. (2013). Treating pornography addiction with IFS. In M. Sweezy & E. L. Ziskind (Eds.), *Internal Family Systems therapy: New dimensions* (pp. 159-165). New York: Routledge.

Wylie, M. S. (2010). As the twig is bent: Understanding the health implications of early life trauma. Retrieved from *www.balancedweightmanagement.com/Asthe-twig-is-bent-ACE%20STUDY.pdf.*

Yehuda, R., Daskalakis, N. P., Bierer, L. M., Bader, H. N., Klengel, T., Holsboer, F., & Binder, E. B. (2016). Holocaust exposure induced intergenerational effects on *FKBP5* methylation. *Biological Psychiatry, 80*(5), 372-380.

Young, M. D. (1958). *The rise of meritocracy.* London: Thames & Hudson.

Zohar, D. (1990). *The quantum self.* New York: Quill/William Morrow.

찾아보기

인명

리처드 슈와르츠(PhD., R. C. Schwartz) 박사는 내면가족체계(IFS)를 만든 사람으로, 하버드 의대 정신과 부교수로 재직 중이다. 평생 내면가족체계를 발전시키고 전파하는 데에 힘썼으며, 지금도 전 세계를 돌며 내면가족체계를 더 발전시키기 위한 연구를 이어 가고 있다. 슈와르츠는 일리노이주 오크파크에 자기리더십센터(Center for Self Leadership)를 세워, 미국 내뿐만 아니라 국제적으로도 내면가족체계 훈련을 더욱 다듬어 가고 있다. 그는 미국 내 여러 강연에서 연사로도 활동 중이며 내면가족체계와 여타의 심리치료에 관한 주제로 논문 및 저서를 50편 이상 출간했다. 그의 웹사이트는 https://selfleadership.org다.

마르타 스위지(PhD., M. Sweezy) 박사는 하버드 의대 기간제 조교수이고, 캠브리지 보건연맹(Cambridge Health Alliance) 프로그램 자문 및 수련감독이며, 캠브리지 보건연맹 상호행동치료프로그램 부원장 및 훈련감독을 역임했다. 현재는 매사추세츠 노샘프턴에서 치료와 상담에 종사하면서, 수치와 죄의식이 인간 행동에 어떤 영향을 미치는지에 몰입하여 연구하고 있다. 스위지 박사는 내면가족체계치료에 대한 여러 편의 논문과 저서를 출간했다.

배선윤(Bae, Seonyun)

경북대학교 인문대학원 문학치료학과 문학치료학박사

현 경북대학교 교육개발본부 교양교육센터 시간강사

　　도담문학치료연구소장

주요 역서

이야기로 치유하기(공역, 2011, 학지사)

마음에게 들려주는 101가지 이야기(공역, 2010, 학지사)

주요 논문

라캉의 관점에서 다시 읽는 [지도(地圖)의 암실(暗室)](2020)

[지도(地圖)의 암실(暗室)]에 나타난 여성(女性): 여성, 주체화과정에
　　비춰진 대상(2020)

라스콜리니코프의 죄의식에 대한 정신분석적 분석(2019)

철학적 사유와 주체화: [철학에의 기여]를 중심으로(2019)

내면가족체계치료 원서2판
Internal Family Systems Therapy, Second Edition

2021년 1월 30일 1판 1쇄 발행
2024년 8월 20일 1판 4쇄 발행

지은이 • Richard C. Schwartz · Martha Sweezy
옮긴이 • 김춘경 · 배선윤
펴낸이 • 김 진 환
펴낸곳 • (주)**학지사**

04031 서울특별시 마포구 양화로 15길 20 마인드월드빌딩 5층

대표전화 • 02) 330-5114　　팩스 • 02) 324-2345

등록번호 • 제313-2006-000265호

홈페이지 • http://www.hakjisa.co.kr
인스타그램 • https://www.instagram.com/hakjisabook

ISBN 978-89-997-2302-5　93180

정가　23,000원

출판미디어기업 **학지사**

간호보건의학출판 **학지사메디컬** www.hakjisamd.co.kr
심리검사연구소 **인싸이트** www.inpsyt.co.kr
학술논문서비스 **뉴논문** www.newnonmun.com
원격교육연수원 **카운피아** www.counpia.com
대학교재전자책플랫폼 **캠퍼스북** www.campusbook.co.kr